Cwmni Drama Rhuthun a'i Cylch.

John Owen.
Mai 1995.

SAUNDERS LEWIS
A THEATR GARTHEWIN

Theatr Garthewin

Llyfrgell Luniau Country Life

SAUNDERS LEWIS
A THEATR GARTHEWIN

Hazel Walford Davies

GOMER

Argraffiad cyntaf—Gorffennaf 1995

ISBN 1 85902 292 8

Dymuna'r cyhoeddwyr gydnabod cymorth
Adrannau'r Cyngor Llyfrau Cymraeg

Cyhoeddwyd y gyfrol hon gyda chymorth
Cyngor Celfyddydau Cymru

Argraffwyd gan
Wasg Gomer, Llandysul, Dyfed

I
JASON A DAMIAN

CYNNWYS

DARLUNIAU

RHAGAIR

Hoffwn ddiolch yn fawr iawn i'r rhai a hwylusodd y gwaith o ysgrifennu'r gyfrol hon. Yr wyf yn ddyledus i'r Athro D. J. Bowen, Aberystwyth am ei gefnogaeth a'i ysbrydoliaeth; i Menna MacBain, Garthewin, Mair Saunders Jones a'r Athro R. Geraint Gruffydd am eu cydweithrediad parod, ac i Dr Dyfed Elis-Gruffydd am ei garedigrwydd a'i gyngor. Carwn ddiolch hefyd i Glenys Howells am ei chymorth gyda'r deipysgrif a'r proflenni. William Howells a luniodd y mynegai cynhwysfawr a Carys Briddon a baratôdd y disgiau ar gyfer y wasg ac yr wyf yn ddiolchgar iddynt hwythau, yn ogystal ag i Marian Delyth am gynllunio'r siaced lwch a chrefftwyr Gwasg Gomer am eu gofal wrth argraffu'r gwaith.

Dymunaf ddiolch i staff Llyfrgell Genedlaethol Cymru am eu cymorth a'u hynawsedd, ac yn arbennig i Dafydd Ifans am ei atebion parod i'm hymoliadau. Bu Cledwyn Fychan yntau yn barod iawn i rannu o'i wybodaeth â mi. Cefais bob help gan Tomos Roberts, Prifysgol Cymru, Bangor a chan Richard Brinkley, Alun Eirug Davies ac Elgan Philip Davies, Llyfrgell Hugh Owen, Prifysgol Cymru, Aberystwyth. Hoffwn gydnabod hefyd y cymorth a gefais gan Myfanwy Jones a staff Llyfrgell Bae Colwyn, a chan staff llyfrgelloedd Prifysgolion Glasgow a Bryste. Cefais bob cydweithrediad hefyd gan aelodau staff Archifdy Rhuthun, Archif Cyngor Celfyddydau Cymru, Llyfrgell Wrecsam, Llyfrgell y BBC yng Nghaerdydd a Llyfrgell Coleg Sant Ioan, Rhydychen.

Derbyniais wybodaeth trwy law y canlynol ac yr wyf yn dra diolchgar iddynt i gyd: Myrddin ap Dafydd, Hedd ap Emlyn, Aneurin Davies, yr Athro Gareth Alban Davies, Raymond Edwards, Eirian Evans, Dr Meredydd Evans, Ann Ffrancon, Dr Bruce Griffiths, Trebor Hughes, Emyr Humphreys, Clarice Jones, Dafydd Charles Jones, Dafydd Franklin Jones, Dafydd Parry Jones, Dafydd R. Jones, Eiry Jones, Ellen Wyn Jones, Ivor Wyn Jones, J. Clifford Jones, Jac Jones, Laura Jones, Nora Jones, Robin Jones, Richard Lewis, Dr Ceridwen Lloyd-Morgan, yr Esgob Mullins, William Owen, Richard Rhys, Hannah Roberts, Huw Roberts, Meirion Roberts, O. M. Roberts, Wilbert Lloyd Roberts, Dr Peter Spencer, Lalla Thomas, Dafydd Williams, Edwin Williams, a Llion Williams.

Comisiynwyd y gyfrol gan Gymdeithas Celfyddydau Gogledd Cymru a diolchaf i J. Clifford Jones am bob cefnogaeth. Cefais nawdd i ymchwilio ac ysgrifennu'r gyfrol gan yr Academi Brydeinig, Cronfa Hughes Parry a Chronfa Ymchwil Prifysgol Cymru, Aberystwyth.

Yn yr Atodiad cyhoeddir y llythyrau sydd wedi goroesi o'r ohebiaeth a fu rhwng Saunders Lewis a Robert Oliver Francis Wynne, Garthewin o 1938 hyd 1977. Cynhwysir yma hefyd lythyrau a anfonwyd gan Margaret Lewis a D. J. Williams, Abergwaun at yr ysgwïer a'i wraig, ynghyd â'r llythyrau a ysgrifennodd Saunders Lewis at gyfarwyddwr Radio Éireann, Nina Wynne, Nora Jones ac at Morris Jones, cyfarwyddwr Theatr Garthewin. Atgynhyrchwyd y llythyrau fel ag y maent yn y gwreiddiol, ar wahân i fân newidiadau yn yr atalnodi.

Hazel Walford Davies
Mai 1995

I

‘Catholig hefyd i’r gwraidd’

Ar noson braf ym mis Awst 1894 brysiai grwpiau bychain o ffermwyr a gwragedd, eu gweision a’u morynion, a thwr o bobl ifainc o ardal Limvady yn Swydd Derry yng Ngogledd Iwerddon ar hyd lôn lydan a arweiniai at hen dŷ urddasol Ardmore. Prysuro yr oeddynt at felin ddŵr y plas, a addaswyd ar frys gan weithwyr yr ystad yn theatr dros-dro ar gyfer perfformiadau o ddrama a ysgrifennwyd gan aelodau ifainc Cwmni Ardmore. Yn ôl y posteri rhaid oedd talu chwe cheiniog am fynediad, swm sylweddol yr adeg honno i denantiaid tlawd a phobl gyffredin y gymdogaeth. Ond yn rhyfedd iawn, ac er mawr syndod i Mr a Mrs Macrory, perchnogion Ardmore, nid oedd un lle gwag yn y felin pan gerddasant i’w seddau cadw yn y rhes flaen.

Gwyddai’r actorion yn ddigon da wrth drefnu’r noson nad oedd unrhyw obaith denu cynulleidfa ar noson o haf yn unswydd i weld perfformiad trwsgl o ddrama ddi-nod. Aethpwyd ati felly i ddyfeisio difyrrwch ychwanegol, a chyda chydweithrediad parod Jimmy Doherty, garddwr yr ystad, daethpwyd o hyd i gasgen o’r cwrw gorau a’i gosod wrth ddrws y felin. Ar fore’r perfformiad aeth Jimmy o gwmpas yr ardal i ganu clodydd cwrw rhad Ardmore. Camgymeriad yr actorion y noson honno oedd gosod Jimmy yn ogystal â'r gasgen gwrw wrth ddrws y felin. Erbyn i'r grŵp cyntaf gyrraedd y theatr yr oedd Jimmy yn fawr ei haelioni, ac ni bu'n rhaid i neb dalu am wydraid nac am sedd.

Y chwe actor ifanc oedd tair merch a thri mab Mr a Mrs Macrory, a'r brif actores oedd yr ail ferch, Frances, neu Nanette, fel y'i gelwid gan bawb. Wrth fwynhau cymeradwyaeth frwd y gynulleidfa wledig ar ddiwedd y perfformiad ym melin Ardmore, ni wyddai'r ferch un ar bymtheg oed y byddai, yn ei phumdegau, yn symbylydd theatr fechan yn Nyffryn Elwy, ac y byddai'r theatr honno'n hollbwysig yn hanes y ddrama yng Nghymru. Ffrainc, a Pharis yn arbennig, oedd yn denu Nanette yn ei harddegau, gan mai ei huchelgais oedd cael astudio arlunio yn y ddinas honno. Bu ei chwaer hynaf yn astudio yno, a dychwelodd i Derry â storïau cyffrous am theatrau ac artistiaid y brifddinas. Daeth hefyd â chyflenwad o ddramâu Racine a Molière i Nanette. Ond chwalwyd breuddwydion y ferch ifanc pan fethodd rhan o fusnes ei thad, a rhaid oedd iddi fodloni ar ysgol arlunio W. F. Calderon yn Llundain, lle y medrai berffeithio'r grefft o ddarlunio anifeiliaid. Yn ystod ei horiau hamdden mynychai'r theatr yng nghwmni ei chwaer, a anfonwyd i Lundain i ddysgu chwarae'r ffidil, a'i brawd, a oedd ar y pryd yn Academi Woolwich. Yn wir, daeth y theatr yn gymaint o obsesiwn i Nanette fel yr âi yn aml iawn heb fwyd er mwyn cael digon o arian i weld rhai o berfformiadau gorau Llundain. O ganlyniad torrodd ei hiechyd a bu'n rhaid iddi ddychwelyd i Ardmore.

Flwyddyn yn ddiweddarach, a hithau'n un ar hugain oed, teithiodd Nanette i Hampshire i Ysgol Haf Arlunio W. F. Calderon. Ysgol i bobl ariannog oedd hon, a chan y cynhelid y dosbarthiadau yn yr awyr agored rhoddai hynny gyfle ardderchog i'r merched arddangos eu hetiau a'u dillad ffasiynol. Yn aml, wedi'r cinio ffurfiol gyda'r nos, deuai bonedd yr ardal i ddawnsfeydd yng nghartref Calderon, ac ar achlysur felly y cyflwynwyd Nanette i ŵr swil, tawel, dros ei ddeugain oed. Y bonheddwr oedd Richard Wynne, brawd Robert William Wynne, ysgwïer Garthewin, plas yn Llanfair Talhaearn ger Abergele. Wedi'r Ysgol Haf anfonodd Richard Wynne lythyr i Ardmore yn gofyn i'r ferch ifanc ei briodi, ond, fel y dywed hi yn ei chyfrol hunangofiannol *Eastward of All*, a gyhoeddwyd yn 1943, ymddangosai ef yn rhy hen o lawer iddi. Ond gwnaeth Mrs Macrory, mam Nanette, ymholiadau manwl ynglŷn â sefyllfa ariannol Richard Wynne a chafodd newydd da: 'Though not well off, he had some private means, and was heir

Ysgol Haf Arlunio W. F. Calderon yn Hampshire

presumptive to one of the oldest estates in North Wales.'[1] Ddwy flynedd yn ddiweddarach aeth Nanette unwaith yn rhagor i Ysgol Haf Calderon, lle y treuliodd lawer o amser yng nghwmni Richard Wynne. Pan ofynnodd iddi eilwaith fod yn wraig iddo, gwahoddodd ef i Ardmore, lle y swynwyd ei mam gan ei gwrteisi a'i osgo urddasol.

Swynwyd hi hefyd gan ei storïau am ei frawd hŷn, Robert, perchennog Garthewin. Fel y dywed Nanette: 'The elder was the owner of the Welsh property, very well off, endowed indeed with everything to make life exceedingly pleasant, yet his wretched ill-health destroyed all content in it, and brought misery to himself and his family. His younger brother shouldered the principal burden, spending lonely and anxious years in the wilds of Wales with the shy recluse, until the time came when it was best for him to leave . . .'[2] Dynes eithriadol o emosiynol oedd Mrs Macrory, ac y mae disgrifiad Nanette o ymateb ei mam i stori Richard Wynne yn ymdebygu i ddisgrifiad Othello o ymateb Desdemona i'w storïau ef am galedi a dioddefaint ei lencyndod:

My story being done,
She gave me for my pains a world of sighs:
She swore, in faith, 'twas strange, 'twas passing strange,
'Twas pitiful, 'twas wondrous pitiful;
She wished she had not heard it.[3]

Mae'n debyg fod ymateb ei mam i'r hanes trist am fywyd Robert Wynne wedi dylanwadu cryn dipyn ar benderfyniad Nanette i briodi Richard.

Nid oedd llawer o ddiddordeb gan y ferch un ar hugain oed yn y storïau am salwch ysgwïer Garthewin, ond cafodd flas anghyffredin wrth wrando ar Richard Wynne yn adrodd hanes lliwgar ei fam Eugénie Marie Crowe, dynes anturus a bywiog. Ni fynnai Eugénie ymdrafferthu ynghylch ei dau fab a gadawodd hwy yng ngofal nyrs plant ym Mronywendon, plas y Wynniaid yn Llanddulas, tra oedd hi'n canolbwyntio ar fwynhau bywyd cosmopolitan dinasoedd Ewrop yng nghwmni ei phedair merch, Eugénie, Amy, Blanche a Frances. Teimlai Eugénie yn gwbl gartrefol ar y Cyfandir oherwydd magwyd hi ym Mharis, lle y buasai ei thad, y llenor a'r hanesydd Eyre Evans Crowe, am flynyddoedd yn ohebydd y *Morning Chronicle* ac yn aelod blaenllaw o gylchoedd diwylliannol y ddinas. Ar yr aelwyd ym Mharis, ac yn nes ymlaen yn y cartref yn Llundain, wedi i'w thad ddychwelyd i Loegr i fyw, cyfarfu Eugénie â llenorion ac actorion blaenllaw, ac ymhlith ffrindiau'r teulu yr oedd Henry Irving a William Makepiece Thackeray. Yn wir, Eugénie oedd model Thackeray ar gyfer Amelia yn narluniau gwreiddiol *Vanity Fair*. Un o'i chwiorydd-yng-nghyfraith oedd Kate Bateman, actores nodedig yn saithdegau'r ganrif ddiwethaf a rheolwraig ysgol actio ddylanwadol yn Llundain, a bu Eugénie yn ei gweld droeon yn perfformio yn y Lyceum ac yn Sadler's Wells.

Etifeddodd Richard Wynne ddiddordeb teulu ei fam yn y theatr, ac wedi iddo ef a Nanette briodi ac ymgartrefu yn Hampshire aent yn gyson i gyngherddau a theatrau Llundain. Rhoddodd ei bywyd priodasol gyfle ardderchog i Nanette fwynhau ei hoff bleserau—marchogaeth, arlunio, siopa a chymdeithasu. Ymddengys fod ei gŵr wedi ffoli arni, oherwydd o ddyddiau cynnar y briodas tan ei farwolaeth yng Ngarthewin rhoddodd rwydd hynt iddi lwyrlywodraethu. Yn *Eastward of All* ceir disgrifiadau diniwed a rhamantus Nanette Wynne o'r cyfnod yn Hampshire, pan oedd ei chariad at fywyd ac at y theatr heb ei gymylu gan ddwyster ei daliadau crefyddol. Caiff ansawdd ei bywyd priodasol ei gyfleu yn berffaith wrth iddi sôn am afiaith y sglefrio, y dawnsio a'r marchogaeth. Arferai hefyd fwynhau gwahodd i'w chartref swyddogion ifainc o'r gwersyll milwrol cyfagos, ac yn ei thro cafodd gyfle i ymddangos mewn drama ar lwyfan y gwersyll hwnnw:

I made my first (and last) serious appearance on the stage at that time—in some amateur theatricals which were being got up at the camp. I took the lady's part in the short curtain raiser—'A Pair of Lunatics'. My partner, a captain, was a very good amateur actor, but I had never appeared on the boards since the days of the performances in the old mill, and was filled with trepidation as the time approached—especially when I heard that the well-known professional actress, Decima Moore, was staying near and would be in the audience. The performance took place in a new large hall. It was filled to capacity, and by an alarmingly smart, sophisticated throng. This I realised the moment I walked into the limelight! It was an awful moment. Paralysed by the large, silent, expectant audience, not to speak of the thought of Decima Moore, my mind instantly became a complete blank. I just stood—a victim of stage fright at its worst—gazing dumbly, helplessly before me, whilst my fellow 'Lunatic' writhed in suspense. Suddenly my brain cleared as by a miracle, and the words came—flowingly—unhesitantly. A queer experience. Once I got going, I believe I did really well though I say it as shouldn't! and was told afterwards that Decima Moore had actually commented favourably on my acting. But that was my last appearance in the drama.[4]

Yng nghanol miri'r gwersyll milwrol a chyffro ei bywyd cymdeithasol nid oedd rhyw lawer o amser nac awydd gan Nanette i feddwl am ei brawd-yng-nghyfraith yng Nghymru. Nid oedd ei gŵr chwaith yn teimlo fod ganddo gysylltiad agos â Garthewin fel cartref y teulu, gan iddo dreulio'r rhan fwyaf o'i oes yn Llanddulas a Lloegr neu'n ymweld â'i chwiorydd ar y Cyfandir. Ond yn fuan wedi'r mis mêl bu ef a'i wraig am wyliau yng Ngarthewin, lle y

Garthewin yn y dauddegau

Frances (Nanette) Wynne a'i mab, Robert Oliver Francis Wynne

cawsant y tŷ iddynt eu hunain gan fod Robert Wynne wedi penderfynu treulio cyfnod yn Llundain. Cyn mynd, llogodd yr ysgwïer weision a morynion i lanhau'r ystafelloedd er mwyn gwneud y plas yn weddol ddestlus. Mae'n rhaid fod Garthewin gyda'i garreg lwyd, ddi-raen a'i ystafelloedd digysur wedi ymddangos yn unig a diflas i Nanette. Gan mai mewn un ystafell fechan uwchben y prif ystafelloedd yr oedd Robert Wynne yn byw, nid oedd ganddo unrhyw ddiddordeb yn rhannau eraill y plas, ac nid yw'n rhyfedd i

Nanette gyffesu iddi brofi unigrwydd a melancoli'r lle. Gyda'i thuedd i or-ramantu canfu hefyd ryw dristwch anesboniadwy ynglŷn â Garthewin a mynyddoedd ac afonydd Sir Ddinbych. Mae'n cyfaddef iddi ddychwelyd i'w chartref moethus yn Hampshire gyda chryn ollyngdod oherwydd yno yr oedd ei dillad gwych a'i thlysau yn aros amdani i'w chysuro. Yno hefyd, ar ei haelwyd gysurus, gallai ddisgrifio Cymru fel 'the home of "Hiraeth" and Romance'. Wedi'r ymweliad cyntaf hwn, llwyddodd Nanette Wynne i osgoi hiraeth a rhamant Cymru am dros bedair blynedd ar ddeg.

Yn 1907, bedair blynedd wedi'r briodas, ganed Robert Oliver Francis Wynne, unig blentyn Richard a Nanette. Gan nad oedd diddordeb gan y fam mewn magu, cyflogodd nyrs ganol-oed i ofalu am y plentyn. Dyma'r unig gyfnod i Robert Wynne fod yn rhydd o ddylanwad ei fam, oherwydd pan ddaeth yn ddigon hen i'w addysgu dechreuodd lywio ei ddarllen a'i syniadau. Cafodd ddigon o gyfle i ddylanwadu ar y bachgen, gan fod Richard Wynne yn gwrthod anfon ei fab i ysgol breswyl oherwydd ei atgofion hunllefus o'r amser yn ysgol fonedd Marlborough pan dorrodd iechyd meddyliol ei frawd. Tan ei arddegau, felly, addysgid Robert mewn ysgolion preifat a oedd yn gyfagos i'w gartref yn Hampshire. Deuai adref gyda'r hwyr a chyn iddo fynd i gysgu byddai'r bachgen a'i fam yn sgwrsio am fywyd Crist ac am y byd ysbrydol.

Pan nad oedd namyn wythmlwydd oed rhoddodd gryn bleser i'w fam pan gyffesodd wrthi fod ei fam-gu yn ymweld ag ef yn aml a'i fod yn ei hadnabod yn eithriadol dda. Gan i Mrs Macrory farw pan oedd Robert yn faban, mae'n rhaid mai cyfeiriadau cyson Nanette ati a'i gwnaeth mor fyw yn nychymyg y plentyn. Disgrifir Mrs Macrory yn *Eastward of All* fel rhyw santes dra sensitif, ac wedi iddi farw trodd Nanette fwyfwy at grefydd. Un o hoff storïau Nanette oedd honno am yr adeg y ceisiodd ei mam ddarllen hanes y Croeshoeliad i'r chwe phlentyn ar aelwyd Ardmore. Methodd Mrs Macrory orffen y darlleniad gan i'w theimladau fynd yn drech na hi a rhedodd allan o'r ystafell yn beichio crio. Mae'n ymddangos mai prif nodwedd y wraig hon oedd ei hymroddiad llwyr i fyfyrdod a chrefydd. Pan ddeallodd Mrs Macrory nad oedd ei mab-yng-nghyfraith yn Gristion pybyr torrodd ei chysylltiad ag ef am gyfnod, er mawr ofid i Nanette. Gŵr tawel, bydol oedd Richard Wynne, wrth ei fodd gyda chŵn a cheffylau a photel o glared. Er i'w wraig ifanc geisio'n galed i'w gael i ymddiddori yng nghyfriniaeth ei gweledigaeth grefyddol hi, methu'n llwyr a wnaeth, gan mai athroniaeth ddiysgog Richard Wynne oedd, 'Eels get used to skinning'.

Ddechrau'r Rhyfel Byd Cyntaf, pan oedd Robert tua saith oed, symudodd y teulu i dawelwch Dorset er mwyn i'r llanc gael mynychu Ysgol Sherborne. Yn rhyfedd iawn, yng nghanol miri parti i blant yn Sherborne y teimlodd Nanette yr awydd am y tro cyntaf i ymuno ag Eglwys Rufain, er gwaetha'r ffaith fod yr addolwyr yn yr Abaty yn gwisgo'n hardd, ac mai dyrnaid o 'dowdy people' a fynychai'r Eglwys Gatholig. Yn Sherborne, fodd bynnag, nid oedd y profiad a gafodd yn un digon grymus, oherwydd, fel y dywed yn ei chyfrol, nid oedd y siwrnai ond yn dechrau. Dim ond wedi iddi deithio yng nghwmni ei mab i ganolfannau hanesyddol y Ffydd Gatholig y profodd i'r byw gyfriniaeth arbennig Rhufain. Rhaid hefyd oedd sicrhau fod ei mab yn uniaethu'n gyfan gwbl â'i theimladau a'i daliadau hi.

Yn ystod y Rhyfel gwrthododd Nanette ymweld â Chymru gan ei bod yn awyddus i goleddu'r syniad fod Cymru yn nyddiau blin y Rhyfel yn symbol iddi o'r hardd a'r anghysbell. Yn Dorset, gyda'i gŵr yn gwmni beunyddiol iddi a'i mab yn un o ysgolion bonedd gorau'r wlad, ni fedrai Nanette weld fod Cymru hefyd yn dioddef erchylltra'r Rhyfel. Y peth pwysig iddi hi oedd diogelu'r syniad rhamantus a oedd ganddi am ei 'Promised Land'. Ar ddiwedd y Rhyfel penderfynodd fynd â'i theulu i Gymru er mwyn dysgu ei mab i werthfawrogi mawredd a phrydferthwch gwlad ei gyndeidiau. Mae'r hanes lliwgar a rydd Nanette am y daith i Gymru yn nodweddiadol ohoni. Cyn i'r teulu symud i Dorset rhoesai Robert Wynne, Garthewin fodur Humber braf i'w frawd a'i chwaer-yng-nghyfraith, a gyrrwyd y modur i'w cartref yn Littlecroft, Hampshire gan *chauffeur* proffesiynol. Cafodd hwnnw gyfarwyddyd pendant i beidio â dychwelyd tan ei fod wedi dysgu Mr a Mrs Wynne sut i yrru'r car. Nid oedd unrhyw ddiddordeb gan Richard Wynne yn y car, ond ymhyfrydai ei wraig yn nerth a chyflymdra'r peiriant.

Nanette, felly, a oedd yn gyrru pan aeth y teulu i'r 'Promised Land'. Wedi cinio da yn Forth yng Nghaerfaddon, ac wedi yfed cyflenwad o bort (gan eu bod, yn ôl Nanette, yn dioddef rhywfaint gan y ffliw), aethant yn eu blaenau yn hapus nes cyrraedd y gwesty yn Aberdyfi. Yn ystod y gwyliau aeth Nanette a'i mab i unigeddau Craig yr Aderyn, ger Tywyn, lle y cafodd y fam foddhad o sylwi ar ymateb ei mab i'r ardal wyllt honno, oherwydd gwelodd ar wyneb y llanc ifanc 'a joy too deep for words'. Os un o amcanion y fam yn ystod yr arhosiad yn Aberdyfi oedd trosglwyddo iddo ei hamgyffred rhamantus hi o Gymru, llwyddodd i wneud hynny'n hynod o effeithiol. Crynhoir y teimladau a oedd yn cyniwair yn ei mynwes yn yr hyn a ddywed am yr amser y bu'r teulu'n byw mewn pentref ar y Gororau:

> But what I look back upon with the purest delight are the long days spent amongst the rolling Welsh hills not so far distant, for one of the greatest charms that country had for us lay in the fact that Wales, the enchanted land, was within reach, and a part of it that held a fascination all its own. Llanthony! The very name awakens in me to this day something which I can never put into words, and I am haunted still by the magic and music of so many of the place names in that dreaming land—Michaelchurch—Escley, Llanfihangel Crucorney, Abbeydore and numerous others. Those far-reaching solitudes wherein the atmosphere seems winnowing to transparency, letting in, as through stained glass the light from another world, still holds for me something that is not challenged by the wilder, more spectacular beauty of the North.[5]

Dyma'r syniad o Gymru a etifeddodd Robert Wynne, a dyma'r paratoad a gafodd ar gyfer y dasg o redeg ystad y Wynniaid yn Nyffryn Elwy. O gofio'r fagwraeth hon, gellir deall i'r dim ei ramantiaeth a'i ideoleg pan etifeddodd Garthewin, ac o gofio personoliaeth gref ei fam, gellir deall hefyd ei barodrwydd i goleddu syniadau pobl gryfach nag ef ei hun.

Pan ddaeth yn amser i Robert Wynne symud o Sherborne i Ysgol Clifton, aeth ei rieni i fyw yn Wiltshire er mwyn cael cwmni'r bachgen ar yr aelwyd dros y penwythnosau. Ar un o'r ymweliadau hyn daeth adref â chyfrol William Jones, *Varieties of Religious Experience*, ac wedi i Nanette ei darllen cafwyd oriau hapus o drafod a dadlau. Nid oes sôn yng nghyfrol Nanette am y berthynas rhwng y tad a'r mab, a cheir y syniad mai pur ymylol oedd ef ym mywydau ei wraig a'i blentyn. Torrodd iechyd y tad ychydig cyn i Robert adael Clifton yn 1925 i astudio'r gwyddorau yng Ngholeg Sant Ioan, Rhydychen, ac yn fuan wedi iddo fynd i'r Brifysgol torrodd ei iechyd yntau hefyd. Yn ôl Nanette, canlyniad gofidio, ynghyd ag effeithiau'r ffliw, a barodd i nerfau Robert Wynne chwalu. Y feddyginiaeth oedd teithio'r Cyfandir, ac aeth y tri i Baris yn gyntaf ac yna i'r Swistir. Oddi yno aeth y fam a'r mab ar bererindod i'r Eidal i ymweld ag Orta ac â'r fangre gysegredig lle'r addolir Sant Ffransis. Yna, yn llawn *joie de vivre*, dringo'r Sacra Monte cyn dychwelyd at Richard Wynne, a oedd wedi dewis aros ar ei ben ei hun i fwynhau pleserau mwy bydol y gwesty.

Wedi'r daith daethpwyd i'r casgliad fod Robert wedi atgyfnerthu digon i ddychwelyd at waith Prifysgol. Aeth yn ôl i Rydychen—ond nid heb ei fam. Hi oedd ei gydymaith yn y darlithiau, yn y cyngherddau a'r dramâu, a llogodd dŷ yng nghyffiniau Rhydychen er mwyn cadw llygad arno. Gyda'r fath warchod llethol ni chafodd y gŵr ifanc lawer o gyfle i fwynhau bywyd Rhydychen nac i astudio'n annibynnol. Rhoddwyd rhwydd hynt i Nanette yn Rhydychen, gan mai Pennaeth Coleg Sant Ioan oedd y Parchedig Hubert Armitage James, hen ffrind ei mam a chyn-brifathro Coleg Cheltenham, lle'r addysgwyd brodyr Nanette. Tra oeddynt yn Rhydychen âi Nanette a'i mab o amgylch y gwahanol gapeli i wrando ar bregethau'r Undodwr, yr Athro L. P. Jacks, a'r Annibynnwr, Dr W. B. Selbie. Deunydd darllen y fam yn y cyfnod hwn oedd gweithiau'r Deon Ing, rhai o gyfrolau G. K. Chesterton, barddoniaeth gyfriniol Henry Vaughan a darnau o farddoniaeth William Blake. Gellir cymryd yn weddol ganiataol mai dyma hefyd oedd deunydd darllen Robert Wynne. Gan i Nanette lywio ei chwaeth grefyddol a'i chwaeth lenyddol, nid yw'n rhyfedd iddi ddylanwadu hefyd ar chwaeth ei mab ym myd y ddrama.

Yn y Playhouse yn Rhydychen yn nawdegau'r ganrif llwyfannwyd nifer o berfformiadau nodedig o ddramâu Tsiecoff ac Ibsen. Yn wir, y cyflwyniad cyntaf o waith Tsiecoff i fod yn llwyddiant masnachol ym Mhrydain oedd y cynhyrchiad o'r *Berllan Geirios* a drosglwyddwyd o'r Playhouse i Lundain gan J. B. Fagan. Y mae'n amlwg fod Robert a Nanette Wynne wedi mynychu llawer o berfformiadau'r Playhouse heb eu deall na'u gwerthfawrogi. Yn 1923, ddwy flynedd cyn i Robert Wynne fynd i Goleg Sant Ioan, addaswyd y 'Big Game Museum' yn Rhydychen yn theatr gan y cynhyrchydd a'r dramodydd J. B. Fagan, a denodd yno griw o actorion ifainc addawol—Flora Robson, John Gielgud, Tyrone Guthrie a Raymond Massie. Nid oedd gwaith y cwmni arloesol hwn wrth fodd Nanette Wynne, yn enwedig pan lwyfennid dramâu Tsiecoff, gan fod y rhain, yn ei thyb hi, yn cyflwyno bywyd fel 'a mere series of surface happenings, petty, or deeply tinged with gloom . . . One felt that there should have been painted behind it all an unchanging background, deep blue, and pierced with stars.'[6] Ond cododd ei chalon pan lwyfannodd y cwmni *Magic*, un o weithiau byr G. K. Chesterton.

Y gwir amdani oedd fod awyrgylch academaidd Rhydychen, syniadau cyffrous y cyfnod, perfformiadau arloesol y theatrau, dymuniad Robert ei hun i ddilyn gyrfa wyddonol, a phresenoldeb pobl ifainc yn bygwth tanseilio dylanwad Nanette. Amlygir anfodlonrwydd y fam i ryddhau ei mab o'i gafael yn ei hymateb i awydd naturiol y gŵr ifanc i wneud ffrindiau newydd: 'Robert was making interesting contacts at this time, and I thought rather wistfully that he would never really want to return to the quiet country life we shared.'[7] Nid oedd angen iddi ofidio, oherwydd cyn iddo orffen ei gwrs gradd, teimlodd y myfyriwr fod yn rhaid iddo ddianc rhag awyrgylch llaith Rhydychen. Dywed Nanette fod Robert yn teimlo hiraeth angerddol am fryniau'r Gororau. Yn lle'i annog i ddyfalbarhau, yr oedd ei fam ond yn rhy awyddus i'w gyrchu adref—ac yntau bron yn un ar hugain oed. Am ychydig fisoedd cafodd y fam a'r mab fwynhau cwmni ei gilydd yn dringo'r bryniau neu'n ymweld ag eglwysi'r Gororau.

Yna, ar ddiwedd y dauddegau, daeth yr alwad i Richard Wynne ymgymryd â'r cyfrifoldeb o redeg Garthewin, a daeth y cyfle hefyd i Nanette osod ei stamp ei hun ar hen ystad y Wynniaid. Gan fod Robert William Wynne, ei brawd-yng-nghyfraith, yn rhy sâl yn feddyliol i aros yng Ngarthewin, symudwyd ef i Fronywendon yn Llanddulas, lle y cyflogwyd nyrs brofiadol i ofalu amdano. Am flynyddoedd buasai'n ceisio goruchwylio ystad Garthewin yn ei ffordd unigryw a charedig ef ei hun, ond gwyddai ei denantiaid a phentrefwyr Llanfair Talhaearn ei fod yn gymeriad go od.[8] Deuai dynes o'r pentref â nwyddau iddo'n wythnosol, ond ni welid yr ysgwïer byth wrth ddrws y plas. Yn hytrach, agorai ffenestr ei ystafell ar lawr ucha'r tŷ a gollwng llinyn main i lawr i'r lawnt, a rhaid oedd clymu'r nwyddau, fesul un, wrth y llinyn er mwyn i'r ysgwïer fedru tynnu'r ymenyn neu'r siwgr i fyny cyn gollwng y llinyn i lawr unwaith yn rhagor.

Y mae atgofion amdano adeg un cynhaeaf gwair yn brysio at y bont lle'r ymgasglai dynion y pentref gyda'r amcan o logi gweithwyr ar gyfer y cynaeafu. Wedi gofyn i dri ar ddeg ohonynt yn eu tro, 'Ddoi di i weithio at Mr Wynne?', a chael ateb cadarnhaol, gorymdeithiodd hwy ar hyd y lôn i ysgubor Garthewin. Yna, wedi iddo eu gosod mewn rhes a chasglu deuddeg picwarch, rhoddodd un yr un i'r dynion nes cyrraedd y gweithiwr olaf. Pan ddaeth at hwnnw a sylweddoli nad oedd ganddo bicwarch ar ôl, cynddeiriogodd yn enbyd. Aeth ar hyd y rhes gan ofyn i bob un o'r deuddeg, 'Ai ti sydd wedi dwyn picwarch Mr Wynne?', ac wedi iddynt ei argyhoeddi eu bod yn ddieuog cyhuddodd y truan a oedd heb bicwarch o ddwyn ei eiddo, a'i orchymyn i beidio â throedio tir Garthewin byth mwy. Dro arall, anghofiodd yn llwyr lle'r oedd wedi storio'r peiriant lladd gwair y flwyddyn cynt. Wedi hir chwilio daeth o hyd i'r peiriant rhydlyd mewn cae ar ochr Betws-yn-Rhos, ac ar ei siwrnai'n ôl i Garthewin curodd ar ddrws pob tŷ ar hyd y ffordd yn gofyn am fenthyg olew i iro'r peiriant. Ond mae storïau Menna MacBain, wyres Nanette a pherchennog presennol y plas, yn rhai mwy difrifol, gan eu bod yn ymwneud â gwerthiant eiddo amhrisiadwy'r Wynniaid yng nghyfnod ei hen ewythr.

Yr oedd yn hen bryd, felly, i Richard Wynne ddod i ofalu am

Garthewin, ond gan fod yr ystad a'r tŷ mewn cyflwr truenus ymgartrefodd y teulu dros dro yn Nerwas, ychydig filltiroedd o'r plas. Comisiynwyd Clough Williams Ellis i gynllunio'r newidiadau i'r adeilad a chodwyd mynedfa ar ochr ddeheuol y tŷ a theras braf o'i flaen, ac adeiladwyd loggia ar ochr ddwyreiniol y teras. Ar awgrym y pensaer, peintiwyd wyneb y tŷ â phaent lliw hufen (a gymysgwyd yn arbennig ar gyfer Garthewin). Wrth fynd o amgylch rhai o gartrefi eraill y Wynniaid darganfu Nanette lu o drysorau, yn eu plith lestri cinio hardd o'r ddeunawfed ganrif yn dwyn arfbais y teulu. Yn seler Garthewin yr oedd cannoedd o boteli o hen winoedd yn dew gan lwch. Ond cyn ceisio clirio ac adnewyddu, trefnodd Nanette achlysur nodweddiadol ddramatig yn *drawing-room* y plas. Cliriwyd y dodrefn drudfawr a gosodwyd byrddau hirion ar draws yr ystafell a'u llwytho â brechdanau a chacennau. Llogodd fand pres i chwarae alawon Cymreig ac i arwain plant y tenantiaid a phlant Llanfair Talhaearn ar hyd y ffordd o'r pentref i'r plas. Ac yno cafodd 'the cheerful little creatures' wledd eu bywyd.

Bu'n rhaid i'r teulu aros am dair blynedd cyn i'r gwaith adnewyddu yng Ngarthewin gael ei gwblhau, ond, yn ffodus, cafodd Richard Wynne iechyd i arolygu'r gwaith. Ymgymerodd

Nanette â chyfrifoldebau lleol, a bu'n ymweld â'r tloty ac yn agor sawl sioe ac arwerthiant. Ceisiodd ymgydnabod â hanes y Cymry, yn enwedig eu hanes crefyddol, ac ymfalchïai fod ei mab yn dysgu Cymraeg ac yn mynychu eisteddfodau, cyngherddau a chymanfaoedd lleol. Dechreuodd hefyd ganolbwyntio o ddifrif ar ei stad ysbrydol hi ei hun. Yna, o'r diwedd, ar ddydd Sant Ffolant 1930, symudodd Richard, Nanette a Robert Wynne i Garthewin a daeth y plas unwaith yn rhagor yn gyrchfan i fonedd y Gogledd. Trefnai Nanette frecwast i'r Helfa a gwleddoedd ffurfiol i'w ffrindiau, a sicrhâi fod Robert yn cael ei wahodd i ddawnsfeydd a phartïon ym mhlastai bonheddwyr Clwyd.

Ar yr un pryd yr oedd y fam a'r mab yn prysur glosio at Eglwys Rufain ac yn dyheu am sicrwydd y ffydd Gatholig. Tra oeddynt yn aros yn y Radnorshire Arms yn Llanandras, adeg Gŵyl y Tri Chôr yn Henffordd, penderfynasant eu bod yn barod i ddysgu mwy am hanfodion yr Hen Ffydd. Bu'r Tad MacCullagh o Gonwy yn eu hyfforddi am fisoedd ac yn 1931, flwyddyn wedi iddynt ymgartrefu yng Ngarthewin, derbyniwyd Nanette a Robert Wynne yn aelodau o Eglwys Rufain. Fore trannoeth, ar ddydd Gŵyl Dewi, aethant am y tro cyntaf i'r Offeren yn y Rhyl. Wrth yrru adref penderfynodd Nanette Wynne y byddai, ryw ddydd, yn croesawu'r Sagrafen i Garthewin.

* * *

Ar noswyl Nadolig 1934 brysiai grwpiau bychain o oedolion a phlant o bentref Llanfair Talhaearn ac o'r ffermydd cyfagos ar hyd y lôn goed a arweiniai at fuarth plas Garthewin. Gwahoddwyd hwy yno gan y perchennog newydd, Robert Oliver Francis Wynne, i ddathlu Offeren Ganol Nos yng nghapel Catholig bychan y teulu. Chwilfrydedd naturiol a hoffter o elfen theatrig y dathlu a ddenodd Eglwyswyr ac Anghydffurfwyr selog i'r gwasanaeth dieithr hwn. Ni siomwyd hwy, oherwydd yr oedd Nanette Wynne wedi paratoi pob dim yn ofalus. Gan fod y capel ei hun yn rhy fach i gynnwys pawb, codwyd ffrâm to gwellt dros y clos o flaen yr adeilad a gosodwyd rhwyll dân ar ganol y buarth i gadw'r gynulleidfa yn gynnes. Goleuid y preseb hardd a osodwyd wrth gefn y gynulleidfa gan lewyrch y llu o ganhwyllau a ddisgleiriai yn y capel bach. Ychydig cyn canol nos gorymdeithiodd yr offeiriad Catholig, ynghyd â Nanette a Robert Wynne a'u ffrindiau, o'r plas i'r capel i ddathlu'r Offeren. Yna, am hanner nos, clywid cloch capel Garthewin yn Nyffryn Elwy a gwelid rocedi'n disgyn yn eirias uwchben y capel. Yn ôl Nanette Wynne yr oedd y Baban Iesu wedi dychwelyd i fynyddoedd Hiraethog.

Dyma'r cyfle cyntaf a gafodd trigolion Llanfair Talhaearn a'r cylch i weld capel Garthewin, ond gwyddent am sêl Gatholig Robert Wynne a'i fam a chlywsent Nanette Wynne yn dweud fwy nag unwaith mai eglwys Gatholig oedd eglwys y plwyf, Llanfair Talhaearn cyn y Diwygiad Protestannaidd. Ymfalchïai Nanette iddi fod yn gyfrwng i arwain y Wynniaid yn ôl at eu gwreiddiau ac at wir grefydd yr hen bendefigaeth Gymreig, a breuddwydiai am y dydd pan fyddai'r Offeren Gatholig yn cael ei hanrhydeddu a'i pharchu unwaith yn rhagor yn y fro. Yn wir, ymgyrch gyntaf Robert Wynne pan etifeddodd y plas wedi marwolaeth ei dad ar 29 Rhagfyr 1932, a'i ewythr ar 9 Hydref 1933, oedd comisiynu Dr Rinvolucri i gynllunio capel yng Ngarthewin. Cynllunydd gwisgoedd oedd yr Eidalwr yn wreiddiol, ond bu'n dyheu ers blynyddoedd am y cyfle i addasu adeilad yn gapel Catholig bychan. Cafodd Robert Wynne a'i fam ysbrydoliaeth ar gyfer yr ymgyrch yn ystod eu pererindodau i Ynys Enlli, Iwerddon a'r Eidal. Y Pasg cyntaf wedi marwolaeth Robert William Wynne trefnodd Nanette daith i'r Eidal i ddathlu'r tawelwch ysbrydol a ddisgynasai arnynt wedi iddynt gael eu derbyn i Eglwys Rufain. Credai Nanette fod rhyw hyfrydwch newydd yng Ngarthewin hefyd, ond tybiai mai'r Eidal oedd y lle addas i ddathlu'r Pasg. Yn Fflorens profodd ddrama'r seremonïau eglwysig, gwelodd y tân gwyllt yn ffrwydro, a chlywodd y trwmpedau arian yn atseinio drwy'r ddinas. Teimlodd i'r byw wefr yr eiliad pan daflwyd y gorchudd enfawr oddi ar y Groes yn y Duomo ar fore Gwener y Groglith.

Ond y siwrnai i L'Averna oedd yn dyngedfennol. Yn y man cysegredig hwnnw, lle, yn ôl yr hanes, y derbyniodd Sant Ffransis yr archollnod, profodd Nanette Wynne lawenydd pur. Wedi rhyfeddu at ddarluniau'r brodyr Della Robbia yng nghapel y fynachlog, ymweld â'r garreg hollt lle y cysgodd Sant Ffransis, a syllu ar greiriau'r Ffydd—ffon a gwregys y sant, a darn o'i ddillad yn dwyn staen gwaed archollnod Crist—aeth Mrs Wynne i orffwys ar fryncyn gerllaw'r fynachlog. Erbyn i'w mab ddychwelyd ati yr oedd wedi cael rhyw fath o weledigaeth ac yn deall ystyr dioddefaint Sant Ffransis. Yn L'Averna profwyd iddi fod ei Phrynwr yn fyw. (Ceir yr hanes uchod yn ail lyfr Mrs Wynne *The True Level* (1947), ac ni ellir amau ei didwylledd, er gwaethaf yr ysgrifennu gordeimladwy.)[9]

Ar 26 Ebrill 1934, flwyddyn union wedi taith Nanette a Robert Wynne i L'Averna, cysegrwyd capel Garthewin gan yr Esgob Francis

Capel Catholig Garthewin

Llyfrgell Luniau Country Life

Vaughan. Yn anffodus, collodd Nanette y seremoni oherwydd salwch, ond medrai weld y gwesteion yn cyrraedd o ffenestr ei hystafell. Y bwriad yn 1933 oedd addasu un o ystafelloedd y plas yn gapel y teulu, ond penderfynwyd yn ddiweddarach mai gwell fyddai ailgynllunio'r adeilad ger y fynedfa. Pan oedd Garthewin megis pentref bach hunangynhaliol, gyda'i waith brics, ei fracty, ei efail a'i dŷ golchi ei hun, defnyddid yr adeilad gan seiri'r ystad, a sylweddolodd Dr Rinvolucri ei fod yn berffaith o ran maint, ffurf ac ansawdd ar gyfer capel bach. Ychwanegwyd clochdy a ffenestri bwa, ac uwchben y llenni coch, cyfoethog y tu ôl i'r allor crogwyd croes drawiadol. Yn Llundain daeth Nanette o hyd i ffigur o'r Forwyn Fair a'r baban Iesu, ac mae'r cerflun yn dal yng nghapel Garthewin. Tri yn unig o'r ffigurau hyn a gerfiwyd, a phrynwyd un ohonynt gan G. K. Chesterton. Rhydd ef ddisgrifiad da o'r ffigur yn ei gyfrol *Christendom in Dublin* (1932):

> I was looking for an image of Our Lady which I wished to give to the new church in our neighbourhood . . .
>
> The colours were traditional; but the colours were not conventional; a wave of green sea had passed through the blue and a shadow of brown earth through the crimson, as in the work of the ancient colourists. The

conception was common and more than common, and yet never merely uncommon. She was a peasant and she was a queen, and in that sense she was a lady; but not the kind of sham lady who pretends to be a peasant, nor the sort of sham peasant who pretends to be a lady. She was barefoot, like any colleen on the hills; yet there was nothing merely local about her simplicity. I have never known who was the artist and I doubt if anybody knows; I only know that it is Irish, and I almost think I should have known without being told. I have heard of one other man who felt as I do, and went miles out of his way at intervals to revisit the little church where the image stands. She looks across the church with an intense earnestness in which there is something of endless youth; and I have sometimes started, as if I had actually heard the words spoken across that emptiness: 'I am the Mother of God, and this is Himself, and He is the boy you will all be wanting at last.'[10]

Swynwyd Nanette gan y ddelw, ond ar yr un pryd synhwyrodd ymateb bonheddwyr y cylch a thrigolion Llanfair Talhaearn: 'Our Lady with the Child, so tender, bare-footed, robed in deep blue and dark rose, with the child's little arms clinging gently to her, roused mingled feelings of attraction and mistrust. She was lovely, the babe was adorable, *but* it was just an image and we were worshipping images, relapsing into superstition and idolatory in fact! Most strange for educated people. No matter, the little chapel disarmed hostile criticism and won hearts . . .'[11] Cysegrwyd y capel i'r Forwyn Fair ac i Sant Ffransis, a chafwyd caniatâd i ddathlu'r Sagrafen Fendigaid yng Ngarthewin. Arddangoswyd un o greiriau Sant Ffransis [secondary relic] y tu ôl i wydr yn un o furiau'r capel ac ar fur arall gosodwyd ffrâm yn dal dau bennill a ysgrifennwyd gan Nanette yn arbennig ar gyfer seremoni cysegru'r capel:

Gorymdaith Corpus Christi yng Ngarthewin

High on L'Averna in the Sun you're walking
Amongst your well beloved flowers and birds,
But far away wild Wales through mists is calling,
Athirst for all your gracious ways and words.

Oh come, St. Francis, with the sunlight round you,
From your high places, with your heart aflame,
Wounded, transfigured, mirror of your Master,
Come to the little Church that bears your name.

Tua dwy flynedd cyn cysegru'r capel yng Ngarthewin ymunodd Robert Wynne â'r Blaid Genedlaethol, fel yr adwaenid hi ar y pryd, a chredai ei fam fod ei grefydd a'i wleidyddiaeth yn cydblethu. Ystyriai hi fod y Blaid yn fudiad a allai achub Cymru rhag materoliaeth y ganrif ac a allai hyrwyddo 'a return to a sane and Christian order of things'.[12] I Robert a Nanette Wynne, y drefn Gatholig oedd y drefn honno, ac y mae darllen y bennod 'The Soul of Wales' yn y gyfrol *The True Level* yn brofiad pur ysgytiol. Dyma lle y ceir hanes Penyberth, ond cyfleir ynddi hefyd angerdd dyhead Nanette am weld Cymru'n dychwelyd at y Ffydd Gatholig. Yn gyntaf, rhydd Nanette ei dadansoddiad hi o natur crefydd y Cymry:

> God exists for them in His majesty and might, and many possess a real personal love of Our Lord; but since His presence was removed from their altars those years ago there is also a sense of loss. Their Lord has been taken away, and they 'know not where He is laid'. They no longer understand the *literal* truth of His promise, that He would be with us until the end of time, not only in spirit but in truth, incarnate ever in His Church . . . Their love of children is well known, and they possess a natural tenderness of heart which unites them unknowingly to Mary, His mother, especially under Her most tender title, Our Lady of Compassion. If only they understood, how gladly would they not welcome the great good news, that the mother still gives us her child, the son still gives us His mother.[13]

Unochrog, a dweud y lleiaf, oedd dadansoddiad Nanette Wynne, a byddai cyfran helaeth o aelodau'r Blaid wedi ymwrthod â'i dehongliad Catholig hi o'r tân yn Llŷn. Wrth drafod Penyberth rhoddir pwyslais mawr ar y ffaith fod yr Ysgol Fomio wedi ei lleoli ar fangre gysegredig y Seintiau ac ar Ffordd y Pererinion i Ynys Enlli. Yn nhyb Nanette Wynne, nid damwain chwaith oedd dyddiad y tân, sef 8 Medi 1936: 'It was on Our Lady's birthday night that fire was kindled, not by knowledge or design, but some there are who see design in that fact which sets a seal upon its essential rightness.'[14] Ymdreiddiai Catholigiaeth Robert a Nanette Wynne, felly, i bob agwedd o'u bywyd, a'r ymrwymiad diwyro i Eglwys

Rufain oedd wrth wraidd dymuniad y ddau i noddi hen draddodiadau'r uchelwyr Cymreig ar aelwyd Garthewin. A chyn belled ag yr oedd y fam yn y cwestiwn, ffyniant y Ffydd oedd y rheswm pennaf dros gymeradwyo cynllun ei mab i addasu ysgubor hardd y plas yn theatr fechan.

* * *

Tua Medi 1937 penderfynodd Robert Wynne wireddu ei freuddwyd am wneud Garthewin yn gartref i'r ddrama Gymraeg. Yn rhannol, ei ddiddordeb yn nhraddodiadau'r gwareiddiad pendefigaidd Cymreig a'i hysgogai i noddi'r ddrama, a'r gŵr a'i gwnaeth yn ymwybodol o'r traddodiadau hynny oedd Saunders Lewis. Daethai Robert Wynne i gysylltiad agos â Saunders Lewis yn 1932, flwyddyn cyn iddo etifeddu Garthewin. Erbyn 1932 yr oedd Wynne wedi dysgu ychydig Gymraeg ac yn ymddiddori yng ngweithgareddau Plaid Genedlaethol Cymru. Ym marn y Wynniaid yr oedd y Blaid hon yn cynrychioli hen werthoedd, a chadarnhawyd eu ffydd ynddi pan glywsant yn 1932 fod y Llywydd, sef Saunders Lewis, wedi troi at yr Eglwys Gatholig. Seliwyd y cyfeillgarwch ymhellach pan ddarganfu Robert Wynne fod Saunders yn fonheddwr o ran greddf ac yn gymaint arbenigwr ar win a cognac ag ef ei hun.

Wedi i Robert Wynne etifeddu Garthewin yn 1933 bu Saunders yn ymwelydd cyson â'r plas, a rhan o bleser y ddau oedd mwynhau'r clared gorau yn ystafell fwyta fendigedig Garthewin, cyn symud ar ddiwedd y noson i yfed armagnac neu cognac wrth dân *drawing-room* y plas. Ym mis Medi 1948, wrth gyflwyno copi o *Blodeuwedd* i'w ffrind yng Ngarthewin, y mae Saunders yn cyfeirio'n gellweirus at hoffter yr ysgwïer o win da. Ar dudalen flaen y gyfrol ysgrifennodd englyn a gyfansoddodd yn y fan a'r lle:

Gwlybwr oer gwael bererin—ar ei daith
Ydyw'r dŵr cynefin.
I'm hoff frawd anghyffredin
Onid gwell ychydig win?

Mae'n wir fod Saunders yn mwynhau pleserau Garthewin, ond yr oedd y lle iddo hefyd yn symbol o'r Tŷ a fyddai'n gynhaliaeth iddo ef a'r genedl, ac yn ystod ei ymweliadau cynnar â'r plas ceisiai wneud yr ysgwïer yn fwy ymwybodol o'r diwylliant Cymreig ac o'i gyfrifoldeb fel uchelwr i gynnal y diwylliant hwnnw. Yr oedd daliadau politicaidd, crefyddol a diwylliannol Saunders a Robert Wynne yn cydasio, ac yn y cyfnod hwn crewyd cylch bychan elitaidd o ffrindiau Catholig a arferai ymgynnull yng

Ngarthewin i sgwrsio ac i ddathlu'r Offeren. Yn 1923, mewn llythyr at Kate Roberts, cyffesodd Saunders Lewis ei fod yn casáu siarad yn gyhoeddus, ac na fyddai'n yngan gair 'yn dragywydd dros genedlaetholdeb na Chymraeg pedfai modd cadw'n fyw rywsut arall gwmni bach aristocrataidd Cymreig a gadwai lên a chelf yn ddiogel heb falio botwm am y werin daeogion. Ond gan nad oes digon ohonom eto, rhaid i ninnau beryglu ein celfyddyd a byw fel y gallom "sous l'œil des barbares".'[15] Darganfu'r cwmni bach aristocrataidd hwnnw yng Ngarthewin , ac wedi i wraig ifanc yr ysgwïer ymgartrefu yng Nghymru, daeth y plas yn y pedwar-degau yn ganolfan i bobl ddethol y Gymru Gymraeg.

Yn ystod ei ymweliadau â Garthewin byddai Saunders wedi cael cyfle hefyd i giniawa yng nghwmni Thomas Evelyn Scott-Ellis, sef yr Arglwydd Howard de Walden, a gymerasai Gastell y Waun ar brydles. Yr oedd Saunders Lewis eisoes yn adnabod de Walden ac yn ei edmygu fel noddwr hael y ddrama yng Nghymru. Ar aelwyd Robert a Nanette Wynne mae'n siŵr y byddai'r sgwrs wedi troi'n aml at gyflwr y ddrama a'r diffyg neuaddau pwrpasol ar hyd a lled y wlad. Mae'n bur debyg hefyd y byddent wedi trafod addasrwydd ysgubor Garthewin ar gyfer perfformio dramâu. Ond yn 1933 yr oedd Robert Wynne yn rhy brysur yn cynllunio capel Garthewin, ac yn gweld dyfodol y ddrama yn ymgyrch Howard de Walden i sefydlu Chwaraedy Cenedlaethol Cymreig yn Llangollen.

Cefnogai Saunders Lewis ymdrechion de Walden oherwydd credai mai drwy sefydlu theatr broffesiynol y deuai'r ddrama yn gelfyddyd yng Nghymru. O gofio ei erthygl yn rhifyn Mehefin a Gorffennaf 1928 o'r *Llwyfan*, hawdd deall pam y derbyniodd Saunders Lewis y gwahoddiad a gafodd gan y Chwaraedy Cenedlaethol yn 1934 i weithredu ar Gyngor y Cwmni, er gwaethaf y ffaith fod nifer o'i gyd-Gymry'n gresynu fod cwmni de Walden mor Seisnig ei naws. Yn yr erthygl yn *Y Llwyfan* y mae Saunders Lewis yn dadlau na ellir disgwyl theatr o'r radd flaenaf yng Nghymru heb yn gyntaf drwytho cyfarwyddwyr ac actorion yn y grefft o lwyfannu drama. Yn y dauddegau byddai Saunders Lewis yn mynd yn rheolaidd i weld pob drama ar lwyfannau Abertawe, ac yno gwelodd waith cwmni drama'r ddinas ynghyd â gwaith sawl cwmni arall o'r De. Daeth i'r casgliad nad oedd dim datblygiad wedi digwydd yng nghyflwyniadau'r cwmnïau yn ystod pum mlynedd o'u gwylio'n perfformio, ac nad oedd dyfodol y ddrama'n ddiogel yn nwylo amaturiaid:

> Ni welaf obaith am gelfyddyd gain oddiwrth hyd yn oed y goreuon o *amateurs* Cymraeg. Ni ellir disgyblu neb yng Nghymru oddieithr crefftwyr yn dibynnu ar eu crefft am eu byw. I'r cwmniau a welais i, rhyw

sbri neu adloniant neu waith cenhadol oedd chwarae drama, nid crefft . . . Yr oeddynt, fel pob bwnglerwr ym myd celfyddyd, yn dibynnu ar ysbrydoliaeth ac awen. Mewn cwmni proffesedig, yn gweithio am eu bywyd, ni oddefid iddynt gael ysbrydoliaeth. Byddai'n rhaid iddynt ddysgu techneg ddiogel, ddibetrus, a'i medru yn llwyr fel y medr saer ei waith yntau. Hynny'n unig a ddyry inni gelfyddyd drama, a champ celfyddyd yw'r unig reswm da dros fynd i weld drama.[16]

Yn 1933 yr union beth y gallai'r Chwaraedy Cenedlaethol ei gynnig i actorion a chyfarwyddwyr oedd hyfforddiant yng nghrefft a thechneg y llwyfan, ac yn y maniffesto a gyhoeddwyd o dan y teitl 'Dibenion' rhestrir amcanion y Cwmni. Hawdd gweld rhai o ddelfrydau Saunders yn yr amcanion canlynol:

1. Cael Chwaraedy wrth broffes parhaol Cymreig, yn meddu ar bob cyfleustra i hyrwyddo efrydiaeth ac arferiad drama.
2. Cael cnewyllyn bach o chwaraewyr a rydd eu holl amser i ymarferyd ac efrydu.
3. Cynhyrchu perfformiadau drama o safon uchel ac felly roddi cyfle i bawb a gymer ddiddordeb i ddysgu oddi wrthynt ac i'w hefrydu.
4. Dodi'r manteision hyn at alwad actorion a chwmniau llafur cariad a chynhorthwyo o'r rhai a fynnai roddi cais ar gynhyrchiadau fo'r tu hwnt i'r galluoedd cyffredin.
5. Iawn gyfeirio yr hyn a sylweddolir drwy gystadleuaeth at ddibenion pellach.
6. Dyrchafu'r ddrama i'w phriod le yn gydradd â cherddoriaeth ymhlith celfyddydau'r Dywysogaeth.[17]

Y tro cyntaf i Gwmni'r Chwaraedy Cenedlaethol berfformio yng Nghymru oedd yng ngŵyl cyhoeddi Eisteddfod Genedlaethol Castell-nedd yn 1933, lle y perfformiwyd *Howell of Gwent* J. O. Francis, wedi ei chynhyrchu gan Fewlass Llewellyn, a *Doctor er ei Waethaf*, cyfieithiad Saunders Lewis o *Le Médecin malgré lui* Molière, gyda Clifford Evans yn cynhyrchu. Yn y perfformiad darllenwyd llythyr oddi wrth Sybil Thorndike yn ymddiheuro na fedrai ymuno â'i ffrind, Howard de Walden, ym mherfformiad cyntaf y Chwaraedy.

Cafodd drama Molière yn ei diwyg Cymraeg lawer mwy o groeso na *Howell of Gwent*. Chwaraewyd rhan Sganarelle gan Dafydd Gruffydd, rhan Martine gan Evelyn Bowen, a rhannau'r gweision gan D. T. Johns a George Davies, a chynlluniwyd y gwisgoedd Celtaidd gan Bruce Williams, un o gynllunwyr blaenllaw'r cyfnod. Bu'r wasg yn hael ei chlod, a nodwyd mewn adolygiad gan Morgan Rees, Llanelli fod *Doctor er ei Waethaf* wedi creu chwaeth newydd yng Nghymru: 'The well-directed production of Molière's comedy, "Doctor er ei Waethaf", would have taxed the comprehension of a Welsh audience a few years ago. But at Neath the play's foreign idiom and French atmosphere were no hindrance to its appreciation by a crowded house. In the success of the Neath venture by the Welsh National Theatre we saw an indication of a refining of the popular taste in drama, but also one of the most ambitious efforts hitherto made to satisfy their taste . . .'[18]

Cafwyd perfformiadau llwyddiannus eraill o gyfieithiad Saunders Lewis yn y Barri a Chaerdydd, ond siomwyd llawer o'r Cymry gan mai 'God Save the King' a genid wedi pob perfformiad er gwaethaf datganiadau Evelyn Bowen, symbylydd cwmni de Walden, mai hyrwyddo'r ddrama Gymraeg oedd y bwriad, ac mai Cymraeg oedd unig iaith bosibl 'y wir ddrama Gymreig'.

Ni welodd Nanette a Robert Wynne gynhyrchiad y Chwaraedy Cenedlaethol o *Doctor er ei Waethaf*, ond yn 1933 aethant i Eisteddfod Genedlaethol Wrecsam i weld cynhyrchiad y cwmni o *Pobun*. Cyfieithiad T. Gwynn Jones o *Jedermann* yn seiliedig ar ddiweddariad Hugo von Hofmannsthal o'r ddrama foes ganoloesol oedd y ddrama hon, a'r cyfarwyddo gan Dr Stefan Hock o Fienna. Yr oedd y cynhyrchiad yn sioe anferth gyda thri chant o actorion, golygfeydd trawiadol a cherddoriaeth gorawl. Wedi'r perfformiad gwahoddwyd rhai o ffrindiau Howard de Walden i barti dethol, ac ymhlith y gwahoddedigion yr oedd Nanette a Robert Wynne, Bernard Shaw a Sybil Thorndike. Y mae'n sicr ei fod yn barti llawen, oherwydd credai de Walden a'i ffrindiau fod *Pobun* yn gynhyrchiad ysgubol o lwyddiannus. Cyfrannodd Howard de Walden oddeutu £1,500 tuag at y costau ynghyd â'r £375 y bu'n rhaid iddo eu talu i awdurdodau porthladd Grimsby i ryddhau'r tunelli o ddillad a fewnforiodd o Salzburg ar gyfer y perfformiad yn Wrecsam. Aethpwyd â'r dillad i'r Groesnewydd, ffermdy ar gyrion Wrecsam, lle'r oedd y Dr Stefan Hock, Mrs Emyr Williams, maeres y dref, a Mrs Lloyd Jenkins, meistres y gwisgoedd, yn aros amdanynt. Yn anffodus, nid oedd agoriadau'r cistiau ar gael a bu cryn helbul cyn dod o hyd i grefftwr a fedrai dorri'r cloeau trymion. Ond anghofiwyd yr holl drybini wedi i Sybil Thorndike ddatgan ei barn am *Pobun* yn y wasg: 'It is one of the most wonderful things, if not the most wonderful thing I have ever seen in my life. I was carried away by it. It was beautiful!'[19]

Yr oedd barn y wasg Gymreig yn wahanol i eiddo ffrindiau de Walden. Y cwestiwn a ofynnid oedd, 'Beth oedd effaith paratoi "Pobun" ar safon perfformio yn ardal Wrecsam?', a'r casgliad cyffredinol oedd 'y buasai cynhyrchu drama ar raddfa lai, neu mewn neuadd o faintioli gweddol ac o dan amodau agosach at gyflwr pethau yng Nghymru, yn fwy o hwb i'r ddrama na chynhyrchiad y Cwmni Cenedlaethol'.[20] Mae'n wir na wnaeth y sioe enfawr hon wahaniaeth i safon cyfarwyddo ac actio yng Nghymru, er i gymaint o actorion gymryd rhan ynddi ac i ugain mil o bobl fynychu'r ddau berfformiad yn Wrecsam. Ond go brin i'r feirniadaeth o du Nanette Wynne a'i mab fod yn anffafriol gan fod *Pobun* o ran ei neges a'i harddull yn ddrama wrth eu bodd. Neges grefyddol oedd i'r ddrama a chynhyrchiad Catholig oedd eiddo'r Dr Stefan Hock, ac felly ymddangosai de Walden i'r Wynniaid fel noddwr yr ysbrydol a'r dwys. Y gwir amdani, fodd bynnag, oedd fod de Walden yn greadur go wahanol i ysgwïer Garthewin, gan nad oedd llawer o'r ysbrydol a'r dwys yn perthyn i'w fywyd prysur ef. Hoffai hela yn yr Affrig, casglu planhigion yn y Congo, mynychu rasys ceffylau a hwylio ei long anferth o amgylch Prydain. Cynyrchiadau llawen ac ysgafn a welid ar lwyfan ei theatr breifat yn ei gartref Seaford House, Belgravia, ac adeg y Nadolig yng Nghastell y Waun i bantomeim y gwahoddid pobl, nid i Offeren. Byddai'r Arglwydd de Walden wedi ei oglais o wybod fod rhan Angau yn y cynhyrchiad o *Pobun* yn cael ei chwarae gan E. G. Hughes, trefnydd angladdau yn ardal Wrecsam, rhan Mamon gan J. W. Williams, a oedd yn swyddog undeb, a'r Diafol gan D. T. Morgan, un o ddiaconiaid mwyaf parchus y dref.

Mewn llawer o ffyrdd cynigiai'r Eisteddfod Genedlaethol lwyfan i sbloets a sioe de Walden. Yn Eisteddfod Abergwaun, 1936, creodd ei drefniadau teithio gryn ddiddordeb, ac o dan benawdau tebyg i 'To Eisteddfod by Yacht' cafwyd disgrifiadau cyffrous yn y wasg o ddull Llywydd yr Eisteddfod o deithio i'r brifwyl:

> Lord Howard de Walden is going to the National Eisteddfod at Fishguard in August in his private yacht. He has told the committee that he will anchor in the bay during the Eisteddfod week, and will provide accommodation for the four choirs from Canada and the United States who arrive at Fishguard in the liner Letitia.[21]

O'i gymharu â Howard de Walden, a oedd yn berchen ar aceri o dir mwyaf gwerthfawr Llundain, dyn cymharol dlawd oedd ysgwïer Garthewin. Yr oedd wedi gorfod dygymod â dyledion ei ewythr Robert William Wynne, a rhaid cofio hefyd mai pedair chwaer ei dad a etifeddodd yr holl arian, ac mai'r ystad yn unig a dderbyniodd ef. Er bod Nanette a Robert yn gyfforddus iawn eu byd, nid oedd y modd ganddynt i noddi ar raddfa de Walden, ond yr oedd yn amlwg ei fod yn cynnig iddynt batrwm o fonheddwr a oedd yn medru'r Gymraeg, yn ysgrifennu operâu rhamantus wedi eu seilio ar fytholeg Geltaidd, ac yn gweld y theatr fel cyfrwng pwysig i addysgu'r genedl.

Er mwyn cefnogi ymgyrch de Walden a'r cwmni a gymeradwywyd gan eu ffrind, Saunders Lewis, aeth Robert a Nanette Wynne i Lerpwl yn ystod y Pasg 1936 i weld perfformiad arall gan y Chwaraedy Cenedlaethol yn Theatr y Pafiliwn, Lodge Lane. Y ddrama oedd *Llwyfan y Byd*, ac unwaith yn rhagor yr oedd y cynnwys a'r cynhyrchu wrth eu bodd. Neges y ddrama oedd fod yn rhaid i bob dyn chwarae'r rhan a roddwyd iddo gan Dduw, ac wedi i'r chwarae orffen, rhaid oedd iddo ymadael â llwyfan y byd a derbyn y wobr neu'r gosb yn ôl fel y chwaraeodd ei ran. Cafwyd rhai adolygiadau brwdfrydig o'r perfformiadau Cymraeg yn y wasg yn canmol y 'wledd i'r llygad a'r glust' a'r 'gwead amheuthun'. Cymaint oedd y clod a gafodd y cynhyrchydd, Dr Stefan Hock, fel yr awgrymwyd yn ystod y flwyddyn ddilynol gan y dramodydd, J. Ellis Williams, y dylid ei apwyntio i Gadair Ddrama yng Ngholeg y Brifysgol, Aberystwyth, oherwydd 'he could lead and inspire us—and do for Welsh drama what Professor T. Gwynn Jones has already done for Welsh poetry.'[22] Ceir syniad o natur y cynhyrchiad yn y disgrifiad canlynol, lle yr amlygir dylanwad ei athro Max Reinhardt ar ddewis Dr Hock o effeithiau sain, goleuo a threfnu llwyfan:

> Egyr y chwarae gyda sŵn canu côr o'r golwg a dim ond nifer o sêr yn crynu a disgleirio yn y gwacter tywyll. Yna tyr golau llachar ar lwyfan uchel lle saif nifer o broffwydi ac angylion yn canu mawl i'r Iôr. O'r dyfnderau daw'r Trydydd Angel a Daear yn ei ganlyn. Ar eu hôl hwythau daw Angau a Chwilfrydig. Wedi i Ddaear ymholi i ba beth y daethant ynghyd, daw Gwrthwynebwr i'r golwg. Ar ôl canu cyrn, a thywyllu a goleuo o'r llwyfan, a phlygu o'r proffwydi a'r sibliaid ar eu gliniau, daw yr Angel Cyntaf ymlaen i ddôr y llys a mynegi 'Mynn ein Meistr baratoi gwledd a chwarae iddo'i hun. Y mae Ef yn galw arnat (Daear) i godi'r llwyfan yn y fan yma.' Wedi distawrwydd, daw yr eneidiau digorff i mewn; safant tan ganu ar y llwyfan uchaf yn hanner cylch. Saif Daear, Angau a Chwilfrydig yn y rhagolygfa, a chymer Gwrthwynebwr ei eisteddle ar risiau, yn y rhagolygfa, gyda'i lyfrau a'i gist.[23]

Yr oedd Hollywood wedi cyrraedd Lerpwl!

Y fersiwn Saesneg o *Llwyfan y Byd* a welodd Robert a Nanette Wynne, ac yn ôl yr ysgwïer cafodd y cyflwyniad ddylanwad mawr ar y ddau ohonynt. Mewn sgwrs â'r diweddar Athro Bedwyr Lewis Jones yng Ngarthewin yn 1989, dywedodd Robert Wynne mai'r perfformiadau a'i hysbrydolodd ef a'i fam i feddwl o ddifrif am addasu ysgubor Garthewin yn theatr oedd *Llwyfan y Byd*, ynghyd â dwy ddrama arall a gyflwynwyd ar daith gyntaf y Chwaraedy.[24] Gellir deall paham y denwyd Nanette a Robert Wynne gan *Llwyfan y Byd*, addasiad T. Gwynn Jones o *Das Salzburger grosse Welttheater* gan Hugo von Hofmannsthal. Addasiad o ddrama Gatholig Calderón, *El gran teatro del mundo* (*c*.1641) oedd drama Hofmannsthal, ac fe'i perfformiwyd am y tro cyntaf yn 1922 mewn eglwys Gatholig yn ystod gŵyl Salzburg, gyda Max Reinhardt yn cyfarwyddo. Yr oedd holl naws y ddrama'n gydnaws â daliadau'r Wynniaid, a chyfarwyddo gorddramatig Stefan Hock, a chaneuon y côr enfawr, yn tanlinellu'r neges Gatholig.

Y ddwy ddrama arall a wnaeth argraff ddofn ar Nanette a Robert Wynne oedd *Y Gainc Olaf* T. Gwynn Jones a *The Story of Bethlehem* gan Angela Hibbard a Joyce Russell, yr union ddramâu a groesawyd i Garthewin pan addaswyd y theatr ar gyfer Cwmni'r Chwaraedy. Ond yn 1934 yr oedd y cwmni'n berffaith hapus yn ei bencadlys ym Mhlas Newydd, Llangollen. Trefnodd Evelyn Bowen, cyfarwyddwraig y cwmni, Ysgolion Drama yno i hyfforddi actorion a chyfarwyddwyr sut i gynllunio dillad a setiau, sut i drin arfau, sut i oleuo llwyfan a sut i leisio'n effeithiol. Ymhlith y darlithwyr yn un o'r ysgolion yr oedd Thomas Taig, aelod o Adran Saesneg Coleg y Brifysgol, Abertawe, a etholwyd, ynghyd â Saunders Lewis, ar Gyngor y Chwaraedy ar 21 Gorffennaf 1934. Dair blynedd yn ddiweddarach yr oedd Taig i chwarae rhan allweddol yng nghynlluniau Robert Wynne i noddi'r ddrama yng Nghymru. Yn 1934, fodd bynnag, nid oedd sôn am Garthewin, a bwriad de Walden y flwyddyn honno oedd hybu gweithgareddau Cwmni'r Chwaraedy gyda'r gobaith o wneud Llangollen yn Salzburg neu yn Malvern Cymru.

Yn Hydref 1934 cychwynnodd Cwmni'r Chwaraedy ar daith o amgylch Cymru. Ar y noson y gwelodd Nanette a Robert Wynne berfformiadau o ddwy o ddramâu'r daith, sef *The Story of Bethlehem* a'r *Gainc Olaf*, cawsant gyfle i sgwrsio gydag Evelyn Bowen, a oedd yn chwarae rhan Mali. Yr oedd gan y Wynniaid ddiddordeb penodol ym mywyd Evelyn, a oedd ar y pryd wedi dyweddïo â Frank O'Connor, a ddaeth, ymhen amser, yn rheolwr Theatr yr Abbey. Yr oedd Pabyddiaeth, felly, yn dra phwysig iddi, ac Iwerddon yn agos at ei chalon. Cwynai rhai o'i chyd-actorion yn erbyn ei dewis o ddramâu gorgrefyddol a'i thueddiad i gyfarwyddo cynyrchiadau gor-Gatholig eu naws. Ond nid naws y dramâu a oedd yn bennaf gyfrifol am fethiant Cwmni'r Chwaraedy i ddenu cynulleidfaoedd yn ystod eu taith. Bron ym mhob canolfan, o'r un gyntaf yn Llanfair Caereinion i'r un olaf oddi cartref yn Rhosllannerchrugog, profodd y cwmni drafferthion ac anawsterau, a hynny am nad aethai trefnydd y daith i'r canolfannau ymlaen llaw i asesu cyflwr ac adnoddau'r neuaddau a'r llwyfannau. Yn rhy aml o lawer, rhaid oedd ad-drefnu'r llwyfan, ailwampio'r symudiadau, a hepgor rhai o'r goleuadau cyn y perfformiadau. Ysgrifennodd un o'r actorion, sef Ivor Green, Rhos at D. R. Davies, Aberdâr ar 16 Hydref 1934 yn adrodd am ddiffyg brwdfrydedd ar ran y cynulleidfaoedd a diffyg trefnu ar ran y cwmni ei hun:

> Ychydig o gefnogaeth a gafodd y cwmni yn Nhonypandy. 'Roedd cynulliad gweddol dda nos Sadwrn. Ond yma yn Nedd neithiwr 'roedd hi'n dorcalonnus. Wn i ddim a oedd pedwar dwsin yn y neuadd. Doedd dim rhagor beth bynnag. Roedd y bobl a edrychai ar ôl y neuadd ddim yn gwybod i sicrwydd am ein hymweliad. Wrth gwrs, does dim eisiau i mi ail-adrodd fy marn wrthych am y trefniadau.[25]

Ni chafodd Cwmni'r Chwaraedy Cenedlaethol, felly, lawer o groeso, ac wedi 1934 ni threfnwyd taith arall o amgylch Cymru. Ychydig a fynychodd Ysgol Ddrama'r cwmni yn Llangollen hefyd, ac er i Meriel Williams, merch ifanc egnïol o Langennech, ymgymryd â swydd Evelyn Bowen wedi iddi adael am Iwerddon, nid oedd dyfodol sicr i'r Chwaraedy yn Llangollen, ac nid oedd theatr bwrpasol ym Mhlas Newydd ar gyfer actorion, cyfarwyddwyr a dramodwyr. Er mwyn gwella'r sefyllfa, ac er mwyn hybu achos y ddrama yng Nghymru, aeth ysgwïer Garthewin ati yn 1937 i addasu ysgubor y plas yn theatr fechan ar gyfer cwmni'r Arglwydd Howard de Walden.

* * *

> A few years before the last war the late Howard de Walden established a Welsh National Theatre Company with its headquarters in Llangollen, but they were faced with the difficulty that few towns and villages in Welsh speaking Wales could provide adequate stage facilities for the drama. Here and there a fair sized concert platform might be available, but a concert platform and a stage properly constructed for the drama are two quite different things. So it occurred to me that it would be a simple matter to turn the old barn at Garthewin into a pleasing little theatre and thus provide one centre for the drama in the midst of Welsh Wales.[26]

Dyna a ddywedodd Robert Wynne am Garthewin mewn cyfweliad radio â Dafydd Gruffydd yn gynnar yn y pumdegau. Mewn papur a ysgrifennodd yn 1946 yn disgrifio rhaglen ac adnoddau'r theatr, pwysleisia'r ysgwïer mai theatr dros-dro oedd theatr Garthewin, gan mai ei fwriad wrth addasu'r ysgubor oedd rhoi arweiniad ac ysgogi ffrindiau'r ddrama i sefydlu rhwydwaith o theatrau bychain drwy Gymru. Yn 1936, flwyddyn cyn addasu ysgubor Garthewin, pwysleisiodd Kitchener Davies wrth feirniadu cystadleuaeth ysgrifennu drama mewn eisteddfod yn Aberdâr, fod yn rhaid i ddramodwyr wrth theatr a gweithdy addas os oedd y ddrama yng Nghymru i ffynnu: 'Y mae gennym actorion, cynhyrchwyr, beirniaid ac awduron o ryw fath, ond nid oes gennym weithdy. Yr ydym ni (yr awduron) yn gwybod mor blentynnaidd ydyw ein gwaith. Y mae arnom angen gweithdy lle y gallwn ysgrifennu a chynhyrchu dramâu a fyddo'n deilwng ohonom fel cenedl.'[27] Wrth gomisiynu Thomas Taig o Abertawe i gynllunio'r theatr, sicrhaodd yr ysgwïer weithdy teilwng i ddramodwyr yng Nghymru, er na wyddai yn 1937 mai un o'i ffrindiau pennaf fyddai'r dramodydd cyntaf i feithrin ei grefft yno.

Byddai Saunders Lewis ei hun wedi cymeradwyo Thomas Taig yn ddigon hyderus i'r ysgwïer oherwydd gwyddai y medrai swyno Nanette a Robert Wynne â'i egni a'i frwdfrydedd heintus. Meddai ar wybodaeth theatrig eang, ymddiddorai yn yr ochr dechnegol a chafodd ymarfer y grefft o gyfarwyddo yn Abertawe. Yn ôl tystiolaeth Martin Evans, gohebydd lleol yn y ddinas, medrai Thomas Taig greu 'a city out of cinders or a nation out of gnats'. O ganlyniad i'w lwyddiant fel cyfarwyddwr rhai o'r dramâu yn Theatr Fach y Mwmbwls, gwahoddwyd ef i fod yn gyfrifol am gynyrchiadau Theatr Fach Abertawe, ac felly byddai Saunders Lewis wedi dod i gysylltiad ag ef yn theatrau'r ddinas yn ogystal ag yng Ngholeg y Brifysgol, lle'r oedd Thomas Taig yn ddarlithydd yn yr Adran Saesneg ac yntau'n ddarlithydd yn Adran y Gymraeg. Er bod diddordeb y ddau yn y theatr yn hyrwyddo'r berthynas, yr oedd y ffaith fod Miss Rees, darpar wraig Thomas Taig, yn perthyn i Eglwys Rufain, o ddiddordeb pellach i Saunders Lewis. Mewn llythyr at Margaret Gilcriest, ei ddarpar-wraig ei hun yn 1924, sonia Saunders Lewis am berthynas Thomas Taig a Miss Rees, cynorthwywraig yn Adran Fioleg Coleg y Brifysgol, Abertawe: 'His people are Scottish Presbyterians and his future wife is Roman Catholic, so that his experiences have been mildly similar with ours.'[28] Wedi i'r ddau bâr briodi yn 1924, aethant i fyw nid nepell oddi wrth ei gilydd yn Newton ger Abertawe, lle y blodeuodd y cyfeillgarwch rhyngddynt. Nid ymunodd Thomas Taig ag Eglwys Rufain, ond byddai ymlyniad ei wraig wrth y Ffydd Gatholig yn sicrhau ewyllys da Nanette Wynne, ac yn ernes o'i allu i werthfawrogi'r hyn yr hoffai hi ei weld ar lwyfan y theatr.

Ganed Thomas Taig ar 7 Ebrill 1895, yn fab i blymiwr a oedd hefyd yn wneuthurwr beics yn Alexandria, Swydd Dumbarton. Astudiodd Eidaleg, Lladin a Saesneg ym Mhrifysgol Glasgow, lle y

buasai Lodwig Lewis, tad Saunders Lewis, yn fyfyriwr. Wedi blwyddyn yn Glasgow ymunodd â'r fyddin, a chlwyfwyd ef yn ddifrifol yn ei goes tra oedd yn rhingyll yn y Llu Awyr Brenhinol. Yn 1919 dychwelodd i'r Brifysgol ac ennill Gradd Dosbarth Cyntaf yn Saesneg yn 1921. Wedi ei apwyntiad yn ddarlithydd cynorthwyol yn yr Adran Saesneg yng Ngholeg y Brifysgol Abertawe yn 1923, dechreuodd ymddiddori ym mywyd theatrig a llenyddol y ddinas. Deuai ysgrifenwyr ifainc Abertawe at Thomas Taig am gyngor a chyfarwyddyd, ac ymhlith y llenorion yr oedd Dylan Thomas. Byddai Thomas Taig wedi gweld y bardd yn actio yn Theatr Fach y Mwmbwls mewn perfformiadau o *Hay Fever*, *The Way of the World*, *The Beaux Stratagem* a *Strange Orchestra,* er mai Eric Hughes, ac nid Taig, oedd cynhyrchydd y dramâu. Ceir cyfeiriad gan Ethel Ross mewn erthygl yn y *Swan* at gynhyrchiad gan Thomas Taig ei hun a ysbardunodd Dylan Thomas i lunio un o'i gerddi. Y ddrama oedd *Electra*, ac fe gomisiynwyd Daniel Jones i ysgrifennu cerddoriaeth ar gyfer y perfformiadau a gynhaliwyd mewn gardd yn Sgeti. Aeth Dylan yno un noson i weld cynhyrchiad ei ffrind:

> Dylan Thomas came along one evening. I remember seeing him, slightly apart from the audience, leaning against a tree, a cigarette hanging from his lips. He looked extremely bored. So much so that one of his former masters was heard to remark, 'If Thomas can't look a little more appreciative he'd better stay away.'

I cannot recall that he made any comment to the cast but a few days later the Herald of Wales published a thirty-two line poem:

A woman wails her dead among the trees
Under the green roof grieves the living.
The living sun laments the dying skies,
Lamenting falls. Pity Electra's loving.[29]

Flynyddoedd wedi iddo adael Abertawe yr oedd Dylan Thomas yn dal mewn cyswllt â Thomas Taig, ac ato ef yr ysgrifennodd am gyngor pan ofynnwyd iddo gynhyrchu drama fechan yn Nhalacharn yn 1939. Yr oedd Taig felly'n gyfarwydd â chymeriadau lliwgar, penderfynol, ac ni fyddai cydweithio â Nanette Wynne yng Ngarthewin wedi bod yn broblem iddo. Gan mai hanes ei thaith ysbrydol yw *The True Level*, nid yw Nanette Wynne yn cyfeirio'n benodol at gyfraniad Thomas Taig wrth iddi sôn am y theatr, ond yn y fersiwn drafft o 'The Garthewin Little Theatre', erthygl a ysgrifennodd Robert Wynne ar gyfer *Dock Leaves*, Gwanwyn 1953, clodforir gwaith a gwybodaeth cynllunydd y theatr.

Gwyddai ei fyfyrwyr a'i ffrindiau yn Abertawe pa mor ddwfn oedd dealltwriaeth Thomas Taig o bob agwedd ar y theatr. Tra oedd yn fyfyriwr yng Ngholeg y Brifysgol, Abertawe bu D. J. Thomas, cyn-gyfarwyddwr gyda'r BBC yng Nghaerdydd, yn actio yn *The Bill of Divorcement*, drama a gynhyrchwyd gan Thomas Taig, ac fe'i syfrdanwyd gan wybodaeth a gweledigaeth artistig y cyfarwyddwr. Er mai fel darlithydd mewn llenyddiaeth Saesneg yr apwyntiwyd Thomas Taig, gweddnewidiodd y broses o ddysgu drama o fewn yr Adran drwy bwysleisio pwysigrwydd yr ochr ymarferol, a chafodd ganiatâd ei bennaeth i gynnal gweithdai ar ddiwedd y rhaglen o ddarlithiau ffurfiol. Yn ystod y gweithdai, dysgai'r myfyrwyr sut i oleuo a threfnu golygfeydd, sut i gyfarwyddo a llwyfannu dramâu a sut i gyfleu rhythm geiriau. Yn 1929 cyhoeddodd Gwasg Prifysgol Cymru *Rhythm and Metre*, sef astudiaeth Thomas Taig o natur ac amrywiaeth rhythm a mydr, ac ar ddechrau'r gyfrol mae'r awdur yn diolch i'w ffrind Saunders Lewis am ddarllen y deipysgrif ac am ei awgrymiadau defnyddiol. Fodd bynnag, nid ysgolheictod y gyfrol hon ond ei brofiad ym myd y theatr, ynghyd â geirda canolwyr brwdfrydig, a sicrhaodd swydd iddo yn yr Adran Saesneg ym Mhrifysgol Bryste yn 1946.

Yn Ebrill y flwyddyn honno symudodd Thomas Taig a'i deulu i Fryste a chollodd dinas Abertawe gymwynaswr rhadlon ac amryddawn, gŵr a ddisgrifiwyd yn un o'r papurau lleol fel 'poet, painter, air pilot, scholar, dreamer, inventor, engineer, radiologist, botanist, writer, litterateur, master of music, languages . . .'[30] Fe'i denwyd i Fryste gan fod yn y Brifysgol theatr fechan wedi ei chynllunio'n ofalus, ond nid arhosodd yno'n hir oherwydd bu anghydfod rhyngddo a Philip Morris, Is-Ganghellor y Brifysgol. Bu anghydfod pellach rhwng Thomas Taig a'i gyd-ddarlithwyr yn yr Adran Saesneg, o ganlyniad i'r pwyslais a osodai ar yr ochr ymarferol, ac ar y ddrama fel pwnc a hawliai astudiaeth amgenach nag astudiaeth lenyddol bur.

Mae'n rhaid fod Thomas Taig wedi hiraethu llawer am awyrgylch a chymdeithas Abertawe tra oedd yn darlithio ym Mryste. Yn Abertawe câi ei barchu a'i glodfori, a phinacl ei yrfa oedd cael cyfarwyddo drama Jack Jones, *Land of My Fathers* yn theatr y Fortune yn Drury Lane, a chael bod J. B. Priestley yn y gynulleidfa un noson. Wedi canmol cwmni Taig ar ddiwedd y perfformiad, dywedodd J. B. Priestley wrth awdur y ddrama: 'This company did you proud. Their acting was very good.'[31] Ond collodd Thomas Taig y wefr o fod yn rhan o gymuned artistig pan aeth i Fryste, gan nad oedd yn ddigon o ysgolhaig i ymdoddi'n naturiol i fyd ysgolheigaidd yr Adran Saesneg, a chan nad oedd chwaith wedi cael digon o brofiad o'r theatr broffesiynol i ymuno'n gyfforddus â byd artistig y Bristol Old Vic. Amatur o'r radd flaenaf oedd Thomas Taig a weithiodd yn ddygn i hyrwyddo'r mudiad yn Abertawe drwy bwysleisio'r angen am safonau a dyfalbarhad. Yn ei ddarlith ar y grefft o reoli llwyfan yn Ysgol Ddrama'r Chwaraedy Cenedlaethol yn Llangollen ym mis Mai 1934, beirniadodd y mudiad amatur yng Nghymru: 'As a foreigner who has spent ten years in Wales, I have found that with a great deal of artistic talent in Wales, as well as tremendous enthusiasm, there seems to be a lack of knowledge, appreciation, finish and self-criticism so far as drama is concerned.'[32] Yn Abertawe ceisiodd adfer y sefyllfa drwy ddysgu a disgyblu cwmnïau amatur, ond nid oedd hyn yn ddigon o baratoad ar gyfer llymder a chystadleuaeth y byd academaidd ym Mryste. Bu'n rhaid iddo ymadael â'r Brifysgol yno yn 1950 a bu'n ddi-waith tan i Raymond Edwards, Pennaeth y Coleg Cerdd a Drama yng Nghaerdydd, yn ystod Ysgol Haf yn y Barri yn 1959, ei wahodd i ddarlithio'n rhan-amser i fyfyrwyr y coleg. Derbyniodd y cynnig yn llawen a deuai'n wythnosol dros afon Hafren nes iddo brynu clamp o dŷ, 367 Heol Cyncoed, yng Nghaerdydd am £40,000—swm anferth ar ddechrau'r chwe-degau—a bu'n darlithio yng Ngholeg Cerdd a Drama'r ddinas tan y saithdegau. Yn ystod yr holl flynyddoedd ym Mryste a Chaerdydd ni fu Thomas Taig ond unwaith yng Ngarthewin, a hynny i ddarlithio yng Ngŵyl Ddrama 1950.

Yn ystod y tridegau, fodd bynnag, yr oedd yn ymwelydd cyson â

Garthewin, ac enillodd ei gynhyrchiad o *Treftadaeth* edmygedd Robert a Nanette Wynne pan welsant y perfformiad yn 1934 yn Neuadd y Dref, Llangollen ar gychwyn taith y Chwaraedy Cenedlaethol drwy Gymru. Seiliwyd y ddrama wreiddiol gan Dorothy Massingham a Lautier Lister ar nofel Hilda Vaughan, *The Soldier and the Gentlewoman* (1932), a chyfieithiad o gyfaddasiad Evelyn Bowen o'r ddrama wreiddiol oedd *Treftadaeth.* Yn nofel Hilda Vaughan ceir darlun o ddiflaniad yr hen fywyd pendefigaidd Cymreig, a dangosir ymlyniad cadarn Gwenllian Eirian Thomas, merch i ysgwïer yn Shir Gâr, wrth draddodiadau ac anrhydedd ei theulu—deunydd wrth fodd y Wynniaid, a thema a gafwyd eisoes gan Saunders Lewis yn *Gwaed yr Uchelwyr.* Canmolwyd cynhyrchiad Thomas Taig gan y wasg, ond cafodd llediaith rhai o'r actorion ei feirniadu'n llym. Gan nad oedd y cyfarwyddwr yn medru'r Gymraeg, prin y byddai wedi bod yn ymwybodol o'r diffyg ynganu glân, a byddai ei anwybodaeth o'r iaith wedi bod yn rhwystr hefyd iddo ddeall pwysigrwydd lliw a chyfoeth tafodiaith. Yng nghyfarfod blynyddol Theatr Genedlaethol Cymru ar 17 Medi 1935, cododd yr hen gwestiwn, sef y defnydd o dafodiaith ar lwyfan. Awgrymodd Taig y dylid hepgor tafodiaith a chael Cymro diwylliedig i greu deialog a fyddai'n dderbyniol ym mhob rhan o Gymru. Anghytunai'r dramodydd J. Eddie Parry, aelod arall o bwyllgor y Theatr Genedlaethol, â'r hyn a awgrymai Thomas Taig, gan ei fod o'r farn fod i dafodiaith ei swyn a'i rhythm; yr oedd yn argyhoeddedig nad oedd unrhyw reswm i Gymro o Lŷn fethu deall tafodiaith Cwm Rhondda, ac eithrio ambell idiom yma a thraw. Ceir safbwynt Saunders Lewis ar y mater yn ei feirniadaeth ar gystadleuaeth y ddrama hir yn Eisteddfod Genedlaethol Caerdydd, 1938:

> . . . Nid bod yn naturiol yw gorchwyl ymddiddan drama, ond bod yn annaturiol, hynny yw, bod yn gelfyddydwaith, a hynny heb ymddangos yn annaturiol.
>
> Felly hefyd ynglŷn â thafodiaith. Dywedodd y Parchedig R. G. Berry yn ddiweddar mewn ysgrif yn *Tir Newydd*, a oedd yn ddarn godidog o feirniadaeth, 'Rhaid i'r dramawyr dalu mwy a mwy o sylw i'w harddull lenyddol.' Gair yn ei bryd. Ni ddylai ysgrifennu mewn tafodiaith fod yn gochl dros idiomau gwael a geirfa dlawd. Yr wyf yn bendant fy marn fod urddas yr Eisteddfod Genedlaethol yn hawlio na roddir mo'r wobr gyntaf i ddrama nad yw ei hiaith yn lân a thrwsiadus. Os tafodiaith, yna boed y dafodiaith yn ei dillad parch. Nid brawddegau fel 'Beth ych chwi am?', 'Mae o wedi mynd i'r dogs', 'mynd off gyda'n gilydd', 'mynd yn fancrypt.' Dyma'r rheol, boed yn ddrama mewn tafodiaith neu iaith lenyddol,—rhaid i iaith ddrama fod yn ddigon ystwyth iddi beidio ymddangos yn annaturiol, a rhaid iddi hefyd wrth rym ac effeithiolrwydd

celfyddyd. Sylwch, nid dweud yr wyf y dylai hi ymddangos yn naturiol, eithr y dylai hi beidio ag ymddangos yn annaturiol.[33]

Ni wyddys a wnaeth Saunders Lewis gyfraniad i'r ddadl yng nghyfarfod Cyngor y Chwaraedy, ond os gwnaeth ni fyddai wedi llwyr gytuno â safbwynt ei ffrind Thomas Taig.

Sut bynnag, wrth fynd ati i addasu ysgubor Garthewin, nid oedd anwybodaeth Thomas Taig o'r iaith Gymraeg yn anfantais. Ni fedrai Nanette Wynne air o'r iaith a phur fratiog, er gwaethaf ei holl ymdrechion, oedd Cymraeg yr ysgwïer. Y peth pwysig oedd fod y cynllunydd yn deall sut i greu theatr a fyddai wrth fodd y perchennog a'i fam, y cyfarwyddwr, yr actorion, y technegwyr a'r gynulleidfa. Gwyddai Taig i'r dim hanes y 'Little Theatre Movement' yn America a'r cyfraniad a wnaeth y mudiad i adfywiad y theatr yn yr Unol Daleithiau. Ddechrau'r ganrif yn America addaswyd capeli, tafarnau ac ysguboriau yn theatrau bychain, ac efelychodd Thomas Taig batrwm y theatrau hynny drwy geisio creu agosatrwydd rhwng yr actorion a'r gynulleidfa yn Theatr Garthewin. Rhan o fwriad Thomas Taig oedd cynllunio theatr lle y gellid meithrin cynulleidfa arbennig a fyddai, yn ei thro, yn anogaeth i ddramodwyr i berffeithio eu crefft ac i arbrofi. Yn ei erthygl 'Towards a Welsh Theatre' yn *Wales*, Gaeaf 1945, mae Thomas Taig yn trafod pwysigrwydd cynulleidfa ddeallus i ffyniant y ddrama:

No theatre can flourish without an audience, and this is not just the matter of the hard cash required for wages and overhead expenses. In sharp contrast to the film, the living play is partly created by the audience in one place at one time, and to a much greater extent than most people would believe. The mass-suggestions and mass-reactions which ebb and flow through the cinema-audience cannot alter the film in the slightest degree, whereas the glory of the living stage is an interchange of subtle and, as it were, telepathic communications between the actor and the audience. It may even be true that great theatre becomes possible only by reason of greatness in the audience.[34]

Sylweddololodd yn ystod ei ymweliad â'r ysgubor ar ddiwedd Hydref 1937 mai tasg hawdd fyddai addasu'r adeilad, a adeiladwyd yn y ddeunawfed ganrif, yn theatr hwylus i'w gynulleidfa arfaethedig, yn ogystal ag i actorion a chyfarwyddwyr. O fewn y mis anfonwyd y cynlluniau at Robert Wynne, ac aeth yr adeiladwr, Thomas Roberts, Llanddulas a'i labrwr Dafydd Davies ynghyd â gweithwyr Garthewin ati i lanhau, addasu ac adeiladu, ac ar noswyl Nadolig 1937 cafwyd y perfformiad cyntaf ar lwyfan Theatr Garthewin. Er y saif y theatr heddiw yn union fel y'i cynlluniwyd gan Taig, go brin y bydd pethau yr un fath am yn hir eto gan fod Garthewin ar werth, a theulu'r Wynniaid yn gorfod gwerthu eu treftadaeth. Wrth ymateb i erthygl gan Clive Betts yn y *Western Mail* ar ddechrau'r wythdegau dywedodd D. R. Davies, Aberdâr mewn llythyr at y golygydd:

> I am sorry that [in] Clive Betts's excellent article on Saunders Lewis in Saturday's *Western Mail*, no mention was made of three things. They were R. O. F. Wynne, Saunders's mentor at the barn theatre, Theatr Fach Garthewin, near Abergele, Morris Jones, Old Colwyn, producer of Saunders Lewis's plays at Garthewin, and of Saunders Lewis's effort with Lord Howard de Walden, to form a Welsh National Theatre in the 1930's.
>
> In any other country except Wales, Theatr Fach Garthewin would be a national shrine.[35]

Wedi haf 1995 nid oes un sicrwydd y bydd y llwyfan lle y perfformiwyd pedair o ddramâu Saunders Lewis am y tro cyntaf yn dal ar gael, ac nid oes unrhyw sicrwydd chwaith y caiff ymwelwyr gyfle i weld yr adeilad lle y bu un o ddramodwyr pwysig yr ugeinfed ganrif yn ymarfer ei grefft.

Eir at y theatr drwy borth llydan, ac uwchben bwa'r porth ceir ffenestr sgwâr a chloc hardd lliw glas ac aur. Uwchben hwnnw gwelir arfbais amryliw'r Wynniaid ac arni'r geiriau, 'Janua Pateat, Cor Magis'—'Bydded eich porth yn agored, a'ch calon yn fwy agored fyth'. Ar dŵr y porth gwelir cupola hardd yn dal y gloch a arferai alw gweithwyr Garthewin ar ddechrau ac ar ddiwedd eu

Y Porth Bwa, 1772

Llyfrgell Luniau Country Life

Buarth Garthewin a'r fynedfa i'r Theatr

diwrnod gwaith. Ar faen clo bwa'r porth naddwyd y geiriau Cymraeg, 'Duw a Digon' a'r dyddiad 1772. Wedi cerdded drwy'r porth deuir at fuarth bychan, ac yn y pen pellaf, heibio i'r beudái, saif ysgubor Garthewin. O'r tu allan nid oes dim anghyffredin yn perthyn iddi, ond, o gamu trwy'r drws, ni all yr ymwelydd ond rhyfeddu. Fel y sylwodd Nanette Wynne, mae'r ysgubor yn ymdebygu i eglwys, gyda'i waliau o gerrig llwydlas, a'r ddau fwa rhyfeddol yn dal trawstiau'r to, un bob pen i'r adeilad. Mae'n anodd credu fod Joseph Turner o Benarlâg, a gynlluniodd yr ysgubor yn y ddeunawfed ganrif, wedi bwriadu'r fath adeilad gwych dim ond ar gyfer cnydau tiroedd Garthewin.

Defnyddiodd Thomas Taig un o'r bwâu priddfaen fel agoriad proseniwm. O fewn y bwa adeiladwyd llwyfan isel a gosodwyd goleuadau ar hyd prif drawst y to uwchben blaen y llwyfan, ac adeiladwyd galeri fechan ar un ochr ar gyfer y trydanwr a'r offer goleuo. Yn y theatr hon yr oedd y llwyfan yn agos iawn at res flaen y gynulleidfa, a phwysleisiwyd yr agosrwydd rhwng yr actor a'r gwyliwr drwy osod grisiau isel i redeg ar hyd blaen y llwyfan. Wrth ddefnyddio'r ddwy ris ar gyfer actio, ni byddai'r actor namyn cam i ffwrdd oddi wrth ei gynulleidfa. Yn ei ddisgrifiad o'i theatr ddelfrydol yn ei erthygl 'The Present State of Welsh Drama', a ymddangosodd yn *The Welsh Outlook* yn 1919, cyfeiria Saunders Lewis at y math ar lwyfan sy'n gweddu i theatr syml, gyfeillgar: 'The stage would not be raised, or only a step at most; for to raise your stage is to raise your players and to change their neighbourhood and inspiration.'[36] Gan fod Thomas Taig hefyd yn ffyddiog ynglŷn â gallu cynulleidfa i ysbrydoli actor, yng Ngarthewin ceisiodd greu cysylltiad clòs rhyngddynt drwy gynllunio llwyfan isel. Yng nghorff y theatr codwyd y lefelau eistedd tua'r cefn er mwyn caniatáu i bawb weld yr hyn a oedd yn digwydd ar y llwyfan. O edrych ar gynlluniau'r eisteddleoedd, gwelir y gellid eistedd cynulleidfa o tua 160 o bobl, er bod y nifer yng ngwahanol ysgrifau Robert Wynne ac yn adroddiadau'r wasg yn amrywio o gant a hanner i ddau gant o seddau.

Cafodd y broblem o wresogi'r theatr ei datrys pan awgrymodd Thomas Taig y dylid trosglwyddo dwy stof enfawr o'r golchdy i'r ysgubor a'u gosod o bobtu i'r adeilad. Ni fedrai gynnig unrhyw ateb i broblem y goleuo, a bu'n rhaid dibynnu dros y blynyddoedd ar beiriant cynhyrchu trydan y plas, a oedd yn dueddol i fethu ar adegau anghyfleus. Addaswyd ystafell harnes gyfyng a oedd ar un ochr i'r ysgubor yn ystafell wisgo, addaswyd llofft fechan uwchben y llwyfan yn ystordy setiau a dodrefn, a defnyddiwyd hen dŷ coets

Yr Ysgubor

Alwyn Owen

Y Theatr

Comisiwn Brenhinol Henebion yng Nghymru

a oedd o dan yr un to â'r ysgubor fel cyntedd lle y gellid cael lluniaeth yn ystod yr egwyl. Yn un o'i adroddiadau ar Theatr Garthewin disgrifir lliwiau'r adeilad gan Robert Wynne:

> The floor, which is of concrete tinted red, slopes up from front to back of the theatre with a rise of some three feet, so that the people at the back get as good a view of the stage as those in front. The roughly painted walls of blue slate-stone have been left just as they were and contrast pleasantly with the warm red of the brick arches. They absorb any echo but do not unduly deaden the sound.[37]

Y ddwy stof a wresogai'r theatr

Liverpool Daily Post

Yn union wedi i'r gwaith o addasu'r ysgubor orffen ychydig funudau cyn hanner nos ar noswyl Nadolig 1937, perfformiwyd defod arbennig iawn ar lwyfan Garthewin, a Nanette Wynne oedd cynhyrchydd a chyfarwyddwr y ddefod honno. Nid brwdfrydedd o blaid achos y ddrama yng Nghymru oedd ei phrif gymhelliad wrth gefnogi'r syniad o addasu'r ysgubor. Erbyn canol y tridegau yr oedd capel y plas yn rhy fychan ar gyfer y gwahoddedigion a ddeuai ar wahanol achlysuron i ddathlu'r Offeren yng Ngarthewin; yn sicr, yr oedd buarth y capel yn rhy gyfyng i'r dorf o bobl leol a fynychai'r seremoni ar noswyl Nadolig. Ond sylweddolodd Mrs Wynne y byddai mwy na digon o le yn yr ysgubor, a oedd mor debyg o'r tu mewn i eglwys, ac felly'n ddelfrydol ar gyfer ordinhad dwys yr Offeren. Ei chyfraniad hi i ddyfodol y Ffydd Gatholig yng Nghymru fyddai'r dathliadau a'r defodau Catholig a gynhelid yn y capel, yn yr ysgubor ac ar dir y plas. Gwnaeth Penyberth argraff ddofn ar Nanette Wynne, a thra oedd Saunders Lewis yn Wormwood Scrubs yn 1937 anfonai flodau ato i'w gosod ar allor eglwys y carchar—eirlysiau a dyfai o amgylch capel bach Garthewin yn Chwefror, a chennin Pedr o lechweddau'r plas yn Ebrill. Yn 1937 yr oedd Saunders Lewis yn aberthu ei yrfa a'i iechyd yn y frwydr yn erbyn yr hyn a ystyriai Nanette Wynne yn rymoedd materoliaeth, a theimlai hithau awydd i chwarae ei rhan yn y frwydr i wrthsefyll y grymoedd hynny. Drwy wahodd addolwyr i Garthewin i ddathlu'r Offeren ar noswyl Nadolig 1937 tybiai ei bod hefyd yn tywys y Cymry'n ôl i'w gwir dreftadaeth. Efallai na sylweddolai fod nifer o drigolion Dyffryn Elwy yn bresennol yno, nid oherwydd eu parch tuag at yr Offeren Gatholig ond oherwydd eu bod yn denantiaid y Wynniaid, neu am fod y noson yng Ngarthewin yn cynnig lliw a llun a drama a thân gwyllt.

Mae'n werth darllen disgrifiad Nanette Wynne o'r achlysur cyntaf oll a gynhaliwyd yn ysgubor Garthewin wedi'r gwaith addasu. A chloc y tŵr yn taro hanner nos, saethwyd roced uwchben yr ysgubor. Disgynnodd yn gawod o sêr uwchben yr adeilad lle y gosodwyd y cerflun o'r Forwyn Fair, yr allor a phreseb hardd y Wynniaid. Ar y llwyfan safai'r offeiriad Catholig, ac yng nghorff y theatr eisteddai Robert a Nanette Wynne a'u ffrindiau yn aros i'r Offeren ddechrau:

> Directly afterwards, an eager, expectant crowd from the village and hills came trooping under the old stable arches, across the little cobbled yard into the interior, so dim and mysterious. But on the slightly raised stage at the furthest end, in an aura of light and framed by one of the great arches, stood a white altar, all ablaze with candles and decked with lilies. And visible amongst the shadows at the other end of the building, the crib, a beautiful one, warmly aglow under its little roof of straw, and around it clustering dark, intense Welsh faces. The whole setting brought to mind medieval pictures of the Nativity, and when at the end of the Mass the old barn was filled with the sound of joyous carols, one felt that the Faith would indeed return to Wales.
>
> As the last carol died away, we streamed out into the night, to see the stars shining over us, and to hear the chiming of the old stable clock. There were happy greetings and more joyous singing outside, followed by refreshments in the big old kitchen, for many of them came from afar. At last, all dispersed, and the silence of the night closed round again, broken only by the faint murmur of running water.[38]

Wedi cysegru'r ysgubor, croesawodd Nanette a Robert Wynne gwmni'r Chwaraedy Cenedlaethol yno yn ystod Ionawr 1938 i berfformio *The Story of Bethlehem* a'r *Gainc Olaf*. Er bod yr ysgwïer erbyn 1953 yn gallu ymffrostio fod Garthewin yn gartref i'r theatr Gymraeg, ni chlywyd llawer o Gymraeg ymhlith y gynulleidfa ar y noson agoriadol. Cynhaliwyd derbyniad yn y plas cyn y perfformiad i bobl fel Arglwyddes Aberconwy, Dom Romnae Alexander, Dr Rinvolucri a rhyw Miss Bates a Miss Mostyn. Yn ôl un gohebydd, yr oedd y perfformiadau yn y theatr yn hynod lwyddiannus a phlesiwyd y gynulleidfa ddethol: 'Lady Aberconwy followed the Welsh play with special interest, and after the entertainment, asked for enlightenment on the meaning of some of the phrases which eluded her . . . My correspondent states that in addition to the excellence of the acting, the costumes and lighting effects were worthy of a West End production.'[39]

Byddai *The Story of Bethlehem* wedi swyno'r Wynniaid, yn enwedig os cadwyd at ffurf a naws cynhyrchiad gwreiddiol Evelyn Bowen. Erbyn 1937 nid oedd hi mwyach yn aelod o'r cwmni a chyfarwyddwyd y perfformiad gan Meriel Williams, merch benderfynol iawn, yn meddu ar hyder RADA, lle y cafodd hyfforddiant trylwyr. Nid oedd ganddi lawer o gydymdeimlad â chynyrchiadau Evelyn Bowen gan eu bod, yn ei geiriau hi ei hun, yn 'gyfoglyd o Babyddol', ond yr oedd ganddi ddigon o synnwyr cyffredin i sylweddoli mai doeth o beth fyddai cadw'r awyrgylch Gatholig ar gyfer y perfformiadau yng Ngarthewin. Mae'n debyg, felly, y byddai'r cynhyrchiad wedi bod yn llawn defosiwn, y canhwyllau'n disgleirio, y Fair Forwyn yn y canol yn ei glas Della Robbia, a'r gerddoriaeth a gyfansoddwyd gan Agnes H. Lambert yng Nglyn Malden, ei chartref wrth droed Cader Idris, yn gweddu i naws grefyddol y ddrama feim. Ar gyfer trosiad Cymraeg T. Gwynn Jones o *The Story of Bethlehem* Angela Hubbard a Joyce Russell, comisiynwyd W. S. Gwynn Williams i addasu hen garolau Cymraeg fel 'Hir Oes i Fair', ''Roedd yn y Wlad Honno', 'Clychau Rhiwabon', 'Hen Dôn Llyfr Ficer' a 'Gwêl yr Adeilad', a'r fersiwn Cymraeg o'r ddrama a berfformiwyd yng Ngarthewin yn ystod Ionawr 1938. Cyfres o tableaux oedd y ddrama, gyda thriawd ar y piano, y ffidil a'r soddgrwth yn perfformio'r gerddoriaeth wrth i'r actorion symud ac ystumio, a rhwng pob golygfa canai'r côr anweledig garolau'n gweddu i'r darlun a gyflwynid ar y llwyfan. Prif atyniad y noson oedd lliwiau a phrydferthwch y gwisgoedd ac amrywiaeth y golygfeydd adeg cyflwyno darluniau o'r Forwyn Fair, yr Angylion, y Bugeiliaid, y Santes Elisabeth a Sant Joseph. Y brif gŵyn pan berfformiwyd y ddrama yn Lerpwl yn Rhagfyr 1934 oedd fod aneglurder geirio'r côr yn amharu ar yr holl gynhyrchiad. 'Gwir Gatholig' oedd disgrifiad byr gohebydd *Y Brython* o'r canu.[40] Yr oedd, felly, yn berfformiad delfrydol ar gyfer cynulleidfa Garthewin.

Yr ail ddrama a berfformiwyd yno y noson honno oedd *Y Gainc Olaf* T. Gwynn Jones, drama go wahanol i *The Story of Bethlehem*, ond eto'n cynnwys digon o'r elfen grefyddol i blesio'r ysgwïer a Mrs Wynne. Drama un act yw hon, gyda phum prif gymeriad a chwech o gantorion a dawnswyr, a chymer tua thri chwarter awr i'w pherfformio. Yr hyn a gyflwynir yw agwedd y dawnswyr haf a'r Diwygwyr tuag at fywyd, ac yn ystod y ddrama clywir ceinciau ysgafn a llawen y dawnswyr a thonau lleddf ac araf y Diwygwyr, a hen alawon megis 'Cwynfan Prydain' yn cael eu canu yn null y naill a'r llall. Detholwyd a threfnwyd yr alawon a'r gerddoriaeth gan W. S. Gwynn Williams, a chyfansoddodd T. Gwynn Jones eiriau newydd ar gyfer 'Suo-gân', 'Y Bore Glas' a'r 'Glomen'. Addasodd hefyd eiriau 'Yr Hen Ŵr Mwyn' a 'Modryb Neli', gan na fyddai awgrymiadau rhywiol, traddodiadol 'Modryb Neli' wedi gweddu i barchusrwydd y cwmni na'r cyfnod.

Yn y cyflwyniad o'r *Gainc Olaf*, felly, cafwyd digon o ganu, miwsig a dawnsio i ddiddori cynulleidfa a oedd yn cynnwys cyfran helaeth o bobl ddi-Gymraeg. Yn anffodus, ni chafodd cynulleidfa Garthewin y pleser o weld Evelyn Bowen yn chwarae rhan Mali ac yn dawnsio un o ddawnsfeydd cyffrous y sipsiwn. Cyn cynllunio'r ddawns treuliodd Gwynn Williams a hithau gryn dipyn o amser yng nghwmni sipsiwn a oedd yn byw ar y bryniau o gwmpas y Bala, er mwyn dysgu ganddynt symudiadau a rhythmau'r hen ddawnsfeydd traddodiadol. Ni chafodd y gynulleidfa chwaith weld Cynan yn chwarae rhan y prif gymeriad, Siôn Dafydd, ond, os gellir rhoi coel ar yr adolygiadau ar ei berfformiad yng nghynhyrchiad Cwmni'r Chwaraedy Cenedlaethol yn Lerpwl, go brin fod hyn yn golled. Yn adolygiad *Y Brython,* 13 Rhagfyr 1934, o'r perfformiad hwnnw, condemnir nid yn unig actio trwsgl Cynan, ond hefyd y wisg a ddewiswyd gan Evelyn Bowen ar ei gyfer. Unwaith yn rhagor yr oedd gogwydd Gatholig Evelyn Bowen wedi ei dallu i natur drama T. Gwynn Jones, a dewisodd abid mynach yn wisg i'r hen ffidler. Lleolwyd y ddrama gan yr awdur mewn tŷ tafarn braf, ond cynlluniodd Evelyn Bowen set go wahanol, a dywed gohebydd *Y Brython* fod y set honno'n peri i ddyn feddwl mai ystafell mewn mynachlog oedd lleoliad *Y Gainc Olaf*. Yn yr un adolygiad beirniadwyd yr actorion yn llym am eu difaterwch ynglŷn â chywirdeb eu Cymraeg a'u llediaith: 'Y mae'n gwbl bwysig i Gwmni Chwaraedy Cenedlaethol Cymru barchu ei hiaith a'i siarad yn ei gloywder a'i melyster crisialaidd megis y cynhanir yr iaith Saesneg yn ei glendid ar lwyfannau ym Malvern neu yn Stratford-on-Avon.'[41]

Tybed a oedd unrhyw welliant yn yr ynganu bedair blynedd yn ddiweddarach yng Ngarthewin? Tybed hefyd a oedd Saunders Lewis a Kate Roberts yn y theatr ar y noson agoriadol? Mae'n rhaid fod y ddau wedi derbyn gwahoddiadau, oherwydd erbyn 1938, a hithau wedi ymgartrefu yn Ninbych, yr oedd Kate Roberts yn un o'r gwesteion cyson yn nosweithiau llawen y plas, gan ei bod, fel ffrind da i Saunders Lewis ac fel aelod selog o'r Blaid, yn gwbl dderbyniol i Nanette Wynne. Hyd yn oed os nad oedd Kate

Roberts a Saunders Lewis yn bresennol yn y perfformiadau cyntaf yng Ngarthewin, mae'n bur debyg y byddai'r ddau ohonynt wedi gweld y dramâu yn ystod cylchdaith y cwmni. Ond ni ddywedwyd gair gan yr un ohonynt am lediaith Cwmni'r Chwaraedy Cenedlaethol. Yn y *North Wales Times* ddiwedd 1935 y mae gan Kate Roberts bethau miniog i'w dweud am y ddrama yng Nghymru, ac mae'n clodfori Cwmni'r Chwaraedy am geisio gwella'r sefyllfa. Ei chŵyn oedd mai bywyd Lloegr a bortreadid ar lwyfannau Cymru, 'ac iaith Lloegr a ddefnyddir, a dulliau Lloegr o gynhyrchu drama a ddynwaredir. Ac mae'r holl beth mor ddieithr i'n gwlad â changarŵs.' Wedi ceryddu'r genedl, â Kate Roberts rhagddi i glodfori Cwmni'r Chwaraedy:

> O'r anhrefn melltigedig uchod fe geisiwyd cael trefn. Fe ffurfiwyd Cwmni Cenedlaethol Cymru i fynd o gwmpas y wlad, ac fe wnaeth y cwmni hwnnw yr un peth angenrheidiol, sef perfformio dramâu Cymraeg. Mor amheuthun oedd cael edrych ar lwyfan heb fod yn ddynwareiddiad o'r West End! Fe wna'r Cwmni Drama Cenedlaethol wasanaeth mawr i Gymru pe na wnai ddim ond dysgu i chwaraewyr sut i ddefnyddio'u traed a'u dwylo. Rhyw actio o'u brestiau i fyny a wna'r Cymry, a gadael i weddill eu cyrff ymdaro rywsut. Cofiant ormod am eu lleisiau a mynegiant yr wyneb, gan anghofio'u traed a'u dwylo. Ond gan y Cwmni Cenedlaethol cafwyd pob peth yn gymesur. Yr oedd yn bleser edrych ar y llwyfan a gweld tlysni ffres ystafelloedd Cymreig yn hytrach na chrandrwydd gwywedig 'drawing-rooms' Seisnig.[42]

Mae'n wir fod y Cwmni'n llwyfannu dramâu Cymreig, ond iaith y *drawing-room*, sef Saesneg mindlws, yr oedd llawer o actorion y Cwmni Cenedlaethol yn ei siarad pan nad oeddynt ar lwyfan. Nid oedd gan y gynulleidfa Gymraeg barch at actorion na fedrent ynganu'r iaith yn gywir, ac yn ôl nifer o adolygiadau ar berfformiadau'r cwmni cymhlethwyd y cyfan gan duedd nifer o'r actorion i anghofio'u llinellau. Saesneg oedd iaith holl bwyllgorau'r cwmni, ac ni chynigiwyd hyfforddiant drwy gyfrwng y Gymraeg yn Ysgolion Drama'r Chwaraedy. Cyn taith y cwmni yn 1934 anfonwyd un o'r aelodau i wahanol ardaloedd yng Nghymru i astudio sut i ynganu'r iaith, a chafwyd y datganiad canlynol yn y wasg: 'Miss Hevercroft Jones, who has studied elocution in London is going on tour specially to study the elocution of the Welsh language, and we may expect the first text-book of its kind on this subject from her'.[43] Ond ni wnaeth yr wybodaeth hon ddim i leddfu siom cynulleidfaoedd Llandysul, Tal-y-bont a'r Rhos ym mherfformiadau Cwmni'r Chwaraedy Cenedlaethol. Efallai na fyddai Kate Roberts chwaith mor bleidiol i'r cwmni petai Saunders Lewis wedi gwrthod y gwahoddiad i

Kate Roberts a'r cwmni a berfformiodd *Tri Chryfion Byd* yn Theatr Garthewin, 1938

Llyfrgell Genedlaethol Cymru

weithredu ar Gyngor y Chwaraedy. Nid oedd beirniaid fel O. Llew Owain mor fyrlymus eu clod i'r cwmni â Kate Roberts, a dywedodd R. E. Mitchell, a ddaeth yn Athro Drama ym Mhrifysgol Wisconsin, fod yr actorion 'below average amateur standard . . . the costumes and settings a sorry muddle, and the lighting so grotesque as to be more entertaining than pathetic.'[44] Cytunai hyd yn oed Dr Stefan Hock fod taith Cwmni'r Chwaraedy yn drychinebus o safbwynt artistig yn ogystal ag o safbwynt ariannol. Er gwaethaf hyn oll, daliai ysgwïer Garthewin i gefnogi menter ei ffrind, Howard de Walden, a diau fod Kate Roberts a Saunders Lewis yn dal yn bleidiol i'r cwmni pan berfformiwyd *The Story of Bethlehem* a'r *Gainc Olaf* yn Garthewin yn 1938.

Yn ystod y flwyddyn honno bu Kate Roberts ei hun yn cyfarwyddo drama yn ysgubor Garthewin, gan fod Robert Wynne wedi gwahodd i'w theatr Gwmni Cyhoeddi Eisteddfod Genedlaethol Dinbych i berfformio *Tri Chryfion Byd* Twm o'r Nant. S. G. Rees a Kate Roberts, wrth gwrs, oedd cyfarwyddwyr y cwmni, ac yng Nghasgliad J. Ellis Williams yn Llyfrgell Genedlaethol Cymru, mewn toriad o un o bapurau newydd Stryd y Fflyd, mynegir barn am safon dramâu'r Eisteddfod a chymherir cynhyrchiad drudfawr Cwmni'r Chwaraedy Cenedlaethol, sef *Ein Llyw Olaf*, â chyflwyniad syml cwmni Kate Roberts o anterliwt Twm o'r Nant:

> The most memorable thing about the Eisteddfod is the striking fact that Viennese Dr Stefan Hock's professional production of the 'big play' of the week was a dismal flop, and that the best of the week was an amateur

production of a simple little play by a local playwright. The professional failure cost £1,000. The amateur success less than £10.[45]

* * *

Hyd yn oed cyn addasu'r ysgubor ar gyfer cwmni Howard de Walden, yr oedd Nanette a Robert Wynne wedi ymdrechu i ddenu perfformwyr a chynulleidfaoedd i Garthewin. Ganol y tridegau penderfynodd yr ysgwïer yr hoffai ailennyn diddordeb yn y Noson Lawen draddodiadol drwy gynnal cyfres ohonynt yn ystod pob gaeaf ar aelwyd Garthewin, a gwahoddwyd ei ffrindiau—yn eu plith bobl y Blaid Genedlaethol, ffrindiau Catholig, llenorion ac artistiaid lleol a phentrefwyr Llanfair Talhaearn—i'r nosweithiau difyr yn y plas. Dechreuai'r miri am wyth o'r gloch a byddai'r adloniant yn parhau tan oriau mân y bore. Mae'n werth dyfynnu disgrifiad Nanette Wynne o Noson Lawen yng Ngarthewin, oherwydd er ei bod fel arfer yn gorddadansoddi ac yn gorsymleiddio natur y Cymry, ceir yn y darn syniad o'r mwynhad a'r dedwyddwch ar aelwyd yr ysgwïer:

> . . . songs, recitations and 'Penillion' singing followed each other uninterruptedly. Rousing Welsh choruses filled the big drawing-room and peals of laughter echoed through it during the comic items and interludes, of which there were many. All of which serves to dispose of the current idea of the Welsh as a sad race, deeply tinged with Calvinistic gloom. There *is* that side to them, undoubtedly, but one has only to attend a *Noson Lawen* to be convinced of the fact that their music is not all couched in a minor key, and that they can completely shake off this sadness and emerge as light-hearted people full of wit and humour. Supper was served in the spacious old kitchen about halfway through the festivities, consisting of good homely Welsh fare, including home-baked bread, hams, pies, and with buttermilk as the staple drink. It is noteworthy that no stronger drink is necessary to keep this gifted people literally up to concert pitch.[46]

Mae'n amlwg o'r frawddeg olaf nad oedd holl draddodiadau'r Noson Lawen Gymraeg yn cael eu cynnal yng Ngarthewin!

Ni chafodd Nanette fwynhau'r dedwyddwch am hir oherwydd, ychydig fisoedd wedi ymweliad Cwmni'r Chwaraedy â'r ysgubor, sylweddolodd fod ei dyddiau fel meistres Garthewin yn dirwyn i ben. Yn ystod gwanwyn 1939 dywedodd ei mab wrthi ei fod yn bwriadu gofyn i Nina More O'Ferrall fod yn wraig iddo. Dyweddïwyd hwy y gwanwyn hwnnw, a phriodwyd y ddau ym mis Medi gan Roderick More O'Ferrall yn eglwys Gatholig Sant Mihangel, Dun Laoghaire. Gwrthododd Nanette Wynne fynd i'r briodas, er gwaetha'r ffaith fod Nina O'Ferrall yn hanu o un o deuluoedd mwyaf anrhydeddus Swydd Kildare ac wedi ei magu yn nhŷ urddasol Balyna yn Nyffryn Moy. Roedd i Balyna ei gapel Catholig ei hun, a chydnabyddid y teulu O'Ferrall fel rhai a werthfawrogai draddodiad llenyddol a Chatholig Iwerddon. Beth, felly, oedd gwrthwynebiad Nanette Wynne i'r briodas? Efallai mai dewis Robert Wynne ei hun oedd Nina O'Ferrall, ac efallai i'r ysgwïer ofyn iddi ei briodi heb ymgynghori â'i fam. Wedi iddi gyfarfod â Nina, gwyddai Nanette Wynne na fedrai'r ddwy ohonynt fyw'n gytûn yng Ngarthewin gan fod y ferch ifanc yr un mor benderfynol a hyderus â'i mam-yng-nghyfraith. Pan ddaeth Nina Wynne yn ôl o'r mis mêl yr oedd Nanette Wynne wedi symud o Garthewin i Fronywendon, Llanddulas, cyn cymryd y cam mawr a symud o'r ardal yn gyfan gwbl.

Cafodd ffrindiau Robert Wynne, yn eu plith Saunders a Margaret Lewis, gyfle i ddod i adnabod ei ddarpar wraig yn ystod ei hymweliadau â Chymru cyn y briodas yn Iwerddon. Wrth wrthod y gwahoddiad i'r briodas, mae Saunders Lewis yn mynd i'r drafferth i sicrhau Mrs O'Ferrall, mam Nina, o'r croeso a oedd yn aros y ferch ifanc yng Nghymru: '. . . we should like you to know that Miss O'Ferrall has already won our hearts and we shall give her a very warm welcome to Wales and shall think ourselves greatly enriched by her coming to our country . . . and we already love her and shall treasure her.'[47] Erbyn 1943, wedi genedigaeth ei hwyres Menna Mair, yr oedd Nanette ei hun wedi pwyllo ac yn *The True Level*, a gyhoeddwyd yn 1947, gall ymffrostio yn y ffaith fod teulu ei merch-yng-nghyfraith yn hanu o linach brenhinoedd a thywysogion Iwerddon, a'i bod o deulu lle'r oedd y ffydd Gatholig wedi llwyddo i wrthsefyll pob erlid a thrais. Gall hefyd gofio, heb chwerwder, ei phererindod olaf yng nghwmni ei mab yn ystod haf 1938. Aeth y ddau ohonynt i Lourdes a Lisieu a cheisio teithio i Santiago de Compostela, ond oherwydd y rhyfel cartref yn Sbaen methasant gyrraedd cysegr Sant Iago:

> We never got there, but we certainly made the attempt under impossible circumstances, and I afterwards learnt that it was a tradition amongst old Welsh families for the eldest son to make a pilgrimage to Compostela when he became engaged. Make what you like of that![48]

Wedi'r bererindod hon penderfynodd Nanette dorri cwys newydd drwy ddewis Aberystwyth fel cartref am fod Coleg y Carmeliaid yno. Daeth o hyd i dŷ, Crud yr Awel, ger y Coleg, a bu yno am rai blynyddoedd cyn symud unwaith yn rhagor, ac am y tro olaf, i Lanbedr Pont Steffan. Yn Llambed, gyda'i hegni arferol a chydag

Ysgubor Garthewin wedi ei threfnu gan Frances (Nanette) Wynne ar gyfer yr offeren

arian Robert Wynne, sefydlodd eglwys Gatholig a gynlluniwyd ar union ffurf ysgubor Garthewin, ac yma eto, edrychai ymlaen gydag arddeliad at yr amser pan fyddai'r Cymry'n dychwelyd at yr Hen Ffydd:

> With the opening of our Lady's Church joy came into our midst—joy shining and singing. And it was the voice and language of Wales that welcomed Our Lady back. It was the Welsh people themselves who filled the little church to overflowing on that, the first celebration of the Feast of Our Lady of Mount Carmel in Lampeter. They came bringing their special offering, the Gift of Song to the Holy Child and His Mother. And because they were kindly and welcoming, though all unaware of the great wonder

Yr Eglwys Gatholig yn Llambed a adeiladwyd ar gynllun ysgubor Garthewin

> that had come to pass in their midst, some day they will surely return with the light of recognition in their eyes.[49]

Tan ei marwolaeth ar 20 Hydref 1962 cysegrodd Nanette ei bywyd yn gyfan gwbl i'r Eglwys Gatholig yng Nghymru.

Pan ddychwelodd Nina Wynne o'i mis mêl ar y Cyfandir gwyddai mai ei chyfrifoldeb hi mwyach fyddai helpu ei gŵr i gynnal traddodiadau ac anrhydedd ei gyndeidiau. Ond cyn dychwelyd o Baris gwelsai hi a Robert Wynne, yn ystod Medi a Hydref 1938, arwyddion o'r anhrefn a'r ofn a ddaethai yn sgil bygythiad y Rhyfel. Pan ddechreuodd y Rhyfel hwnnw aeth cynlluniau Robert Wynne i wneud Garthewin yn gartref i'r ddrama ar chwâl. Gwasgarwyd aelodau cwmni Howard de Walden, diddymwyd y nosweithiau llawen, a defnyddiwyd yr ysgubor unwaith eto i storio gwellt ac offer fferm.

NODIADAU

1 Frances Wynne, *Eastward of All* (Dublin: M. H. Gill and Son, 1945) 76.
2 Ibid., 77.
3 *Othello*, I, 3, 159-61.
4 *Eastward of All*, 101-2.
5 Ibid., 127.
6 Ibid., 149-50.

[7] Ibid., 149.

[8] Gweler R. J. Evans, 'Hen Sgweiar Garthewin', *Fferm a Thyddyn*, Rhif 14, Calan Gaeaf, 1994, 44-5.

[9] Frances Wynne, *The True Level* (Dublin: M. H. Gill and Son, 1947) 27-31.

[10] G. K. Chesterton, *Christendom in Dublin* (London: Sheed and Ward, 1932) 70-2.

[11] *The True Level*, 37.

[12] Ibid., 77.

[13] Ibid., 78-9.

[14] Ibid., 86.

[15] Dafydd Ifans (gol.), *Annwyl Kate, Annwyl Saunders* (Aberystwyth: Llyfrgell Genedlaethol Cymru, 1992) 4.

[16] Saunders Lewis, 'Rhai Amheuon', *Y Llwyfan*, Rhif 4, Mehefin a Gorffennaf 1928, 50.

[17] Casgliad D. R. Davies, LlGC 101/1.

[18] Ibid.

[19] O. Llew Owain, *Hanes y Ddrama yng Nghymru* (Lerpwl: Gwasg y Brython, 1948) 232.

[20] Casgliad D. R. Davies, LlGC 101/1.

[21] Ibid.

[22] Ibid., 2/2.

[23] Ibid., 101/1.

[24] Sgwrs rhwng Bedwyr Lewis Jones a Robert Wynne yng Ngarthewin, 1989. (Ffynhonnell: Bedwyr Lewis Jones, Mai 1990.)

[25] Llythyr gan Ivor Green at D. R. Davies, 16 Hydref 1934: Casgliad D. R. Davies, LlGC 101/1.

[26] Robert Wynne, 'The Garthewin Little Theatre': Casgliad Wynne, Garthewin, Prifysgol Cymru, Bangor.

[27] Casgliad D. R. Davies, LlGC 2/3.

[28] Mair Saunders Jones et al. (gol.), *Saunders Lewis, Letters to Margaret Gilcriest* (Cardiff: University of Wales Press, 1993) 546.

[29] Constantine FitzGibbon, *The Life of Dylan Thomas* (London: J. M. Dent & Sons, 1965) 77.

[30] Toriad papur newydd di-ffynhonnell: Casgliad Aneurin Davies, Abertawe.

[31] Jack Jones, *Me and Mine* (London: Hamish Hamilton, 1946) 67.

[32] Casgliad D. R. Davies, LlGC 2/2.

[33] Cyfansoddiadau Eisteddfod Genedlaethol Caerdydd, 1938, 165-6.

[34] Thomas Taig, 'Towards a Welsh Theatre', *Wales*, Vol.4, No.6, Winter 1944/1945, 19.

[35] Yn yr wythdegau ysgrifennodd Clive Betts dair erthygl ar Saunders Lewis yn y *Western Mail*: Llun 30 Tachwedd, 1980; Llun 2 Medi, 1985; Gwener 6 Medi, 1985.

[36] Saunders Lewis, 'The Present State of Welsh Drama', *The Welsh Outlook*, Vol.6, No.12, 1919, 303.

[37] Sgwrs radio rhwng Dafydd Gruffydd a Robert Wynne ar ddechrau'r pumdegau: Casgliad Wynne, Garthewin, Prifysgol Cymru, Bangor.

[38] *The True Level*, 115.

[39] Casgliad D. R. Davies, LlGC 101/1.

[40] *Y Brython*, 13 Rhagfyr 1934, 7.

[41] Ibid.

[42] Ailgyhoeddwyd yr erthygl yn *Y Brython*, 12 Rhagfyr 1935, 5.

[43] Casgliad D. R. Davies, LlGC 101/1.

[44] Ibid.

[45] Casgliad J. Ellis Williams, LlGC 5b.

[46] *The True Level*, 116.

[47] Llythyr 1.

[48] *The True Level*, 126-7.

[49] Ibid., 160.

II

'Fel Sycharth Owain, Garthewin freiniau'

Ar noswyl Gŵyl Ifan 1939 ysgrifennodd Saunders Lewis at Robert Wynne o Hen Dŷ Abermad, yn Llanfarian ger Aberystwyth, i ymddiheuro am na fedrai fynychu garddwest Garthewin, achlysur a roddai'r cyfle i aelodau a chymwynaswyr y Blaid Genedlaethol i fwynhau prynhawn o bleser ac adloniant ar lawntiau'r plas. Codi arian at weithgareddau'r Blaid oedd amcan yr arddwest, a phob haf gwahoddid dawnswyr, telynorion a chantorion i berfformio ar y teras llydan a gynlluniwyd gan Clough Williams Ellis. Wedi'r lluniaeth hael ar un o'r lawntiau, gellid dringo'r llechweddau a edrychai dros Ddyffryn Elwy neu fynd am dro i'r capel, y theatr a phrif ystafelloedd y tŷ yng nghwmni Mrs Wynne. Yr oedd Nina Wynne yr un mor frwdfrydig â'i gŵr dros hyrwyddo achos y Blaid ac adfer traddodiadau'r hen bendefigaeth Gymreig; yn wir, hi a gafodd y syniad yn y lle cyntaf o groesawu'r Cymry i arddwest yng nghartref y Wynniaid, a hi a'i gwnaeth yn rhan o galendar blynyddol y Blaid a'r plas.

Wrth anfon ei gerdd 'Garthewin'—awdl foliant yn null yr Oesoedd Canol—at yr ysgwïer ar 17 Ionawr 1941, mae Saunders Lewis yn cydnabod yn ei lythyr gyfraniad Mrs Wynne hithau i'r ymgyrch i wneud Garthewin yn ganolfan hen werthoedd a diwylliant Cymru: 'Actually, the poem tries to express my conviction of the important work you and Mrs Wynne are doing for the nation and the value of your contribution to the national life.'[1] Heb un amheuaeth, yr oedd Saunders Lewis yn y cyfnod hwn yn gwir werthfawrogi croeso gwâr y Wynniaid, eu haelioni tuag ato ef a'i deulu, eu hymlyniad wrth y Ffydd Gatholig, a'u parodrwydd i wneud Garthewin yn 'aelwyd i'r genedl'. Wrth anfon ei awdl at Robert Wynne mae Saunders Lewis ar yr un pryd yn pwysleisio ei gwreiddioldeb: 'It's an "awdl" in the 15th century metres and style, but with a contemporary intention . . . The themes are the usual 15th century convention of praise-poetry, hospitality, beer, wine etc., but that's all. The thought is independent and the development.'[2] Lluniodd Saunders Lewis gyfieithiad Saesneg o'r awdl hon ar gyfer yr ysgwïer, ei wraig, a Nanette Wynne, er mwyn iddynt fedru amgyffred maint ei ddyled iddynt. Mae'n siŵr y byddai Robert Wynne a'i deulu wedi ymhyfrydu yn y deyrnged, ac wedi darllen ac ailddarllen y cyfieithiad o'r awdl. Profiad rhyfedd felly i

Garthewin

Llyfrgell Genedlaethol Cymru

awdur y gyfrol bresennol oedd darganfod llythyr Saunders Lewis yn amlinellu cynnwys yr awdl, ynghyd â'r llawysgrif wreiddiol o'r awdl a'r cyfieithiad, ar waelod hen gwpwrdd llychlyd, anniben, lle y gorweddai nifer o bapurau dibwys, cardiau post ac ambell gylchgrawn.

Gwyddai Robert Wynne fod beirdd ar hyd y canrifoedd wedi canu awdlau moliant i'w gyndeidiau ym mhlasau Melai, Bronheulog a Garthewin oherwydd, ddiwedd y tridegau, yr oedd wedi dechrau ymddiddori yn hanes y teulu. Ymfalchïai yn y ffaith fod y Wynniaid yn hanu o Marchudd ap Cynan, Arglwydd Bryn-ffanigl, arweinydd traddodiadol byddinoedd Gwynedd yng nghyfnod Rhodri Mawr ac un o gyndeidiau Ednyfed Fychan, distain Llywelyn Fawr. Ffermdy Melai, ychydig filltiroedd o Garthewin, oedd prif gartref y teulu tan i Robert Wynne (*ob.* 1682), swyddog ym myddin Siarl I, briodi â Margaret, merch Robert Price, Garthewin, ganol yr ail ganrif ar bymtheg. Canolbwyntiodd Wynniaid Garthewin ar yrfaoedd ym myd masnach, y Gyfraith a'r Eglwys, a chymaint oedd eu llwyddiant yn y meysydd hynny fel y bu'n bosibl i Robert Wynne (*ob.* 1743), ysgwïer Garthewin, Canghellor Llanelwy a rheithor Gresffordd, gomisiynu cynllunydd a chyflogi adeiladwyr i godi tŷ newydd ar safle'r hen blas oddeutu 1720. Ychwanegwyd yr ysgubor bresennol a'r tai maes o'i hamgylch gan Robert Wynne (1732-98), ŵyr y Canghellor ac un o berchnogion mwyaf lliwgar Garthewin. Mynd ar gynnydd fu hanes tiroedd a chyfoeth yr ysgwïer hoffus hwn pan briododd ag Elizabeth Acton, etifeddes ystadau yn Wem, Sweeny, Maelor Saesneg ac yng nghyffiniau Wrecsam. Gwyddys hefyd iddo gadw dyddiaduron tra diddorol yn cofnodi rhai o'r digwyddiadau cyffrous yng Ngarthewin a'r cylch. Yn anffodus, collwyd y rhan fwyaf o'r cyfrolau, ond cynhwysir rhai o'r cofnodion yng nghyfrol Walter Bezant Lowe, *The Heart of Northern Wales* (1927). Yn y cofnodion canlynol ceir cyfeiriad at adnewyddu'r plas ac at y gyfeddach a'r dathlu yng Ngarthewin. Ceir hefyd rai hanesion rhyfedd am farwolaethau, angladdau, genedigaethau a thrychinebau'r cyfnod:

1 1767, May 28 Being Holy Thursday, we began to pull down Garthewin for ye alterations by Mr Turner, and very badly done.

2 Jan 27, 1770 This day Phoebus was kicked out of the room and the merry God Bacchus reigned in his stead. 'And with the Zenith was Ebreity and Reason in the Nadir.'

3 June 25 1770 Died aged 102 John Hatfield, who was a soldier in the reign of William and Mary, and ye person who was tried and condemned by Court Martial for falling asleep on his duty upon Windsor Terrace. He absolutely denied the charge against him, and solemnly declared he heard St Paul's clock strike 13, the truth of which the Court much doubted because of the distance. But, while he was under sentence of death, affidavit was made by several persons that ye clock did strike 13 instead of 12, whereupon he received His Majesty's pardon.

4 Aug 4 1770 Heard of ye death of Mr Griffith of Tan-y-Bwlch, Co. Merioneth. Two very remarkable circumstances happened: the boy who toll'd the bell for the funeral was found hanged to the bell-rope, and one of the horses that were to carry him to his grave was found hanged in the stable.

5 Dec 8, 1780 Lay at Garthewin, Mr Hughes of Bronwylfa, who was afraid of going to sleep, that if he shut his mouth his head should be blown off by Fermentation the Bottled Ale he had drunk that evening.

6 Nov 16 1782 Saw at Mr Wynne of Plas Newydd 40,000 walnuts in one cart.

7 Dec 5 1785 A terrible accident happened at Caernarvon, being the Fair and a great storm. The Ferry-boat crossing from Caernarvon to Abermenai on the Anglesey side was overloaded and overset about midway over, about 8 o'clock at night, and every soul in her perish [?], but one man who came on shore upon an oar. About 90 persons were lost, 54 dead bodies were found the next week. There are about 7 [?] more missing.

8 Aug 5 1791 Received a gooseberry from my friend, Mr. Holland of Teyrdan, which weighed 2 guineas, one shilling and 20 francs.[3]

Yna, ar 25 Gorffennaf 1798, cofnodir marwolaeth Robert Wynne ei hun, ynghyd â sylw Walter Bezant Lowe ar y llawysgrifen, 'This entry must, I think, be in his wife's hand-writing':

9 July 25 1798 Died at Trefriew, near Mold, to the unexpressible grief of his family and friends, Robert Wynne, Esq., of Garthewin, aged 66. He was remarkably cheerful the preceding evening, went to bed at 10 (his accustomed hour), was taken ill about 4, and expired in the short space of one hour, without a groan. He was interred in the family vault in Llanfairtalhaiarne Church on Friday, Aug. 3, about 2 in the afternoon . . . He was a cheerful companion, a steady friend, a good neighbour, and a truly honest man. With God rest his Soul.[4]

Mae'n drueni fod gweddill y dyddiaduron wedi eu colli oherwydd mi fyddai Robert Wynne yn siŵr o fod wedi cofnodi ei ymateb i'r perfformiad a welodd ar lwyfan Neuadd y Dref yn Wrecsam yn 1785. Gwyddom ei fod ef ac Elizabeth Wynne yn ymddiddori yn y theatr, ac iddynt noddi'r ddrama yn Wrecsam pan oedd bywiogrwydd y perfformiadau yn Neuadd y Dref yn enwog. Pan ddaeth cwmni John Boles Watson, *The Cheltenham Company of Comedians*, i berfformio yn Wrecsam o Ionawr tan Ebrill 1785, noddwyd un o'u cyflwyniadau gan ysgwïer Garthewin a'i wraig. Y ddrama honno oedd cyfieithiad o *Le Mariage de Figaro* Beaumarchais, a berfformiwyd, felly, yn Wrecsam lai na blwyddyn wedi'r perfformiad cyntaf ym Mharis. Hysbysebwyd y perfformiad fel a ganlyn:

Theatre, Wrexham
By the Hereford and Cheltenham Company of Comedians
Never acted but in London, Paris and Dublin.
On Wednesday next, 16th March 1785, will be performed,
THE FOLLIES OF A DAY or THE MARRIAGE OF FIGARO
A comedy in Five Acts by M. Beaumarchais; translated and adapted by Mr Holcroft
Original Song new set Mr Shield to be introduced in character by Mrs Watson
With a Pantomime as at Sadler's Wells, called 'The Wizard of the Rocks'
Scenery: A View of the Town got up at great expense.[5]

Nid R. O. F. Wynne, felly, oedd y cyntaf o deulu'r Wynniaid i noddi'r ddrama, er mai ef oedd y cyntaf i noddi'r ddrama frodorol yng Ngarthewin. Gellir gweld llun Gainsborough o Robert Wynne, y dyddiadurwr, yng Ngarthewin heddiw, ond gwerthwyd portread yr arlunydd o Elizabeth Wynne gan Robert William Wynne yn nauddegau'r ganrif hon.

Mae'n siŵr y byddai Robert ac Elizabeth Wynne wedi mynychu

theatr breifat Syr Watkin Williams Wynne yn Wynnstay yn ystod saithdegau ac wythdegau'r ddeunawfed ganrif, gan mai bonedd Swyddi Caer, Fflint, Trefaldwyn a Dinbych a lenwai'r theatr honno. Ni fyddai'r pellter o Garthewin yn broblem; yn wir, nodir gan George Colman yr Ieuengaf yn y gyfrol gyntaf o *Random Records* (1830) fod ffrindiau Syr Watcyn yn heidio i Wynnstay yn 1778 ac yn barod i deithio milltiroedd—a hynny mewn cerbydau digon annisgwyl: '. . . good Cambro-Britons of the first families flocked from distant domains to see us; some came from thirty miles off and the carriages were in such requisition at the Inns that, one night, there were two mourning coaches waiting in the park which had each brought a merry party of six insides.'[6] Yn theatr Wynnstay gallasai Robert ac Elizabeth Wynne fwynhau perfformiad mewn theatr a oedd yn wahanol mewn un ffordd bwysig i'r mwyafrif o theatrau preifat y cyfnod. Ni felltithid theatr Syr Watcyn gan y *footlights* a welid yn theatrau preifat Lloegr ac y mae manylion George Colman am oleuadau Wynnstay yn *Random Records* yn disgrifio i'r dim rai Thomas Taig yn 1937 ar gyfer Theatr Garthewin:

> . . . there was no row of flaring lamps, technically called the *float,* immediately before the Performers' feet, in front of the Proscenium; but this same *float* was affix'd to a large beam, form'd into the arch, over their heads;—on the side of the arch nearest to the stage,—so that the Audience did not see the lamps which cast a strong vertical light upon the Actors.[7]

Dyma'n union y math o oleuo a gymeradwywyd gan Saunders Lewis. Yn ei erthygl 'The Present State of Welsh Drama' yn *The Welsh Outlook* yn 1919 y mae'n dadlau dros greu cysylltiad agos rhwng yr actorion a'r gynulleidfa yng Nghymru er hyrwyddo'r math ar theatr a fyddai'n adlewyrchu bywyd a breuddwydion y genedl. Yn ei theatr ddelfrydol ef alltudid y *footlights*, 'that horrible word and those horrible things', gan eu bod yn codi rhagfur rhwng y llwyfan a'r gwylwyr:

> We must see that we allow no barrier between the actor and spectator, and the very symbol of all such barriers is the footlight. For this, by the mere press of a switch, throws the players at once into a new region, where they only darkly see the spectators, and where a hard ungentle beam plays on them and gives them an air beyond us who watch; and in time that unrelenting row of torches becomes like a barbed wire between two lines of trenches. It affects the audience; it hurts the actors; there is an impediment to overcome before sympathy can grow between them.[8]

Er y byddai Saunders Lewis wedi cymeradwyo awyrgylch theatr Syr Watcyn a'r trefniant goleuo, dengys ei sylwadau yn ei golofn

'Cwrs y Byd' yn *Y Faner*, 29 Rhagfyr 1948, nad oedd ganddo barch o gwbl at yr hyn a gyfrannwyd gan theatr Wynnstay i ddatblygiad y ddrama. Dadleuai na wnaeth y theatr honno symbylu unrhyw ddramodydd i ysgrifennu unrhyw ddrama o werth, a beirniadodd Syr Watcyn a'r dyddiadurwr Robert Wynne am eu hanwybodaeth o fodolaeth athrylith fel Twm o'r Nant:

> Ni wyddai Mr. Wynne, Garthewin, na Syr Watkin ddim am Dwm o'r Nant. Beth petasai gan y Wynne hwnnw y weledigaeth a gafodd y gŵr sydd yng Ngarthewin heddiw? Meddyliwch beth a allasai ddigwydd petasai theatr Wynnstay yn theatr Gymraeg a Syr Watkin wedi rhoi cyfle i Dwm o'r Nant sgrifennu i ysweiniaid Cymraeg Powys a Gwynedd? . . . Y mae gwaith Twm o'r Nant yn rhan o lenyddiaeth Gymraeg ond ni ffrwythodd fel y gallasai petasai nodded Wynnstay yn ddaear iddo neu pe cawsai Twm ysgubor Garthewin, fel y caiff Chwaraewyr Garthewin heddiw.[9]

Ond mae'n bur annhebygol na wyddai Robert ac Elizabeth Wynne am Dwm o'r Nant oherwydd lluniodd yr anterliwtiwr gân i'w mab, Robert William Wynne (1766-1844), ar ddod i'w oed ar 5 Tachwedd 1787 i'w chanu ar 'Young Watkin March'.* Yn ôl Twm o'r Nant ceir yn y dathlu:

> Llais gynnau pennau poeth,
> Llais dynion llïaws doeth
> Adlais odlau, dawns, caniadau,
> Pynciau ceingciau coeth.

Ac mae ganddo ryw grap ar yr achau:

> Enwog Wynniaid goflaid gyflawn,
> Da'i dawn o dô i dô
> Priceiaid, oeddynt parhaus eu dyddiau
> Ar Graddau gwreiddiau'n grych,
> Trwy Gynnyrchiad Merched Marchydd
> Cynydd Gwinwydd gwych
> Llîn Madrun Radd llen mydrau'r oes
> A llên y Clwchiaid llawn y Cloes
> O lin hen Edwin lan hynodol.[10]

Yr oedd Robert William Wynne, gwrthrych cerdd Twm o'r Nant, yn gyrnol ym milisia Sir Ddinbych, a thra oedd yn gwasanaethu yn y Dwyrain Canol fe'i heriwyd, wedi noson o ddathlu yn y gwersyll,

*Prawf pellach fod Twm o'r Nant yn gydnabyddus iawn â Garthewin yw iddo ganu 'Cerdd ar [yr alaw] Gwel yr Adeilad i Domos Williams, Saer Garthewin' (LlGC, 1348B, f.10). Bu Twm o'r Nant hefyd yn chwarae anterliwtiau yn Llanfair Talhaearn ac ym mhlas Hafodunos, Llangernyw, tua phedair milltir o Garthewin.

i ymweld â harem y swltan lleol. Aeth yno, gan wybod mai'r gosb fyddai cael ei ysbaddu ar unwaith pe gwelid ef gan weision y swltan. Fe'i daliwyd, a bu'n rhaid iddo ddychwelyd i Gymru heb obaith mwyach am sicrhau etifedd i ystad Garthewin. Etifeddodd yr ystad ar farwolaeth ei dad yn 1798, ac yr oedd ef a'i wraig, Letitia, yn fawr eu parch yn yr ardal. Yn ôl un gohebydd, pan fu farw'r Cyrnol Wynne yn 1844, daeth tair mil o bobl i'r angladd yn Llanfair Talhaearn, a phob un ohonynt yn ymddwyn fel petai wedi colli aelod o'r teulu. Rhydd y disgrifiad o'r angladd naws y cyfnod a rhwysg y seremonïau claddu:

> The following is the order of the procession: A beneficial club, consisting of a deputation of twelve members, two and two.
> Two Mutes
> Twelve of the chief tenants on foot
> Undertaker Undertaker
> HEARSE
> 4 Bearers with escutcheon 4 Bearers
>
> First mourning coach, containing chief mourners,
> Brownlow Wynne Cumming, Esq.
> and
> Robert Wynne, Esq., of Bronywendon
> Second mourning coach containing the pall bearers. . .
> The deceased's carriage, closed
> Lady Erskine's carriage[11]

Dilynwyd y prif alarwyr gan tua deugain coets yn perthyn i foneddigion yr ardal, a thu ôl i'r cyfan cerddai gweithwyr yr ystad a gweision a morynion y plas.

Ychydig cyn iddo farw anfonodd y Cyrnol Robert Wynne gyfreithwyr ar hyd a lled Prydain i ddod o hyd i ŵr o blith y Wynniaid a fyddai'n deilwng i etifeddu Garthewin. Daethpwyd o hyd i etifedd cymwys yn Swydd Derby, sef Robert Wynne, Ashbourne. Symudwyd yr etifedd a'i deulu i Fronywendon, lle y gallai'r ysgwïer gadw llygad barcud arno er mwyn medru mesur ei deilyngdod ef a'i fab i reoli'r ystad. Wedi iddo glywed y mab (tad Robert Wynne, ffrind Saunders Lewis) yn ymffrostio am ei gynlluniau i chwyldroi'r drefn o redeg ystad Garthewin, anfonodd y Cyrnol Wynne y cyfreithwyr ar daith unwaith yn rhagor. Y tro hwn darganfuwyd cefnder o'r enw Brownlow Wynne Cumming, a oedd ond yn rhy barod i fabwysiadu'r cyfenw 'Wynne' ac i addo rheoli'r ystad yn union fel y dymunai'r ysgwïer iddo ei wneud. Ef, felly, a etifeddodd Garthewin yn 1844. Ond mae'n amlwg nad esgymunwyd Robert Wynne, Bronywendon yn gyfan gwbl oherwydd, fel y gwelir yn y disgrifiad uchod o angladd y Cyrnol Wynne, fe deithiodd i'r gladdedigaeth gyda Brownlow Wynne yng nghoets y prif alarwyr, a chafodd ei fab ddilyn yng nghoets cludwyr y llen allor.

Yn anffodus, ni chafodd Brownlow Wynne fwynhau llawer o hapusrwydd ar aelwyd Garthewin. Un prynhawn o haf aeth gwraig ifanc yr ysgwïer, a hithau'n feichiog, i rwyfo ar lyn hardd y plas. Yn sydyn, syrthiodd o'r cwch wrth ymestyn i fwydo un o'r elyrch ac er iddi gyrraedd y lan yn ddiogel, collodd y plentyn. Wedi'r ddamwain, anwybyddodd ei gŵr, enciliodd i'w hystafell, a bu fyw fel meudwy yno am weddill ei hoes. Ei hunig bleser oedd bridio llygod gwynion, ac yn ôl Menna MacBain, yr oedd llygod brithion i'w gweld yng Ngarthewin tan yn ddiweddar, oherwydd 'Mrs Wynne's mice intermarried with the locals'. Bu Brownlow Wynne ei hun yn gymwynaswr hael i achosion lleol; ef oedd noddwr eisteddfod gyntaf Llanfair Talhaearn, a gynhaliwyd ar ddydd Calan 1855; tanysgrifiodd ef a'i wraig i'r tair cyfrol o weithiau Talhaiarn a gyhoeddwyd yn 1855, 1862 a 1869; dangosodd gryn garedigrwydd tuag at y Mormoniaid yn ardal Garthewin, a bu'n feistr tir addfwyn i denantiaid tlawd yr ystad. Pan fu farw'n ddi-blant yn 1882 etifeddwyd Garthewin gan Robert William Wynne (1857-1933), Bronywendon, y cyfeiriwyd ato ym mhennod gyntaf y gyfrol hon. Wedi ei farwolaeth ef, wrth gwrs, daeth yr ystad yn eiddo i Robert Oliver Francis Wynne (1907-93), noddwr Theatr Garthewin.

* * *

Fel y crybwyllwyd eisoes, un o brif ddiddordebau Robert a Nina Wynne oedd hel achau'r teulu, a medrai Mrs Wynne wefreiddio cynulleidfa fechan ar aelwyd Garthewin â'i storïau cyffrous am deulu'r Wynniaid. Mae'n bur debyg i Saunders Lewis ar un o'i ymweliadau cyson â'r plas ei chlywed yn sôn am saga'r teulu, ac iddo yntau yn ei dro sôn am draddodiadau'r hen ysweiniaid Cymreig. Ar aelwyd Robert a Nina Wynne nid oedd angen i Saunders Lewis 'falio botwm am y werin daeogion'. Yng Ngarthewin, yng nghwmni bonheddwr a chylch bychan elitaidd o ffrindiau fel Charles Edwards, Ampleforth, y Tad Illtud Evans, a J.E. a Cathrin Daniel, Bangor, medrai lwyr ymlacio. Yng Ngarthewin hefyd y darganfu y 'Tŷ' delfrydol lle y diogelid traddodiadau'r genedl. Roedd wedi canu clodydd yr hen bendefigaeth flynyddoedd cyn iddo ddod i adnabod Wynniaid Garthewin, oherwydd yn ei erthygl ar Dafydd Nanmor yn *Y Llenor*, 1925, dadansoddodd arwyddocâd a phwysigrwydd y Tŷ a'i ddefodau i fardd teulu'r Tywyn:

> Beth yw ystyr hyn oll, ei glod i foethusrwydd, i fursendod iarllesaidd a gwâr, i berchentŷaeth a cheinder ystafelloedd a mwynderau sidan a gwleddoedd amryflas a llawenydd cwmnïaeth? Rhan yw'r cwbl o'i gariad angerddol at wareiddiad sefydlog. Canys ni ellir bod y pethau hyn ond lle y bo treftadaeth a thraddodiad a hen bendefigaeth;—y bywyd Cymreig gynt.[12]

Drawing-room Garthewin

Liverpool Daily Post

Ystafell fwyta Garthewin

Liverpool Daily Post

Wrth ysgrifennu am yr hyn a welodd Dafydd Nanmor ym mhlas ei noddwr, sonia Saunders Lewis am yr union bethau a welodd ef ei hun yng Ngarthewin:

> Gwelai mewn cronglwyd neuadd symbol o gydfod dynion â'i gilydd, ac o'r dyhead hwnnw am berthynas a chymdeithas sy'n sylfaen pob cwmni a threfn ar fywyd, ac yn troi perchentŷaeth yn offeiriadaeth . . . Yn wir, yr oedd 'Tŷ' i Ddafydd Nanmor yn air cyfrin, yn un o dermau mawr gwareiddiad . . . A deallodd mai dyma hanfod gwareiddiad pendefigaidd, ac mai hwn yw campwaith bywyd y ddynoliaeth, sef sefydlu'r egwyddor fawr o geidwadaeth a bonedd, a chymundeb y cenedlaethau, a'r Tŷ yr arwydd urddasol o'r sagrafen ddi-dor.[13]

Yn goron ar y cyfan, wrth gwrs, yr oedd yr elfen Gatholig ym mywyd y Wynniaid, elfen hollbwysig i Saunders Lewis, gan mai 'Catholig hefyd i'r gwraidd, ac i'r ddaear odditanodd, oedd holl hen fywyd a diwylliant Cymru'.[14] Yng Ngarthewin, felly, darganfu Saunders Lewis gymdeithas aristocrataidd a Christionogaeth Gatholig, ond, i raddau, rhamantu oedd gweld y plas fel cadarnle'r 'bywyd Cymreig'. Yr oedd yr allanolion yno, ond er gwaethaf ymdrech ddewr yr ysgwïer i ddysgu'r iaith, go dila oedd ei Gymraeg llafar. Pur ramantus hefyd oedd ei Gymreictod, yn ôl ei ferch, Menna MacBain. Dywed fod y fagwraeth a gafodd hi a'i dwy chwaer ar aelwyd Garthewin yn un gwbl afreal, a chofia rai o blant pentref Llanfair Talhaearn yn cael eu hel i'r plas i siarad Cymraeg â hwy. Fel y dywed Mrs MacBain: 'They must have hated it as much as we did.' Cofia'n glir sut y byddai'n rhaid i'r chwiorydd aros gyda'u mam wrth borth Garthewin, wedi eu gwisgo yn y wisg draddodiadol Gymreig ac yn chwifio'r Ddraig Goch, bob tro y deuai eu tad adref o gyfarfodydd y Blaid. Ac eto pan ddaeth yn amser i gyflogi athrawesau preifat i'r merched, Saeson oeddynt bob un. Nid oedd ymrwymiad Robert Wynne yn ddigon i beri iddo wneud ei orau i geisio sicrhau y byddai ei blant yn Gymry i'r carn. Yn y chwedegau, bu Menna a Gwenllian yn gorymdeithio gydag aelodau Cymdeithas yr Iaith, a bu Gwenllian yng nghanol brwydrau cyffrous y cyfnod dros Gymru a'r iaith. Barn Menna MacBain heddiw yw fod ei rhieni'n rhamantwyr rhonc, ei thad yn rhamantu am Gymru, a'i mam am Iwerddon, a'i bod hi ei hun, am ychydig, wedi rhannu'r rhamant hwnnw. Gall edrych yn ôl yn awr ar gynlluniau anymarferol ei thad gyda chydymdeimlad a hiwmor iach, ond, ar yr un pryd, wrth baratoi i werthu'r tir a'r plas, gresyna na fedrodd ei thad ganolbwyntio ar adfer ystad y Wynniaid.

Yr elfen gwbl anymarferol hon yng nghymeriad Robert Wynne a'i harweiniodd i ymgyrchu i adfer Cymru i Eglwys Rufain; yn wir, erbyn y pumdegau, edmygid ef gan swyddogion y Réalt yn Iwerddon fel un a safai'n gadarn dros 'the spiritual reconquest of Wales',[15] tra gwelid Garthewin fel caer gadarn y Ffydd Gatholig. Ei ymlyniad wrth Gatholigiaeth a'i hysgogodd hefyd i gyfieithu *Buchedd Garmon* ac *Amlyn ac Amig* i'r Saesneg yn y pedwardegau. Cyffesodd wrth y diweddar Athro Bedwyr Lewis Jones yn 1989 iddo gael ei gyffwrdd i'r byw yn 1937 pan ddarlledwyd *Buchedd Garmon* ac iddo glywed llais Saunders Lewis yn galw arno drwy'r ddrama i ymuno yn y frwydr i achub Cymru, a'i hachub yn benodol i'r Ffydd Gatholig![16] Dywedodd hefyd ei fod wedi addo i'w fam y byddai'n cyfieithu cymaint ag a allai o weithiau Saunders Lewis i'r Saesneg er mwyn i Gatholigion di-Gymraeg weld fod un o brif lenorion Cymru yn yr ugeinfed ganrif yn synio am y Gymru ddelfrydol fel 'Llannerch y ffydd o Lan Fair i Lan Fair.'[17] Pan gyhoeddwyd *Amlyn ac Amig* gan Wasg Aberystwyth ym mis Mai 1940, aeth Robert Wynne ati i'w chyfieithu, gan ei bod, yn ei dyb ef, yn cynnwys hanfodion pob drama dda, sef crefydd a'r bywyd ysbrydol. Ymddengys, o ddarllen ei erthygl ar y ddrama yn *Dock Leaves*, Gaeaf 1954, mai'r elfen grefyddol a Chatholig a ddenodd Robert Wynne, gan na chyfeirir o gwbl at ddawn Saunders Lewis fel dramodydd.[18]

Ni orffennodd yr ysgwïer ei gyfieithiad o *Amlyn ac Amig* tan fis Tachwedd 1944, ond bu'n trafod y posibilrwydd o drefnu darllediad ohoni yn Iwerddon pan aeth ef a Mrs Wynne i Ddulyn yn 1943 ar gyfer genedigaeth eu plentyn cyntaf, Menna Mair, ar 7 Hydref 1943. Gan nad oedd Mrs Wynne yn ymddiried o gwbl ym meddygon Cymru a Lloegr, aeth i Ddulyn hefyd ddwy flynedd yn ddiweddarach ar gyfer genedigaeth yr ail blentyn, Gwyneth Mair (Lowri) ar 17 Gorffennaf 1945. Pan aned y plentyn olaf, Gwenllian Anne Helena ar 4 Chwefror 1951, daeth mab Eamon de Valera, meddyg a oedd yn fawr ei barch yn Nulyn, i aros yng Ngarthewin i ofalu am Mrs Wynne. Wedi i Robert a Nina Wynne ddychwelyd o Iwerddon yn 1943 gyda'r plentyn cyntaf, derbyniasant lythyr oddi wrth Saunders Lewis yn croesawu'r baban i Gymru ac i Garthewin, ond pan glywodd pa enw a ddewiswyd ar ei chyfer, anfonodd deligram at y tad: 'For God's sake don't call her Menna'. Mae'n amlwg fod Robert Wynne wedi ceisio newid barn Saunders Lewis wrth ei sicrhau fod santes o'r enw Menna. Atebodd Saunders Lewis: '. . . I'm delighted that there's a Saint Menna; John Morris-Jones had castigated Ceiriog for inventing the name in Welsh, but the Saint more than vindicates Ceiriog'.[19] Y santes y cyfeirir ati yw'r santes Menna a aned yn Soulousse Lorraine ddiwedd y bedwaredd ganrif. Darganfu Robert a Nina Wynne yr enw yng nghyfrol S. Baring-Gould a J. Fisher, *Lives of the British Saints*, cyfrol a roesai Nanette Wynne i'w mab yn 1931 ar achlysur ei dderbyn yn aelod o Eglwys Rufain. Felly, er gwaethaf teligram Saunders Lewis a dadl Syr John Morris-Jones, penderfynwyd cadw'r enw *Menna*.

Flwyddyn wedi geni Menna Mair anfonodd Robert Wynne y deipysgrif o'i gyfieithiad o *Amlyn ac Amig* at Saunders Lewis i'w chywiro. Amcanion Robert Wynne yn 1944 oedd cael Radio Éireann i ddarlledu'r ddrama, perswadio Saunders Lewis i baratoi addasiad llwyfan ohoni, a dod o hyd i wasg a fyddai'n fodlon cyhoeddi'r cyfieithiad. Pan glywodd fod Syr Idris Bell wedi anfon ei gyfieithiad ef o *Amlyn ac Amig* at Saunders Lewis, ceisiodd Robert Wynne ei orau i berswadio nifer o weisg i gyhoeddi ei fersiwn ef, ac nid eiddo Syr Idris, ond ei wrthod a wnaethant. Ymddangosodd *Amis and Amile* Syr Idris Bell yn *The Welsh Review*, Gaeaf 1948. Prif amcan yr ysgwïer yn y pedwardegau, fodd bynnag, oedd llwyfannu ei gyfieithiad yn ei theatr yng Ngarthewin. Wrth ymateb i'r syniad hwn yn ei lythyr at Robert Wynne ar 28 Tachwedd 1944, mae Saunders Lewis yn amheus ynglŷn ag addasrwydd y ddrama ar gyfer y llwyfan, gan mai ar gyfer radio yr ysgrifennwyd hi. Er hynny, mae'n gwbl barod i ailysgrifennu'r ddrama, ac mae'n cynnig syniadau go bendant ynglŷn â'r ffordd orau o'i chynhyrchu: 'If you want to stage it in your Barn Theatre post-war, in Welsh and English, we must re-write it and use your clock-tower for the church, and move the audience about to interlude music,—act 1 in barn, 2 also, the third between barn and clock!! perhaps compose a prologue for the vow scene at St Germain and drop it out of act 1.'[20] Yng nghynllun Saunders Lewis ar gyfer y gwahanol olygfeydd adlewyrchir y math ar theatr a ddisgrifir ganddo yn *The Welsh Outlook*, 1919: 'There would be three or four fair rooms . . . I am not sure if the play would all be acted in one room, or whether at a change of scene we should not enter another chamber, the players mingling with the hearers, and we should there have our second part. But certainly there would be no fixed seats . . .'[21]

Dechreuodd Robert Wynne ei hun ar y gwaith o baratoi'r testun ar gyfer y llwyfan, ond dau ddarn yn unig o'r addasiad sydd ar gael, ac un ohonynt yw'r Prolog rhyfedd o bregethwrol sydd, unwaith yn rhagor, yn tanlinellu natur diddordeb yr ysgwïer yn neges y ddrama:

> The play we are going to witness is about an act of sacrifice. It celebrates also things of which we think at Christmas time: homes, children, friendship and the offering of gifts, therèfore the theme of our play is love

and sacrifice, and these two things are one. On Christmas morning God gave us the gift of Himself; He came into a bare stable; He became homeless that we might find our true Home in Him. He offered us his Son that we might sacrifice our hearts on the altar of His love. And as Abraham gave Isaac so, in our play, Earl Amlyn offers up his own children for the sake of his friend. His offering is imperfect,—he is compelled by reason of his vow, yet it is a symbol of that willing sacrifice offered on the Cross by God Himself for the redemption of mankind. Without sacrifice there would have been no joy at Christmas; because of it, men and angels exult and are glad.

Be silent if you please, our play commences and hark, we hear them now,—a choir of voices, glorifying God.[22]

Mae'n annhebyg y byddai Saunders Lewis wedi cymeradwyo'r fath ragarweiniad i'w ddrama, ac mae'n amheus a gafodd gyfle i weld trosiad llwyfan Robert Wynne. Ar gwestiwn y set, yr oedd yr ysgwïer yn fwy clir a chynnil:

The hall of the castle. Central window back stage, showing night sky. Entrances from wings left and right back stage. On left: twin thrones on dais slewed sideways. On right: Table sideways, with lighted candles. Hooded fireplaces left downstage. The Porter stands guard at back. The company groups, Amlyn leads Belisent to her throne and thus turns to address the Porter standing, the fool seating himself on stool near fire. The Bard sits on a chair beside the dais.[23]

Yn gynnar yn 1946 anfonodd Robert Wynne ei addasiad llwyfan at gyfarwyddwr y Gate Theatre yn Nulyn, ond gwrthod ei llwyfannu a wnaeth hwnnw gan na welai y câi gynulleidfa i'w gwylio.

Yr oedd yr ysgwïer yn benderfynol, fodd bynnag, o sicrhau fod ei gyfieithiad yn cael ei ddarlledu yn Iwerddon, a'r cam cyntaf oedd cael sylwadau'r awdur ar y deipysgrif. Yn y llythyr a anfonodd Saunders Lewis i Garthewin ar 22 Tachwedd 1944, mae'n sôn ei fod wedi gorffen darllen y deipysgrif ac wedi gwneud nodiadau ar y cynnwys: 'I made notes as I went along'.[24] Deuthum o hyd i'r nodiadau hynny ymhlith papurau ysgol Menna MacBain, ac o ddarllen y detholiad a ganlyn (lle y nodir cyfieithiad yr ysgwïer o fewn dyfynodau) ymddengys nad oedd gan Robert Wynne afael sicr ar ystyr y geiriau Cymraeg, a bod ei gyfieithiad o *Amlyn ac Amig* yn hollol henffasiwn o safbwynt arddull:

Act I

1 [Gan hynny, i'r gwely, y gwalch]
'Therefore, to bed now, you two'
Therefore to bed now *you rogues*.
(*Gwalch* has that sense)

2 [Arthes anynad yn gwisgo'r clos]
'A she-bear in *clothes*.'
(May I suggest in *britches*; that's the meaning of *clos* —the woman puts on the man's apparel)

3 [Gwybydd, O Amig, imi grwydro]
'Thou knowest I did roam'
(No, it is imperative—know that I roamed)

4 [Os yn y purdan y'th ddaliaf]
'If in Purgatory I pay'
(May I suggest just simply: If in Purgatory I see thee. *Dal* is to catch)

5 [Maddau gywreinrwydd bardd sy'n craffu ar grefft]
(The curiosity of a poet who has heed for craftsmanship)

6 [Ar gân y mae moli; mewn sgwrs y mae'n fwbach]
(Fool says: 'In song there is praise, in talk there is folly.' The exact meaning of the line is: 'It is in song that praise is appropriate, it is a folly in talk' (i.e. conversation). Then Belisent's answer means: praise is the poet's job; to thee the job of saying nasty truths)

7 [Cyfaill sy gennyf, pe gwyddai'r adfyd sy arnaf]
(Instead of 'though this adversity is upon me' could you put—'if he knew the adversity that's on me'.)

8 [Llenwais fy ysguboriau â chydau'r mwg]
'Thou hast filled my barns *with the reek of it*'
(No. 'cydau'r mwg' is 'toadstools' or 'puffballs'. The idea is that while he thought his life was assured for good, his granaries well stocked, he now finds them stocked with puffballs instead of grain)

ACT II

I find the whole of the second act admirably conveyed.

ACT III

1 ['Chysgodd hi fawr]
'She slept well'
(No—''chysgodd hi fawr' = she hardly slept; *ni ch*ysgodd hi fawr)

2 [Dyro weld, y tew]
'Have a look at the dunce'
(No, = 'let me see, fatty')

3 [Peth ffol yw ymorol merch]
'What a foolish thing it is to be attending on a woman'
('It's a silly thing, a woman's question,' in apology for her question previously)

4 [Digon a gefais am dro o ymddiddanion angylion]
(I have had enough for a time of the *conversation* of angels)

5 [Llais, dim ond llais
Tafod yn dweud peth, fel dyn yn ei bwyll,
Yn ymadrodd â'i gydryw,
Yn parablu brawddegau,
Ac wele, bydd dŵr yn win, neu fara yn gnawd,
Neu ddeuddyn yn un cnawd,
A ffrwydriad y geiriau
O air annewidiol,
O saeth aeth o'r llinyn.
Neithiwr i minnau 'roedd ystyr a threfn ar fyw

Fel ar lu'r darnau gwydr
Sy'n lliwio ar ffenestr eglwys ddelw paradwys]

(Literally this is:
A tongue saying something, *like a sane man*
Conversing with his fellows,
Speaking sentences,
And lo, water becomes wine or bread becomes flesh,
Or two become one flesh
O word *irrevocable*
Shaft sped from the bow-string.
Last night, for me too there was meaning and order in life
As in the many pieces of glass
That colour on a church window an image of paradise.)

6 [Onid hwylus fuasai dy drymgwsg wrth dywallt y gwaed i'r cornwydydd]
'Was it not pleasant thy torpor'

(The point I meant to make was—'Wasn't it convenient (*hwylus*) thy sleep for pouring the blood into thy sores' etc.)

7 [Am hynny, heb Dduw, heb ffydd, na gobaith na chariad]
'Aught of God, or of faith' etc.
(Would *without* be better? 'And so, without God, without faith' etc.)[25]

Yn ei sylw ar y gair 'aught' yn y cyfieithiad olaf yn y rhestr uchod â Saunders Lewis at wraidd diffyg Robert Wynne fel cyfieithydd, sef ei duedd i ddefnyddio geiriau ac arddull hynafol. Hyd yn oed wedi derbyn awgrymiadau Saunders, mynnodd newid 'britches' i 'breeches', 'I see thee' i 'I behold thee', a 'conversation' i 'converse'. Erbyn 1944, wedi iddo dderbyn cyflenwad o gyfieithiadau a cherddi oddi wrth Robert Wynne, teimlai Saunders Lewis na fedrai ymatal mwyach rhag beirniadu'r gwaith. Felly, wrth ymateb i un o gerddi'r ysgwïer, 'Nightfall in the Vale of Ewyas', a ymddangosodd yn *Wales*, rhifyn Hydref 1944, dywedodd: 'the "mingled joy and sorrow" and "to numb the aching nerve" in the following verse seem to me wrong now. They are too derivative, late English Romantic obtrusions of the sentient poet. Today, and well (as I think),—after Edward Thomas and perhaps Eliot,—the tendency is to be objective, to convey the quality of a natural scene *pure*, as your second and third verse do, without mixing subjective emotions. Forgive this impertinence! But craft emboldens me.'[26]

Ddiwedd 1944, wedi iddo ddiwygio rhannau o'i gyfieithiad o *Amlyn ac Amig*, ysgrifennodd Robert Wynne at ei ffrind, Frank Gallagher, cyfarwyddwr An Bureau Um Eolas Stáit (Swyddfa Wybodaeth y Llywodraeth yn Nulyn) i egluro ei fod wedi trosi drama Saunders Lewis a'i fod yn awyddus iddi gael ei darlledu yn Iwerddon. Anfonodd Frank Gallagher lythyr yr ysgwïer at Jack MacDonah, rheolwr cynyrchiadau drama Radio Éireann, yn cymeradwyo Robert Wynne fel 'one of the Welsh Nationalists and a very fine fellow.'[27] Yn y llythyr ceir rhai nodiadau ynglŷn â chefndir y ddrama, a phwysleisir yn arbennig yr elfen Gatholig ynddi: 'Might be likened to Claudel "Tidings Brought etc.," Profoundly Catholic.'[28] Ganol Ionawr 1945, cafodd Robert Wynne gadarnhad Jack MacDonah y byddai'r ddrama i'w chlywed ar Radio Éireann tua'r Nadolig, ond pwysleisiodd ddau beth: yn gyntaf, nad oedd y teitl *Amlyn ac Amig* yn ddeniadol, ac yn ail, gan y byddai geiriau'r Ffŵl ar dudalennau cyntaf y ddrama'n debygol o ddrysu'r gwrandawyr, y byddai'n rhaid gwneud newidiadau ar gyfer y darllediad. Nid oedd gan Saunders Lewis ei hun unrhyw wrthwynebiad, ac yn ei lythyr at Robert Wynne ar 28 Ionawr 1945 dywedodd: 'I'm very willing to meet the Eire Radio producer's objections—the title can easily be changed. "The Pope's Twins" might be too scandalous, but there can be no trouble if the Welsh original (Translated from etc.) be also announced and printed in the press notices at the time.'[29] Nid yw'n glir o'r llythyr pa un ai enghraifft o hiwmor Saunders Lewis neu awgrym cwbl ddifrifol Robert Wynne ar gyfer teitl addas oedd 'The Pope's Twins'! Yn ei lythyr at Jack MacDonah ddiwedd Ionawr cynigiodd Wynne y teitl 'Word from Raphael' neu 'Tidings from Raphael', ond erbyn Mehefin yr oedd wedi newid ei feddwl yn gyfan gwbl, gan y byddai'r enw 'Raphael', yn ei dyb ef, yn awgrymu'r arlunydd yn hytrach na'r Archangel. Yn yr un llythyr gofynnodd: 'Would you consider "The Christmas Candle"? Is this the correct term for the light that people put in their windows in some parts of Ireland on Xmas Eve? It is because of the candle lit by the children [in the play] that the events of the night develop.'[30]

Ym mis Medi 1945, anfonodd Robert Wynne gopi o *The Christmas Candle* at Frank Gallagher, a rhai o linellau'r Ffŵl wedi eu dileu'n gyfan gwbl i gyd-fynd â sensoriaeth Babyddol Radio Éireann. Enghraifft berffaith o'r sensoriaeth honno oedd y cwpled y gofynnwyd i'r cyfieithydd ei ddileu:

> Naw wfft i'r pab am roi cyn Nadolig rawys;
> Pa raid inni farw o hyd cyn cyrraedd paradwys?
> *Amlyn ac Amig*

> Lie to the Pope, 'ere Christmas making Lent,
> Why starve us ere to paradise we're sent?
> *The Christmas Candle*[31]

Awgrymodd Robert Wynne ei hun mai gwell efallai fyddai hepgor llinellau fel:

> Ffolach yntau na chymerth y dlos:
> Cans y wraig a ddigwyddo i ffŵl pan briodo,
> Arthes anynad yn gwisgo clos.
> *Amlyn ac Amig*

> More a fool he for thus losing the maid.
> For the wife a fool gets when he marries
> Is a petulant she bear in breeches displayed.
> *The Christmas Candle*[32]

Collwyd felly hiwmor amrwd y Ffŵl ac eironi bachog un o gymeriadau traddodiadol y theatr. Ond yr oedd Radio Éireann yn hapus a Saunders Lewis yn ddigon bodlon, gan i Jack MacDonah gysylltu ag ef ynglŷn â'r newidiadau. O ddarllen llythyrau Jack MacDonah at Robert Wynne, ceir yr argraff y byddai Radio Éireann wedi bod yn ddigon parod i ddileu rhan y Ffŵl yn gyfan gwbl. Ond nid felly ysgwïer Garthewin, ac wrth ddychwelyd y deipysgrif ddiwygiedig i Ddulyn ar 17 Medi 1945, dywedodd: 'I've marked parts of the Fool's dialogue that can be omitted . . . The rest of the Fool's dialogue is either necessary to the plot or has a significant bearing on it and thus has been retained.'[33]

Rhaid oedd gwneud rhai newidiadau heb ganiatâd yr awdur. Cyn y darllediad, cysylltodd Jack MacDonah â'r ysgwïer i ddweud y byddai'n rhaid torri rhannau o'r ddrama gan ei bod yn rhy hir i'w chynnwys yn gyfleus yn yr awr a bennwyd ar ei chyfer. Ysgrifennodd Robert Wynne yn ôl ar frys ar 8 Rhagfyr 1945 yn gwrthod dileu unrhyw ran o'r ail act, gan ddweud ei fod yn siarad dros Saunders Lewis hefyd yn y cyswllt hwn. Cytunodd y gellid dileu ychydig o'r act gyntaf, oherwydd 'the development is possibly rather slow and the Bard a bit of a gasbag!'[34] Mae'n werth sylwi ar yr hyn a ystyriai Robert Wynne yn ddianghenraid i'r ddrama:

1. The fool's line beginning 'More a fool he for thus losing the maid' might go.

2. The Bard says 'Thy cup is beautiful, my Lord.' The rest of his speech could be omitted and Amlyn could begin his answer with the line: 'Pope Constantius gave it to me in Rome.' The fourth, fifth and sixth lines of the Bard's next passage could also go.

3. Belisent's lines beginning 'When pouring the wine' could go, retaining the last line only: 'Amig, how has it been with thee'?

4. I think a part of the dialogue between the maids and the porter at the beginning of Act III could be cut without loss, e.g. from where the porter says 'See yonder some are coming out of the church' down to his line 'I'd rather have a box on the ear.'

5. Later on, Amlyn's lines 'A voice, merely a voice' do not affect the plot, but the passage itself is a good one. (I assume Belisent's lines in Act III will be retained, being some of the best?)
   I've been considering if the story of the vow at the Church (Act I) could be told in some way without the 'flash-back'. This could save time, very possibly.[35]

Trefniant Arwel Hughes o 'Adeste Fideles' ar gyfer darllediad Radio Éireann yn Rhagfyr 1945 o *The Christmas Candle*, cyfieithiad Robert Wynne o *Amlyn ac Amig*

Aureus Publishing

Wythnos cyn y darllediad, felly, yr oedd y sgript yn barod, a'r offerynwyr a'r cantorion wedi ymarfer y gerddoriaeth a ysgrifennwyd yn unswydd gan Arwel Hughes ar gyfer cynhyrchiad Radio Éireann. Ddiwedd 1944 comisiynodd Robert Wynne y cyfansoddwr i baratoi darnau addas ar gyfer *The Christmas Candle*. Ar 25 Ebrill 1945, mewn llythyr at ysgwïer Garthewin, amlinellodd Arwel Hughes ei gynllun:

> I had thought of writing incidental music but was not sure whether an orchestra would be available. In any case to be on the safe side I will score for Strings and Harp only. I don't think they would find difficulty in finding a good body of Strings. The two choral items will of course remain unaccompanied.
>
> Will you please let me have the script again so that I can revise the setting of the Bard's Lament and also to recapture the mood of the different scenes for the incidental music.
>
> 'Llantrisant' is really fine as it is. I believe I jotted down something in pencil on the M.S. you sent me to the effect that the verses should be sung by Female and Male voices alternatively, the last verse being sung by the whole choir, in harmony. That should prove very effective.[36]

Ar 19 Tachwedd 1945 anfonodd y darn olaf o gerddoriaeth at Robert Wynne: 'I am sending you the score and part of the "Fantasia" which, I take it, you will be using in the play "The Christmas Candle" . . . As to copyright of the music, I am perfectly willing for the music to be used without fee when it is performed in Wales, except of course when it is broadcast.'[37] Bwriad Arwel Hughes oedd gofyn i Robert Wynne am ffi o ddwy bunt am y gwaith, ond cyn iddo ysgrifennu at yr ysgwïer yn nodi'r swm fe'i perswadiwyd gan Saunders Lewis i hawlio dros ddwywaith gymaint am ei holl ymdrech. Yn y diwedd, gofynnodd i Robert Wynne am dâl o bum gini.

Ddechrau Rhagfyr 1945 edrychai llawer o wrandawyr yng Nghymru ymlaen yn eiddgar at y darllediad o Iwerddon o ddrama Saunders Lewis. Mor gynnar â 10 Hydref, nodwyd yn *Y Faner* fod Radio Iwerddon yn bwriadu darlledu trosiad Saesneg o *Amlyn ac Amig* tua'r Nadolig, gyda Christopher Casson (mab Sybil Thorndike), Ronald Ibbs, ac eraill o actorion Theatr yr Abbey yn cymryd rhan. Darlledwyd hi am wyth o'r gloch, 16 Rhagfyr 1945, o bencadlys Radio Éireann yn adeilad y Brif Swyddfa Bost yn Stryd O'Connell. Y noson honno, wedi swper yng nghwmni Nanette Wynne yn Aberystwyth, aeth Saunders a Margaret Lewis at y Carmeliaid i Goleg Mair i wrando ar y darllediad cyntaf o'r ddrama. Cafodd Saunders Lewis gymaint o bleser wrth glywed y cynhyrchiad clir a chaboledig fel yr ysgrifennodd ar unwaith at Jack MacDonah i'w longyfarch.

Yn anffodus, pur aneglur oedd y rhaglen ar radio Garthewin, gan fod mynyddoedd Eryri yn rhwystro derbyniad clir o Iwerddon. Ond gyda'i hoffter o ddiwygio ac ailwampio, gwnaeth Robert Wynne nifer o nodiadau yn ystod y darllediad ynglŷn ag amseriad ac addasrwydd y gerddoriaeth, natur y rhagarweiniad i'r perfformiad, sŵn cloch y gwahanglwyf ('Having heard the Leper's bell, I think it should sound less of a clapper and more of a bell!'),[38] yn ogystal â chywiro ei deipysgrif ef ei hun. Yr oedd Jack MacDonah hefyd wedi nodi nifer o wendidau, gan gynnwys anaddasrwydd trefniant Arwel Hughes o 'Adeste Fideles' ar gyfer y côr ar ddiwedd y ddrama. Mae'n amlwg nad oedd y gwendidau a nodwyd gan Robert Wynne a'r cynhyrchydd wedi amharu ar fwynhad y gwrandawyr yn Iwerddon, oherwydd cafwyd llu o alwadau yn gofyn am ailddarllediad o'r ddrama. Ar ddiwedd y llythyr a anfonodd at Robert Wynne ar 20 Rhagfyr yn ei hysbysu y byddai ail-ddarllediad o *The Christmas Candle* ar 8 Ionawr 1946, gofynnodd Jack MacDonah am sgript arall ar gyfer Radio Éireann.

Ni bu'n rhaid iddo aros am hir. Bron gyda throad y post, cynigiodd yr ysgwïer drosiad o *Buchedd Garmon* iddo, i'w ddarlledu ar Ddydd Gŵyl Ddewi 1946. Disgrifiodd y ddrama fel a ganlyn:

> It describes the fall of the Roman Empire in Britain and the combating of the Pelagian heresy by St. Germanus, and it ends with the 'Alleluia' victory of the Britons over the Saxons. It also describes the journey of St Patrick from Auxerre on his way to Ireland.[39]

Lluniwyd ateb brysiog: 'We have many commitments for anniversary programmes on Irish Saints and Irish historical episodes and it would be difficult to fit in a St David's Play.'[40] Am ryw reswm, nid anfonwyd y neges i Garthewin, gyda'r canlyniad i Robert Wynne frysio i orffen y cyfieithiad o *Buchedd Garmon*. Ar 8 Ionawr 1946 anfonodd i ddweud wrth Jack MacDonah fod y cyfan yn barod gan gyfeirio sylw at y cynnwys: 'The play deals with an epoch (the 5th century) of common interest to both Wales and Ireland and St Patrick appears as one of the characters in it.'[41] Anfonodd deipysgrif ei drosiad, *The Deeds of St Germanus,* i Ddulyn ddiwedd Chwefror, ond nid yw'n syndod na chlywodd ddim pellach yn ei gylch tan iddo ef ei hun anfon i ofyn amdano ganol mis Mawrth. Yn amlwg, nid oedd y ddrama at ddant y Gwyddelod, fel y nododd Saunders Lewis ei hun mewn llythyr at Robert Wynne ar 29 Ionawr 1946: 'I don't know whether it will have the appeal for the Irish that the Xmas Candle had, for the matter is more Welsh.'[42] Er nad oedd Radio Éireann yn awyddus i ymgymryd â darlledu *The Deeds of St Germanus*, cafodd y gwrandawyr yn Iwerddon flas ar *The Christmas Candle*, oherwydd darlledwyd hi unwaith yn rhagor ar 12 Ionawr 1947, gyda'r artistiaid canlynol yn cymryd rhan: Cyril Cusack, Florence Lynch, Una Collins, Liam Gaffney, Harry Brogan, Joseph O'Dea, Frank Purcell, Bart. Barnstable, Anne Fagan (Telyn) a Thomas O'Suilleabhain (caneuon).

* * *

Morris Jones

Wedi i Radio Éireann anwybyddu ei gyfieithiad o *Buchedd Garmon* troes Robert Wynne ei sylw at Theatr Garthewin, gyda'r bwriad o wahodd cwmnïau lleol i berfformio dramâu Cymraeg yno. Yr hyn sy'n rhyfedd yw na wnaeth unrhyw ymgais i drefnu i weithwyr yr ystad fynd ati i lanhau a chlirio'r budreddi a'r sbwriel a oedd wedi ymgasglu yn yr ysgubor yn ystod blynyddoedd y Rhyfel pan y'i defnyddid fel stordy'r fferm. Yn ôl Jac Jones,

Arolygwr Llwyfan cwmni Garthewin, yr oedd yr ysgubor mewn cyflwr trychinebus pan wirfoddolodd i helpu i'w glanhau yn 1946. Ar y pryd, yr oedd Jac Jones yn perthyn i Aelwyd Betws-yn-Rhos, ac ef a'r aelodau eraill a wnaeth yr holl waith glanhau, a hynny'n ddi-dâl. Daeth aelodau'r Aelwyd i Garthewin ar gais Morris Jones, Hen Golwyn, a oedd ar y pryd yn Gyfarwyddwr cwmni drama Aelwyd Betws-yn-Rhos, cwmni a enillodd y wobr gyntaf yng nghystadleuaeth perfformio drama yn Eisteddfod Genedlaethol Rhosllannerchrugog yn 1945. Cyflwynwyd Morris Jones i Robert Wynne ar faes yr Eisteddfod honno gan H. Francis Jones, Bae Colwyn, a oedd yn dra awyddus i weld Garthewin yn ganolfan y theatr Gymraeg. Yn gynnar yn 1946 gwahoddodd yr ysgwïer Morris Jones i'w gartref i'w berswadio i ymgymryd â'r gwaith o adfywio'r theatr drwy drefnu perfformiadau misol gan gwmnïau a fedrai ddenu cynulleidfa leol. O'r cychwyn cyntaf, sylweddolodd Morris Jones ei fod wedi cael cyfle o'r diwedd i ddylanwadu ar y ddrama yng Nghymru, gan fod ganddo yng Ngarthewin lwyfan a fedrai ysgogi actorion, cynhyrchwyr ac ysgrifenwyr i dorri tir newydd. Mae'n bosibl dweud yn ddigon hyderus na fyddai Theatr Garthewin wedi ffynnu fel y gwnaeth oni bai am ddylanwad Morris Jones, ac na fyddai Saunders Lewis wedi cael cystal cyfle i ymarfer ei grefft.

Yr oedd y ddrama a'r theatr yng ngwaed Morris Jones wrth gwrs. Ganed ef yn Chwilog, yn Eifionydd, ardal Robert ap Gwilym Ddu a Dewi Wyn, ar 16 Mehefin 1906, ond pan oedd tua phump oed symudodd ei deulu i Lerpwl, lle y profodd y bachgen am y tro cyntaf wefr y theatr. Ddechrau'r ganrif yr oedd Lerpwl yn un bwrlwm o weithgaredd a chyffro ym myd y ddrama, gyda theatr y Playhouse yn ei hanterth a'r cynhyrchydd, William Armstrong yn denu actorion ifainc, addawol fel Diana Wynyard, Robin Donat, Michael Redgrave a Rex Harrison. Dymuniad pob person ifanc yn Lerpwl a ymddiddorai yn yr ochr ymarferol o actio a chynhyrchu oedd cael helpu yn y Playhouse er mwyn gweld Armstrong yn cyfarwyddo. Gan ei fod nid yn unig yn gynhyrchydd gwych ond hefyd yn actor ysbrydoledig, arferai chwarae'r gwahanol rannau wrth gyfarwyddo er mwyn hyfforddi'r actorion yn y dull gorau o gyflwyno cymeriad drwy ystum a symudiad. Cyn dod i Lerpwl bu William Armstrong yn actio yng nghwmni Frank Benson yn Stratford-upon-Avon, a bu'n aelod blaenllaw o'r Glasgow Repertory Company a'r Birmingham Repertory Company. Ef hefyd a chwaraeodd y brif ran gyda Mrs Patrick Campbell mewn perfformiad o *Dychweledigion* Ibsen yn 1891.

Cymaint oedd edmygedd Morris Jones o gynyrchiadau William

Armstrong fel yr ysgrifennodd ato pan oedd yn ei arddegau i ofyn a fedrai helpu yn y Playhouse. Awgrymodd Armstrong y dylai gysylltu â Jeffrey Humble, cyfarwyddwr y Liverpool Boys Association, gan ei fod yn trwytho actorion ifainc ar gyfer rhannau bychaîn ym mherfformiadau'r Playhouse, ac ymhen ychydig fisoedd anfonwyd Morris Jones i'r theatr i chwarae rhan negesydd yn ystod rhai o'r gweithdai a gynhelid ar foreau Sadwrn. Yno cafodd y profiad nid yn unig o weld William Armstrong yn cyfarwyddo, ond hefyd o droi ymhlith rhai o actorion mwyaf ymroddedig y cyfnod. Efallai nad damwain oedd y ffaith fod Morris Jones yn arbenigo yn y grefft o drefnu golygfeydd a chyfarwyddo symudiadau a grwpiau ar lwyfan, gan mai dyma oedd rhai o brif gryfderau ei arwr, William Armstrong, fel cyfarwyddwr. Wedi'r profiad cynnar yn y Playhouse, mynychodd Morris Jones ddosbarthiadau'r Liverpool School of Dramatic Art lle y derbyniodd hyfforddiant gwych yn y grefft o gyfarwyddo, actio, a goleuo a threfnu llwyfan. Wedi hynny cafodd gyfle i weithio fel 'extra' yn theatr y Royal Court yn Lerpwl lle y bu hefyd yn helpu ar yr ochr dechnegol.

Yn ystod y tridegau ymffrostiai bron pob capel Cymraeg yn Lerpwl yn ei gwmni drama—yn wir, yr oedd Morris Jones ei hun yn aelod o gwmni capel Edge Lane—ond tila iawn oedd ansawdd perfformiadau'r cwmnïau. Yn ystod Mehefin 1932 awgrymodd R. E. Jones, Bootle y dylid ceisio gwella safon y cwmnïau drwy sefydlu cymdeithas ddrama Gymraeg newydd yn y ddinas, a'i threfnu ar batrwm clybiau'r Green Room, lle y ceid isglybiau i aelodau a oedd yn dewis arbenigo yn y gwahanol agweddau ar lwyfannu drama. Dadleuodd hefyd dros y syniad o drefnu darlithoedd, sesiynau darllen dramâu a gwasanaeth llyfrgell hwylus. Barn R. E. Jones oedd mai cyfyng iawn oedd gweledigaeth a gallu cwmnïau capeli Cymraeg Lerpwl oherwydd:

> Nid yw diddordeb y cwmnïau hyn yn estyn ymhellach na phedwar mur y capel y perthynant iddo, ac maent yn hynod fodlon ar 'Ragorol!' eu gweinidog a'u cynhulliad hwy eu hunain . . . y mae eu llwyfannu yn druenus o gyfyng ac anhwylus, a phob amser yn gwahodd yr amrwdwaith y soniwyd amdano; eu *props* yn anghymwys, a'u cynhyrchwyr yn aml yn bobl na wyddant y nesaf peth i ddim am y gwaith cwbl-bwysig hwnnw; a lle y dylid wrth hanner dwsin o ddynion, pob un at ei waith ei hun, y tu ôl i'r llenni, ceir rhyw gawr a elwir yn *stage-manager* 'yn rheoli'r cyfan', a phob act yn gofgolofn i'w anfedrusrwydd a'i anwybodaeth o ddyletswyddau'r swydd.[43]

Dair blynedd wedi i R. E. Jones wyntyllu'r syniad o ffurfio cymdeithas ddrama, sefydlwyd Cymdeithas Chwaraewyr Cymreig

Lerpwl ar nos Wener, 12 Medi 1935, pan ddaeth nifer o gefnogwyr ynghyd, a Morris Jones yn eu plith, i Stiwdio Gerdd Byrom yn Sgwâr Clayton. Fis yn ddiweddarach gwahoddwyd J. J. Williams, Is-gyfarwyddwr Addysg Birkenhead a chyn-gyfarwyddwr Cwmni Drama Coleg y Brifysgol Bangor, i ddarlithio ar hanes y ddrama Gymraeg. Wrth ddiolch i'r darlithydd, dywedodd Morris Jones, Cyfarwyddwr cwmni drama'r gymdeithas newydd, ei fod yn hyderus y byddai gan Gymdeithas Chwaraewyr Cymreig Lerpwl le anrhydeddus yn hanes y theatr Gymraeg. Gwir a ddywedodd, oherwydd daeth y cwmni'n enwog am eu cyflwyniadau graenus yng nghystadleuaeth perfformio dramâu'r Eisteddfod Genedlaethol, ac wrth eu cyfarwyddo cafodd Morris Jones gyfle ardderchog i ymarfer ei grefft.

Dysgodd lawer ynglŷn â'r grefft o gyfarwyddo yn Ysgolion Drama'r Chwaraedy Cenedlaethol yn Llangollen, ac yn Ysgolion Haf blynyddol Coleg Harlech; yn wir, cafodd y darlithoedd a'r sesiynau llwyfan byrion yn Harlech gryn ddylanwad ar gyfarwyddo Morris Jones. Dechreuwyd cynnal Ysgolion Drama Harlech ddiwedd y dauddegau yn y gobaith y byddai modd rhoi cyngor ymarferol i gyfarwyddwyr ac actorion sut i gynnull cwmni, sut i ddewis drama dda a sut i oleuo a threfnu llwyfan. Wrth adrodd hanes yr ysgol gyntaf yn Harlech yn 1928 nododd gohebydd *Y Brython* mai 'Digwyddiad arbennig ym myd y ddrama yng Nghymru oedd hwn, am ei fod y cyntaf i geisio yn ymarferol wella crefft chwarae drama.'[44] Ond y tro cyntaf i Morris Jones fynychu'r Ysgol Haf oedd yn 1931, pan draddodwyd darlith ysgytwol gan Cynan ar y pwnc 'Nis gellir diarddel y ddrama'. Yn Ysgol 1932 cafwyd pwnc a oedd wrth fodd Morris Jones, sef rôl y cyfarwyddwr yng Nghymru, ac yn y darlithoedd a'r trafodaethau beirniadwyd cwmnïau Cymraeg yn llym am ddewis yr actorion yn gyntaf ac yna fynd ati i chwilio am gyfarwyddwr. Yn ystod y tridegau, gyda phwysigrwydd y cyfarwyddwr o fewn cwmni drama yn un o brif themâu anerchiadau Cynan, nid oedd yn syndod iddo ddarlithio ar y testun ar achlysur dathlu pen blwydd Cwmni Drama Gogleddwyr Bootle ym mis Medi 1933. Yr oedd Morris Jones yn bresennol yn y ddarlith, a chafodd y pleser o glywed Cynan yn cyfeirio ato fel un o gyfarwyddwyr Cymreig mwyaf addawol y cyfnod. Dywedodd Cynan wrth ei gynulleidfa yn Lerpwl fod yn rhaid parchu pob cyfarwyddwr da gan fod ganddo 'synnwyr y theatr' a chan y 'gwêl bethau fel y byddant ymhell o flaen eraill'.[45]

Erbyn 1935, pan gafodd ei ethol yn brif gyfarwyddwr Chwaraewyr Cymreig Lerpwl, yr oedd gan Morris Jones ddigon o hyder i ddechrau ar unwaith ar y gwaith o gynhyrchu dwy ddrama un act i'w perfformio yn Stiwdio Byrom yn ystod Hydref 1935. Ffurfiodd ddau gwmni o blith cwmnïau capeli Princes Road, Edge Lane, Laird Street, Anfield Road a Chwmni Coleg Prifysgol Bangor. Y ddwy ddrama a ddewiswyd oedd *Dialedd*, cyfieithiad G. Prys Jones o *Shanghai* W. Stuckes, a *Gwynt*, comedi ysgafn gan Gwilym R. Jones a Morris Jones sy'n dychanu tuedd capelwyr Lerpwl i ffurfio cwmnïau drama er mwyn hel arian i goffrau'r enwadau. Ar ddiwedd y perfformiadau yn Stiwdio Byrom, gwahoddodd Morris Jones sylwadau'r gynulleidfa ar wendidau a chryfderau'r actio a'r cyfarwyddo, gan ei fod yn awyddus i dderbyn pob cyngor cyn dechrau ar y gwaith o baratoi Cwmni Cymdeithas Chwaraewyr Cymreig Lerpwl ar gyfer cystadlu yn Eisteddfod Genedlaethol Abergwaun yn 1936. Yn ystod y flwyddyn honno, canolbwyntiodd Morris Jones ar hyfforddi'r cwmni i berfformio'r *Bachgennyn Hwn*, cyfieithiad Gwilym R. Jones o *Twentieth Century Lullaby* Cedric Mount, a'r *Ymadawedig*, cyfieithiad R. E. Jones o *The Dear Departed* S. Houghton.

Ym mis Gorffennaf 1936 daeth bron i bedwar cant ynghyd i Neuadd Crane, Lerpwl i weld Cwmni'r Gymdeithas yn perfformio'r ddwy ddrama. Er iddynt fwynhau'r *Ymadawedig*, synnwyd hwy braidd gan ddrama Cedric Mount, gan ei bod yn gwbl wahanol i'r ddrama barlwr arferol. Drama yn cynnig cipolwg ar safonau gwag a chwerthinllyd teulu snobyddlyd y dosbarth canol isaf yw hon, a bu Morris Jones yn bur fentrus yn ei ddewis o'r *Bachgennyn Hwn* gan fod galw ynddi am fedrusrwydd soffistigedig o safbwynt goleuo a threfnu llwyfan. Wrth ddewis y fath ddrama ar gyfer cystadleuaeth eisteddfodol roedd Morris Jones yn datgan yn glir ei benderfyniad i herio'r duedd i gyfarwyddo testunau traddodiadol eu cynnwys a'u harddull. Yn ôl gohebydd *Y Brython*, pan berfformiwyd *Y Bachgennyn Hwn* gan y cwmni yn Neuadd y Dref, Bootle, yn ystod Tachwedd 1936, go ddiafael oedd y golygfeydd agoriadol o safbwynt yr actio, tan i Abel Merryweather ymddangos a rhoi'r arweiniad addas i'w gyd-chwaraewyr.[46] Morris Jones a oedd yn chwarae rhan y cymeriad hwnnw! Mae'n rhaid fod y perfformiad a welodd beirniaid Eisteddfod Genedlaethol Abergwaun, J. Ellis Williams, Mary Hughes a'r Parchedig E. R. Dennis, yn fwy cytbwys gan iddynt ddyfarnu'r wobr gyntaf i'r cwmni yn yr ail gystadleuaeth ddrama.

Menter nesaf Morris Jones oedd paratoi'r cwmni ar gyfer cystadleuaeth perfformio drama yn yr Wyddgrug ar achlysur dathlu canmlwyddiant geni Daniel Owen. Yn yr ŵyl, perfformiodd Cwmni'r Gymdeithas ddwy ddrama fer, sef *Yr Hen Wrach* a'r *Weddw o Aberdâr*—y naill yn seiliedig ar *Gwen Tomos* a'r llall ar *Y*

Siswrn—a daethant yn ail yn y gystadleuaeth. Pan enillodd y cwmni y wobr gyntaf yn Eisteddfod Genedlaethol Machynlleth, 1937, am berfformiad o *Gwifrau'r Gyfraith*, cyfieithiad Selwyn Jones o ddrama Ronald Gow, cawsant eu canmol gan y tri beirniad, Cynan, Mary Hughes a Haydn Davies, am y symudiadau celfydd, am drefnu'r llwyfan yn gynnil a gofalus, ac am lwyddo i gyfleu naws y ddeialog ac awyrgylch y gwahanol olygfeydd. Yna, ddiwedd Medi 1937, penderfynodd Morris Jones gyfarwyddo'r *Erodrom* gan J. Ellis Williams ar gyfer cystadleuaeth Eisteddfod Genedlaethol Caerdydd, 1938, cynhyrchiad amserol o ddrama'n ymwneud â'r ymgais i sefydlu Ysgol Fomio mewn ardal wledig. Ni chafodd y perfformiad cyntaf yn Neuadd Crane, Lerpwl yn ystod Mawrth 1938 dderbyniad gwresog am fod yr actorion yn tueddu i anghofio eu llinellau ac am fod y cyfarwyddwr wedi anwybyddu cyfeiriadau llwyfan yr awdur. Ym mis Awst, fodd bynnag, Cwmni'r Gymdeithas a gafodd y wobr, er eu bod yn cystadlu'n erbyn cwmni enwog Dan Matthews, a ddewisodd berfformio *Dros y Gorwel*, cyfieithiad o ddrama rymus O'Neill, *Beyond the Horizon*. Mewn anerchiad yn Lerpwl yn ystod gaeaf 1938 dywedodd Haydn Davies, un o feirniaid y gystadleuaeth, fod perfformiad actorion Lerpwl yn dra chanmoladwy ac yn enghraifft o ymgais i ddefnyddio'r llwyfan i bwrpas. Daeth y cwmni'n gyntaf am y pedwerydd tro gyda'u perfformiad o *Castell Martin* D. T. Davies yn Eisteddfod Genedlaethol Dinbych, 1939. Y beirniaid y tro hwnnw oedd D. T. Davies, awdur y ddrama, J. J. Williams, Llywydd Cymdeithas Ddrama Lerpwl, a'r Sais, Thomas Taig, a fu'n diwtor i Morris Jones yn Ysgol Ddrama'r Chwaraedy Cenedlaethol yn 1934.

Dyn y sefydliad i bob pwrpas oedd Morris Jones, yn enwedig os oedd y sefydliad hwnnw o blaid y theatr a'r ddrama, a dyna paham y rhoddodd gymaint o gefnogaeth i Gwmni Chwaraedy'r Theatr Genedlaethol pan ddaeth aelodau o'r cwmni hwnnw i Lerpwl yn 1936 i geisio codi tair cerddorfa, tri chôr, wyth ar hugain o actorion Cymraeg ac wyth ar hugain o actorion Saesneg ar gyfer y perfformiad o *Llwyfan y Byd* yn y Pafiliwn yn ystod wythnos y Pasg. Achosodd polisi dwyieithog Cwmni'r Chwaraedy Cymraeg gryn rwyg ymhlith Cymry Lerpwl, a phan aeth Dr Stefan Hock, cyfarwyddwr *Llwyfan y Byd*, i annerch pobl Lerpwl yn Neuadd Rushworth ar 15 Ionawr 1936 bu dadlau chwyrn ynghylch dymuniad Cwmni Llangollen i wahodd Saeson i berfformio. Yn ystod y drafodaeth, dywedodd un gohebydd: 'Taniodd Mr Morris Jones, cynhyrchydd Drama Lerpwl y gynulleidfa trwy apelio am chwarae teg i'r Sais, "Nid yw celfyddyd yn perthyn i un genedl. A yw Dr

Hock ei hun yn Gymro? Y mae'n amser i ni adnabod ein gilydd yn well.'''[47]

Rhoddodd gohebydd *Y Brython* adroddiad byw o'r cyfarfod ar 23 Ionawr 1936. Soniodd fod y Dr Stefan Hock wedi dweud ychydig eiriau yn Gymraeg cyn troi i'r Saesneg, gan fod nifer o gynrychiolwyr cwmnïau Saesneg Lerpwl a'r cylch yn bresennol ar wahoddiad y Chwaraedy Cenedlaethol. Gofynnodd Gwilym R. Jones a Sally Edwards i'r Dr Hock egluro paham y gwahoddwyd Saeson i gymryd rhan yn y ddrama, a mynegodd Megan Thomas, Penbedw ei hanfodlonrwydd nad Cymry'n unig a fyddai'n perfformio *Llwyfan y Byd*. Yna, dan y pennawd 'Amddiffyn y Saeson', dyfynnir cyfraniad Morris Jones ac eraill i'r ddadl:

> 'Fel un o'r cynrychiolwyr Cymreig, synnaf at y cyfeillion Seisnig na buasent yn amddiffyn eu hunain', meddai Mr Morris Jones, Kensington. 'Y mae'n bwysig i'r Cymry fod yn gyson, a pham yr oeddynt am dderbyn gwasanaeth Dr Hock, a drama dramor ac am rwystro'r Saeson actio?' Credai ef y gallai'r Saeson actio'n well na'r Cymry yn Saesneg.
>
> Miss Sally Edwards: Beth am farn Dr Hock?
>
> Mr Morris Jones: Y mae celfyddyd yn gyd-genedlaethol.
>
> Mr Ellis Jones, Lerpwl: Y mae'r Cymry cystal â'r Saeson yn actio yn Saesneg, a Chwaraedy Cymreig yw hwn.
>
> Mr W. T. Mathias: Y mae arnaf ofn fod y cwbl wedi ei drefnu ymlaen llaw. Carwn gael gwybod os yw hynny'n wir.
>
> Mr R. Vaughan Jones: Credaf fod Mr Morris Jones i'w longyfarch am ei ddewrder yn siarad fel y gwnaeth. Cyfle da yw hwn i ddysgu'r Cymry a'r Saeson i ddeall ei gilydd yn well.
>
> Dywedodd Dr Hock nad oedd neb yn y byd a fedrai ragori ar y Cymry fel actorion. Hyderai y maddeuai'r Saeson iddo am ddywedyd bod yn well ganddo'r Cymry na'r Saeson.[48]

Ar ddiwedd y drafodaeth fywiog, penderfynwyd sefydlu pwyllgor bychan i helpu Cwmni'r Chwaraedy gyda'r gwaith o drefnu perfformiadau Cymraeg a Saesneg o *Llwyfan y Byd*. O gofio carisma a gweniaith Dr Hock a hoffter y Cymry o bwyllgora, nid yw'n syndod fod y pwyllgor yn cynnwys y rhan fwyaf o'r bobl a oedd wedi siarad yn huawdl yn erbyn y fenter yn ystod y cyfarfod. Yn 'Senedd y Darllenwyr' yn yr un rhifyn o'r *Brython*, ceir ymateb darllenydd anhysbys o Gaer i'r cyfarfod yn Neuadd Rushworth, a chyfeiria fel hyn at Morris Jones: 'Ymffrostiai un dyn ifanc a'i galwai ei hun yn Gymro yn y ffaith ei fod yn gyd-genedlaethol ei feddwl. Fe ddylai wybod mai mudiad i hybu ein drama *genedlaethol* yw'r chwaraedy hwn. Ond hwyrach mai dymuniad y 'Cymro' hwn a siaradai mewn Saesneg rhodresgar—oedd troi'r Chwaraedy yn Chwaraedy Cenedlaethol Lloegr—dyna yw cyd-genedlaetholdeb i liaws o Gymru.'[49]

Yn ystod ymarferion *Llwyfan y Byd* bu Morris Jones yn rhoi help llaw i'r Dr Hock gyda'r goleuo a'r trefnu llwyfan, a chyn ymadael â Lerpwl awgrymodd yr Awstriad y dylai feddwl o ddifrif am yrfa fel cyfarwyddwr proffesiynol. Ond teimlai Morris Jones yn hapusach yng nghwmni actorion amatur Lerpwl, ac ym myd cystadlaethau drama. O 1939 tan 1941, fodd bynnag, ni chafodd lawer o gyfle i fwynhau cyfarwyddo a chystadlu oherwydd ar ddechrau'r Rhyfel yr oedd wedi symud o'i swydd fel peiriannydd yn Adran Ddŵr Cyngor y Ddinas yn Lerpwl i weithio mewn ffatri awyrennau ym Mae Colwyn. Wedi'r Rhyfel apwyntiwyd ef yn arolygwr yng nghanolfan Amaeth a Physgodfeydd Conwy lle y bu'n gweithio am dair blynedd ar hugain. Bedair blynedd wedi iddo symud i Gymru ac ymgartrefu yn Hen Golwyn gyda'i wraig, Clarice, fe'i hapwyntiwyd yn Gyfarwyddwr Drama dros Gymru o dan Gyngor Hyrwyddo Cerddoriaeth a'r Celfyddydau, ond, er mawr siom iddo, gwrthododd y Weinyddiaeth ei ryddhau o'i waith yn y ffatri awyrennau. Petai Morris Jones wedi symud i'r swydd newydd yng Nghaerdydd, mae'n berffaith bosibl na fyddai Saunders Lewis wedi cael unrhyw sbardun i orffen *Blodeuwedd* ac i ddatblygu ei grefft fel dramodydd. Dygnwch a dyfalbarhad Morris Jones, ynghyd â theyrngarwch a brwdfrydedd Chwaraewyr Garthewin, a sicrhaodd ffyniant y ddrama Gymraeg yng Ngarthewin o'r pedwardegau tan ddiwedd y chwedegau, ac a roddodd i Saunders Lewis y cyfle i ysgrifennu dramâu newydd ar gyfer cwmni a theatr arbennig, ac ar gyfer cynulleidfa ddethol a deallus.

* * *

Cam cyntaf Morris Jones wedi iddo gael trefn ar yr ysgubor yn 1946 oedd llunio rhaglen ar gyfer ymweliadau cwmnïau â Garthewin yn ystod misoedd y gaeaf. Yn hyn o beth, cafodd help y pwyllgor bychan a sefydlwyd o dan nawdd Cyngor Cenedlaethol y Gwasanaeth Cymdeithasol i hyrwyddo gwaith y theatr. Cytunodd Robert Wynne i gadeirio'r cyfarfodydd, gwirfoddolodd Myfanwy Davies, Betws-yn-Rhos i weithredu fel ysgrifenyddes, a pherswadiwyd Jac Jones i ymgymryd â'r gwaith o baratoi'r llwyfan a'r

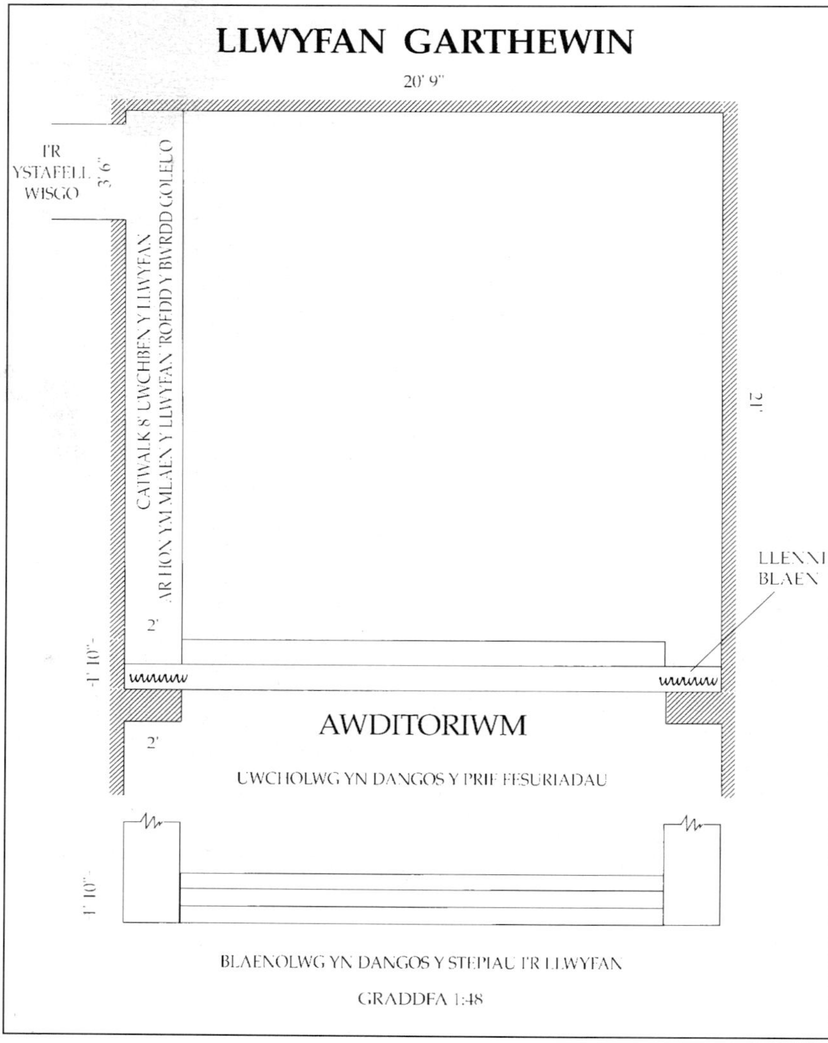

Llwyfan Theatr Garthewin

darlun Robin Jones

goleuadau. Wrth wahodd cwmnïau i'r theatr, amcan Robert Wynne a Morris Jones oedd rhoi cyfle i gwmnïau amatur berfformio dramâu o dan amgylchiadau gwell na'r rhai a gaent fel arfer mewn neuaddau eglwysi neu bentrefi. Yn naturiol, y cwmni cyntaf i gael yr anrhydedd o gyflwyno dramâu ar lwyfan Garthewin wedi'r Rhyfel oedd cwmni Aelwyd Betws-yn-Rhos, cwmni a oedd yn berffaith gartrefol yn ysgubor Garthewin, gan mai hen granari ar fferm Minafon a ddefnyddid ganddynt ar gyfer eu perfformiadau. Ar 2 Ebrill 1946 cyflwynodd y cwmni dair drama fer, sef *Canpunt*,

Galeri'r trydanwr uwchben llwyfan Theatr Garthewin

Y Setl Dderw a *Dialedd*, gyda Morris Jones yn cyfarwyddo. Ysgrifennwyd *Canpunt* gan Kate Roberts, Margaret Price a Betty Eynon Davies; cyfieithiad G. Prys Jones o *The Oak Settle*, drama gan Harold Brighouse, oedd *Y Setl Dderw*, ac, fel y gwelwyd eisoes, cyfieithiad G. Prys Jones o *Shanghai* gan W. Stuckes oedd *Dialedd*. Yr oedd y tair drama'n ddewis perffaith ar gyfer noson o adloniant gan eu bod yn amrywio o safbwynt arddull a lleoliad. Mewn *drawing-room* y lleolwyd drama Kate Roberts a'i chyd-ysgrifenwyr, tra lleolwyd *Y Setl Dderw* mewn cegin hen ffermdy a *Dialedd* mewn bwyty cyffredin ar lan y môr yn nyddiau'r llongau hwylio.

Ar 23 Mai daeth cwmni Penmaes i'r theatr i berfformio *Pobl yr Ymylon* Idwal Jones—cynhyrchiad a wnaeth elw o £4.15.0, gan y cafwyd cynulleidfa anrhydeddus y noson honno i wylio cwmni a chanddo enw da am ennill cystadlaethau'r Eisteddfod Genedlaethol. Yna, ar 19 Mehefin, llwyfannwyd *Clychau Buddugoliaeth* Gwilym R. Jones gan Gwmni Dinbych a'r Cylch, gydag Emrys Cleaver yn cyfarwyddo'r ddrama a ddaethai'n fuddugol yn Eisteddfod Genedlaethol Rhosllannerchrugog yn 1945. Rhydd y crynodeb o gynnwys a natur y ddrama, a argraffwyd ar y rhaglen, syniad o'r hyn a berfformiwyd yng Ngarthewin y noson honno:

> Fe'i hysgrifennwyd ar gyfer corau adrodd a lleisiau unigol, ac y mae ynddi gyfuniad o ganu, llafar-ganu, cyd-adrodd, a gwaith llafar i actorion ar eu pennau eu hunain . . . Ceir yn y gwaith gymysgedd o farddoniaeth yn y mesur penrhydd a llinellau hollol ryddieithol. Delia â phroblem rhyfel a heddwch ac â chwestiwn ynglŷn â'r 'Byd Newydd' a addawyd ar ôl y rhyfel mawr diwethaf.[50]

Gan mai drama fer oedd *Clychau Buddugoliaeth*, llwyfannwyd dau berfformiad arall ar ddechrau'r noson, sef *Dwywaith yn Blentyn* R. G. Berry, ac addasiad dramatig o *Ynys yr Hud* W. J. Gruffydd gan E. Bryan Jones a Nansi Evans.

Er gwaethaf poblogrwydd y cwmni ac atyniad y cynhyrchiad, dim ond tair ceiniog o elw a wnaethpwyd. Y rheswm pennaf am y golled oedd y Dreth Adloniant o £3.5.0. y bu'n rhaid i'r pwyllgor ei thalu am na wnaethpwyd cais arbennig i'w hosgoi bythefnos cyn y perfformiad. Bu'n rhaid talu'r dreth hefyd ar gyfer y perfformiad o *Maes y Meillion* D. J. Davies, a lwyfannwyd ar 13 Gorffennaf, ond cawsant eu rhyddhau o'r dreth a oedd yn ddyledus ar gyfer *Pobl yr Ymylon*. Pwyllgor bach digon dibrofiad oedd pwyllgor Theatr Garthewin ar y cychwyn, oherwydd ar 12 Awst 1946 derbyniodd yr ysgrifenyddes lythyr oddi wrth swyddogion y Tollau Tramor a Chartref yn ei hysbysu mai dim ond wedi iddynt dderbyn rhestr o reolau ffurfiol y pwyllgor y gallai'r awdurdodau ganiatáu hepgor y Dreth Adloniant. Gyda help Edward Rees, Cyfarwyddwr Addysg Sir Ddinbych, lluniwyd rhestr addas yn ystod Hydref 1946, ac er mawr ollyngdod i'r pwyllgor cafwyd ad-daliad o'r trethi. Erbyn mis Hydref yr oedd pwyllgor Theatr Garthewin o dan adain Cyngor Drama Sir Ddinbych, a sefydlwyd ganol 1946, gyda Robert Wynne yn llywydd, Edward Rees yn gadeirydd a J. O. Jones yn ysgrifennydd. Drwy'r blynyddoedd bu cydweithio adeiladol a llyfn rhwng y Cyngor a'r theatr, gyda'r naill gorff yn deall ac yn parchu amcanion y llall.

Yr oedd gwir angen anogaeth Cyngor Drama Sir Ddinbych ar bwyllgor y theatr, oherwydd wedi'r perfformiad o *Maes y Meillion* gan Gwmni Bethel a Mostyn ym mis Gorffennaf daeth Morris Jones i'r casgliad na fedrai'r theatr ddibynnu ar gefnogaeth leol.

Nid oedd yn rhy hapus chwaith ag ansawdd yr adolygiadau byrion o'r perfformiadau yng Ngarthewin, oherwydd ni ysgogwyd yr adolygwyr i ddadansoddi a chynnig beirniadaeth adeiladol. Crynhoir natur yr adolygiadau yn adroddiad R.J., Hen Golwyn, ar *Maes y Meillion*: 'This play *Maes y Meillion* is full of interesting characters and each character was well delineated. The stern, unbending character of Tomos Jones, the successful farmer and local public man, was played with due "pomp and circumstance" by John S. Roberts. The character of Catrin, wife of Thomas Jones, was acted with great dignity and motherly restraint by Marian Williams. The comedy aspect was well portrayed by Llew V. Jones in the character of William, the farm assistant. The amusing dialogue between him and Margaret the maid (Dilys V. Jones) was a high spot of clever acting . . .'[51]

Gobaith Morris Jones oedd denu cynulleidfa ddeallus i'r theatr—dyna paham y gwahoddai bawb i aros ar ôl wedi'r perfformiadau yng Ngarthewin i drin a thrafod y cynhyrchiad. Yn ystod y sesiynau trafod, arferai Morris Jones gymell aelodau o'r gynulleidfa i fynegi barn ar agweddau o'r actio a'r cynhyrchu. Wrth grynhoi'r drafodaeth, awgrymai welliannau ar gyfer perfformiadau pellach, ac annog y cwmnïau i arbrofi gyda dramâu newydd a dulliau cyffrous o drefnu a goleuo llwyfan, yn y gobaith o wella safonau llwyfannu yng Nghymru. Yn anffodus, er bod cwmnïau amatur yn awyddus i ddod i Garthewin, nid oedd yno gynulleidfa ar eu cyfer. Wedi'r perfformiad o *Maes y Meillion* gwnaethpwyd colled o £2.19.0. a bu'n rhaid i Robert Wynne gyflwyno swm o £3.0.0. i'r pwyllgor i'w digolledu. Yn ystod Gorffennaf 1946 gwelwyd pa mor anghyfleus oedd y theatr o ran ei lleoliad. Wedi'r Rhyfel, a phetrol yn brin, ni ellid disgwyl i bobl yrru i berfeddion Sir Ddinbych bob mis i weld perfformiad gan gwmni amatur, pan oedd yn berffaith bosibl gweld yr un cwmni yn y neuadd bentref leol. Cafwyd anhawster hefyd i sicrhau cynulleidfa yn nalgylch y plas, gan mai theatr y Wynniaid oedd Garthewin i bob pwrpas, ac nid oedd hynny'n denu cefnogaeth frwd pobl Llanfair Talhaearn a'r cylch.

Credai Robert Wynne a Morris Jones y dylid cynnal Ysgol Ddrama yng Ngarthewin bob mis Medi er mwyn lledaenu apêl y theatr. Aethant ati i sicrhau cefnogaeth Cyngor Drama Sir Ddinbych, ac o ganlyniad i frwdfrydedd J. O. Jones, yr ysgrifennydd, ynglŷn â'r cynllun, cynhaliwyd yr ysgol yn y theatr o dan nawdd y Cyngor o 19 tan 21 Medi 1946. Lletywyd yr aelodau yn Fairfield yn Hafod-y-Garn, yn y Llew Du yn Llanfair Talhaearn, ac yn y Saracen's Head yn Llansannan. Rhydd adroddiad manwl *Y Faner*, 25 Medi 1946, ddarlun bywiog o'r achlysur:

> Trefnwyd ysgol ddrama benwythnos gan Gyngor Drama Sir Ddinbych yn Theatr Garthewin, ger Llanfair T.H. Yr oedd yr ysgol o dan ofal Ian Kelway, a ddarlithiai ar oleuadau a threfnu llwyfan, a Gordon Lea a ddarlithiai ar gynhyrchu.
>
> Er gwaethaf y tywydd, cyrhaeddodd y mwyafrif mewn pryd i ginio nos Iau ac i'r ddarlith agoriadol wedi hynny gan Gordon Lea, a bwysleisiai rai o hanfodion cyflwyno drama. Wrth drafod crefft actor, dywedodd fod y geiriau, y symud, y dechneg, y cwbl yn bwysig—ond heb deimlad, diffrwyth oedd y cyfan. Dywedodd mai'r teimlad—o dan reolaeth—a roddai enaid i ddehongliad.
>
> Wedi'r ddarlith daeth y cwmni i gyfathrach agosach cyn noswylio. Fore Gwener, tua dau o'r gloch cynhyrfwyd rhai o drigolion Llanfair T.H. gan drwst a thwrw. Bu rhai yn sibrwd am ysbrydion, ac eraill yn melltithio y rhai a'u deffrodd o'u cwsg. Nid oedd y cyffro ond y ddau bererin olaf yn cyrraedd, wedi llwyddo i ddarganfod y pentref, ond heb syniad ganddynt am safle eu gwesty!
>
> Fore Gwener, cafwyd dwy ddarlith yn y theatr fach. Soniai Gordon Lea am rai o broblemau'r actor a'r cynhyrchydd. Bu'n pwysleisio gwendid mwyaf yr amatur, sef aros gormod rhwng brawddegau'r ymddiddan. Apeliai hefyd am ddefnyddio cerddoriaeth fel modd dramatig mewn drama yn ogystal â'i ddefnyddio fel cefndir i greu awyrgylch.
>
> Siaradwyd gan Ian Kelway am y llwyfan. Dywedodd ei fod wedi datblygu o'r llwyfan moel i lwyfan drudfawr y theatrau-gwneud-arian. Sylwodd fod y duedd bresennol yn pwysleisio dull y llwyfan awgrymog ('symbol stage'). Rhoddodd sawl awgrym gwerthfawr ar ddefnyddio llenni, a phwysleisiodd na ddylid defnyddio'r llenni fel pedwar mur. Dylid yn hytrach eu defnyddio fel 'arras', hynny yw, llenni yn gorchuddio muriau. Awgrymodd hefyd y dylid hepgor goleuadau lle'r oedd yn rhaid defnyddio llenni gorchuddio ('borders'). Rhoes un gair o rybudd, sef y pwysigrwydd i gyfaddasu'r llenni fel na allent fynd ar dân. Dywedodd nad oedd y perygl yn un mawr, ond pe digwyddai tân, ni allai cwmni lai na chywilyddio oni wnaethpwyd popeth a ellid rhag i'r tân ledaenu.
>
> Wedi cinio, gwelwyd na ellid mynd i'r theatr erbyn y prynhawn. Llifai'r afon dros y ceulanydd, ac yr oedd y ffordd o dan ddŵr, fel na allai modur fynd heibio. Oherwydd hynny, cafwyd darlith y prynhawn gan Gordon Lea, yn Yr Aelwyd, Llanfair T.H. Bu ef yn trafod manion, dulliau effeithiol o greu awyrgylch drwy ddefnyddio saib neu brawddeg neu atal ystum ar ei hanner; ffyrdd effeithiol o lefaru geiriau a ailddywedir, etc.
>
> Yn ffodus, ciliodd y glaw erbyn amser te a llwyddwyd i fynd i Garthewin erbyn y nos. Yno, rhoddodd Ian Kelway ddarlith ddiddorol ar oleuadau. Dangosodd sut y gellid defnyddio pylwyr ('dimmers') a hefyd sut i lunio pylwr dŵr yn hwylus ac yn rhad. Pwysleisiodd y dylai'r cynhyrchwyr ddeall egwyddorion goleuadau effeithiol, er nad oeddynt o angenrheidrwydd yn drydanwyr. Dangosai sut y gellid cyfuno goleuadau i sicrhau bod yr actorion i'w gweld yn glir. A hefyd i greu awyrgylch. Yr

oedd ei ddarlith yn hynod ymarferol, ac yn brawf o beth ellir ei wneud mewn ysgol ddrama.

Yr oedd yn hindda erbyn y Sadwrn, a chafwyd chwe darlith ymhellach gan y ddau ddarlithydd. Ian Kelway yn trafod egwyddorion goleuadau lliw gan ddangos sut y gellir cymysgu llafnau o oleuni lliw a ffurfio lliwiau gwahanol. Dangoswyd ymhellach sut y dylid bod yn dra gofalus wrth ddewis lliwiau llenni a gwisgoedd rhag ofn nad oedd y rheiny yn cydfynd a'r goleuadau a ddefnyddir. Yn y nos llwyfannwyd un ddrama y bu Gordon Lea yn ei thrafod yn ystod yr ysgol ddrama.

Yn sicr, dylid llongyfarch Pwyllgor Drama Sir Ddinbych, a'r trefnydd, Mr J. O. Jones, ar eu llwyddiant i gyfrannu'n helaeth at wybodaeth dechnegol y ddrama yng Nghymru. Nid yn fuan yr anghofir nac ochr addysgiadol nac ochr gymdeithasol yr ysgol ddrama hon a fu'n llwyddiant mor ddi-gymysg.

Yn ystod yr Ysgol Ddrama rhoddodd Robert Wynne anerchiad ar amcanion Theatr Garthewin. Ei bwynt cyntaf oedd mai rhywbeth i lanw bwlch oedd y theatr, ac nad oedd un bwriad ganddo i'w gwneud yn theatr barhaol, gan mai ei ddymuniad oedd gweld cadwyn o theatrau bychain ar hyd a lled Cymru a fyddai yn eu tro'n disodli ei theatr ef. Yn y cyfamser, amcan Theatr Garthewin oedd cynnig llwyfan addas ar gyfer meithrin actio da ac ysgrifennu newydd. Cyfeiriodd hefyd at y bwriad i gynnal Ysgol Haf flynyddol yn yr ysgubor. Ceir yr ysgwïer, ar yr achlysur hwn, yn cyfeirio am y tro cyntaf yn gyhoeddus at y bwriad o berfformio *Amlyn ac Amig* yng Ngarthewin, cynllun a roddai gryn fwynhad iddo gan y byddai'n gwireddu ei freuddwyd am weld Garthewin yn gartref i ddramâu gwreiddiol o safon. Ychwanegodd yr hoffai weld perfformiadau o ddramâu moes yr Oesoedd Canol neu anterliwtiau Twm o'r Nant yn yr ysgubor, gan eu bod yn boblogaidd, clir a chryno. Yn ei dyb ef, yr oedd y fath ddramâu yn ymwneud â'r berthynas rhwng Duw a'r greadigaeth, a rhwng dyn a dyn, ac oherwydd hynny yn apelio ar unwaith at gynulleidfa. Wrth orffen, rhoddodd 'hysbỳs' i berfformiad Cwmni Bodfari o *Tra Bo Dau* Emrys R. Jones yn y theatr ar 16 Hydref.

Bu'r Ysgol Ddrama felly'n gyfrwng da i farchnata'r theatr, ac er mwyn denu'r Cymry Cymraeg rhoddwyd sgyrsiau byrion gan Morris Jones, J. R. Williams, Wrecsam, Dewi Griffith, Bwlch a G. J. Jones, Llandudno. O ganlyniad i'r Ysgol Ddrama hon sicrhaodd Robert Wynne a Morris Jones gefnogaeth ffrindiau'r ddrama i'r ymgyrch yng Ngarthewin. Pan lwyfannwyd *Tra Bo Dau* ym mis Hydref gwnaethpwyd elw am y tro cyntaf ers misoedd, a theimlai'r ysgwïer a Morris Jones yn llawer mwy gobeithiol ynglŷn â dyfodol y theatr.

* * *

Ar 2 Mawrth 1946 derbyniodd Robert Wynne y drwydded swyddogol yn caniatáu iddo agor drysau Theatr Garthewin i'r cyhoedd, ac erbyn mis Ebrill yr oedd wedi darbwyllo Morris Jones mai *Amlyn ac Amig* oedd y ddrama gyntaf y dylai ef ei chyfarwyddo yno. Ym mis Mehefin 1946, wedi iddo dderbyn chwe chopi o'r ddrama o Wasg Aberystwyth, aeth Morris Jones ati i geisio denu cwmni o actorion dethol Sir Ddinbych a'r cylch i berfformio'r ddrama yng Ngarthewin cyn y Nadolig. Erbyn Tachwedd 1946, y mis y bu'r Arglwydd Howard de Walden farw, yr oedd wedi llwyddo i gasglu ynghyd actorion o ardaloedd mor bell â Wrecsam, Llandudno a Dinbych, a dosbarthodd y rhannau fel a ganlyn: Yr Archangel Raffael, Dafydd Jones; Belisent, Nellie Morris; Amlyn, Edwin Williams; y ddau blentyn, Jennifer a Gillian Morris; Amig, Meirion Roberts; Bardd, Emrys Cleaver; Ffŵl, Raymond Edwards; Porthor, William Pritchard; Merch 1, Mair Rowlands; Merch 2, Olwen Parry; Gweinydd, Dafydd Jones; Morynion a Chôr, Aelodau Aelwyd Llansannan, dan arweiniad Mrs Wyn Jones. Wedi ymgynghori â'r actorion hyn penderfynodd Morris Jones, cyn dechrau ymarfer y ddrama, mai 'Cwmni Sir Ddinbych' fyddai'r teitl priodol i gwmni *Amlyn ac Amig*.

Ar gyfer yr ymarferion, arferai'r actorion gwrdd mewn neuadd yn Abergele neu yng nghartref Morris Jones yn Arfryn, Heol Wellington, Hen Golwyn. Yn ystod un o'r ymarferion bu anghytuno rhwng Emrys Cleaver a'r cyfarwyddwr ynglŷn â'r ffordd orau o ddehongli rhan y Bardd. O ganlyniad i'r ffrae, penderfynodd Emrys Cleaver ffarwelio â'r cwmni a chymerwyd ei le gan Ifor Thomas. Ychydig yn ddiweddarach, ychwanegwyd at gyffro'r paratoadau pan fu ond y dim i Dafydd Jones a'r Parchedig Meirion Roberts gael eu harestio yn Heol Wellington. Ar y ffordd i gartref y cyfarwyddwr bob bore Sadwrn arferent ymarfer eu rhannau ar hyd strydoedd Hen Golwyn, gyda Dafydd Jones yn defnyddio 'llais milwr Rhufeinig ffrom' ar gyfer rhan Raffael, yn ôl cyfarwyddyd pendant Morris Jones. Ychydig cyn y Nadolig penderfynasant, wrth droi i mewn i Heol Wellington, ymarfer llinellau cyntaf yr ail act o *Amlyn ac Amig*:

Yr Archangel Raffael:	Amig, a wyt ti'n cysgu?
Amig:	Nag [sic] wyf, fy nghyfaill Amlyn.
Raffael:	Iawn yr atebaist. Cyfaill it sy'n galw. Eithr nid Amlyn wyf i.[52]

Ymhen hanner canllath ymddangosodd modur yr heddlu i fynd â hwy i'r orsaf ar gyhuddiad o fod yn feddw ac achosi poendod i drigolion y dref. Wedi i'r actorion egluro pwy oeddynt a'r rheswm dros y lleisiau dwfn a'r ystumio, dywedodd yr heddlu mai dynes leol oedd wedi ffonio i gwyno fod y ddau ddyn meddw a arferai grwydro'r strydoedd ar fore Sadwrn i'w gweld mewn cyflwr truenus ar balmant yr heol.

Dal i ymarfer ar y ffordd i Heol Wellington a wnaeth y ddau actor, gan fod Morris Jones yn mynnu perffeithrwydd ym mhob dim. Cofia Dafydd Jones sut y bu i un actor gael ei geryddu'n llym gan Morris Jones yng Ngarthewin am sbio drwy gil y llenni ar y gynulleidfa cyn y perfformiad cyntaf o *Amlyn ac Amig*. Proffesiynoldeb oedd y nod bob tro. Rhaid felly oedd cael y gwisgoedd a'r celfi gorau ac effeithiau goleuo arbennig ar gyfer y ddrama hon. Ddechrau Rhagfyr, wedi i Morris Jones wneud darluniau pensil manwl o'r set, aeth Jac a Wil Jones ati i'w hadeiladu. Ysgrifennodd Myfanwy Davies at gwmnïau llogi gwisgoedd megis Gainsborough Pictures, Lime Grove; Charles H. Fox, High Holborn; Citizens House, Caerfaddon a 'Carlotta', Great James Street, Llundain. Rhoddodd Carlotta ei hun gerydd bach digon llym i ysgrifenyddes cwmni Sir Ddinbych drwy nodi mewn llythyr ati na allai logi'r dillad am y rheswm syml na soniasai wrthi am ddyddiad y perfformiad. Nid bai Myfanwy Davies yn gyfan gwbl oedd hyn, gan fod Robert Wynne yn gwamalu ynglŷn â dyddiadau addas ar gyfer y perfformiadau, ac yn ffafrio'r cyfnod wedi'r Nadolig pan na fyddai angen yr ysgubor ar gyfer yr Offeren. Ddechrau Rhagfyr penderfynwyd gohirio'r perfformiadau tan 31 Ionawr a 1 Chwefror 1947.

Petai'r cwmni wedi llwyfannu'r ddrama yng Ngarthewin adeg y Nadolig, byddai wedi bod yn bosibl gweld dau gynhyrchiad o *Amlyn ac Amig* yn y Gogledd yn ystod Rhagfyr 1946, oherwydd perfformiwyd hi yr adeg honno yn Llangefni gan gwmni o blant yr Ysgol Sir. Y cwmni hwn, gyda chaniatâd Saunders Lewis, a gyflwynodd *Amlyn ac Amig* am y tro cyntaf ar lwyfan. Yr egnïol F. G. Fisher, aelod o staff yr ysgol, oedd y cyfarwyddwr, a chyfansoddwyd peth o'r gerddoriaeth yn arbennig ar gyfer y cynhyrchiad gan G. I. Jones, aelod arall o'r staff. Cyflwynwyd Prolog yn Saesneg ac yn Gymraeg gan gôr adrodd cymysg, cyfeiliwyd i'r unawdau a'r caneuon gan Delynores Gwyngyll, a daeth y noson i ben gyda'r gynulleidfa yn ymuno yn 'Adeste Fideles' tra oedd Belisent, y plant ac Amlyn ac Amig yn cerdded tua'r preseb. Y noson honno yr oedd ymateb brwdfrydig cynulleidfa Llangefni yn brawf fod y ddrama radio yn gwbl effeithiol ar lwyfan. Ar gyfer perfformiad Garthewin, serch hynny, newidiodd Saunders Lewis y testun gwreiddiol ryw ychydig, a hynny ar gais Robert Wynne. Yn rhan gyntaf y ddrama ceir naid chwim o gastell

Amlyn yn Normandi i'r eglwys 'nepell o Baris, gerllaw afon Sein', lle y gwelwn Amlyn ac Amig yn tyngu llw o ffyddlondeb. Yna, o fewn ychydig linellau, eir yn ôl unwaith yn rhagor i'r castell. Ar y radio neu mewn ffilm ni fyddai hyn yn ymddangos yn chwithig, ond ar lwyfan bychan byddai newid golygfa mor sydyn, ac am gyn lleied o amser, yn drysu'r gynulleidfa. Felly, yn lle'r ddeialog yn yr eglwys rhwng Amlyn ac Amig cyfansoddodd Saunders Lewis fonolog ar gyfer Amlyn, lle yr adrodda hanes yr ail gyfarfyddiad, y frwydr a'r llw:

Amlyn: Taw, Ffŵl, ni wyddost ffoled dy odlau.
Nepell o Baris, gerllaw afon Sein,
Yn y meysydd meillion,
Mae eglwys a mynachlog Iermyn sant:
Yno un bore y safwn
'Nôl blwyddyn o chwilio ofer am Amig fy nghyfaill
Heb air am ei rawd.
Chwipyn daeth arnaf farchog i ymladd â mi;
Taer a di-brin fu'r taro
Trwy'r bore, trwy'r nawn,
Tolcio pres, bylchau bresplad,
Heb orfod o neb ar ei gilydd:
Credais mai Hector ydoedd neu ail Eneas
Oni hunodd haul tu ôl i'r fynachlog wen.
Yn chwîl dan ein chwys
Codasom ein helmau, ein dau, a sychu'r talcennau,
'Amlyn!' ebr ef, minnau, 'Amig!'
A chusanu a chwerthin ac wylo ar yn ail,
A mynd ynghyd at yr allor;
A'n dwylo ar y creiriau lle bu'r Aberth
Mi dystiais i, 'Fy nghyfaill,
Byth o'r awr hon, os yn y Purdan y'th ddaliaf,
Neu ba ddelw bynnag fo arnat, Amig fy nghâr,
Fe naid fy enaid i'th annerch
Ac ni byddi ddieithr mwy;
A rhoisom lw ar y creiriau cysegredig:
'Tyngaf i Dduw, fy nghyfaill, ac i tithau,
Na phallaf fyth o gariad na ffyddlondeb nac o gyngor
Na dim fo'n iawn i gyfaill dros ei gyfaill,
A rhyngof i a thi ni bydd anwiredd fyth.'
Byth nid anghofiaf fy llw.[53]

Yn ystod Ionawr 1947 hysbysebwyd y perfformiadau o *Amlyn ac Amig* yn y wasg, llogwyd goleuadau ychwanegol o Strand Electric yn Lerpwl, ac archebwyd dillad o Citizens House, Caerfaddon. Cafodd Citizens House gryn drafferth gyda theitl y ddrama, ac fel *Amlinac Anug* y cyfeirir ati ganddynt. Yn wir, cafodd Myfanwy

Davies ei hun yr un drafferth, oherwydd mewn llythyr at awdurdodau'r Tollau Tramor a Chartref gofynnodd iddynt hepgor cost y Drwydded Adloniant ar gyfer *Amlen ac Amig*. Pan symudodd y cwmni ddiwedd Ionawr o Abergele i Garthewin i ymarfer, synnwyd hwy gan flerwch yr ysgubor. Yn union wedi'r Nadolig defnyddiwyd hi gan Robert Wynne i storio bwyd anifeiliaid a gwellt ar gyfer y stablau, a bu'n rhaid felly i'r actorion lanhau'r adeilad cyn dechrau ymarfer. Ar y nos Iau cyn y perfformiad cyntaf ar nos Wener, 31 Ionawr, bu Jac a Wil Jones yn gweithio'n ddyfal yn trefnu'r goleuadau a'r llwyfan, yn gosod y seddau, yn clirio'r buarth ar gyfer y bysiau a'r moduron ac yn llenwi â thanwydd y ddwy stof a wresogai'r theatr. Bu'r cwmni'n ymarfer yn y theatr drwy gydol dydd Gwener, gan yrru i'r Llew Du yn Llanfair Talhaearn am ginio a the. Ar fîl y Llew Du a anfonwyd at Robert Wynne, ond a dalwyd o goffrau'r theatr, archebwyd naw potel o Guinness a naw potel o gwrw y diwrnod hwnnw i gynhesu'r actorion yn ystod un o aeafau llymaf y ganrif!

Tua diwedd y prynhawn, ac amser y perfformiad yn agosáu, dechreuodd fwrw eira, ac ni thybiai'r actorion y byddai llawer yn mentro allan ar hyd heolydd cul Dyffryn Elwy ar noson mor wyntog a rhewllyd â honno. Ond cymaint fu'r disgwyl am berfformiad llwyfan o ddrama Saunders Lewis a chymaint fu'r sôn am theatr Robert Wynne, fel y'i llanwyd ar y ddwy noson, er gwaethaf y tywydd. Un o'r bobl a wnaeth ymdrech i fod yn bresennol oedd Ellen (Neli) Wyn Jones, a oedd ar y pryd yn dysgu yng Nghyffordd Llandudno. Ychydig a feddyliai, wrth iddi edmygu gwaith yr actorion ar lwyfan Garthewin, mai hi a fyddai'n cymryd y brif ran yng nghynhyrchiad y cwmni o *Blodeuwedd* yn 1948. Synnwyd yr actorion yng Ngarthewin, ddechrau 1947, gan barodrwydd pobl i deithio milltiroedd i'r theatr anghysbell, ac yna, wedi iddynt gyrraedd, i ddioddef gwres tanbaid y ddwy stof, neu'r oerfel yng nghefn y theatr. Mae Jac Jones yn cofio bysiau'n cyrraedd ar y ddwy noson o Langefni, Bae Colwyn, Llanrwst, Llandudno ac Abergele. Ymhlith y rhai a glodforai'r cynhyrchiad ar y noson gyntaf yr oedd tri o bobl ifainc o'r Drenewydd a oedd wedi teithio drwy'r eira a'r rhew am chwe awr, a chyrraedd mewn amser i fwynhau'r ail act.

Ni wyddai'r gynulleidfa, wrth gwrs, fod Jac a Wil Jones ar bigau'r drain yn ystod y ddau berfformiad ynglŷn â chyflwr trychinebus generadur Garthewin am iddo fethu cynhyrchu digon o bŵer i oleuo'r llwyfan yn ôl cyfarwyddiadau Morris Jones. Gan nad oedd digon o drydan ar gael, methwyd hefyd baratoi cyflenwad o ddŵr poeth ar gyfer y lluniaeth yn ystod y ddwy egwyl—

trychineb llwyr o gofio oerni'r noson. Ar y funud olaf, cafodd y merched a oedd yn paratoi'r te a'r coffi ddigon o hyder i ofyn i forynion Nina Wynne ferwi dŵr yng nghegin y plas ar gyfer y gynulleidfa. Ond nid oedd penbleth Jac a Wil Jones a'r gwragedd yn ddim o'i gymharu â nerfau'r Parchedig William Pritchard, a chwaraeai ran y Porthor yn *Amlyn ac Amig*. Er mai ond ychydig linellau a oedd ganddo i'w llefaru yn y ddrama, ac er ei fod yn siaradwr cyhoeddus ardderchog, diflannai ei wroldeb cyn dechrau pob perfformiad llwyfan. Yng Ngarthewin ar nos Wener 31 Ionawr 1947 treuliodd Morris Jones a dyrnaid o'r actorion dros hanner awr yn ceisio tynnu hosanau culion am goesau solet, cyhyrog y Porthor, ac wedi llwyddo i'w gwisgo bu'n rhaid ymgymryd â'r dasg o leddfu nerfau William Pritchard cyn iddo gamu ar lwyfan Garthewin i ddweud ei linell gyntaf, 'Do, fy arglwydd Amlyn.'

Cyn i'r ddrama ddechrau, ac yn ystod y ddwy egwyl, perfformiwyd rhai o weithiau Handel, Bach, Peter Warlock a Vaughan Williams gan Gerddorfa Gwynedd o dan arweiniad Lilian Tipping. Wrth gyflwyno'r gerddorfa, cyfeiriodd Robert Wynne sylw'r gynulleidfa at ei ddisgrifiad ef o'r ddrama yn rhaglen y noson. Atgoffodd y gynulleidfa mai 'Comedi yw hi, ond comedi pethau dwyfol, ac aberth yw ei thestun. Cân yw hi ar y pethau hynny y rhoes y Nadolig cyntaf sancteiddrwydd newydd iddynt—cartref, teulu, plant bach, cariad, cyfeillgarwch, ac fe glywir y rhain oll ynghyd yn y terfyn pan gyflwynir aur a thus a myrrh yn aberth i'r Plentyn Dwyfol yn y preseb.'[54] Wedi anerchiad Robert Wynne, croesawyd y gynulleidfa gan Morris Jones, a fanteisiodd ar y cyfle i egluro mai amcanion Theatr Garthewin oedd meithrin gwerthfawrogiad o'r ddrama yng Nghymru, trefnu ysgolion drama a darlithoedd, cefnogi awduron dramâu Cymraeg a threfnu perfformiadau gan amryw gwmnïau eraill yn yr ysgubor. Yn olaf, cysurodd y gynulleidfa, yn enwedig y rheini a oedd yn rhynnu yng nghefn yr adeilad, drwy addo y byddai merched Aelwydydd Betws-yn-Rhos a Llanfair Talhaearn yn darparu lluniaeth a chwpaned o de a choffi poeth rhwng yr act gyntaf a'r ail. Yn ystod y ddwy egwyl, wrth wrando ar sylwadau ac ymateb unigolion i'r perfformiad ac i'r ddrama, gwyddai Robert Wynne a Morris Jones fod y noson honno'n drobwynt yn hanes y theatr, a bod modd meithrin cynulleidfa arbennig iawn yng Ngarthewin. Wedi'r ail berfformiad llwyddiannus ar nos Sadwrn, 1 Chwefror, teimlai Robert Wynne fod ei holl ymdrechion i noddi'r ddrama Gymraeg o'r diwedd yn dwyn ffrwyth.

Barn Kate Roberts wedi gweld y ddrama ar y nos Sadwrn oedd fod perfformiad Cwmni Sir Ddinbych o *Amlyn ac Amig* yng Ngarthewin yn dangos fod modd magu chwaeth at y dramâu gorau yn awyrgylch gynnes a chartrefol y theatr. Bu Morris Jones a'r actorion yn aros yn eiddgar am ei hadolygiad hi yn *Y Faner* ar 5 Chwefror 1947 oherwydd gwyddent mai dyma'r adolygiad y byddai Saunders Lewis ei hun yn ei barchu. Nid oedd angen i un ohonynt ddarllen ymhellach na'r is-deitl, 'Perfformiad Nodedig', i sylweddoli fod Kate Roberts yn cymeradwyo'n wresog berfformiad y cwmni o'r ddrama. Yr oedd ei darn yn *Y Faner*, fodd bynnag, yn canolbwyntio llawn cymaint ar natur y ddrama ag ar ansawdd y perfformio ar lwyfan Garthewin:

> Yn y rhagair i'r llyfr dywedir, 'Barddoniaeth i'w siarad a'i gwrando'n flaenaf oll a geir yma', ac ar gyfer darlledu y cyfansoddwyd hi. Gallasai ei gweled fod yn anfantais felly; gallasai'r golygfeydd a'r dillad dynnu ein sylw oddi wrth y siarad a'r farddoniaeth. Arwydd pendant o lwyddiant perfformiad Garthewin ydoedd na wnaethant o gwbl. Ar y ddrama, ar y gair yr oedd ein holl sylw. Ni chlywais neb yn sôn llawer am y dillad na'r llwyfan. Mae'n debyg pe buasai rhywbeth o'i le yn hynny y buasai wedi tynnu sylw ato'i hun. Gellir bod yn sicr fod y llwyfan yn iawn pan fo Mr Morris Jones yn cynhyrchu. Mawr gredyd yw iddo yn y cynhyrchiad hwn greu llwyfan syml (eto'n dangos y cyfnod) na wnaeth inni anghofio am eiliad y geiriau a leferid a'r stori a ydoedd ynddynt. Mae 'Amlyn ac Amig' yn ddrama gyffrous, drama ydyw, ac nid barddoniaeth i'w hadrodd gan nifer o bersonau ar lwyfan. Mae ynddi wrthdrawiad rhwng pwerau dyletswydd cyfeillgarwch; yr aberth a olygai i un o'r ddau gyfaill a'r dioddef i'r llall, ac yr oeddym yn awyddus, fel ym mhob drama o wir werth, i wybod beth a fyddai canlyniad hynny. A dywedid y stori i gyd ar fydr. Cryfder y ddrama yw iddi gael ei dweud yn naturiol er mewn mydr, a'r grefft yn ddigon da fel drama ac fel barddoniaeth, i roddi pethau mor rhyddieithol ynddi â 'A fynni di fwyd, fy nghyfaill?' neu, 'Na, mae'r drws ar gau.' Hebddynt hwy ni symudai'r stori yn ei blaen. Hebddynt ni ellid gweled coed y farddoniaeth. Rhoddent gyfle inni anadlu megis a'n paratoi ein hunain i dderbyn:
>
> > 'Fel llong pan ollynger i anterth rhyferthwy'r gwyntoedd
> > A'i hysgwyd yn asgwrn, yn noeth ac yn wyn.'
>
> Ac efallai fy mod yn camgymryd wrth sôn am farddoniaeth fel barddoniaeth. Efallai mai'r cwbl y dylwn ei ddweud ydyw bod y ddrama wedi ei dweud mewn iaith bron na ddywedwn ryddiaith gain, ac mai'r dull gorau o siarad y gair yw drwy fydr.

Wedi'r dadansoddi, brysiodd Kate Roberts i glodfori'r cwmni am wneud chwarae teg â cheinder y ddrama, ac am ynganu'r farddoniaeth mewn dull cwbl ddealladwy. Canmolodd Amlyn am eglurdeb ei lais a'i fynegiant, Belisent am ei hactio cynnil, y Ffŵl am roi lliw ac amrywiaeth i'r ddrama, Amig am rym ei actio yn y rhan gyntaf, a'r Archangel am ei lais 'ardderchog o glir'. Er hynny, yr oedd gan Kate Roberts rai awgrymiadau ac amheuon. Nododd fod Amig yn anwybyddu rhythm ei linellau yn yr ail act ac yn symud ei ddwylo'n ormodol, gan dynnu sylw'r gynulleidfa oddi wrth eiriau'r ddrama. Ni hoffai chwaith lediaith y Ffŵl, a'i duedd weithiau i siarad yn rhy rodresgar. Ond mân bethau oedd y rhain o'u cymharu â'r dyfarniad terfynol mai 'perfformiad i'w gofio ydoedd'. Ni soniodd Kate Roberts ddim am y gwisgoedd, y coluro na'r set—elfennau a glodforir yn adolygiad gohebydd *Y Cymro*, 7 Chwefror 1947, ar yr un perfformiad. Mae'n syndod fod Kate Roberts wedi anwybyddu 'gwychder y golygfeydd a'r dilladau', oherwydd pan berfformiwyd *Amlyn ac Amig* yn Rhuthun ac Abergele, cafodd harddwch y gwisgoedd ac ysblander y golygfeydd unwaith eto sylw arbennig yn adolygiadau'r wasg.

Ar 2 Chwefror 1947, y noson wedi'r ail berfformiad o *Amlyn ac Amig* ar lwyfan Garthewin, darlledwyd y ddrama am y tro cyntaf ar Radio Cymru. Dafydd Gruffydd oedd y cyfarwyddwr, a chwaraewyd y rhannau fel a ganlyn: Amlyn, Huw Griffith; Amig, W. H. Roberts; Belisent, Mair Howells; yr Archangel Raffael, Herbert Davies; Y Bardd, Meredydd Evans; Y Ffŵl, Gunstone Jones; y Porthor, Prysor Williams. Chwaraewyd cerddoriaeth Arwel Hughes, a gomisiynwyd gan Robert Wynne ar gyfer Radio Éireann, gan adran linynnol y Gerddorfa Gymreig, a chanwyd rhannau'r côr gan y Cantorion Cymreig, gyda Clifford Bunford fel unawdydd, y cwbl dan arweiniad Mansel Thomas. Wrth hysbysebu'r ddrama fel 'un o gampweithiau dramatig yr iaith' yn *Y Faner*, 29 Ionawr 1947, atgoffwyd y darllenwyr na chafodd *Amlyn ac Amig* ei darlledu yn 1939, fel y bwriadwyd, oherwydd amgylchiadau darlledu ar ddechrau'r Rhyfel. Yn yr adolygiad o'r darllediad yn *Y Faner*, 5 Chwefror 1947, canmolwyd y cyflwyniad fel un teilwng o'r ddrama, ond beirniadwyd llediaith y Ffŵl a'r Archangel. Yn *Y Cymro*, 7 Chwefror 1947, yr oedd yr adolygydd o'r farn mai fflat a di-liw oedd y darllediad hwn gan gwmni cymysg o actorion proffesiynol o'i gymharu ag asbri cyflwyniad actorion amatur Garthewin. 'Campus' a 'gwych' oedd y ddau air a ddisgrifiai actio cwmni Morris Jones, a rhoddwyd canmoliaeth arbennig i'r cyfarwyddwr ei hun am sglein y cyflwyniad. Er bod *Amlyn ac Amig* yn llwyddiant o'r safbwynt artistig, methiant fu'r ddau berfformiad yn ariannol, a hynny oherwydd costau Cerddorfa Gwynedd a chostau llogi gwisgoedd a goleuadau. Llosgwyd hefyd gryn dipyn o lo ac olew, a bu'n rhaid cyflogi un o weithwyr Robert Wynne i oruchwylio'r gwresogi yn ystod y perfformiadau. Cyflwynodd yr ysgwïer fil o £5/9/0 am y cyfan, ond wedi sylweddoli'r golled, mae'n bur debyg iddo ef ei hun ofalu am y costau gwresogi, tra talwyd costau'r Gerddorfa yn y diwedd gan Gymdeithas Ddrama Sir Ddinbych.

Yn anffodus, ni welodd Saunders Lewis y perfformiad yng Ngarthewin, er iddo addo i Robert Wynne ychydig cyn Nadolig 1946 y byddai'n bresennol pe câi ddod yng nghar ei ffrind, Moses Griffith. Nid y perfformiad o'r ddrama oedd flaenaf ym meddwl Saunders Lewis yn ystod y gaeaf hwnnw, ond ei gais am Gadair Gelteg Rhydychen. Mae'r llythyr a ysgrifennodd at Robert Wynne ar bedwerydd Sul yr Adfent 1946 yn cyfeirio at ei ddyhead i'w ryddhau ei hun o gaethiwed newyddiaduraeth er mwyn cael cyfle i ymdrin â llenyddiaeth ac i ymroi i waith creadigol. Erbyn 1946 yr oedd paratoi 'Cwrs y Byd' yn wythnosol ar gyfer *Y Faner* wedi ei lethu i'r fath raddau nes iddo ddisgrifio'r dasg o lunio'r golofn mewn llythyr at Robert Wynne ar 30 Gorffennaf 1946 fel 'my pot-boiling for the Faner every week which is a horrible burden, and gives me a weekly headache!'[55] Ar 7 Chwefror 1947 mae'n gwrthod cais afrealistig Robert Wynne iddo ysgrifennu drama ar gyfer llwyfan Garthewin erbyn y mis canlynol, ac yn pwysleisio unwaith yn rhagor mai ei reswm dros gynnig am Gadair Gelteg Rhydychen oedd 'er mwyn rhoi fy holl amser i waith creadigol ac i'r gwaith o ddehongli hanes meddwl a llenyddiaeth yng Nghymru.'[56] Yna mae'n ychwanegu: 'Oblegid y mae fy amser yn prinhau ac yn tynnu i'r pen, ac y mae gennyf gymaint i'w wneud!'—sylw sy'n dwyn i gof y llinellau grymus hynny yn ei soned 'Mabon', a ymddangosodd yn *Yr Efrydydd*, Haf 1946:

> Trydydd chwarter canrif ni wêl dy gnawd;
> Mae'r trydydd carchar ac osgo'i gysgod arnad
> I'th ffinio i'r ffyrling eithaf cyn ffoi o'i ffawd.

Nid dyma'r tro cyntaf yn y cyfnod hwn iddo ei deimlo'i hun yn diffygio, ac y mae ei lythyrau at Robert Wynne yn ystod 1946 a 1947 yn mynegi ei iselder ysbryd a'i ddigalondid wrth orfod wynebu, ddydd ar ôl dydd, alwadau'r *Faner* a'i gyfrifoldebau newydd fel golygydd *Efrydiau Catholig*.

Gresyn i Saunders Lewis golli'r perfformiad o *Amlyn ac Amig*, ac mae'n rhyfedd iawn nad ymdrafferthodd i geisio clywed y darllediad Cymraeg o'r ddrama ar 2 Chwefror 1947. Dywedodd mewn llythyr at Robert Wynne ar 7 Chwefror na chlywodd y ddrama am nad oedd ganddo radio, ond nid oedd hynny wedi ei rwystro rhag gwrando ar y fersiwn Saesneg o Iwerddon ddiwedd 1945. Y tro hwnnw, fel y gwelwyd, cafodd fwynhau noson bleserus ar aelwyd Nanette Wynne, cyn cerdded i Goleg Mair yn Aberystwyth i wrando ar y darllediad. Mae'n debyg fod Saunders Lewis o dan bwysau gwaith diddiwedd a llethol ar ddechrau 1947, a chlywir tinc o ddicter yn y disgrifiad a rydd i Robert Wynne ar 23 Ebrill 1947 o'r tasgau a lanwai ei brynhawn: 'Y mae Efrydiau Catholig yn gofyn llawer o amser i bacio ac anfon biliau allan a chadw cyfrifon—y mae'n waith sy'n cymryd rhan fawr o bob prynhawn.'[57] Ni chafodd ei arbed rhag y gwaith mecanyddol yma oherwydd apwyntiwyd Idris Foster, a oedd ar y pryd yn ddarlithydd yn Lerpwl, i Gadair Gelteg Rhydychen, a phan wnaeth Saunders Lewis gais am y swydd wag yn Lerpwl hysbyswyd ef nad oedd yn gymwys gan mai edrych am ieithegwr Celtaidd yr oeddynt. Ac er i Robert Wynne eiriol ar ei ran yng Ngholeg y Drindod, Dulyn yn ystod mis Mai 1947, ni wahoddwyd ef i ymgymryd ag unrhyw swydd yno chwaith. Yr oedd 1947 felly'n flwyddyn hunllefus i Saunders Lewis a chymhlethwyd ei sefyllfa pan benderfynodd y Carmeliaid symud o Goleg Mair, lle yr oedd yn darlithio, i ganolfan newydd yn Llandeilo, Sir Gaerfyrddin. O edrych ar ei lythyrau at Robert Wynne, ymddengys mai un o'r ychydig bleserau a fwynhaodd yn ystod 1947 oedd yr wythnos a dreuliodd yn Stratford-upon-Avon ym mis Gorffennaf yng nghwmni ei wraig a'i ferch, pan welodd Paul Scofield yn actio Lucio yn *Measure for Measure* a Robert Harris yn chwarae rhan Prospero yn *The Tempest* a'r brif ran yn *Richard II*. Ond mae'n amlwg iddo hefyd fwynhau'n fawr y profiad o ddarlithio a chymdeithasu yn ystod wythnos y Gyngres Geltaidd yn Nulyn ddiwedd Gorffennaf. Erbyn mis Awst yr oedd Saunders Lewis yn calonogi ac yn dechrau sôn yn gadarnhaol am y posibilrwydd o orffen *Blodeuwedd* gyda golwg ar berfformiad ohoni ar lwyfan Garthewin.

* * *

Sbardunodd llwyddiant *Amlyn ac Amig* aelodau Cwmni Sir Ddinbych i ymgynnull, ynghyd â phwyllgor bychan y theatr, yng Ngarthewin ar 14 Mawrth 1947 i ffurfio cwmni drama a fyddai'n uniongyrchol gysylltiedig â'r theatr, a derbyniwyd cynnig Raymond Williams i alw'r cwmni yn 'Chwaraewyr Sir Ddinbych'. Swyddogion y cwmni newydd oedd Robert Wynne (Cadeirydd), R. O. Morris (trysorydd) a Myfanwy Davies (ysgrifenyddes). Er mwyn hyrwyddo gwaith y cwmni a'r theatr, gwahoddwyd y canlynol ym mis Mai 1947 i fod yn aelodau o'r pwyllgor: Josephine Jones, Dinbych; Irene Edwards, Betws-y-coed; Emyr Wyn Jones, Llansannan; Myfanwy Howell, Llangefni; Raymond Edwards, Rhuthun; Edwin Williams, Trefnant; y Parchedig William Pritchard, Gellifor; Gwilym R. Jones, Dinbych; Ifor Jones, Abergele; Edward Rees, Cyfarwyddwr Addysg Sir Ddinbych.

Yn ystod gwanwyn 1947 dechreuodd y cwmni dderbyn gwahoddiadau i berfformio mewn canolfannau yng ngogledd Cymru. Cawsant wahoddiad hefyd gan Urdd Gobaith Cymru i berfformio *Amlyn ac Amig* yn Aberystwyth ac yn y Rhos, ond wrth dderbyn y gwahoddiad eglurodd Myfanwy Davies ar ran y cwmni fod tipyn o waith creu awyrgylch wrth berfformio'r ddrama, ac mai mewn neuadd fechan y gellid creu'r awyrgylch hwnnw orau. Nid oedd y syniad o logi neuadd o'r fath wrth fodd Nan Davies o Swyddfa'r Urdd Aberystwyth, a dichon mai ei hawydd i gasglu arian ar gyfer Cronfa Jiwbili'r Urdd sy'n esbonio'i hawgrym mewn llythyr at Morris Jones, 24 Ionawr 1947, wrth drafod yn answyddogol y syniad o ymweld ag Aberystwyth, y dylid llogi neuadd enfawr ar gyfer y perfformiad:

> Byddai'n well pe medrid cael y perfformiadau mewn neuaddau mawrion lle y gellid disgwyl cynulleidfaoedd o wyth cant i fil fan lleiaf.[58]

O'r safbwynt ariannol yr ystyriai hi'r perfformiadau, wrth gwrs, gan ddadlau mai gwell o lawer fyddai cael tri pherfformiad mewn neuaddau mawrion na phedwar neu bump mewn neuaddau bychain. Yn y diwedd, penderfynodd Nan Davies ohirio ymweliad Chwaraewyr Sir Ddinbych ag Aberystwyth. Y rheswm a roddodd i'r cwmni oedd fod yr holl weithgareddau i godi arian at Ffair Fawr yr Urdd yn y Borth yn ystod Gorffennaf 1947 yn ei gwneud hi'n amhosibl i drefnu cynulleidfa ar gyfer *Amlyn ac Amig*. Ceisiodd hefyd ddwyn perswâd ar y cwmni i ddefnyddio Neuadd y Brenin, yn Aberystwyth, ac wrth ddisgrifio rhai o'r neuaddau llai yn y dref, cyfeiria at Neuadd y Plwy fel 'hen le mawr, noeth . . . fel ysgubor'[59]—yn sicr, nid y gymhariaeth orau i'w defnyddio mewn llythyr at ysgrifenyddes cwmni ysgubor Garthewin! Wedi'r holl ohebu a'r holl helbul, ni pherfformiwyd *Amlyn ac Amig* o dan nawdd yr Urdd yn Aberystwyth nac yn y Rhos oherwydd y costau a'r anawsterau teithio, a'r methiant i ddod o hyd i ddyddiad a fyddai'n gyfleus i Gwmni Sir Ddinbych ac i'r Urdd.

Nid oedd rhyw lawer o amser, fodd bynnag, gan aelodau'r cwmni i deithio nac i berfformio yng Ngarthewin yn ystod gwanwyn a haf 1947, gan fod rhai ohonynt yn brysur yn ymarfer ar gyfer cynhyrchiad Morris Jones o *Mair Magdalen* yn Eisteddfod Genedlaethol Bae Colwyn. Penderfynwyd, felly, wahodd cwmnïau Trefriw ac Ysbyty Ifan i berfformio tair drama, sef *Marchogion y Môr*, *Michael* a'r *Potsiar* yn y theatr ar 27 Mawrth 1947. Unwaith yn rhagor gwnaethpwyd colled ariannol, y tro yma o £5.13.0. Ond wrth anfon dyleb Cwmni Trefriw at Myfanwy Davies, rai wythnosau wedi'r perfformiad, wele R. Arwel Evans, yn llawn hiwmor, yn lliniaru ychydig ar ddiflastod y golled: 'Gwn y dylwn fod wedi ateb eich llythyr ers amser maith, ond dyna fy hanes erioed, a dyna fy ngwichad meddai'r merched, dyna pam rwyf mor unig.'[60] I arbed costau ychwanegol, cynigiodd cwmni Aelwyd Betws-yn-Rhos berfformio *Awel Dro*, comedi Ieuan Griffiths (llysenw Matthew Williams, brawd yr ysgolhaig G. J. Williams), yn y theatr ar nos Iau 24 Ebrill 1947, ac am y tro cyntaf er 1946 cafwyd cynulleidfa leol i lenwi'r adeilad. Y mis canlynol—ar nos Fercher 21 Mai—gwnaethpwyd elw pellach pan gyflwynwyd *Y Ffordd* T. Rowland Hughes yng Ngarthewin gan Chwaraewyr Bae Colwyn, gyda Morris Jones yn cyfarwyddo.

Gobaith Chwaraewyr Sir Ddinbych a phwyllgor y theatr yn ystod haf 1947 oedd y byddai ymweliad cwmni o safon, sef Chwaryddion y Genhinen, yn denu cynulleidfa dda iawn i Garthewin ar 11 a 12 Awst, ac felly'n sicrhau y byddai digon o arian mewn llaw ar gyfer perfformiadau gan gwmnïau lleol yn ystod misoedd y gaeaf. Yn Theatr Garthewin y dechreuodd Chwaryddion y Genhinen ar eu taith o amgylch Cymru o dan nawdd Cyngor Cymdeithasol Cymru a Mynwy gyda chefnogaeth Cyngor Celfyddyd Prydain Fawr, fel yr adwaenid ef tan ganol y chwedegau. Tri chyfieithiad a berfformiwyd yng Ngarthewin, sef golygfa o'r ail act o *Macbeth,* cyfieithiad T. Gwynn Jones, *Adar o'r Unlliw,* cyfieithiad Magdalen Morgan o *Birds of a Feather* J. O. Francis, a *Doctor er ei Waethaf,* cyfieithiad Saunders Lewis o *Le Médecin malgré lui* Molière. Chwaraewyd Macbeth gan Jack James (Cwm Rhondda) a'r Arglwyddes Macbeth gan Rachel Howell Thomas (Caerdydd), a pherfformiwyd drama J. O. Francis gan D. Moses Jones a Prysor Williams (Cwm Rhondda), Eic Davies (Cwmllynfell) ac Emrys Cleaver (Dinbych). Cafodd *Adar o'r Unlliw* dderbyniad gwresog gan y gynulleidfa yng Ngarthewin ar y ddwy noson, ac nid yw'n rhyfedd mai'r ddrama boblogaidd hon a berfformiwyd gan Chwaryddion y Genhinen ar achlysur y Gyngres Geltaidd yn Nulyn ym mis Gorffennaf pan oedd Saunders Lewis yno'n darlithio. Yn adolygiad yr *Abergele Visitor,* Sadwrn 16 Awst, o'r drydedd ddrama a berfformiwyd, sef *Doctor er ei Waethaf*, rhoddir clod arbennig i berfformiadau Jack James, Dewi Prys Thomas (Lerpwl) a Raymond Edwards (y Rhos). Er mawr ryddhad i bwyllgor y theatr, yr oedd yr adeilad yn orlawn ar y ddwy noson, gyda phobl yn teithio o gryn bellter i fwynhau perfformiadau Chwaryddion y Genhinen.

Profodd llwyddiant ymweliad y cwmni hwn mai dramâu Cymraeg, cwmnïau Cymraeg a chynulleidfa Gymreig a fyddai'n sicrhau dyfodol llewyrchus i Theatr Garthewin. Yng nghyfarfod

Chwaryddion y Genhinen yn ymarfer *Adar o'r Unlliw* cyn y perfformiad yn Theatr Garthewin, 1947

pwyllgor y theatr yn Ysgol Fodern Dinbych ar 7 Mai 1947 awgrymodd Morris Jones y dylid gwahodd cwmnïau Saesneg i Garthewin, ac y dylai aelod o Chwaraewyr Sir Ddinbych fwrw ati i gyfieithu'r ddrama a gyflwynwyd wedi pob perfformiad. Yr oedd cwmni penodol gan Morris Jones mewn golwg, a derbyniwyd ei awgrym i wahodd Cwmni Bwcle i'r theatr i berfformio *Old Man of the Mountain* gan Norman Nicholson ar 17 Medi. Er cymaint oedd brwdfrydedd Morris Jones ynghylch Cwmni Bwcle, methiant llwyr fu'r noson, er i'r cwmni ddod â llawer o'u cefnogwyr i'r perfformiad. Dim ond dyrnaid o Gymry a oedd yn y gynulleidfa, ac yr oedd actorion Bwclai'n amlwg yn anghysurus ac yn ddrwg eu hwyl. Wedi'r perfformiad, anfonodd Dennis Griffiths lythyr chwyrn a phigog at Morris Jones ar ran y cwmni ar 27 Medi yn cwyno mai'r unig luniaeth a gynigiwyd i'r actorion yn ystod yr wyth awr y buont yng Ngarthewin oedd paned o de, a bod sawl un o'r cwmni o'r herwydd wedi dal annwyd trwm. Mae'n ychwanegu na chafodd yr actorion y fath driniaeth yn unlle arall, ac y dylid gwella'r ddarpariaeth ar gyfer cwmnïau a fyddai'n ymweld â Garthewin yn y dyfodol. Dywedodd hefyd, yn bur bigog: 'We could come again easily, but prefer not to do so.'[61] Mae'n rhaid fod y cwmnïau Cymraeg hefyd wedi dioddef yr un driniaeth, ond nid oes unrhyw gofnod fod yr un o'r rheini wedi cwyno. Wedi surni'r ymweliad, ni cheisiodd Morris Jones ddenu cwmni Saesneg arall i Garthewin.

Dyma'r ail siom a gafodd Morris Jones yn ystod y cyfnod hwn, oherwydd pur ddamniol oedd yr adolygiadau a dderbyniodd ei gynhyrchiad o *Mair Magdalen* yn Eisteddfod Bae Colwyn. Wrth ddewis *Mair Magdalen*, cyfieithiad Stafford Thomas a Tom P. Williams o ddrama gan Maurice Maeterlinck, ceisiodd Morris Jones ddilyn, ar raddfa lai, batrwm y dramâu a berfformiwyd gan gwmnïau Howard de Walden yng Nghaergybi a Wrecsam. Ond yr oedd *Mair Magdalen* yn ddrama hirwyntog a'r act gyntaf yn statig ac araf ac yn llawn areithiau dyrys. I gymhlethu'r cyfan yr oedd Neuadd Hen Golwyn, lle y perfformiwyd y ddrama, yn llawer rhy fychan i'r gynulleidfa a'r llwyfan yn rhy gyfyng i'r actorion. Yn ôl adolygiad Dewi Llwyd Jones o'r perfformiad yn *Y Faner*, 13 Awst 1947, yr oedd y cynhyrchu'n well na'r actio, er y gallasai Morris Jones fod wedi amseru'r cyfan yn fwy celfydd. Yn *Y Cymro*, 15 Awst 1947, beirniadodd Elspeth Evans y cynhyrchiad yn ddigon hallt, er iddi ganmol parodrwydd y cyfarwyddwr i lwyfannu drama ddwys a chymhleth. I ba raddau, tybed, yr oedd Robert Wynne yn gyfrifol am ddewis *Mair Magdalen* fel drama Eisteddfod Bae Colwyn? Yn sicr ddigon, byddai'r ddrama, gyda'i phwyslais ar dröedigaeth ogoneddus y prif gymeriad, wedi apelio'n fawr ato. Ond annoeth oedd y dewis ac annheg oedd gofyn i gwmni o actorion amatur ymdopi â'r areithiau hirfaith, dyrys. O gofio anystwythder y ddrama o ran ffurf a chrefft, mae'n rhyfedd fod y cwmni wedi medru ymdopi â hi o gwbl.

Wedi'r Eisteddfod, bwriad Morris Jones oedd ailgyflwyno *Amlyn ac Amig* yn ystod Ysgol Ddrama Garthewin, a oedd wedi ei threfnu gan bwyllgor y theatr ar gyfer diwedd Hydref a dechrau Tachwedd 1947. Gwahoddwyd Saunders Lewis i ddarlithio wedi'r perfformiad o'i ddrama, ond yn ei lythyr at Robert Wynne, 6 Awst 1947, gwrthododd y cynnig:

> Maddeuwch imi na fedraf dderbyn y gwahoddiad i ddarlithio yn yr Ysgol Ddrama. Nid oes gennyf ddim i'w ddweud o gwbl ar y testun, ac ni allaf wybod a fyddaf yn rhydd mor bell ymlaen.[62]

Ymhell cyn ymweliad diflas Cwmni Bwclai â Garthewin ym mis Medi, trefnwyd iddynt hwythau berfformio *Old Man of the Mountain* yn yr Ysgol Ddrama, a gwahoddwyd yr awdur, Norman Nicholson, i ddarlithio wedi'r cyflwyniad hwnnw, ond gwrthod a wnaeth yntau hefyd. Ychydig cyn yr Ysgol cytunodd Kitchener Davies a Morris Jones i ddarlithio ac i gynnal gweithdai a sesiynau trafod o nos Iau, 30 Hydref tan brynhawn Sadwrn, 1 Tachwedd. Argraffwyd ffurflenni, posteri a rhaglenni, a gwelwyd arnynt am y tro cyntaf enw swyddogol cwmni'r theatr, sef 'Chwaraewyr

Garthewin', teitl a fabwysiadwyd yn barhaol gan y cwmni ar 7 Mai 1947. Ar raglen yr Ysgol Ddrama cyfeirir at broblemau cynnal Theatr Garthewin yn ystod y blynyddoedd anodd wedi'r Rhyfel, a mynegir y gobaith y câi'r theatr nawdd i'w helpu i brofi fod dramâu da hefyd yn ddramâu poblogaidd. Ar y funud olaf, bu'n rhaid rhoi'r gorau i'r holl baratoadau ar gyfer yr Ysgol gan na chafwyd digon o ymholiadau yn ei chylch. Diau mai un o'r rhesymau am y diffyg cefnogaeth oedd prinder petrol, a dylid hefyd nodi fod Ysgol Ddrama lwyddiannus iawn eisoes wedi ei chynnal o dan nawdd Cymdeithas Ddrama Sir Ddinbych yn Rhuthun ar 28 Mehefin 1947, gyda Huw Griffith yn traethu ar broblemau cyfarwyddwyr ac actorion amatur yng Nghymru. Ac wedi'r cyfan, nid oedd y syniad o dreulio tri diwrnod ar ddiwedd Hydref a dechrau Tachwedd yn oerni ysgubor Garthewin yn arbennig o atyniadol.

Er na welwyd *Amlyn ac Amig* yng Ngarthewin yn ystod hydref 1947, fe'i perfformiwyd hi yn Rhuthun ac yn Abergele. Rhagflaenwyd y perfformiad yn Rhuthun ar 25 Hydref gan ddarlleniad o gyfieithiad y Parchedig William Pritchard o *Abraham and Isaac* Laurence Housman. Cafodd Myfanwy Davies wybod ar 22 Hydref fod Cynan wedi cymeradwyo'r cyfieithiad ar gyfer trwydded yr Arglwydd Siambrlen, ond ni dderbyniodd y cwmni'r drwydded tan y diwrnod cyn y perfformiad yn Rhuthun. Oherwydd blerwch y trefniadau ynglŷn â'r drwydded, nid aeth yr actorion ati'n frwdfrydig iawn i ddysgu'r llinellau ac i ymarfer ar lwyfan, a siomwyd cynulleidfa Rhuthun pan sylweddolasant mai *darllen* y ddrama, ac nid ei llwyfannu, oedd bwriad y cwmni. Yr oedd un adolygydd lleol yn glir ei farn:

> If the company had not prepared it sufficiently it would have been better if they had left it out altogether. In any case this play seems a poor choice for translation and production, and certainly if the company persists in doing what they did with it at Ruthin, they will detract from their reputation.[63]

Os siomwyd y gynulleidfa gan *Abraham ac Isaac*, cawsant gryn fwynhad wrth wylio *Amlyn ac Amig*, a chymaint oedd y canmol fel y penderfynwyd trefnu perfformiad arall, a hynny ar 20 Rhagfyr 1947 yn Neuadd yr Eglwys, Hen Golwyn, gyda Chôr Merched Hen Golwyn yn canu carolau cyn y perfformiad a rhwng pob act. Yna, ar 15 Ionawr 1948, perfformiwyd y ddrama yn neuadd yr Ysgol Ramadeg, Abergele, gyda pharti Aelwyd Llansannan yn canu penillion ar ddechrau'r noson. Ar raglen y cynhyrchiad yn Abergele, gwelir am y tro cyntaf enw Lalla Thomas, Hen Golwyn, gwraig a fu am flynyddoedd yn gyfrifol am gynllunio a gwneud y gwisgoedd ar gyfer y perfformiadau cyntaf o ddramâu Saunders Lewis.

Fel y gwelwyd, bu 1946 a 1947 yn flynyddoedd cyffrous yn hanes Theatr Garthewin. Yn adroddiad cyntaf Cymdeithas Ddrama Sir Ddinbych, disgrifir y theatr, a hynny i raddau ar sail llwyddiant eithriadol *Amlyn ac Amig*, fel 'Mecca'r ddrama yng Nghymru', a chawn yr adroddiad yn datgan yn hyderus 'y bydd ei dylanwad yn fawr ar dwf y mudiad yng Nghymru'.[64] Erbyn diwedd 1947 yr oedd Morris Jones a'r cwmni yn llwyddo i ddenu cynulleidfa ddethol a fedrai gynnal trafodaeth a dadl fywiog wedi'r perfformiadau. Ym mhwyllgor y theatr ar 2 Rhagfyr 1947, mabwysiadwyd yr arwyddair Saesneg 'Art for Art's sake', a phenderfynodd yr aelodau na fyddent yn derbyn unrhyw wahoddiadau i berfformio er mwyn codi arian i wahanol elusennau yn ystod y flwyddyn ganlynol, gan fod pwyllgor Garthewin ei hun mewn dyled. Yn yr un cyfarfod, crybwyllwyd cwestiwn nawdd gan Gyngor Celfyddyd Prydain Fawr, a sicrhaodd Morris Jones yr aelodau fod Huw Wheldon, yn ystod ymweliad â Garthewin, wedi addo y gallai'r Cyngor gyllido taith o amgylch y Gogledd petai'r cwmni'n medru cyrraedd safon uchel iawn o actio a chyfarwyddo.

Ddiwedd 1947, felly, medrai pwyllgor Theatr Garthewin edrych ymlaen yn ffyddiog at ddyfodol cyffrous. Yr oedd Saunders Lewis wedi gorffen *Blodeuwedd* ar gyfer y cwmni, a'r deipysgrif bellach yn nwylo Morris Jones. Ato ef yr ysgrifennodd Kitchener Davies i ofyn a gâi fenthyg y deipysgrif gan ei fod yn bwrw ati i baratoi ysgrif ar Saunders Lewis a'r ddrama, ysgrif a welodd olau dydd dros ddeng mlynedd yn ddiweddarach yng nghyfrol Pennar Davies, *Saunders Lewis, Ei Feddwl a'i Waith*. Gofynnodd Kitchener Davies hefyd i Morris Jones am ddau neu dri sylw byr ar ddramâu Saunders Lewis 'fel pethau ar lwyfan—chwi sydd wedi mentro arbrofi fwyaf yn ei waith'—ffaith a gaiff ei chydnabod gan y dramodydd ei hun mewn llythyr at Morris Jones, 14 Rhagfyr 1947. Yn y llythyr, mae Saunders Lewis yn cydnabod ei ddyled i gyfarwyddwr a chwmni theatr arloesol Garthewin:

> A gaf eich llongyfarch yn galonnog ar y gwaith da a'r safon a roisoch i'r ddrama Gymraeg. Nid oedd gennyf ddim awydd i orffen Blodeuwedd nes clywed fod o'r diwedd gynhyrchydd ac actorion a fynnai ddramâu o ddull gwahanol i'r hyn a wneir fynychaf ar lwyfan yng Nghymru.[65]

NODIADAU

[1] Llythyr 6.
[2] Ibid.
[3] Rhifau 1, 3, 4, 6, 7, 8: Walter Bezant Lowe, *The Heart of Northern Wales*, Vol.II (Llanfairfechan: W. E. Owen, 1927) 506-11. Rhifau 2, 5: R. O. F. Wynne, 'The Wynne Family of Melai and Garthewin', *Transactions of the Denbighshire Historical Society*, Vol.5, 1956, 82.
[4] *The Heart of Northern Wales*, 511.
[5] Cecil Price, *The English Theatre in Wales* (Cardiff: University of Wales Press, 1948) 77.
[6] George Colman, *Random Records*, Vol.I (London: 1830) 259.
[7] Ibid., Vol.II, 52.
[8] Saunders Lewis, 'The Present State of Welsh Drama', *The Welsh Outlook*, Vol.6, No.12, 1919, 303.
[9] Saunders Lewis, 'Cwrs y Byd', *Y Faner*, 29 Rhagfyr, 1948, 8.
[10] LlGC N 348, 346.
[11] Toriad papur newydd di-ffynhonnell: Casgliad Menna MacBain, Garthewin.
[12] Saunders Lewis, 'Dafydd Nanmor', *Y Llenor*, Cyfrol 4, Hydref 1925, 141.
[13] Ibid., 142, 144.
[14] Ibid.
[15] D. O Floinn at Robert Wynne, 17 Chwefror, 1955: Casgliad Wynne, Garthewin, Prifysgol Cymru, Bangor.
[16] Sgwrs rhwng Bedwyr Lewis Jones a Robert Wynne yng Ngarthewin, 1989. (Ffynhonnell: Bedwyr Lewis Jones, Mai 1990.)
[17] Saunders Lewis, *Buchedd Garmon* (Gwasg Aberystwyth, 1937) 48.
[18] R. O. F. Wynne, 'Amlyn ac Amig', *Dock Leaves*, Vol.5, No.15, Winter 1954, 41-4.
[19] Llythyr 30.
[20] Llythyr 39.
[21] Saunders Lewis, 'The Present State of Welsh Drama', *The Welsh Outlook*, Vol.6, No.12, 1919, 303.
[22] Casgliad Wynne, Garthewin, Prifysgol Cymru, Bangor.
[23] Ibid.
[24] Llythyr 37.
[25] Casgliad Wynne, Garthewin, Prifysgol Cymru, Bangor.
[26] Llythyr 37.
[27] Llythyr 24 Tachwedd, 1944: Casgliad Wynne, Garthewin, Prifysgol Cymru, Bangor.
[28] Ibid.
[29] Llythyr 42.
[30] Llythyr 24 Mehefin, 1945: Casgliad Wynne, Garthewin, Prifysgol Cymru, Bangor.
[31] Llythyr 17 Medi, 1945: Casgliad Wynne, Garthewin, Prifysgol Cymru, Bangor.
[32] Ibid.
[33] Casgliad Wynne, Garthewin, Prifysgol Cymru, Bangor.
[34] Ibid.
[35] Ibid.
[36] Ibid.
[37] Ibid.
[38] Robert Wynne at Jack MacDonah, 22 Rhagfyr, 1945: Casgliad Wynne, Garthewin, Prifysgol Cymru, Bangor.
[39] Ibid.
[40] Nodyn di-ddyddiad, Casgliad Wynne, Garthewin, Prifysgol Cymru, Bangor.
[41] Robert Wynne at Jack MacDonah, 8 Ionawr, 1946: Casgliad Wynne, Garthewin, Prifysgol Cymru, Bangor.
[42] Llythyr 55.
[43] Casgliad D. R. Davies, LlGC 7.
[44] *Y Brython*, 18 Hydref 1928, 5.
[45] Casgliad D. R. Davies, LlGC 7.
[46] *Y Brython*, 26 Tachwedd 1936, 8.
[47] Casgliad D. R. Davies, LlGC 54.

[48] *Y Brython*, 23 Ionawr 1936.
[49] Ibid.
[50] Casgliad Clarice Jones, Hen Golwyn.
[51] Papurau Theatr Garthewin, LlGC 18.
[52] Saunders Lewis, *Amlyn ac Amig* (Gwasg Aberystwyth, 1960) 32-3.
[53] Casgliad Wynne, Garthewin, Prifysgol Cymru, Bangor.
[54] Casgliad Clarice Jones, Hen Golwyn.
[55] Llythyr 58.
[56] Llythyr 62.
[57] Llythyr 64.
[58] Papurau Theatr Garthewin, LlGC 15.
[59] Llythyr 9 Ebrill, 1947: Papurau Theatr Garthewin, LlGC 8.
[60] Casgliad Clarice Jones, Hen Golwyn.
[61] Papurau Theatr Garthewin, LlGC 8.
[62] Llythyr 71.
[63] Papurau Theatr Garthewin, LlGC 16.
[64] Papurau Theatr Garthewin, LlGC 8.
[65] Llythyr 76.

III

'Fy nrama i, Blodeuwedd'

> Wrth stondin lyfrau John Rees yn y farchnad neithiwr gofynnodd dyn, 'Pryd mae Mr Saunders Lewis yn mynd i orffen "Blodeuwedd"?' Gofynnaf innau'r un cwestiwn. Pryd?[1]

Yr ateb i'r cwestiwn a ofynnodd Kate Roberts yn 1926 oedd 'Ddiwedd Medi 1947'. Yr un a ysgogodd Saunders Lewis i orffen *Blodeuwedd* ac i newid ychydig ar y ddwy act gyntaf a gyhoeddwyd yn *Y Llenor* yn 1923 a 1925 oedd Morris Jones, a oedd ar y pryd yn chwilio am ddeunydd newydd i'w gyflwyno yng Ngarthewin. Yr oedd Gwilym R. Jones, golygydd *Y Faner*, wedi awgrymu iddo yn ystod gwanwyn 1947, y byddai *Blodeuwedd* yn berffaith ar gyfer llwyfan bychan yr ysgubor petai Saunders Lewis yn cytuno i'w chwblhau. Ar 7 Mai 1947, ym mhwyllgor y theatr yn Ninbych, sicrhawyd yr aelodau fod y dramodydd yn awyddus i orffen *Blodeuwedd* a'i fod yn cynnig yr hawliau perfformio i Chwaraewyr Garthewin. Wedi iddo ddychwelyd o'r Gyngres Geltaidd yn Nulyn ym mis Awst, aeth Saunders Lewis ati i lunio'r ddwy act olaf, er ei bod yn ymddangos o'i lythyrau at Robert Wynne ddechrau Awst fod rhai amheuon ganddo ynglŷn ag addasrwydd y ddrama i gwmni Garthewin. Wrth anfon y drydedd act at yr ysgwïer ym mis Medi, dywed Saunders Lewis fod Edward Rees wedi crybwyll wrtho fod yr actorion eisoes wedi dechrau dysgu eu rhannau. Go brin fod hyn yn wir, gan fod Morris Jones yn dal yn brysur yn ystod Medi a Hydref 1947 yn ceisio hel cwmni ynghyd. Anfonodd Myfanwy Davies lythyrau at nifer o actorion, gan gynnwys y rhai a fu'n actio yn *Amlyn ac Amig*, i'w gwahodd i ymuno â'r cwmni, ond gwrthod a wnaeth llawer ohonynt. Hyd yn oed ar ddechrau Mawrth 1948 yr oedd Morris Jones yn dal i chwilio am actorion, ac ni fedrodd lanw pob bwlch tan fis Mehefin. O ganlyniad i'r anawsterau castio bu'n rhaid gohirio'r perfformiad a fwriadwyd ar gyfer y Sulgwyn tan Hydref 1948.

Eto, erbyn diwedd Chwefror, yr oedd un broblem wedi ei datrys, sef dod o hyd i Flodeuwedd a fyddai'n bodloni Saunders Lewis. Ym mis Awst 1947 dywedasai'r dramodydd wrth Robert Wynne mai 'cael merch i actio Blodeuwedd fydd y gamp',[2] ac ail-adroddodd yr un neges mewn llythyr at Morris Jones ar 14 Rhagfyr: 'Yr anhawster fydd cael merch i gymryd y prif [*sic*] ran.'[3] Bwriad Morris Jones oedd trafod y mater yn drylwyr yn ystod ymweliad Saunders Lewis â Hen Golwyn i weld y perfformiad o *Amlyn ac Amig* yn Neuadd yr Eglwys ar 20 Rhagfyr 1947. Ond wedi i'r awdur fethu dod i'r perfformiad hwnnw, a hefyd i'r un yn Abergele ar 15 Ionawr 1948, anfonodd Morris Jones ato i ofyn am gyfarwyddiadau penodol ynglŷn â'r castio, natur y set a'r dodrefn llwyfan. Gan ei fod yn awyddus i wneud pob dim yn unol â dymuniadau'r dramodydd, yr oedd Morris Jones eisoes wedi ysgrifennu at Saunders Lewis yn ystod Rhagfyr 1947 i ofyn am arweiniad wrth ddehongli'r ddrama o safbwynt ei chyfarwyddo, ond ni chafodd unrhyw gyngor penodol. Yn hytrach, mynegodd Saunders Lewis ei safbwynt fel dramodydd:

> Nid wyf yn credu mewn rhoddi llawer o gyfarwyddiadau llwyfan yn yr argraffiad printiedig. Fy meddwl i yw mai gorau po leiaf a geir—tasg i'r cynhyrchydd yw gwneud ei gyfarwyddiadau ei hun a dylai fod yn rhydd i wneud fel y dymuna. Dylai'r ddrama fel llyfr gynnwys dim ond y minimwm er mwyn rhoi llaw rydd i'r cynhyrchydd.[4]

Daliai Morris Jones i erfyn am gyngor pellach yn ystod Ionawr 1948. Cadarnhaodd Saunders Lewis mai 'pryd tywyll sy orau i Flodeuwedd',[5] a rhoddodd hefyd gyfarwyddiadau manwl ynglŷn â'r cafn y dylid ei gael ar gyfer yr olygfa lle y lleddir Llew Llaw Gyffes. Eglurodd wrth Morris Jones mai gweld Sybil Thorndike yn actio rhan Medea Euripides a roes y syniad o *Blodeuwedd* iddo, ffaith a ategir ganddo mewn erthygl yn *Dock Leaves*, Gaeaf 1955: 'I wrote the first two acts of my own play *Blodeuwedd* in the hope that some day and some where there might be a Welsh-speaking Sybil Thorndike.'[6] Ni fyddai Ellen Wyn Jones, a ddewiswyd i chwarae rhan Blodeuwedd yng Ngarthewin, yn ei chymharu ei hun am foment â Sybil Thorndike, ond wedi ei chyfarwyddo yn un o berfformiadau Cwmni Llandudno credai Morris Jones fod ganddi bresenoldeb grymus ar lwyfan, yn ogystal â'r gallu i ddatgan y farddoniaeth fel y dymunai Saunders Lewis, gan 'gadw pob rhetoreg, pob blas adrodd eisteddfodol, yn gyfangwbl allan o'r datganu.'[7]

Wedi iddo ef a Saunders Lewis drafod y ddrama'n fanwl dros de yn y Queen's Hotel yn Aberystwyth yn Chwefror 1948, dychwelodd Morris Jones i Hen Golwyn yn llawn syniadau am y perfformiad arfaethedig o *Blodeuwedd*. Erbyn mis Mawrth yr oedd wedi llwyddo i berswadio Raymond Edwards, Edwin Williams a Dafydd Jones i chwarae rhannau Gwydion, Llew Llaw Gyffes a Gronw Pebr, a gwahoddwyd Nora Jones, aelod talentog arall o gwmni Llandudno, i chwarae rhan Rhagnell. Yna castiwyd Tom Charles fel y Penteulu, ond methwyd denu actorion i gymryd rhannau'r milwyr eraill a'r gweision, ac yn y diwedd bu'n rhaid i'r arolygwyr llwyfan, Richard Jones a Gwyn Jones, y technegydd, Jac Jones, a Morris Jones ei hun chwarae'r rhannau hynny. Cynlluniodd Lalla Thomas wisg milwr ar gyfer ysgwïer Garthewin, a oedd yn awyddus iawn i fod yn rhan o'r fenter, ond cyn y perfformiad darbwyllwyd ef gan Mrs Wynne i beidio â mentro ar y llwyfan.

Ar 5 Chwefror 1948 ysgrifennodd Miss M. C. Glasgow, Prif Gyfarwyddwr Cyngor Celfyddyd Prydain Fawr, at Robert Wynne i'w hysbysu fod y Cyngor yn gwarantu £150 yn erbyn colledion Chwaraewyr Garthewin y flwyddyn honno, ar yr amod eu bod yn perfformio *Blodeuwedd* mewn saith o ganolfannau yng Ngogledd Cymru. Yn ddiau, dylanwad Robert Wynne a'r cyfeillgarwch rhyngddo a Huw Wheldon, Cyfarwyddwr Pwyllgor Cymreig y Cyngor yng Nghymru, a sicrhaodd y nawdd hwn i'r Chwaraewyr. Cynghorodd Huw Wheldon yr ysgwïer i wahodd Mary Glasgow i aros yng Ngarthewin yn ystod haf 1947, ac er iddi dderbyn y gwahoddiad yn eiddgar ar gyfer mis Awst rhwystrwyd hi yn y diwedd rhag dod. Ond yr oedd y cysylltiad wedi ei sefydlu, a Robert Wynne wedi sicrhau ewyllys da Mary Glasgow tuag at y theatr. Yn ystod Tachwedd 1947, wedi iddo lunio cais hynod o flodeuog am nawdd oddi wrth y Cyngor, anfonodd yr ysgwïer gopi at Huw Wheldon. Dychwelwyd y cais at Robert Wynne gyda throad y post, ynghyd â chyfarwyddyd manwl ynghylch sut i fynd ati i gyflwyno cais am nawdd. Trodd yr ysgwïer at Morris Jones am help, ac ef a luniodd y cais canlynol, lle y gwelir amcanion Theatr Garthewin, a'r anawsterau a wynebai'r cwmni yn 1947:

Dear Sir.

6-12-47.

On behalf of Garthewin Repertory Players I wish to appeal to the Arts Council for financial assistance to enable us to carry out our proposals as regard the Garthewin Little Theatre, and the Garthewin Players.

The incentive to the proposed scheme as herein stated is the very strong feeling that something practical must be done to establish a Theatre for Wales. There are many difficulties to be surmounted. These we have condensed to four main aspects for the purpose of our planning, viz -

a) Lack of suitable workshops. i.e. Theatres with their own particular atmosphere and equipment.

b) Lack of plays and the means to encourage would-be writers.

c) The entire lack of trained Welsh speaking Producers and actors and the means to teach the art in Wales.

To any practical purpose it is realised that we must have a building in the form of a theatre. This we have in the Garthewin Little Theatre. It is intended to make gradual improvements constructionally and in equipment.

It is proposed to establish a company of actors who will be selected by proof of their enthusiasm and suitability to be taught the rudiments of dramatic art. This tuition to be given in conjunction with the production of plays presented by the company by a producer who will be invited to direct the activities of the Theatre at Garthewin.

It is to this end that we make our first appeal to the Arts Council to furnish us with a grant to

a) secure the services of a competent part time producer and teacher of dramatic art in Welsh.

b) enable us to meet the initial travelling expenses of the actors within reasonable distance of the Theatre, and also for co-operation of or the entire direction by the Arts Council for the Welsh Region in arranging visits of the Company to perform at different centres in North Wales.

A copy of the draft balance sheet together with the record kept by the secretary is enclosed for your perusal.

Yours sincerely,
M. L. Davies
Secretary

Proposed scheme to visit centres in N. Wales with a production of Mr Saunders Lewis viz- the new play 'Blodeuwedd' by the Garthewin Players.

Centres	Average number of audience at admission of 3/6 each		
Garthewin	140		
	140		
Ruthin	250		
Wrexham	600		
Bangor	300		
Corwen	500		
Portmadoc	300		
Aberystwyth	500		
Total	2730	@ 3/6	£477.15.-.

Estimated average cost of above scheme

Rehearsals av; cost per person for a company of ten (10) @ 10/- for 20 rehearsals	£10
Producers fee for 20 rehearsals @ £2.2.0. per rehearsal	£42
Design and construction of scenery	£70
Hire and cartage of nine (9) costumes for seven performances	£74
Av; cost of transport per journey for company and scenery—£20 seven visits @ £20	£140
Advertisement, printing, postage, and individual expenses	£50
Insurance	£15

Printing of Play—12 copies	£10
Royalty	£35
Purchase of lighting equipment including Generator Set	£100
Hire of Halls seven halls	£50
Incidentals such as stage managers expenses etc	£50
	-£646[8]

Wedi i Morris Jones orffen llunio'r ddogfen yn ôl y cyfarwyddyd a gafwyd gan Huw Wheldon, derbyniodd lythyr oddi wrth Robert Wynne yn cynnwys disgrifiad hirfaith o'r theatr a'i hamcanion—disgrifiad yr oedd yr ysgwïer yn awyddus i'w ychwanegu at y cais diwygiedig: 'I meant to congratulate you yesterday on your presentation of our case for a grant. It is *admirable*. I hope my lengthy description of the theatre itself isn't beside the point,—it gives the setting, or that is what I hope—a sort of frame for the picture!'[9] Rhoddwyd y cyfan i Huw Wheldon, ond mae'n bur annhebyg iddo ef anfon disgrifiad Robert Wynne at Mary Glasgow, gan y byddai ysgrif yr ysgwïer—a oedd yn fynegiant croyw o'i argyhoeddiad y dylai Theatr Garthewin ganolbwyntio ar gyflwyno dramâu crefyddol a moesol—wedi peryglu'r grant am nawdd. Ond mae'n bwysig nodi nad Robert Wynne oedd yr unig un a welai'r theatr fel cyfrwng i hyrwyddo'r Ffydd Gatholig. Dros flwyddyn cyn i'r cwmni anfon cais am nawdd at Gyngor Celfyddyd Prydain Fawr, derbyniodd Robert Wynne lythyr oddi wrth Winifred Loughlin, ysgrifenyddes Cymdeithas Cyfeillion Cymru (Apostolate of the Welsh Mission), yn awgrymu y gellid cenhadu o blaid Pabyddiaeth yng Ngarthewin:

> I was chatting with my friend, the Prioress of Eton Lodge, the other day. She is deeply interested in Wales (was Prioress of Pen-y-Lan) and she suggested one of the best ways to re-introduce Wales to its ancient Faith would be to have a fine Welsh Dramatic Society carrying plays of the Old Saints and Legends into the towns and villages of Wales. Between yourself and Saunders Lewis there would be no difficulty in getting suitable plays—and I should imagine every Welsh community has facilities for presenting Drama. The Players might prove the nucleus of another Abbey.[10]

Pur wahanol, wrth gwrs, oedd agwedd Morris Jones. Tystia ei gais ef am nawdd i'w ddealltwriaeth drylwyr o natur ac anghenion y theatr yng Ngarthewin ac yng Nghymru'n gyffredinol. Mewn gair, nid llawforwyn i grefydd oedd theatr i Morris Jones.

Felly, o ganlyniad i gais Morris Jones, a chefnogaeth Huw Wheldon, cafodd y cwmni nid yn unig y swm o £150 ond hefyd grant o £100 ar gyfer prynu offer goleuo. Er hynny, yn ei erthygl yn

Y Faner, 12 Hydref 1949, gresyna Victor Hampson Jones nad oedd y Cyngor wedi rhoi chwarae teg i'r theatr Gymraeg ac i'r theatr yng Ngarthewin yn ystod 1948-9:

> Ar y cyfan teg yw casglu ddarfod i'r Cyngor gyfrannu rhyw £20,000 y flwyddyn i gynnal theatr Saesneg yng Nghymru . . . Ystyriwn y ddrama Gymraeg. Yn 1947-8 cafwyd grant o £60, yn 1948-9 rhyw £700; at hyn, o fawr haelioni, rhoid £150 at gostau theatr Garthewin am berfformiad 'Blodeuwedd'. At ei gilydd ni chafodd y ddrama Gymraeg yn ystod tair blynedd ond £1,500 gan y Cyngor . . . dyna, mae'n debyg, yw y 'rhan ddyledus' i'r ddrama Gymraeg—£20,000 y flwyddyn i'r Saesneg, £500 i'r Gymraeg.

Efallai fod cofnodion y pwyllgor a gynhaliwyd yn swyddfeydd Cyngor Celfyddyd Prydain Fawr yn 4 St James's Square, Llundain ar 22 Ionawr 1948 yn egluro paham nad oedd yr aelodau'n gwbl argyhoeddedig fod Chwaraewyr Garthewin yn gwmni arbennig iawn. Yn ôl Huw Wheldon: 'their singularity lay rather in their theatre and their choice of plays than in their standards of acting.'[11] Mae'r cofnodion yn egluro hefyd paham yr oedd Saunders Lewis yn bresennol yn rhai o ymarferion *Blodeuwedd*:

> The Director [Huw Wheldon] said that in his view this application deserved careful consideration but that a whole-hearted recommendation was difficult owing to the fact that, removed from their own very lovely theatre, the Garthewin players would have to rely rather more on a good standard of performance. *Mr Wyn Griffith* said that there was no standard of performance at all for verse-plays in Welsh and that this vigorous body should be encouraged. *Mr B. B. Thomas* said that active help by the author of the play, Mr Saunders Lewis, might be valuable in creating a sound standard of performance . . . It was agreed to recommend to the Council that a £150 guarantee against loss on seven performances of 'Blodeuwedd' be offered to the Garthewin players; that they should be invited to buy £100 worth of electrical equipment, which equipment would remain the property of the Arts Council; and that the Director should do what he could to arrange for Mr Saunders Lewis to give active assistance to the production and that a sum of £50 be made available for this purpose.[12]

Yn Chwefror 1948 teimlai Morris Jones a'r cwmni eu bod wedi cael ffafriaeth gan y Cyngor. Cyfetholwyd Myra Owen, Cyfarwyddwr Cynorthwyol y Cyngor yng Nghymru, ar bwyllgor y theatr, a bu hi am gyfnod yn gaffaeliad mawr i'r cwmni yn y cyswllt ariannol. Tynnodd Myra Owen sylw'r pwyllgor at y colledion ac at yr angen i wneud elw, yn hytrach nag ymgolli'n gyfan gwbl yn nelfrydau arwyddair Chwaraewyr Garthewin, sef 'Art for Arts sake'. Ond yn 1948, oherwydd colledion y cwmni, rhaid oedd

Llew Llaw Gyffes

Gronw Pebr

Gwydion

Milwr

Rhagnell

Blodeuwedd

dweud wrth Saunders Lewis na ellid cynnig unrhyw dâl iddo am yr hawl a gafwyd i berfformio *Amlyn ac Amig*. Er mwyn gwella'r sefyllfa ariannol, dechreuwyd ymgyrchu i ddenu ffrindiau'r theatr i danysgrifio deg swllt y flwyddyn i'r achos yng Ngarthewin. Bu Robert Wynne, yntau, yn gweithio'n ddiwyd ar ran y cwmni. Ysgrifennodd lu o lythyrau at wahanol gyrff, gan gynnwys yr Eisteddfod Genedlaethol, yn gofyn am nawdd, ond er bod pob corff yn gwerthfawrogi awydd pwyllgor Garthewin i ddatblygu'r theatr fel canolfan i fudiad y ddrama yng Nghymru, gwrthodwyd unrhyw gefnogaeth ariannol. Ceisiodd Robert Wynne hefyd berswadio'r Bwrdd Petroliwm i ddosbarthu trwydded i bob un a oedd yn gysylltiedig â *Blodeuwedd* yn caniatáu lwfans petrol iddynt ar gyfer yr holl deithio i ymarferion a pherfformiadau. Ofer fu'r apêl, a rhaid fu i'r actorion barhau i ddefnyddio eu lwfans petrol personol i deithio i rihyrsals yn Abergele, Hen Golwyn a Garthewin, yn ogystal ag i'r gwahanol berfformiadau yn y Gogledd ac yn Aberystwyth.

Er gwaethaf y rhwystredigaethau, dechreuodd y cwmni ymarfer *Blodeuwedd* ym mis Mai 1948. Tua'r un adeg anfonodd Myfanwy Davies becyn o ddarluniau Jane Owen o wisgoedd *Blodeuwedd*—gwisgoedd a gynlluniwyd gan Morris Jones—i swyddfa'r Pwyllgor Cymreig o Gyngor Celfyddyd Prydain Fawr yn Wrecsam. Wedi i Myra Owen gymeradwyo'r cynlluniau ar ran y Cyngor, cychwynnodd Lalla Thomas ar y dasg o baratoi'r dillad. Archebodd rolyn sylweddol o hesian ac o 'Bolton sheeting', lliwiodd y defnyddiau yn ei chartref, a threuliai oriau'r hwyr, wedi diwrnod prysur o waith yn ei siop ddillad yn Hen Golwyn, yn gwnïo'n ddiwyd tra oedd ffrindiau iddi yn gweu crysbeisiau'r dynion a'u chwistrellu â hylif arian. Bu Chwaraewyr Garthewin yn ffodus iawn o gael gwasanaeth crefftwraig fel Lalla Thomas, a oedd, fel perchennog siop, â chysylltiadau ag ystordai deunydd yn Lloegr—a hynny pan oedd pob dim yn brin iawn a'r llyfr dogni yn dal mewn grym. Yn ôl Ellen Wyn Jones, trwm ac anghyfforddus oedd y dillad, ond tystia hefyd fod Lalla Thomas wedi cyflawni gwyrthiau drwy wneud i ddwy wisg 'Bolton sheeting' porffor ac aur Blodeuwedd ymddangos fel petaent o'r sidan gorau. Ond llai mawreddog o lawer, yn ôl tystiolaeth Edwin Williams, oedd ei wisg ef (Llew Llaw Gyffes), er bod y cynllun gwreiddiol ar gyfer y dillad, a welir yn y gyfrol hon, yn awgrymu gwisg addurniedig, rwysgfawr.

Erbyn diwedd Medi yr oedd Morris Jones wedi gorffen cynllunio'r set, Moses Ellis wrthi'n ei hadeiladu, a Nora Lee Jones a Jane Owen yn prysur beintio rhannau ohoni. Ymddengys fod Saunders Lewis yn frwdfrydig iawn ynglŷn â'r trefniadau a'i fod, hyd yn oed cyn y perfformiad, yn awyddus i dalu am ginio i'r cwmni 'at the Arts Council's expense'.[13] Gallai, wrth gwrs, fod wedi pocedu'r tâl o £50 a oedd yn ddyledus iddo am fynychu'r ymarferion yng Ngarthewin, ond cymaint oedd ei werthfawrogiad o ymdrech Morris Jones i'w sbarduno i ailgydio yn *Blodeuwedd* a throi unwaith yn rhagor at ysgrifennu ar gyfer y theatr fel y mynnodd wario £35 o'r arian ar ginio anrhydeddus i'r Chwaraewyr yn ystafell fwyta plas Garthewin. Yn naturiol, nid oedd gan y cwmni amser i giniawa yn ystod cyfnod y perfformiadau cyntaf, ond ar ddiwedd 1948 daethant ynghyd o amgylch bwrdd hardd y plas i fwynhau'r wledd a baratowyd gan Bollards, arlwywyr bwyd yng Nghaer. Disgrifiodd un o'r actorion yr olygfa fel 'set ffilm', gyda'r canhwyllau'n goleuo'r gwydrau grisial a'r arian drudfawr ar hen fwrdd y Wynniaid. Ond yr hyn a gofia'r rhan fwyaf o'r cwmni yw'r wers a roddwyd iddynt gan Saunders Lewis yn y *drawing-room* wedi'r cinio ar sut i gynhesu gwydraid o frandi drwy ei ddal yn glyd rhwng y dwylo, a sut i'w chwyrlïo'n artistig yn y gwydr cyn ei flasu.

Mae nifer ohonynt hefyd yn cofio'n dda ymddygiad Saunders Lewis yn yr ymarferion yn y theatr ar ddydd Sadwrn, 9 Hydref 1948. Cofia Dafydd Jones (Gronw Pebr) weld y dramodydd, a oedd yn bur nerfus, yn cyson blethu ei goes dde o amgylch ei goes chwith fel rhyw acrobat tra oedd yn sefyll ar un o risiau isel y

Paratoi set *Blodeuwedd*

Llyfrgell Genedlaethol Cymru

llwyfan. Cofia Raymond Edwards ei weld yn gyrru ar hyd y lôn i'r plas yn edrych 'fel gangster' yn ei gar anferth—neu'n hytrach cofia weld het y dramodydd y tu cefn i'r olwyn, oherwydd ymsuddai'r gyrrwr i berfeddion lledr ei sedd. Ymddengys nad ymyrrodd Saunders Lewis ryw lawer yn ystod yr ymarfer hwnnw, er iddo, yn ôl Raymond Edwards, neidio'n sionc ar ben bwrdd i ddangos i un o'r actorion sut y dylid sefyll ar lwyfan. (Unwaith, ac yntau'n cynhyrchu anterliwt yng Ngholeg y Brifysgol Abertawe, dangosodd Saunders Lewis sut i chwarae'r ffŵl, drwy daflu ei ben ôl dros ei ben yn chwimwth ac yna bwyntio'n ellyllaidd a than chwerthin at y gynulleidfa.) Mae'n hysbys iddo hefyd gynghori Ellen Wyn Jones i beidio â gorwenu, ac iddo bwysleisio natur beryglus cymeriad Blodeuwedd. Wedi'r ymarfer bu ef a Morris Jones yn trafod sut y dylid cyfleu sgrech y dylluan ar ddiwedd y ddrama. Clywodd Raymond Edwards ef yn dweud y dylai'r sgrech wneud i'r gynulleidfa 'deimlo fel petai dŵr oer yn rhedeg i lawr eu cefnau'.[14]

Nid syniad Saunders Lewis oedd sgrech y dylluan. Dywedodd Robert Wynne mewn sgwrs â Bedwyr Lewis Jones mai Morris Jones a awgrymodd i'r dramodydd, yn ystod y cyfarfod dros de yn y Queen's Hotel, Aberystwyth yn Chwefror 1948, y dylid ychwanegu sgrech tylluan at y cyfarwyddiadau llwyfan olaf, ('Â allan dan chwerthin o hyd'). Dywedodd yr ysgwïer iddo ef hefyd ysgrifennu at Saunders Lewis i'w ddarbwyllo i gynnwys y sgrech.[15] Yn ddiweddarach, wrth geisio perswadio Wilbert Lloyd Roberts i gyfarwyddo'r ddrama, cyfaddefodd y dramodydd ei fod yn awyddus i ailystyried y cyfarwyddiadau olaf, a phetai'n cael y cyfle i ailysgrifennu *Blodeuwedd* y byddai'n dileu sgrech arallfydol y dylluan gan ei bod yn llawer rhy theatrig.[16] Ond y mae Margaret Lewis, gwraig y dramodydd, yn ei llythyr at Nina Wynne ar 18 Hydref 1948 yn canmol y diweddglo: 'The owl call was a splendid addition at the end.'[17] Ar noson y perfformiad olaf yng Ngarthewin daeth cri'r dylluan yn rhywbeth real iawn i Lalla Thomas. A hithau'n prysur bacio'r dillad yn yr ystafell wisgo, ymhell wedi i'r perfformiad orffen, sylweddolodd fod pob man yn annaearol o dawel. Yn sydyn, fe'i brawychwyd gan sgrech arswydus tylluan yn y coed y tu allan i'r adeilad. Ymhen ychydig mentrodd allan i'r buarth gan dybio fod yr actorion eraill yn chwarae tric arni, ond gwelodd fod pob car wedi mynd a bod y plas yn hollol dywyll. Yr unig olau oedd yr un a deflid gan y lamp yn yr ystafell wisgo. Sylweddolodd fod ei ffrindiau wedi anghofio amdani ac wedi cychwyn am adre, a'r funud honno clywodd sgrech y dylluan unwaith yn rhagor. A hithau bron â llewygu gan ofn gwelodd, er mawr ryddhad iddi, olau modur Morris Jones yn dychwelyd i'r plas i'w nôl.

* * *

Ar 23 Medi 1948 gyrrodd Saunders Lewis i Garthewin i weld y perfformiad cyntaf o *Blodeuwedd*. Bu'n poeni ychydig ynglŷn â'r achlysur, fel y gwelir yn y disgrifiad a rydd i Robert Wynne o freuddwyd a gafodd ym mis Medi:

> I dreamed last night that at the first night there was an audience of 16, the players all forgot their lines in Act 1, so the curtain dropped abruptly, cigarettes were lit and all dispersed in gloom.[18]

Ond ar noson y perfformiad cyntaf yr oedd y theatr yn orlawn a'r actorion wedi hen ymgynefino â'r ddeialog a'r symudiadau. Y nos Wener honno nid oedd presenoldeb y dramodydd yn poeni'r actorion hanner cymaint â phresenoldeb Kate Roberts, a oedd yno i adolygu'r cynhyrchiad ar gyfer *Y Faner*. Nid oedd Morris Jones a'r cwmni'n disgwyl gweld Kate Roberts y noson honno oherwydd gwyddent iddi brynu tocyn ar gyfer yr ail berfformiad ar y nos Sadwrn, 16 Hydref. Ond, heb yn wybod i'r actorion, gwahoddwyd Kate Roberts i swper yn y plas yng nghwmni Saunders Lewis a'r Wynniaid ar achlysur y perfformiad cyntaf, a threfnwyd iddi eistedd yn yr un rhes â'r awdur yn y theatr. Yn ystod y perfformiad methodd y peiriant cynhyrchu trydan am ychydig funudau yn ystod yr act gyntaf, a bu bron i Ellen Wyn Jones (Blodeuwedd) grogi Nora Jones (Rhagnell) yn go iawn yn yr ail act wrth rwymo pleth ei gwallt yn rhy dynn o amgylch ei gwddf. Ond ar ddiwedd y noson, wrth dderbyn cymeradwyaeth frwd y gynulleidfa, gwyddai Morris Jones a'r actorion fod y noson yn llwyddiant. Digalonni'n llwyr a wnaeth Nora Jones pan ddaeth Kate Roberts i'w gweld hi ac Ellen Wyn Jones yn ystafell wisgo'r merched ger cegin y plas, lle'r oedd Lalla Thomas a Bridget, morwyn Garthewin, yn eu helpu i ddad-wisgo. Dywed Nora Jones mai'r unig beth a wnaeth Kate Roberts drwy gydol y sgwrs oedd beirniadu'r gwisgoedd yn llym. Nid oedd ganddi'r un gair o ganmoliaeth i'r ddwy ferch, a dinistriodd wefr y noson i Nora Jones, er y gwyddai'r actores ifanc fod y dramodydd ei hun a'r gynulleidfa wedi eu plesio'n arw.

Ond os oedd Kate Roberts yn gyndyn i ganmol actio Nora Jones ac Ellen Wyn Jones wedi'r perfformiad cyntaf o *Blodeuwedd*, nid oedd ymatal arni pan ddaeth yn amser ysgrifennu'r adolygiad a ymddangosodd yn *Y Faner* ar 20 Hydref 1948. 'Perfformiad o'r

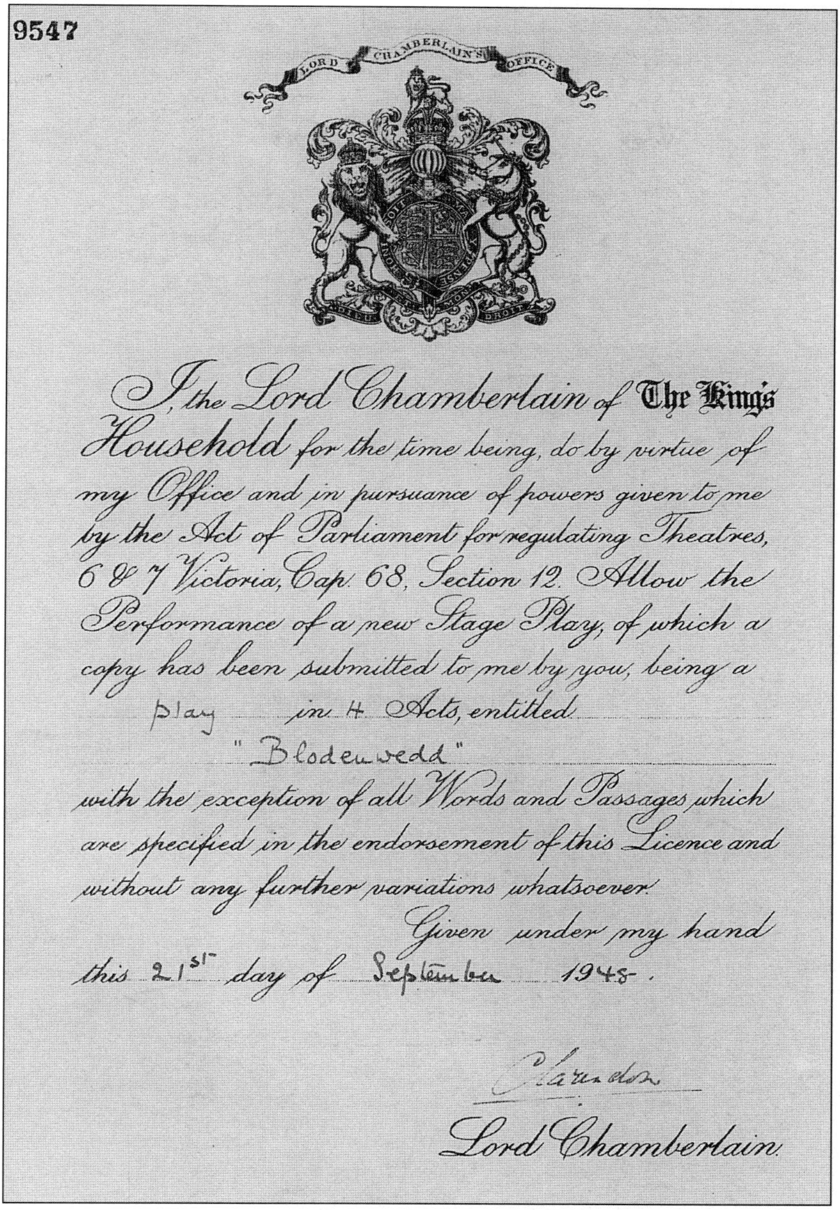

9547

LORD CHAMBERLAIN'S OFFICE

I, the Lord Chamberlain of The King's Household for the time being, do by virtue of my Office and in pursuance of powers given to me by the Act of Parliament for regulating Theatres, 6 & 7 Victoria, Cap. 68, Section 12. Allow the Performance of a new Stage Play, of which a copy has been submitted to me by you, being a play in 4 Acts, entitled "Blodeuwedd" with the exception of all Words and Passages which are specified in the endorsement of this Licence and without any further variations whatsoever.

Given under my hand this 21st day of September 1948.

Clarendon

Lord Chamberlain.

Trwydded y perfformiad cyntaf o *Blodeuwedd*, 1948

Llyfrgell Genedlaethol Cymru

radd flaenaf' oedd ei disgrifiad o gynhyrchiad Morris Jones, ac egyr yr adolygiad â theyrnged i'r cyfarwyddwr:

Blodeuwedd (Ellen Wyn Jones) a Rhagnell (Nora Jones), 1948

Blodeuwedd, 1948

Llyfrgell Genedlaethol Cymru

> Pan geir cynhyrchiad o ddrama ac enw Morris Jones wrtho, yr ydym yn sicr o rywbeth gwerth ei weled. Gwyddom y bydd y llwyfannu, y goleuo, y dillad, y symudiadau, yn hollol orffenedig, mor orffenedig, yn wir, fel y tueddwn i beidio â rhyfeddu atynt. Fe gawsom y perffeithrwydd hwn mor aml, oni chymerwn ef fel peth hollol naturiol i'w ddisgwyl.

Gosododd Kate Roberts gryn bwyslais hefyd ar gynildeb y perfformiad:

> Ni chawsom or-chwarae mewn unrhyw fodd. Cynnil ryfeddol oedd symud y cwrlid oddi ar wyneb corff Rhagnell gan Flodeuwedd (ac mor ddistaw ac effeithiol y deuthpwyd â'r corff i'r llwyfan). Nid yw cynildeb yn wyneb angau yn un o rinweddau cynhyrchu drama yng Nghymru. Yn wir, ni pherfformiwyd unrhyw weithred, ac ni chafwyd unrhyw symudiad ar y llwyfan a alwai sylw ato'i hun oherwydd gor-wneud na thrwsgwleiddiwch. Actorion proffesedig o hir ymarfer sy'n medru cyrraedd y stâd yna o berffeithrwydd o fedru gwneud i'w holl ymarweddiad ar y llwyfan edrych yn beth hollol naturiol a syml. Rhaid fod y cwmni hwn wedi cael hyfforddiant a disgyblaeth drwyadl i'w talentau naturiol.

Yn ail hanner yr adolygiad gwelwn Kate Roberts yn canolbwyntio ar ddehongliadau'r actorion o gymeriadau'r ddrama:

> Dau gymeriad unplyg a hawdd eu dehongli sydd yn y ddrama, sef Gwydion a Rhagnell. (Efallai nad cymeriad hawdd ei ddehongli fyddai Gwydion ped ysgrifennid drama gyfan ac yntau'n brif gymeriad iddi. Ond yr oedd ei ran yn y chwarae hwn yn unplyg.) Oherwydd hynny gan Wydion a Rhagnell y cawsom y perfformiadau mwyaf gorffenedig. Yr oedd rhannau'r cymeriadau eraill yn llawer mwy anodd am fod y cymeriadau eu hunain yn fwy cymhleth. Cryn gamp oedd i Gronw Pebr ddangos fel y rhithiwyd ef yn ei ymddangosiad cyntaf ar y llwyfan a chael ei ddadrithio cyn ei fyned allan o'r chwarae ar y diwedd. Fe wnaeth yr olaf yn llawer gwell na'r cyntaf. Yn wir, actio Gronw Pebr yn yr act olaf oedd un o bethau mawr y perfformiad. Efallai mai gan Llew Llaw Gyffes [yr] oedd y gwaith anhawsaf. Mae'n anos portreadu dyn anniddorol, boed o dda neu ddrwg, a chawsom berfformiad da neilltuol o'r dyn hwn a oedd dan dynged ei fam ac a adawsai linyn barclod ei fam at linyn barclod ei gyfeillion. Ac er mai dynes dwyllodrus oedd Blodeuwedd daeth i'm meddwl ei bod yn bosibl i dwyllwr a rhagrithiwr gael munudau hollol ddiffuant mewn llenyddiaeth ac mewn bywyd. Yr ydym yn rhy dueddol i gredu bod twyllwr yn twyllo bob munud o'i fywyd, a rhagrithiwr yn rhagrithio. Yr oedd Blodeuwedd y ddrama yn ddiffuant hollol, mi gredaf, yn ei munudau da yn y ddrama hon, megis wrth ei chymharu ei hun â'r blodau, yn ei theyrnged i Ragnell ac mewn mannau eraill. Ond nid oedd yr actreg gystal yn y rhannau hynny ag yn y rhannau pan ddangosai ei surni a'i chwerwder yn erbyn Llew Llaw Gyffes, neu yn y rhannau castiog pan ddenai Gronw Pebr. Yr oedd yn rhagorol yn y rhannau hynny. Ni wn ai tybio na ddylai hi ddangos y diffuantrwydd hwn yr ydoedd ai ynte bod

tuedd i lithro dros wychder barddoniaeth heb roddi iddi ei llawn werth. (Yr oedd y duedd yna yn yr holl actorion.)

Ond efallai mai'r sylwadau mwy cyffredinol sy'n dilyn yw'r rhai mwyaf diddorol o safbwynt beirniadol:

> Yr wyf newydd fod yn darllen adolygiad ar chwarae drama Ffrangeg yn Llundain lle mae'r adolygydd yn cyferbynnu huodledd y Chwaraewyr Ffrengig â thawelwch y Chwaraewyr Seisnig, a chlywir yn barhaus gan feirniaid Seisnig fod actorion Lloegr heddiw yn taflu llinellau da i ffwrdd heb roddi iddynt eu llawn werth. Mae'n debyg mai adwaith i'r actio areithyddol yw hyn, ac yr ydym ninnau yng Nghymru yn ceisio osgoi gorbwyslais ac areithio yr adroddwyr hen ffasiwn. Wrth wneud hyn fe ellir myned i'r eithafion arall a pheidio â rhoi i farddoniaeth ei llawn werth. Cydnabyddaf mai gor-gynildeb yw'r lleiaf o'r ddau ddrwg. Ond os byddwch chwi wedi ymhoffi mewn darnau neilltuol, efallai eich bod yn disgwyl gormod wrth ddisgwyl eu cael yng nghanol drama yn union fel yr hoffech eu cael ped adroddid hwy ar wahân.

Ar yr union ddiwrnod yr ymddangosodd yr adolygiad yn *Y Faner*, ysgrifennodd Saunders Lewis at Kate Roberts i ddiolch iddi am ei chefnogaeth:

> Ac yr wyf newydd ddarllen eich beirniadaeth ar y perfformiad yng Ngarthewin. A diolch o galon amdani. Yr oedd ofn mawr ar ôl nos Wener—beth ddywed Kate Roberts, tybed?—a phawb yn gofidio nad ar nos Sadwrn y daethech, gan eu bod lawer gwell a llai nerfus yr ail dro. Yn wir yr oedd Blodeuwedd yn agos at grio nos Wener wedi i bawb fynd. Chwarae teg i Morris Jones—ef a'i darganfu hi, ac y mae deunydd addawol ynddi. Bydd eich adolygiad chwi yn galondid rhiniol i'r cwmni i gyd.[19]

Mae'n wir fod yr adolygiad yn galondid i'r cwmni, ond anghytunai Morris Jones yn chwyrn â sylw Kate Roberts ynglŷn â thuedd yr actorion 'i lithro dros wychder barddoniaeth heb roddi iddi ei llawn werth'. Dadl Morris Jones oedd mai dilyn cyfarwyddyd y dramodydd ei hun a wnaent wrth siarad y farddoniaeth yn naturiol. Mewn llythyr at y cyfarwyddwr ar 23 Chwefror 1948, pwysleisiodd Saunders Lewis yr angen i'r actorion 'siarad y fydryddiaeth yn naturiol', ac ychwanegodd mai '*Tensity*, dwyster naturiol pobl yn *meddwl yn galed wrth siarad a'i gilydd*',[20] oedd yr hyn y dylid ei fabwysiadu. Yn wir, canmolwyd dull yr actorion o lefaru yn benodol gan Saunders Lewis mewn llythyr a anfonodd at Morris Jones i ddymuno'n dda i'r cwmni cyn y ddau berfformiad ychwanegol yng Ngarthewin ar 22 a 23 Hydref 1948. Dywedodd fod y perfformiad a welodd ef ar nos Sadwrn 16 Hydref yn 'gampwaith o chwarae. Ni welais i erioed actio amateur gwell, a phob un yn cyfrannu a phawb yn dweud y llinellau fel y dymunwn i eu clywed. Yr wyf dan ddyled drom i gwmni o artistiaid yn eu crefft.'[21] Adolygiad llai uchelgeisiol a oedd gan ohebydd dienw *Y Cymro*. Canmolwyd safon yr actio a'r cynhyrchu, a neilltuwyd clod arbennig ar gyfer perfformiad Ellen Wyn Jones. Un pwynt diddorol ganddo oedd fod Edwin Williams wedi aeddfedu fel actor er pan chwaraeodd ran Amlyn yn 1947. 'Gwir ddynol' oedd ei ddisgrifiad o berfformiad Dafydd Jones fel Gronw Pebr, ac fe'i clodforwyd am fod 'ei garu'n naturiol, peth na cheir mewn actor amatur ieuanc'.[22]

Er i Saunders Lewis gael ei fodloni gan yr adolygiadau ar gynhyrchiad Morris Jones o'r ddrama, siomwyd ef gan yr adolygiad a ymddangosodd yn *Y Faner*, 27 Hydref 1948, sef adolygiad J. Gwyn Griffiths ar y fersiwn printiedig ohoni, a gyhoeddwyd gan Wasg Gee yn Awst 1948. Ymddengys yr adolygiad, i ddarllenydd gwrthrychol, yn gwbl resymol a theg, er na cheir ynddo'r brwdfrydedd sy'n nodweddu ymateb Kate Roberts i waith y dramodydd. Yn ei llythyr at Saunders Lewis ar 30 Ebrill 1949 dywedodd Kate Roberts ei bod 'yn synnu at grintachrwydd Gwyn Griffiths wrth adolygu *Blodeuwedd*'.[23] Barn yr adolygydd oedd fod y 'medr dramatig, y syberwyd arddull, a'r mesur diodl yn amlycach yn yr ail ran. Ond mae'r farddoniaeth bwysig i gyd yn y rhan gyntaf.' Dadl J. Gwyn Griffiths oedd fod yr awdur wedi tynhau a gloywi'r arddull a geir yn fersiwn *Y Llenor* o'r ddrama—a hynny ar draul yr 'uniongyrchedd cymen' a'r 'agosatrwydd at brofiad' a oedd yn nodweddu'r ddrama yn ei ffurf wreiddiol. Wrth gloi ei sylwadau, gofyn beth yn union a fyddai ateb Saunders Lewis i 'broblem feddyliol' y ddrama. Ei gasgliad ef yw nad oedd yr awdur yn cynnig ateb boddhaol i'r broblem honno, gan ei fod efallai wedi ymgolli'n ormodol yn allanolion ei stori.

Teimlai Kate Roberts yn arbennig o amddiffynnol o *Blodeuwedd*, oherwydd gwyddai pa mor falch oedd Saunders Lewis o'r gwaith. Mor gynnar â Hydref 1923, ysgrifenasai ef at Kate Roberts yn sôn am ei ddrama newydd:

> Da iawn clywed y bydd gennych stori fer yn *Llenor* y gaeaf. Bydd gen' innau act gyntaf drama mewn barddoniaeth yn yr un rhifyn. Ar dderbyniad honno mi gaf wybod a fydd yn werth gorffen a chyhoeddi'r ddrama. Blodeuwedd y 4edd fabinogi yw'r testun.[24]

Ar 8 Mehefin 1924, mewn llythyr at Saunders Lewis, mae Kate Roberts yn llawenhau o ddeall fod y dramodydd ei hun yn ymfalchïo yn ei ddrama newydd:

> Yr oedd yn dda iawn gennyf eich clywed yn dweyd eich bod yn hoff o Flodeuwedd. Peth fel yna ydyw ynte? Mae creadigaeth lenyddol yn magu personoliaeth, a gallwn ddwedyd 'Yr wyf yn hoffi hon' neu 'Nid wyf yn hoffi hon' am ein gweithiau ni ein hunain fel pe baent bersonau byw.[25]

Naw mlynedd yn ddiweddarach ailddarllenodd Saunders Lewis *Blodeuwedd* yn *Y Llenor,* a chyffesu wrth Kate Roberts ar 17 Mai 1933:

> A dyma sibrwd yn eich clust—darllenais ddwy act fy 'Mlodeuwedd' innau neithiwr, a synnais dipyn eu bod yn well nag a feddyliais. Os caf hamdden yr haf yma odid na cheisiaf eu gorffen hwy'n bedair act. Ond ni allaf hynny heb esgeuluso'r Blaid am dymor.[26]

Y Blaid a gafodd y flaenoriaeth, ac aeth pedair blynedd ar ddeg arall heibio cyn iddo droi unwaith yn rhagor at *Blodeuwedd.* Wedi iddo ei gorffen, sicrhaodd Kate Roberts ef y byddai Gwasg Gee yn ei chyhoeddi cyn y perfformiadau yng Ngarthewin. Gan mai drama fydryddol oedd hon, tybiai Saunders Lewis y byddai'n help i'r gynulleidfa gael cyfle i'w darllen cyn ei gweld, er iddo hefyd rybuddio Kate Roberts na fyddai gwerthu 'buan na mawr ar *Flodeuwedd*'.[27] Ond gwerthwyd nifer helaeth o gopïau o'r gyfrol wedi eu harwyddo gan Saunders Lewis cyn ac yn union wedi'r perfformiad cyntaf, a hynny er mawr ofid i'r actorion, gan eu bod hwy'n defnyddio testun gwahanol i'r un printiedig, sef yr un a anfonwyd at Morris Jones ddiwedd 1947. Poendod i'r actorion oedd gweld nifer o'r gynulleidfa, yn enwedig yn y cyflwyniad matinée yn Aberystwyth yn ystod 1949, yn dilyn y fersiwn printiedig.

Yn dilyn y cynhyrchiad yng Ngarthewin, daeth Saunders Lewis i ystyried y theatr yno yn gartref sefydlog iddo ef fel dramodydd, a phedair blynedd yn ddiweddarach, sef ym Mawrth 1952, medrai gohebydd y *Western Mail* ddweud yn gwbl argyhoeddedig: 'What Malvern was to Shaw, Garthewin is now to Saunders Lewis.'[28] Yn ei erthygl 'The Present State of Welsh Drama' yn *The Welsh Outlook,* 1919, cyfeiriasai Saunders Lewis at ei ddyhead i sicrhau i'r ddrama Gymraeg 'a settled home, a Welsh Stratford where the pilgrims of drama shall gather'. Gyda nawdd a chyfeillgarwch Robert Wynne yn gefn iddo, a chyda brwdfrydedd Morris Jones a'r cwmni yn ysgogiad iddo i baratoi deunydd newydd, teimlai Saunders Lewis yn 1948 fod ganddo o'r diwedd theatr i'w ddramâu a chynulleidfa i'w gwerthfawrogi. Yn y flwyddyn honno dechreuwyd sôn o ddifrif am Garthewin fel Mecca'r ddrama yng Nghymru.

Yr oedd gan Saunders a Margaret Lewis reswm pellach dros fod yn hynod o ddiolchgar i'r ysgwïer a'i wraig yn 1948. Yn ystod y flwyddyn bu'n rhaid i'w merch, Mair, dreulio cyfnod anhapus iawn yn derbyn triniaeth ar gyfer y darfodedigaeth yn ysbyty Llanybydder. Awgrymodd Robert Wynne y byddai awyrgylch Garthewin, yr awyr iach a chynnyrch fferm y plas, yn help i Mair i ymgryfhau. Cytunwyd i adael iddi dreulio pythefnos o wyliau yng Ngarthewin, ond aeth y pythefnos yn chwe mis, a Mair yn dangos ei gwerthfawrogiad o haelioni'r Wynniaid drwy ddifyrru'r ddwy ferch fach, Menna a Gwyneth Wynne. Yr oedd Mair yn y theatr gyda'i thad yn ystod rhai o ymarferion *Blodeuwedd*, a dywed nad yw'n cofio iddo ymyrryd o gwbl â pholisi cyfarwyddo Morris Jones, ond iddo, nawr ac yn y man, ddangos i'r actorion sut i lefaru eu llinellau. Ategir y ffaith na wnaeth Saunders Lewis feirniadu cyfarwyddo Morris Jones yn ystod y cyfnod ymarfer gan y llythyr a anfonodd y dramodydd at Robert Wynne ar 21 Awst 1949. Fel y gwelwyd, yr oedd ei ymateb cyntaf i'r cynhyrchiad yn un gwresog, ond yn ystod 1949, ac yn enwedig wedi'r perfformiad a roddwyd gan y cwmni ym Mangor ar 17 Awst 1949, dechreuodd ddadansoddi penderfyniadau'r cyfarwyddwr. Yn ei lythyr at yr ysgwïer ar 21 Awst clywir ei feirniadaeth gyntaf o waith Morris Jones:

> Morris Jones made two separate acts of my Act 1. I didn't like to intervene, for he was producer. But my own conception was that when Blodeuwedd asks Rhagnell for her arm to go to welcome Gronw the lights should go out, then in a ½ minute lights on again showing Gronw facing her and the audience, from the top step on the right, and, if possible, a spot light on him. That would at once allow the intensity of the meeting, and follow the Mabinogi story—a point of importance to the play in the Welsh original and to a Welsh audience.[29]

Pan aethpwyd â'r ddrama ar daith yn ystod 1949 nid ymatebodd y gwahanol gynulleidfaoedd â'r un brwdfrydedd ag a welwyd yng Ngarthewin y flwyddyn flaenorol. Cynulleidfaoedd o athrawon, ysgolheigion, llenorion a selogion y ddrama a ddaeth i wylio'r perfformiadau cyntaf, ond bellach yr oedd natur y gynulleidfa wedi newid, ac adlewyrchir hyn yn adolygiadau'r wasg. Cwyn adolygydd y *Rhos Herald* ar y perfformiad ym Mhlas Mwynwyr y Rhos oedd fod y cynhyrchiad y tu hwnt i gyraeddiadau'r mwyafrif. Yn ôl yr adolygydd, tybiai nifer o'r gynulleidfa fod mwy na digon o hanesion am anffyddlondeb priodasol i'w cael yn y papurau dyddiol 'heb eu llusgo i'r llwyfan o chwedloniaeth yr oesoedd a fu'.[30] O ddarllen y fath feirniadaeth nid yw'n syndod fod Saunders Lewis yn gwerthfawrogi cynulleidfa 'ddeallus' Garthewin.

Act olaf *Blodeuwedd*. Chwaraewyr Garthewin yn y Rhos, 1949

Pan aeth y cwmni i Aberystwyth ar 12 Mawrth 1949 disgwylid cynulleidfa dda, oherwydd llogwyd Neuadd y Buarth ar gyfer dau berfformiad ar y Sadwrn hwnnw. Yn ystod Chwefror yr oedd y gangen leol o Undeb Cymru Fydd wedi penodi pwyllgor i oruchwylio'r holl drefniadau, ac ar 2 Mawrth anfonasai H. J. Hughes, ysgrifennydd y pwyllgor, lythyr at brifathrawon yr Ysgolion Sir i'w hysbysu fod gostyngiad sylweddol yn y tâl mynediad ar gyfer partïon o dros chwech o blant. Anfonwyd llythyrau ychwanegol at ddarlithwyr Coleg y Brifysgol ac at bawb a oedd yn ymwneud â'r 'pethe' yn nalgylch Aberystwyth. Ni chafwyd ymateb gan yr un ohonynt. Y canlyniad oedd na wnaethpwyd ond £15.15.2 o elw o'r ddau berfformiad, a chymaint oedd dicter H. J. Hughes nes iddo ysgrifennu at Eirian Evans, ysgrifenyddes y cwmni ar y pryd, i ymddiheuro am fod y swm mor fychan. Yn y llythyr, fe'i gwelir yn lambastio 'the strange apathy of many culture-loving members of the scholastic profession'.[31] Ar y copïau o'r llythyrau a anfonodd at wahanol bobl, ysgrifennodd y canlynol:

> Anfonwyd 4 ar 2/3/49 i Brif Athrawon Ysgolion Sir. Erbyn 12/3/49 nid atebodd yr un cythraul ohonynt. Anfonwyd 16 ar 2/3/49 i wŷr a gwragedd cyfrifol. Erbyn 12/3/49 nid atebodd yr un.[32]

Cynulleidfa fechan iawn, felly, a oedd yn Neuadd y Buarth pan aeth Saunders Lewis yno i weld yr ail berfformiad ar nos Sadwrn 12 Mawrth. Er gwaetha'r gymeradwyaeth frwd a gafodd gan y rheini a oedd yn bresennol, diau fod diffyg cefnogaeth pobl Aberystwyth wedi ei siomi a'i frifo. Wrth ddiolch i'r gynulleidfa wedi perfformiadau'r prynhawn a'r nos, cyfeiriodd Morris Jones yn gynnil at y ffaith fod y neuadd yn wag iawn y Sadwrn hwnnw, ond pwysleisiodd mai prif amcan Chwaraewyr Garthewin, wedi'r cyfan, oedd perfformio dramâu arloesol a gwreiddiol, yn hytrach na chodi arian at wahanol achosion. Dichon hefyd fod ymdrech lew adolygydd *Y Faner* i ganolbwyntio ar lwyddiant artistig y perfformiadau, er gwaetha'r holl seddau gwag yn Neuadd y Buarth, wedi lleddfu tipyn ar siom y trefnwyr a'r cwmni:

> Os 'cynulleidfaoedd dethol', chwedl un a oedd yno, a gafwyd, ac os methodd llawer, drwy esgeulustod a diofalwch, neu oherwydd amgylchiadau anorfod, â chyfranogi o'r wledd a ddarparwyd, y mae'n ddiogel ddigon fod chwaryddion Garthewin wedi rhoddi arlwy fras ger bron y rheini oedd yn bresennol.[33]

Nid oes fawr o gof gan yr actorion am faint y gynulleidfa, ond maent yn cofio'n glir fel y bu bron i Llew Llaw Gyffes syrthio'n bendramwnwgl i ganol y rhes flaen pan drawyd ef oddi ar y cafn geifr gan Gwydion. Yr unig beth a'i harbedodd oedd y weiren fechan a osodasid ar draws y llwyfan lle'r arferai'r goleuadau godre fod. Yn ôl Edwin Williams, dim ond presenoldeb Saunders Lewis yn y gynulleidfa a arbedodd yr actorion rhag chwerthin yn afreolus pan welsant ef yn rowlio i flaen y llwyfan cyn cael ei atal gan y weiren fach. A bu bron i drasiedi droi'n gomedi pan ofynnodd Gwydion y cwestiwn:

> Ai yma y disgynnaist ti, fy mhlentyn,
> Fel eryr mawr clwyfedig?[34]

Yn yr un perfformiad dywedodd Blodeuwedd ei bod 'yn gath yng ngwely fy ngŵr', yn lle 'yn gaeth', ac felly hiwmor yr ymweliad, nid y diffyg cefnogaeth, a gofir gan yr actorion. Yn y perfformiad yn ysgol Howells, Dinbych ar 6 Tachwedd 1949 y Penteulu, sef Tom Charles, a fu mewn trafferth. Rhybuddiwyd y cwmni fod y llwyfan yn un peryglus gan y gosodid cwyr arno'n wythnosol, a bu pob un ohonynt yn troedio'n ofalus tan yr ail act. Ar ddechrau'r act honno brysia'r Penteulu i roi neges i Rhagnell. Rhuthrodd Tom Charles i'r llwyfan i ofyn y cwestiwn canlynol: 'Rhagnell, p'le mae fy arglwydd?'[35] ond ni chyrhaeddodd y tu hwnt i'r gair 'Rhagnell' cyn iddo syrthio ar ei hyd ar yr estyll llithrig. A dyna ddiwedd am ychydig funudau ar ddwyster y ddrama.

Yn ystod 1949 rhoddwyd perfformiadau pellach o *Blodeuwedd* yn yr Wyddgrug ar 26 Chwefror, yng Ngarthewin eto ar 27 a 28 Mai ac yn Theatr y Grand, Llandudno ar 3 Rhagfyr. Ond y perfformiad a esgorodd ar y sylwadau mwyaf grymus oedd yr un a welwyd yn Neuadd Prichard Jones ym Mangor yn ystod y Gyngres Geltaidd ar 8-14 Awst 1949. Wrth gyflwyno'r ddrama i'r gynulleidfa cyn y perfformiad dywedodd Pennar Davies fod rhai'n mynnu mai ffolineb serch rhamantus a feirniedir yn y ddrama. Yn ei dyb ef, prif thema *Blodeuwedd* oedd ffolineb ceisio meddiannu prydferthwch a nwyf diwreiddiau, a haerodd fod y pwyslais yn y ddrama ar bwysigrwydd y teulu yn tanlinellu cyfrifoldeb dyn i'w gymdeithas. Hyd yn oed ar drothwy'r pumdegau, felly, rhaid oedd amddiffyn *Blodeuwedd* rhag cyhuddiadau o anfoesoldeb ac anweddustra. Ond ystyriaethau mwy ymarferol a geir gan Dewi Llwyd Jones yn ei adolygiadau ef o'r perfformiad yn *Y Cymro* a'r *Faner*. Er enghraifft, tynna sylw at y ffaith fod y neuadd yn anaddas ar gyfer perfformiad dramatig, gan nodi mai anodd iawn ar brydiau oedd clywed yr actorion, a bod y golau dydd a dreiddiai drwy orchuddlenni'r ffenestr yn amharu ar awyrgylch rhai o'r golygfeydd pwysicaf. Dewis trafod y perfformiad yn hytrach na themâu'r ddrama a wnaeth Dewi Llwyd Jones. Ceir ganddo ymdriniaeth gyflawn o'r cynhyrchiad o safbwynt set, goleuo a symudiadau—ymdriniaeth sy'n gwbl annodweddiadol o adolygu'r cyfnod. Yn sicr, ni cheir yn adolygiadau Kate Roberts yr un ymwybyddiaeth o dechnegau'r theatr. Llwydda Dewi Llwyd Jones i ailgreu'r perfformiad ac y mae'n werth dyfynnu'n helaeth o'r adolygiad:

> Ni welais chwarae 'Blodeuwedd' o'r blaen, a chofiaf i eiriau gohebydd—ei fod wedi meddwi ar y ddrama—godi peth amheuaeth ynof pan fu sôn am y perfformiad cyntaf. Gwelais innau, nos Fercher, Gwmni Garthewin yn chwarae'r ddrama, a meddwais innau—do, meddwi'n gaib; a rhaid cyfaddef nad wyf yn sobr eto, bedair awr ar hugain wedi hynny! . . .
>
> Oherwydd y neuadd yr oedd diffygion amlwg yn y goleuadau, a byddai cynhyrchydd y cwmni y cyntaf i addef hynny, ond yr oedd hyn yn rhywbeth yn hollol y tu hwnt i allu'r cwmni i'w osgoi. Yn ffodus, ni lesteiriwyd y chwarae o'r herwydd.
>
> Syml ac awgrymog oedd y gosodiad o'r ddrama, yn y gaer yn Ardudwy, ac ar lan yr afon. Er y symlrwydd, yr oedd ôl llaw crefftwr ar y modd y rhannwyd y llwyfan i bwrpas y ddrama, ac yr oedd hynny yn

llawer pwysicach na'r meflau bychain a ellid eu hosgoi mewn neuadd addas.

Ni ddechreuwyd yn dda, yn bennaf oherwydd ni ddeallais i air a ddywedodd y Gwas (Gwyn Jones) a chollais hefyd lawer iawn o eiriau Gwydion (Raymond Edwards). Llefarai Llew Llaw Gyffes (Edwin Williams) yn glir, ond bratiog oedd y cychwyn nes dod at eiriau'r Llew—

'Byth, anghofia i fyth y bore gwyn
Y gwelais i Flodeuwedd gynta' erioed.'

Yna, dechreuodd rhin y geiriau osod ei ledrith ar y neuadd a'r gynulleidfa. Yr oedd y cynhyrchu, fel y disgwylid, yn lân ac yn grefftus. Teimlwyd o'r fan hon anniddigrwydd y Llew ynglŷn â'i wraig; y cymhlethdod rhwng ei serch tuag ati a'r dieithrwch a berthynai iddi.

Yr oedd sefydlu'r cymeriad fel hyn yn dangos medr anghyffredin, ac ar y nodyn hwnnw y daeth Blodeuwedd i mewn. Hoffwn pe byddai mwy o rwysg yn ei dyfod cyntaf, ond, llefarai'n groyw, ac er na welsom ar y dechrau ei chymeriad hi yn hollol glir, eto, deffrowyd ein diddordeb.

Collwyd geiriau Gwydion eto, dro ar ôl tro, ac amharai hynny ar ddiffuantrwydd y cyfan. Teimlwn mai braidd yn rhy gynnil y defnyddid corff Blodeuwedd (Ellen Wyn Jones) yn y rhan yma. Cawsom ganddi y dieithrwch priodol ar y geiriau—'Ond y mae ynof reddf i'th hoffi di' ac wedyn, 'O enaid, beth yw c'wilydd? Wn i ddim sut mae cywilyddio. . .' yn cynnwys rhyw elfen blentynnaidd gydnaws, ond, nid oedd yr un cyfnewidiad yn ei chorff ag yn ei llefaru, ac yr oedd hynny yn elfen goll yn y dehongliad.

Hyd yn hyn anwastad oedd safon y chwarae, ac ni chafwyd yr hyn a ddisgwylid, ond, yr oedd gwell i ddod.

Daeth Rhagnell (Nora Jones) ac yn yr olygfa rhyngddi hi a Blodeuwedd cafwyd ernes o'r gwaith gwiw oedd i ddyfod. Gwelwyd yn Rhagnell ferch o'r pridd, ffyddlon a hoffus, cymeriad a bwysleisiai unigrwydd Blodeuwedd—

'Minnau, nid oes i mi ddim un cynefin
Yn holl ffyrdd dynion.'

Crewyd awyrgylch briodol yn yr olygfa hon, er yr amharwyd arni gan fân frychau amseriad—Rhagnell yn gweld bod yr hela drosodd cyn iddi edrych drwy'r ffenestr, cafwyd yr un bai gan y Penteulu'n ddiweddarach—ond, teimlwyd y rhin eto yn llefaru Blodeuwedd—'Bydd dawel, fron anesmwyth, daeth dy awr . . .' teimlo fod tynged ar waith, ond, O na ddefnyddiai ei chorff ar y llinellau—

'. . . llawn wefusau cochion, blysiog, brwysg,
Cymheiriaid gweddus fy ngwefusau i.'

Clywsom, ond ni welsom drachwant.

Y mae lle i ddadlau a ddylid bod wedi gostwng y llen yn yr act gyntaf hon rhwng y ddwy olygfa, pylu'r golau a awgrymir gan yr awdur, a buasai hynny yn well cymorth i'r rhai na ddarllenasai'r ddrama.

Fodd bynnag, yn yr ail olygfa, teimlwyd yn bendant i ansicrwydd yr olygfa gyntaf ddiflannu a chodwyd i dir uchel yn yr olygfa rhwng Blodeuwedd a Gronw Pebr (Dafydd Jones). Teimlwyd eto yr ing yng nghalon Blodeuwedd ''Does i mi wraidd na daear ymysg dynion,' a chafwyd dilysrwydd serch gan Gronw—

'Dy wedd, fy mun, yw caer y rhyfeddodau
A'm swynodd i anghofio pob rhyw ddeddf
A holl ffyddlondeb bonedd.'

Er na chafwyd digon o ddenu yma gan Blodeuwedd cafwyd gan Gronw lefaru ac actio a'n argyhoeddodd. Yma cafwyd caru ar lwyfan yn Gymraeg a hwnnw yn garu â holl ryferthwy nwydau y tu ôl iddo. Collodd Blodeuwedd ei chyfle pan sonia am i Gronw ddewis rhwng

'Foesau diogel, dof gwareiddiad dyn
A holl ryferthwy fy nghusanau i'

ac eto yn y rhan sydd yn dechrau 'Fy holl ewyllys i yw angerdd cariad,' a rhaid cyfaddef fod y cyd-chwarae rhyngddi hi a Llew yn well na'r cyd-chwarae rhyngddi hi a Gronw. Eto, nid eiddo hi y cyfan o'r bai. Gosodwyd hi sawl gwaith ym mlaen chwith y llwyfan, ac yno, oherwydd y goleuadau, yr oedd mewn tywyllwch mawr, ac ni ellid gweld yr wyneb. Annheg felly fyddai ei beio yn ormodol, yn enwedig gan fod adwaith Gronw yn ein llwyr argyhoeddi o'r effaith a gawsai ei geiriau a'i hymddygiad arno ef.

Yn ail ran yr act gyntaf hon teimlwyd y gallai mynd i weld drama droi'n brofiad o theatr fyw.

Dechreuodd yr ail act yn dda gyda'r cyd-chwarae hapus ac esmwyth rhwng Rhagnell a'r Penteulu (Tom Charles). Erbyn hyn cafodd Blodeuwedd a Gronw flwyddyn yng nghwmni ei gilydd a daeth dydd dychwelyd y Llew.

Yn yr act gyntaf gwelsom Flodeuwedd megis plentyn yn unig a dieithr, ac eto ynddi rhyw sicrwydd o'i thynged a roddai iddi nerth. Erbyn hyn tyfodd o fod yn blentyn i fod yn wraig, a pha wendidau bynnag oedd yn ei dehongliad o'r act gyntaf, yma cafwyd sicrwydd a phendantrwydd. Yr oedd Gronw yr un mor sicr, a'r Penteulu'n symud a llefaru yn hoyw a chadarn. Meddai Blodeuwedd—

'. . . Ti, fy nghyfaill,
Nid Math na Gwydion, yw fy nghrewr i.'

a theimlwyd yn y frawddeg argyhoeddiad cyffes ffydd.

Cododd y chwarae erbyn hyn i dir uchel iawn. Gwelsom yma hefyd Flodeuwedd yn sicr ohoni ei hunan, ac yn dethol ei harfau yn briodol. 'Beth a wnawn ni?' meddai Gronw. 'Cusanu ac anghofio a chanu'n iach' atebai Blodeuwedd a'i holl lais a'i chorff yn bryfoclyd. Perthynai iddi yn awr yr elfen fenywaidd a allai yrru gŵr o'i bwyll a theimlwyd nerth ofnadwy ei hudoliaethau hi. Eto, collodd ei chyfle unwaith. Meddai—

'O na bai gwenwyn yn fy nannedd i,
Yna fel sarff mi ymblethwn am ei wddf
A'i wasgu yn wresocach nag erioed . . .
Fel hyn . . . fel hyn . . . fe'i brathwn i farwolaeth'

a dangosodd y 'fel hyn' gyda dwy ystum cusan cyflym, cyflym. Oni ddylai'r ail fod yn hwy ei hyd? Ni huliwyd y bradwriaeth â mêl, ac oni ddylai mêl fod yn un o arfau y ferch a grewyd o flodau?

Meflau bach yw'r rhain, meflau yn codi o'n hymlyniad wrth ddulliau actio Lloegr i fod yn gynnil, a'r ddrama hon yn gofyn am chwarae mawr ar gynfas eang. Na feddylier i Flodeuwedd fethu. Bu'n llwyddiant, yn llwyddiant eithriadol, yn wir, llanwodd y cwpan i'r ymyl, dro ar ôl dro, ond hoffem weld gorlifo ar brydiau.

Gorffennwyd yr olygfa hon yn wych gan amseriad ac actio Gronw yn ei exit olaf; yna, daeth Rhagnell a'r olygfa ddwys rhyngddi hi a Blodeuwedd, yr ymgais i dagu Rhagnell â'i gwallt ei hunan, a ninnau'n gweld cig a gwaed ar lwyfan a dal ein hanadl rhag ofn i'r lledrith ddiflannu, ond, gwag ac ofer ein amheuon ni, daliwyd yr hud i'r diwedd.

Daeth y Llew a'r chwarae yn mynd o nerth i nerth, y tri yn arbennig o dda a chwarae Rhagnell yn dyfod â gorfoledd i'r galon. Cafwyd gan y Llew yma, wedi myned Rhagnell, ddarlun cofiadwy o ŵr yn ofni'r un dieithrwch ac yn derbyn newyddion da. Gwyddem ni y cyfan, ac enynnodd ynom dosturi a ddyfnhawyd pan fwriodd ymaith ei ofn ac arllwys ei holl obeithion wrth Blodeuwedd. Wedi iddo gredu o'r diwedd ei bod hi yn ei garu, cawsom gan y Llew weledigaeth o ŵr a'r nefoedd yn ymagor iddo.

'Hanner fy enaid, gwn yn awr dy gariad,
Ac weithian fe fydd bywyd imi'n falm
A'th gwmni di'n dawelwch. Ninnau'n dau
Fe godwn inni deulu yn Ardudwy
A fydd fel llwyn o'n gwmpas.'

Ar y geiriau hyn cafwyd uchafbwynt godidog, ac felly y parhaodd i ddiwedd yr act. A phan ddywedodd Llew wrth Rhagnell 'A bydded heddiw wledd fel gwledd priodas yn fy nhŷ,' yr oedd symud Blodeuwedd, ei gwên, a'r tro yn ei gwefus, a'i holl chwarae, heb ddweud gair, yn gelfyddyd bur.

Wedi myned y Llew newidiwyd yr amseriad yn hynod o effeithiol ac anfon Rhagnell ar frys, yn gennad dros Blodeuwedd at Gronw a'r llen yn disgyn ar wên foddhaus Blodeuwedd. Erbyn hyn, yr oeddwn yn hanner meddw.

Yr oedd rhywbeth ar goll yn nechrau'r drydedd act, rhywbeth ar wahân i fân feflau gosod a symudiadau cymeriadau yma a thraw. Rhyw lefaru ar draws llwyfan yr oedd Blodeuwedd a Gronw yn hytrach na dau yn siarad â'i gilydd. Ni chafwyd gwared llwyr o hyn nes dyfod y Llew, yna, gwelwyd eto gan bawb ar y llwyfan gig a gwaed a'r geiriau megis mellt yn rhedeg.

Gwelwyd yma eto rith o'r gŵr ofnus gan Llew pan soniai am ei fam, gan symud i gefn y llwyfan, ond, yn sydyn, trodd at Flodeuwedd gydag ystum gofiadwy, ac meddai—'Buost tithau fel gardd i mi' a newid cywair yn llwyr. Erys y darlun hwnnw yn fy nghof am hir, hir ddyddiau. Aeth ymlaen yn hyderus, yn llawen ac yn hapus, gan weithio'n gelfydd dros ben i'r uchafbwynt pan ddeallodd y genid iddo fab. Yna—'Mae 'nghwpan i yn llawn,' a theimlwn hynny nid yn unig am y Llew, ond, amdanom ninnau hefyd.

Gwych hefyd oedd Blodeuwedd gyda chyffyrddiadau bach, yma a thraw, yn dangos holl amlochredd ei chymeriad cymhleth hi. Yr oedd ei ''Chredwn i ddim y medrai ef farw mor hawdd' bron yn ddiniwed ac yn ein hatgofio mai plentyn tynged oedd wedi'r cyfan. Ar ddiwedd yr act daeth Gwydion a'i lefaru'n glir yn awr i gloi y cyfan yn gelfydd ac yn gain.

Agorwyd Act 4 megis Act 2 yn eithriadol dda gan Rhagnell a'r Penteulu, gyda'r newyddion am y Llew a Gwydion yn alltudio'r chwerthin o fin Rhagnell. Daeth Gronw, yn gall yn awr, yn ŵr a ddaeth i weld ei ffolineb. Argyhoeddodd ni drwodd a thro. Yr oedd ei chwarae wrth gofio Penllyn—

'Cei weled heno
Donnau bychain Meloch a Thryweryn
A'r mwg yn codi o Lanfor, a minnau'n hogyn . . .'

yn wefreiddiol, megis ei eiriau wrth Blodeuwedd yn ddiweddarach—

'Nid yn dy freichiau di y mae fy rhyddid
Ond edrych arnat ti a'm tranc wrth law
A hoffi dy chwaer angau yn fwy na thi.'

O hynny ymlaen aeth y ddrama o nerth i nerth, diffuantrwydd Blodeuwedd wrth elor Rhagnell, Gwydion yn dod fel y farn, Blodeuwedd eto yn argyhoeddi'r Llew a bron yn denu Gwydion; yr oedd yr oll o'r pethau hyn yn eithriadol gofiadwy.

Yna'r diwedd, ac ambell un ohonom efallai yn tosturio wrth y ferch a drowyd yn gwdihw, ond ein tosturi'n fwy wrth y Llew, a welsom yn anterth ei nerth a'i obaith, a oedd yn awr yn eistedd yn llipa ar fainc, yno, yn eistedd megis llwyr adfeiliad gŵr.[36]

Ar ddiwedd ei adolygiad pwysleisiodd Dewi Llwyd Jones fod gennym yn y Gymraeg bellach un ddrama wreiddiol y gellid ei chymharu â dramâu gorau Ewrop. Awgrymodd hefyd y dylai Cyngor Celfyddyd Prydain Fawr wario ychydig o'r arian a roddid i Theatr y Grand yn Abertawe ar gomisiynu Saunders Lewis i ysgrifennu dramâu. Pwysleisiodd nad 'ystum o gardod i'r ddrama Gymraeg' fyddai hynny, ond cam pendant i noddi gŵr o athrylith, ac un o ddramodwyr mawr Ewrop.

* * *

Nid *Blodeuwedd* oedd yr unig ddrama i'w llwyfannu yng Ngarthewin yn ystod 1948 a 1949. Cyflwynwyd perfformiadau o *Lle Mynno'r Gwynt* John Gwilym Jones gan Gwmni Drama Coleg y Gogledd, *Y Corn* J. Ellis Williams gan Gwmni Joseph Pierce, Saron, *Swyno'r Merched* G. Prys Jones a *Pedrito* Bryn Williams gan gwmni drama Aelwyd Betws-yn-Rhos, a *Plas Madog* Edward Rees, drama fuddugol Eisteddfod Bae Colwyn, gan gwmni Llandudno o dan gyfarwyddyd Morris Jones. Hyd at y perfformiad o *Plas Madog* ar 12 Medi 1948, llenni dros-dro a ddefnyddid ar gyfer y dramâu yng Ngarthewin, ond ddechrau Medi cyflwynodd Kate Roberts lenni hesian trymion i'r theatr fel ernes o'i chefnogaeth i ymdrech Morris Jones a'r cwmni i wella safon actio a chyfarwyddo yng Nghymru. *Plas Madog* oedd y ddrama olaf i Myfanwy Davies ei threfnu, oherwydd, wedi dwy flynedd ddiwyd o wasanaeth fel ysgrifenyddes gyntaf y cwmni, trosglwyddodd y gwaith i Eirian Evans, a fu'n ysgrifenyddes tan 1954, pryd yr ymgymerodd Jane E. Jones, Llandudno, â chyfrifoldebau'r swydd yr oedd i'w dal am y deng mlynedd dilynol.

Efallai mai'r pwynt mwyaf diddorol yn y cofnodion a gadwodd Myfanwy Davies yn ei phwyllgor olaf ar 1 Hydref 1948 oedd awgrym Raymond Edwards y dylid cynnal wythnos gerddorol yng Ngarthewin yn ystod mis Medi 1949. O holl aelodau'r pwyllgor yn y cyfnod cynnar, Raymond Edwards oedd yr un a geisiodd dro ar ôl tro dynnu sylw at yr angen dybryd i wella sefyllfa ariannol y cwmni. Gwyddai fod angen rhywbeth amgenach nag Ysgol Ddrama leol i ddenu pobl i Garthewin, a chynigiodd felly y dylai'r pwyllgor gynnal gŵyl wedi ei phatrymu ar Ŵyl Malvern, lle y ceid rhaglen gymysg o gerddoriaeth a drama. Sbardunodd y cynnig y pwyllgor i benderfynu ar y rhaglen ganlynol:

Nos Sul—Darlith gan Sybil Thorndike.
Dydd Llun a Dydd Gwener—Darlith gan Saunders Lewis; perfformiad o *Blodeuwedd* a ffars newydd gan Saunders Lewis.
Dydd Mawrth a Dydd Iau—Intimate Opera.
Dydd Mercher—Darlith gan Huw Griffith.

Sefydlwyd pwyllgor bychan i drefnu'r ŵyl ar y cyd â rhai o aelodau Pwyllgor Drama Sir Ddinbych. Rhoddwyd heibio'r syniad o ŵyl gymysg pan gynigiodd Myra Owen y dylid cael gŵyl o ddramâu yn unig, a gwahodd nifer o bobl adnabyddus i ddarlithio yng Ngarthewin. Yr oedd Myra Owen yn ddylanwad cryf ar bolisi'r theatr, a hyd yn oed wedi i David Peters ac yna Nesta Howe gymryd ei lle fel cynrychiolwyr Pwyllgor Cymraeg Cyngor Celfyddyd Prydain Fawr ar bwyllgor Garthewin daliai i lywio polisi a phenderfyniadau'r cwmni. Hi a ddarbwyllodd Morris Jones i beidio â llwyfannu *Lili'r Grog* Cynan yng Ngarthewin yn 1949. Doedd wiw i'r pwyllgor ei gwrthwynebu gan fod ei chefnogaeth yn allweddol ar gyfer sicrhau'r grantiau a roddid gan y Cyngor i Chwaraewyr Garthewin. Wedi i bwyllgor y theatr yrru'r amcangyfrifon ar gyfer llwyfannu'r ddrama at Myra Owen, anfonodd hi at Morris Jones i ddweud fod *Lili'r Grog* wedi ei pherfformio'n rhy aml ac y dylid chwilio am ddrama ffres, arloesol. Nid peth hawdd iddo oedd ildio i ddymuniad Myra Owen yn y cyswllt hwn, gan ei fod eisoes wedi ysgrifennu at Cynan i ddatgelu ei fwriad i gyfarwyddo *Lili'r Grog* yng Ngarthewin ac i ofyn am gyngor ynglŷn â cherddoriaeth y ddrama. Yn ei ateb, cyfeiriodd Cynan at addasrwydd *Lili'r Grog* ar gyfer y theatr yng Ngarthewin: 'Fe ddylai fynd yn iawn yn y theatr sydd gennych yno, theatr a ddwg y gynulleidfa i undeb *intimate* â'r llwyfanniad.'[37] Cytunai â Morris Jones y gallai cerddoriaeth chwarae rhan bwysig i sicrhau'r 'undeb' hwnnw ynghyd â'r awyrgylch priodol, a rhoddodd gyfarwyddyd clir ynglŷn â'r alawon ar gyfer y caneuon:

> 1. Cân y Gwyliwr . . . Sgrifennwyd rhai ar fydr 'Merch y Melinydd' ac fe ddônt ar yr hen alaw honno. Fy amcan oedd dangos milwr ar wasanaeth tramor yn troi i ganu'n hiraethus un o alawon gwerin bro ei febyd. Ni ŵyr neb bellach beth oedd alawon gwerin hogiau llengoedd Rhufain, felly ni ellir ond ceisio cyfleu yr agos-atrwydd trwy ddefnyddio un o'n halawon gwerin ni ein hunain.
> 2. Cân Pererinion y Pasg. Fe ddaw hon ar fydr yr emyn-dôn 'Melita', ond yma eto os gwell gennych beidio â defnyddio alaw adnabyddus, croeso i gerddor osod y geiriau ar gerddoriaeth newydd i chwi.[38]

Wedi derbyn llythyr Cynan, prysurodd Morris Jones i drefnu'r gerddoriaeth gydag arweinydd Cerddorfa Linynnol Eirias, a oedd wedi addo cymryd rhan yn y perfformiadau o *Lili'r Grog*. Ond rhaid oedd dileu'r holl drefniadau hyn wedi i Myra Owen fynegi ei gwrthwynebiad i'r ddrama.

Pur annisgwyl, wedi'r perfformiad arloesol o *Blodeuwedd*, oedd brwdfrydedd Morris Jones i gyfarwyddo drama fel *Lili'r Grog*. Tybed a oedd Robert Wynne unwaith yn rhagor wedi dylanwadu ar y dewis? Addasiad o *Good Friday* John Masefield yw *Lili'r Grog*. Hanes y Croeshoeliad a geir ynddi, ac i bob pwrpas pasiant bychan yw'r ddrama, gydag ambell foeswers wedi'i hau hwnt ac yma ynddi. Dichon i Robert Wynne gael ei ddychryn gan feirniadaeth rhai capelwyr ar lacrwydd moesol *Blodeuwedd*, ac iddo o'r herwydd awgrymu drama grefyddol ar gyfer perfformiad nesaf Chwaraewyr Garthewin yn 1949. Wedi ymyrraeth Myra Owen, fodd bynnag, penderfynodd pwyllgor y theatr ar 4 Ebrill 1949 mai doeth fyddai paratoi rhestr o ddramâu a fyddai'n addas ar gyfer eu perfformio yn y theatr yn y dyfodol. Dewiswyd *Tŷ Dol*, *Y Dychweledigion*, *Abraham Lincoln*, *Twentieth Century Lullaby*, *Whirligig of Time*, *Granite*, *Gadael Tir* a *Gwyliwch y Paent*.

Prif weithgaredd y cwmni yn ystod 1949 a 1950 oedd parhau i berfformio *Blodeuwedd* a pharatoi ar gyfer Gŵyl Ddrama Garthewin. Ar 9 Chwefror 1950 aethant i Flaenau Ffestiniog i berfformio *Blodeuwedd* yn y Fforwm. Cafodd y ddrama dderbyniad arbennig o dda, er i drefnyddion y noson ofidio llawer ymlaen llaw ynglŷn ag apêl y ddrama i gynulleidfa leol. Ond erbyn dechrau 1950 yr oedd Morris Jones yn dyheu am gael y cyfle i gyfarwyddo drama newydd gan Saunders Lewis. Addawodd y dramodydd i Robert Wynne ganol 1949 y byddai'n gorffen drama yn dwyn y teitl

Avignon erbyn gwanwyn 1950, a hon oedd y ddrama y bwriedid ei chyflwyno yng Ngŵyl Garthewin y flwyddyn honno. Drama oedd hon yn ymwneud â bywyd cyffrous y Santes Catherine o Siena (1347-80), y santes a geisiodd adfer tiroedd Avignon i Eglwys Rufain. Yng Nghasgliad Saunders Lewis yn y Llyfrgell Genedlaethol ceir y nodiadau a luniodd ar gyfer y ddrama, ynghyd â drafftiau o wahanol olygfeydd.[39] Ond fel y dywedodd Saunders Lewis wrth Robert Wynne, nid drama i'w hysgrifennu wedi diwrnod caled o waith oedd hon: 'There's no chance of Avignon by March. I'll have to get some sort of Sabbatical year free from teaching would-be priests and from Cwrs y Byd ever to do it.'[40] Yr hyn y medrai ei gynnig i Chwaraewyr Garthewin erbyn Mawrth fyddai ffars ysgafn. Ymddengys ei fod wedi cynllunio'r ddrama'n ofalus cyn iddo ysgrifennu at Robert Wynne ar 16 Hydref 1949 yn rhoi iddo amlinelliad o'i lleoliad a'i naws:

> In verse 3 acts. 1st a village green. 2nd an Eisteddfod with a BBC microphone providing a commentary on awdl y gadair. 3rd the local police court. About 8-10 principal parts and all the super-parts possible.[41]

Er bod Robert Wynne yn bur awyddus i weld drama Gatholig arall ar lwyfan Garthewin, nid anallu Saunders Lewis i orffen *Avignon* oedd ei brif bryder yn ystod 1949 ond hynt a helynt ei gyfieithiad ef ei hun o *Blodeuwedd*. Y tro hwn, penderfynodd achub y blaen ar Syr Idris Bell drwy anfon y cyfieithiad at ei ffrind, Huw Griffith, yn y gobaith y byddai'n ei gymeradwyo i John Gielgud a Tyrone Guthrie, neu'n trefnu i'r BBC ei ddarlledu. Cofir i Saunders Lewis, wedi iddo weld cyfieithiad Robert Wynne o *Amlyn ac Amig* ddechrau'r pedwardegau, gynghori'r ysgwïer i ddiweddaru ac ystwytho'i arddull henffasiwn. Ond mae'r un beiau i'w gweld yn glir yn ei gyfieithiad o *Blodeuwedd*. Er enghraifft, yn ei lythyr at Robert Wynne yn trafod y cyfieithiad, gwelir Huw Griffith yn tynnu sylw at yr arddull:

> Personally I think that the use of 'you' is better for the play in English. 'Desirest thou' and 'knowest thou' sounds a little un-natural today, and as far as I am aware, the tendency is to simplify modern English dramatic verse and dialogue—see Christopher Fry, Elliot [*sic*], Nicholson and Peter Yates.[42]

Ond nid beirniadu cyfieithiad Robert Wynne yn unig a wnaeth Huw Griffith; yr oedd hefyd yn llawdrwm iawn ar strwythur drama Saunders Lewis. Yn wir, gwna lu o awgrymiadau ar gyfer gwella'r gwaith:

I will venture further and say that from the point of view of a prospective producer(?!) I would like to see one or two adjustments in the dialogue e.g. here, I feel the change to 'Clyw, pa gorn sydd acw?' is a little sudden for the mood of Blod. and the scene. How would it be if Rhag. lines were delayed a little:

Rh. No, my lady, no.
Here all do love you, and if need there were
I'd give my life to aid you.
Bl. Tis not men I fear, Rhagnell,
But desolation,
Loneliness.
And now, my lord has gone away.
Rh. What of that, my lady?
Have I not often heard you wish to fly
With curses on the man who made you wife?
Bl. Tis true. And yet—
My soul knows no restraint without him now
With nature's perilous challenge in my blood.
Hark!
What is that?
Rh. Tis but a hunter calling in the woods.
Bl. Comes he not this way?
Rh. He does, my lady.
He's young and supple on his steed
As hawk on air.
Bl. Oh God, be on my side lest vengeance strike,
When comes this evil on us.
Rh. What evil, Countess?
Your words do frighten me. Wherefore pray,
This sudden storm that drives beneath your
flesh?
Bl. Rhagnell, where is your heart? . . . etc.

Please do not hesitate to say that that sort of thing is terrible if you think so. I only feel that the dramatic tension could possibly be improved that way in some places. Of one thing I feel almost certain that Gronw should be brought on to come face to face with Blodeuwedd as soon as he arrives, as if he had been drawn to her as to a magnet by fate or magic, and it is robbing the audience of something when they do not see them confronting each other for the first time. That would also give a chance to Gronw to establish his character before he says 'Of food and wine, yes'. Why for instance did he come to the castle? Why did the hunting bring him that way? Something irresistible must have brought these two together, and Gronw's entry could be quite staggering, and he could be staggered at the sight of her beauty. Further, regarding construction, I think that the play could be divided into two acts. The first act to have three scenes and the second two, with just a curtain drop to show the passage of time between the scenes. The beginning of Act III (as it stands now) is I feel a little abrupt. Could there not be a short scene between Blod. and Rhag. in the dim light of morning full of anxiety as to whether Gronw would come on the right day and to the chosen place. Or a similar scene between Gronw and his Captain waiting for Blod. This would give the audience a few moments to grasp the scene and the situation. Then, after the exit of Gronw and Blod. I think a little more fuss could be made over the finding of Llew's body by the soldiers and Gwydion. They could be heard calling for him for instance while the fighting is heard in the distance. Could not Gwydion make a stronger speech here, calling up all the powers of his art, on the stage, in full view of the audience, and then compelled to take away the body because of an impending search or chase.

Since I first read the play, I have felt that there is something lacking in the last act or at least the beginning of it. Again from an audience point of view, are they not being robbed of seeing how Gronw and Blod. live together in this 'false paradise'. She would I imagine be happy enough whilst Gronw would be conscience stricken and uneasy. Possibly because of celebrations after their capture of the castle, the Captain may have told lies about the burial of Llew's body. This Rhagnell could force him to confess to his lord because of a rumour that Llew is alive. Then we see the result of this confession on Gronw and Blodeuwedd. Then the news of Llew's pending return, the frantic preparations, the horrible decision of Rhagnell to commit suicide (this must be seen and heard briefly before she leaves the stage I think). Then the decisions of Gronw and Blod.—the waiting, and the arrival of Llew.

Very humbly I suggest that these things be considered before the finished translation is submitted for production. I think they are important to the whole balance of the play. Minor adjustments can always be done in production, but these I am sure you will agree are important.

These remarks do not in any way take away from my definite opinion that 'Blodeuwedd' is the greatest dramatic work since J. M. Synge, and I shall do my utmost to see that it gets the production and presentation it deserves . . .[43]

Anfonodd Robert Wynne sylwadau Huw Griffith at Saunders Lewis a chafodd ateb digon rhesymol a phwyllog: '. . .the changes he proposes seem to me to make another play, not the one I've written, but a much more romantic one. I'm convinced that a Welsh audience will listen to a Racinian kind of tragedy, and that is what I attempted in Blodeuwedd.'[44] Ond cytunai y gellid—cyn belled ag yr oedd y cyfieithiad Saesneg yn y cwestiwn—gael y cyfarfod cyntaf rhwng Gronw a Blodeuwedd ar y llwyfan yng ngŵydd y gynulleidfa, yn syth wedi i Gronw gyrraedd y castell yn Ardudwy. Ni ddiwygiodd Robert Wynne ei fersiwn o'r ddrama, oherwydd erbyn Medi 1949 gwyddai fod Syr Idris Bell wedi ei guro unwaith eto ac wedi anfon ei gyfieithiad ef o *Blodeuwedd* at y BBC, a hynny cyn i Saunders Lewis weld y deipysgrif. Er bod Saunders Lewis yn amlwg yn ceisio lleddfu siom Robert Wynne drwy ddweud yn ei lythyr ato ar 1 Hydref 1949 ei fod yn dra anhapus nad oedd Syr Idris Bell wedi dangos ei gyfieithiad iddo, y tebygolrwydd yw ei fod yn ddigon parod i gymeradwyo ei fersiwn ef. Rhoddodd yr ysgwïer y gorau wedi hyn i'w gynlluniau ar gyfer *Blodeuwedd*, a thristwch i awdur y llyfr hwn oedd darganfod ei deipysgrif yn melynu ar waelod cwpwrdd ym mhlas Garthewin ymhlith hen gardiau post a chopïau o'r *Abergele Visitor*. Ond ymddengys mai byrhoedlog fu siom yr ysgwïer, oherwydd fe'i gwelir ar ddiwedd 1949 yn ymgymryd yn frwdfrydig â'r dasg o osod Gŵyl Ddrama Genedlaethol Garthewin 1950 ar seiliau cadarn.

NODIADAU

[1] *Annwyl Kate, Annwyl Saunders,* 13.
[2] Llythyr 72.
[3] Llythyr 76.
[4] Ibid.
[5] Llythyr 79.
[6] Saunders Lewis, 'By Way of an Apology', *Dock Leaves*, Vol.6, No.18, Winter 1955, 10.
[7] Llythyr 82.
[8] Papurau Theatr Garthewin, LlGC 8.
[9] Llythyr 4 Rhagfyr, 1947: Casgliad Clarice Jones, Hen Golwyn.
[10] Llythyr 26 Mai, 1946: Casgliad Wynne, Garthewin, Coleg Prifysgol Cymru, Bangor.
[11] Casgliad Cyngor Celfyddydau Cymru, Caerdydd.
[12] Ibid.
[13] Llythyr 85.
[14] Sgwrs bersonol â Raymond Edwards, Hydref 1994.
[15] Sgwrs rhwng Bedwyr Lewis Jones a Robert Wynne yng Ngarthewin, 1989. (Ffynhonnell: Bedwyr Lewis Jones, Mai 1990.)
[16] Sgwrs bersonol â Wilbert Lloyd Roberts, Tachwedd 1994.
[17] Llythyr 89.
[18] Llythyr 85.
[19] *Annwyl Kate, Annwyl Saunders*, 144.
[20] Llythyr 82.
[21] Llythyr 90.
[22] *Y Cymro*, 29 Hydref 1948, 10.
[23] *Annwyl Kate, Annwyl Saunders*, 151.
[24] Ibid., 5.
[25] Ibid., 9.
[26] Ibid., 101.
[27] Ibid., 142.
[28] *Western Mail*, 3 Mawrth 1952, 4.
[29] Llythyr 95.
[30] *The Rhos Herald*, 12 Chwefror 1949.
[31] Llythyr 18 Mawrth, 1949: Papurau Theatr Garthewin, 8.
[32] Llythyr 2 Mawrth, 1949: Papurau Theatr Garthewin, 8.
[33] *Y Faner*, 16 Mawrth 1949, 4.
[34] Saunders Lewis, *Blodeuwedd* (Dinbych: Gwasg Gee, 1948) 72.
[35] Ibid., 31.

[36] *Y Cymro*, 19 Awst 1949, 10.
[37] Llythyr 8 Mawrth, 1949: Papurau Theatr Garthewin, LlGC 23/12.
[38] Ibid.
[39] LlGC 22959C.
[40] Llythyr 97.
[41] Ibid.
[42] Llythyr 15 Awst, 1949: Casgliad Wynne, Garthewin, Prifysgol Cymru, Bangor.
[43] Ibid.
[44] Llythyr 95.

IV

'Ffars ar gyfer ffestifal'

Yn ystod 1949 bu pwyllgor y theatr yn ddiwyd yn trefnu Gŵyl 1950, a oedd i'w chynnal rhwng 21 a 25 Awst. Llwyddodd Myra Owen i sicrhau cefnogaeth Cyngor Celfyddyd Prydain Fawr i'r cwmni, a derbyniwyd nawdd hefyd gan Gyngor Gwasanaeth Cymdeithasol Cymru a Mynwy o ganlyniad i ddiddordeb y Cyfarwyddwr, Dr W. J. Williams, yn y theatr. Er mwyn ffurfioli'r fenter a denu nawdd pellach, sefydlwyd Cyngor arbennig gyda Robert Wynne yn llywydd a'r canlynol yn is-lywyddion: y Fonesig Sybil Thorndike, Saunders Lewis, Huw T. Edwards, Huw Griffith, Syr Wynn Wheldon, Dr W. J. Williams, y Brigadydd Skaife a Syr William Jones. Aelodau eraill Cyngor yr Ŵyl oedd Morris Jones, Edwin Williams, Raymond Edwards a Lalla Thomas, y pedwar o bwyllgor Garthewin; Nesta Howe a David Peters o Gyngor Celfyddyd Prydain Fawr; J. Roose Williams o Gyngor Gwasanaeth Cymdeithasol Cymru; J. O. Jones, ysgrifennydd Cyngor Gwlad Môn; Mary C. Thomas, Arolygydd Ysgolion, Gorllewin Sir Ddinbych; Gwilym R. Jones a Mrs E. Lloyd Jones o Gymdeithas Ddrama Sir Ddinbych, ynghyd ag M. Lloyd Davies ac Emrys Cleaver. Cytunodd Prys W. Morris i ofalu am yr ochr ariannol, Alun C. Roberts i arolygu'r trefniadau ac Eirian Evans i ymgymryd â'r gwaith ysgrifenyddol.

Ym mis Tachwedd anfonodd Robert Wynne lythyr a luniwyd gan aelodau Cyngor yr Ŵyl at dros ddau gant o bobl, gan gynnwys yr holl Aelodau Seneddol Cymreig ac Arglwyddi Rhaglaw Siroedd Cymru i ofyn iddynt noddi'r Ŵyl, a threfnwyd bod David Peters o Gyngor Celfyddyd Prydain Fawr yn anfon copïau at Glybiau Ffermwyr Ifainc, canghennau o Sefydliad y Merched, Aelwydydd yr Urdd ac at Gymry alltud ar draws y byd. Pwysleisiwyd yn y llythyr mai amcan yr Ŵyl oedd cyflwyno wythnos o ddramâu a darlithoedd gan arbenigwyr ym myd y theatr. Gofynnwyd hefyd am gyfraniadau tuag at gronfa arbennig a oedd wedi ei sefydlu er sicrhau llwyddiant yr achlysur, a nodwyd targed o £500. Eglurwyd y disgwylid y gefnogaeth fwyaf gan bobl Sir Ddinbych, yn naturiol ddigon, ac y byddai Emrys Cleaver, cyfarwyddwr Cwmni Bodfari, er mwyn manteisio ar hyn, yn casglu arian ar gyfer yr Ŵyl yn ystod gwahanol berfformiadau'r cwmni ledled y sir. Pur ddi-drefn a chymysglyd oedd y llythyr hwn, ac nid yw'n syndod mai namyn deuddeg ar hugain o noddwyr a sicrhawyd. Rhestrwyd y canlynol ar raglen yr Ŵyl: Syr Idris Bell, L. P. Burrill, D. Donnelly AS, y Dirprwy Lyngesydd Rowley-Conway, P. N. Davies Cooke, Mrs Ifor Davies, A. Oldfield Davies, y Prifathro D. Emrys Evans, Gwynfor Evans, y Fonesig Megan Lloyd George AS, D. R. Grenfell AS, Ll. Wyn Griffith OBE, Dennis Griffiths, Dr Emyr Wyn Jones, J. R. Jones, David Llewellyn AS, Aneurin Rees, Syr Ben Bowen Thomas, Mary C. Thomas, P. Thorneycroft AS, Eirene White AS, y Barnwr Clarke Williams KC, J. L. C. Cecil-Williams. Y noddwyr eraill oedd Walter Kaye, J. W. Lees Jones, Amy Parry-Williams, Bryan Hughes, Mr a Mrs Ben Francis, B. Brodrick, Magdalen Morgan, Dr Pari Hughes a F. R. Graesser-Thomas. Yn anffodus, tila iawn oedd yr ymateb i'r alwad i gefnogi cronfa'r Ŵyl. Yr oedd y nod o £500 yn uchelgeisiol ond cwbl realistig, a siom fawr i'r Cyngor oedd mai dim ond £156.8.0. a ddaeth i law. Tila iawn hefyd, ym marn rhai, oedd y swm a dderbyniwyd gan Gyngor Celfyddyd Prydain Fawr. Er enghraifft, yn y *News Chronicle*, 19 Gorffennaf 1950, gwelir D. R. Davies yn cyhoeddi fod Chwaraewyr Garthewin yn haeddu gwell:

> We have heard a great deal about the Arts Council's expenditure on the drama in Wales. At Llandrindod Wells the other day I was given an example of its generosity as far as the native drama is concerned. Garthewin players have received the trifling sum of £150 which will hardly pay for even one season's publicity campaign. A fantastic gesture when the vast sums poured out in other directions are considered. Garthewin stands for all that is original and best and most promising in our drama movement. When the Arts Council, in its wisdom, offers a guarantee against loss up to £150 the decision can only be described as mean. . .

Ond er gwaetha'r diffyg cefnogaeth ariannol bu Gŵyl 1950 yn llwyddiant ysgubol—a hynny oherwydd gwaith gwirfoddol, diflino pwyllgor y theatr a rhai o aelodau Cyngor yr Ŵyl. Yr oeddynt wedi paratoi'n eithriadol o drylwyr drwy drefnu llety yn Llanfair Talhaearn ac Abergele i'r rheini a fyddai'n mynychu'r Ŵyl, drwy gomisiynu Sylvanus Marsdon, athro celf yn Ysgol Ramadeg Abergele, i gynllunio logo arbennig ar gyfer y theatr, drwy chwilio am ystafell ymarfer ac ystafell adeiladu setiau, a thrwy godi arian ar gyfer costau'r darlithwyr a chostau hysbysebu. Er hynny dylid nodi iddynt gael cryn drafferth i ddenu darlithwyr. Rhaid oedd i Michel Saint-Denis, pennaeth ysgol ddrama'r Old Vic, wrthod y gwahoddiad i draddodi'r ddarlith agoriadol gan ei fod yn brysur yn goruchwylio'r gwaith o ailsefydlu ei ysgol hyfforddi i actorion ifainc yn y London Theatre Studio yn Heol Waterloo. Gwrthod

Logo Theatr Garthewin a gynlluniwyd gan Sylvanus Marsdon

hefyd a wnaeth Sybil Thorndike, Clifford Evans, E. Martin Browne, a oedd ar y pryd yn gyfarwyddwr y Gyngres Ddrama Brydeinig, Gerald Cross, Cyfarwyddwr y Repertory Theatre yn Lerpwl, a John Croft, Cyfarwyddwr y Compass Players. Yn eu hanobaith trodd aelodau pwyllgor y theatr at Cynan a John Gwilym Jones—ond yn ofer. Ddechrau 1950 dim ond un darlithydd a oedd wedi addo cyfrannu, a hwnnw oedd Thomas Taig. Gyda'r sefyllfa'n prysur fynd yn argyfyngus, ceisiodd Robert Wynne ddwyn perswâd ar Robert Speaight a Saunders Lewis i gyfrannu, ac yn ffodus cyd-syniodd y ddau yn syth.

Yn ystod Hydref 1949 sicrhaodd Dr W. J. Williams y pwyllgor y byddai'r Cyngor Gwasanaeth Cymdeithasol yn noddi perfformiad gan Chwaryddion y Genhinen o'r *Cybydd*, cyfieithiad D. J. Thomas, Abertawe o *L'Avare* Molière. Y mis canlynol penderfynwyd mai cyflwyniadau Chwaraewyr Garthewin fyddai cyfieithiad Ifor Williams o *Tŷ Dol* Ibsen, ac *Eisteddfod Bodran* Saunders Lewis. Morris Jones a oedd i gyfarwyddo'r gyntaf ac ymddiriedwyd y dasg o gynhyrchu drama Saunders Lewis i Edwin Williams, a oedd yn fawr ei barch nid yn unig fel actor ond hefyd fel cyfarwyddwr Cwmni Trefnant. Ymddengys na fu ysgrifennu'r ffars ar gyfer Gŵyl Garthewin 1950 yn dasg hawdd i Saunders Lewis. Mewn llythyr at Kate Roberts ar 12 Mawrth, ac yntau ar fin mynd i'r ysbyty i dderbyn llawdriniaeth, dywedodd y dramodydd yn llawn hiwmor ei fód 'yn ymglywed yn euog o dwyll,—yn gweithio'n braf a phawb yn disgwyl darllen fy nghofiant yn y papurau, ac ambell lythyr o gydymdeimlad dwys; a minnau ar ganol ail act o ffars anghyfrifol i chwaraewyr Garthewin,—gobeithiaf ei gorffen (yr ail act) cyn mynd i'r byr-gartref neu'r hir-gartref.'[1] Gwahanol iawn, er hyn, yw naws ei lythyr at Kate Roberts dros fis yn ddiweddarach:

> Yr wyf i ar hyn o bryd yn ceisio gorffen ail act ffars ar gyfer ffestifal ddrama Garthewin. Meddyliais wrth gychwyn mai rhwydd fyddai sgrifennu ffars ysgafn. Ni chefais erioed y fath ddadrithiad! Y mae'n drybeilig anodd ac fe fyddwn wedi sgrifennu dwy drasiedi gyda llai o boen.[2]

Ddiwedd Ebrill, felly, ac yntau'n awyddus i ddechrau'r ymarfer o ddifrif, nid oedd Edwin Williams wedi derbyn namyn act gynta'r ffars. Cyrhaeddodd yr ail act ym mis Mai, ond nid oedd sôn am y drydedd. Doedd dim amdani ond gyrru yr holl ffordd i Lygad-y-glyn, cartref Saunders Lewis yn Llanfarian ger Aberystwyth, i gymell yr awdur i orffen y ddrama ar frys. Mae'n amlwg i ymweliad Edwin Williams lwyddo, oherwydd ymhen tridiau derbyniodd Robert Wynne y drydedd act, ac fe'i trosglwyddodd yn ddi-oed i'r cyfarwyddwr. Ychydig yn siomedig oedd Edwin Williams â chynnwys yr act olaf hon—yn bennaf am na lwyddodd Saunders Lewis i gynnal y nwyf a'r egni sy'n nodweddu'r ail act.

Ddiwedd Mehefin, a'r deipysgrif gyflawn yn nwylo'r cwmni, dechreuwyd ymarfer *Eisteddfod Bodran* o ddifrif yn Ninbych. Ar yr un pryd yr oedd Morris Jones yn cynnal ymarferion *Tŷ Dol* yn Abergele a Hen Golwyn. Yn ystod Gorffennaf adeiladwyd y setiau gan Peter Jones, a threfnwyd y goleuadau a'r llwyfan yng Ngarthewin gan Albert a Peter Gray, Frank Seal, Ivor Jones ac Earnest Lance. Cyn argraffu rhaglen yr Ŵyl, penderfynodd y Cyngor ei galw'n ŵyl 'genedlaethol' am mai ei hamcan oedd gosod safon ar gyfer y ddrama yng Nghymru a denu cynulleidfa o bob cwr o'r wlad. Hysbysebwyd hi yn y wasg felly fel 'Gŵyl Genedlaethol Garthewin', ond er yr holl gyhoeddusrwydd ni chafwyd ymateb brwdfrydig gan y cyhoedd yn ystod Gorffennaf, ac araf iawn oedd gwerthiant y tocynnau wythnos (£1.5.0.) a'r tocynnau dydd (7/6). Ar 27 Gorffennaf ymddangosodd erthygl gan Maxwell Fraser yn *The Lady* yn canu clodydd Garthewin ac yn rhoi disgrifiad o weithgareddau'r Ŵyl. Cynhwyswyd gyda'r erthygl lun trawiadol o Ellen Wyn Jones a Nora Jones yn chwarae rhannau Blodeuwedd a Rhagnell. Wedi iddi roi peth o hanes y theatr, ceisiodd Maxwell Fraser ddenu pobl i'r Ŵyl drwy ddisgrifio hyfrydwch Garthewin a phwysigrwydd y cwmni:

> No lovelier place could be found for a Welsh Drama Festival than the stately mansion of Garthewin, which is set on the hillside above the River Elwy and commands enchanting views of the beautiful Denbighshire Valley . . . The progress made by the Garthewin Players in the face of many difficulties, and the very real encouragement they have given the drama in rural Wales, makes it a matter of considerable interest that the festival should have a great and lasting success.[3]

Hysbysebwyd yr Ŵyl hefyd yn *Y Cymro*, *Y Faner* a'r *Rhedegydd*, lle y nodwyd y bwriad i gloi'r gweithgareddau â thrafodaeth agored ar raglen yr wythnos. Disgwylid i bobl amlwg ym myd y theatr Gymraeg fod yn bresennol yn y drafodaeth honno i leisio'u barn, a'r gobaith oedd y byddai'r fath drafodaeth yn gyfraniad gwerthfawr i achos y ddrama yng Nghymru. Ychydig cyn yr Ŵyl, er hynny, cyhoeddwyd yn yr *Abergele Visitor* fod y trefniadau wedi newid. Ddechrau Awst gwelwyd cynnydd syfrdanol yn y galw am docynnau ar gyfer ffars newydd Saunders Lewis, a phenderfynwyd cynnal perfformiad ychwanegol o'r ddrama honno ar noson ola'r Ŵyl, gan anghofio'n gyfan gwbl am y drafodaeth arfaethedig. Ond yr oedd y trefnwyr wedi gorymateb. O fewn wythnos, sylweddolwyd nad oedd digon o docynnau wedi eu gwerthu i gyfiawnhau cynnal ail berfformiad o *Eisteddfod Bodran*. Newidiwyd y trefniadau unwaith eto, ac adferwyd y bwriad gwreiddiol o gynnal fforwm ar noson ola'r Ŵyl.

Fel y dengys y rhaglen isod, yr oedd Gŵyl 1950 yn dra uchelgeisiol:

Nos Lun, 21 Awst	7.00	*Tŷ Dol* Ibsen (cyfieithiad Ifor Williams) Chwaraewyr Garthewin (Cyfarwyddwr, Morris Jones)
Dydd Mawrth, 22 Awst	3.00	Lecture: *Shakespeare and the Theatre* Robert Speaight

	7.00	*Y Cybydd* Molière (cyfieithiad D. J. Thomas) Cwmni Abertawe (Cyfarwyddwr, D. J. Thomas)
Dydd Mercher, 23 Awst	3.00	Lecture: 'The Use and Abuse of Technique in the Theatre' Thomas Taig
	7.00	Lecture: 'Contemporary Poetic Drama' Robert Speaight
Dydd Iau, 24 Awst	3.00	Lecture: 'Drama National or International' Thomas Taig
	7.00	*Eisteddfod Bodran* Saunders Lewis Chwaraewyr Garthewin (Cyfarwyddwr, Edwin Williams)
Dydd Gwener, 25 Awst	3.00	Darlith: 'Twm o'r Nant a'r Anterliwt' Saunders Lewis
	7.00	*Open Discussion*

Gwelir bod pedair darlith Saesneg i'w traddodi yn ystod yr wythnos ac namyn un Gymraeg. Yn rhyfedd iawn, ceisiodd gohebydd *Y Cymro* gyfiawnhau hyn drwy ddatgan ar 25 Awst 1950 fod trefnyddion yr Ŵyl wedi mynd 'tu allan i Gymru eto i sicrhau darlithwyr sydd yn arbenigwyr yn eu maes. Yr oedd hyn hefyd yn beth doeth. Nid nad oes arbenigwyr yng Nghymru ond fel y mae rhagor rhwng seren a seren mewn gogoniant, y mae rhagor hefyd rhwng arbenigwr ac arbenigwr.'

Ond *Y Cybydd*, *Tŷ Dol* ac *Eisteddfod Bodran*, ac nid yr arbenigwyr o Loegr, a ddenodd y Cymry i Garthewin. Aeth Saunders Lewis i un o'r ymarferion olaf o'i ddrama, a chofia aelodau'r cwmni i'r dramodydd ganmol yn ddiarbed fedr Edwin Williams fel cyfarwyddwr. Pan berfformiwyd y ddrama yn yr Ŵyl ar nos Iau, 24 Awst, yr oedd Saunders Lewis yno'n mwynhau campau'r actorion gyda gweddill y gynulleidfa. Ysgrifennwyd *Eisteddfod Bodran* yn benodol ar gyfer y math o gynulleidfa y gellid ei disgwyl yng Ngŵyl Garthewin. Yn ei adolygiad ar y perfformiad yn *Y Faner* ar

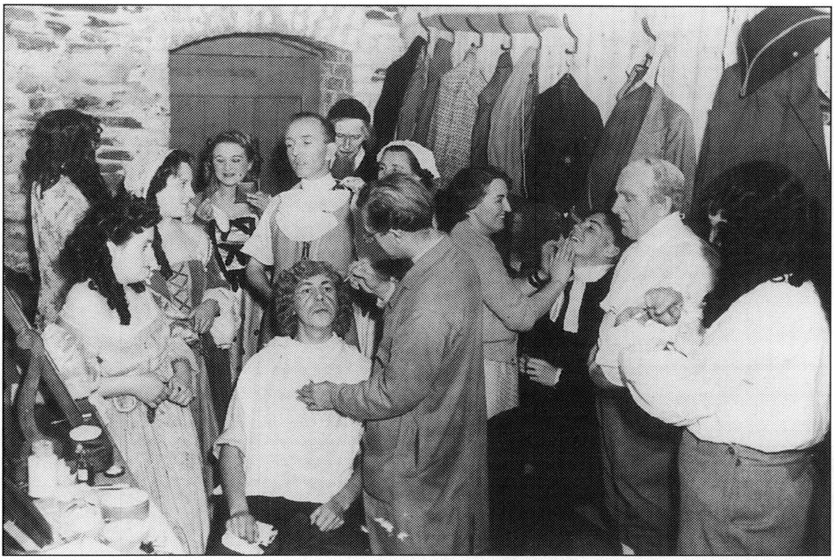

Chwaryddion y Genhinen yn paratoi ar gyfer perfformiad o'r *Cybydd*, Molière, yn Theatr Garthewin, 1950

Y Cymro

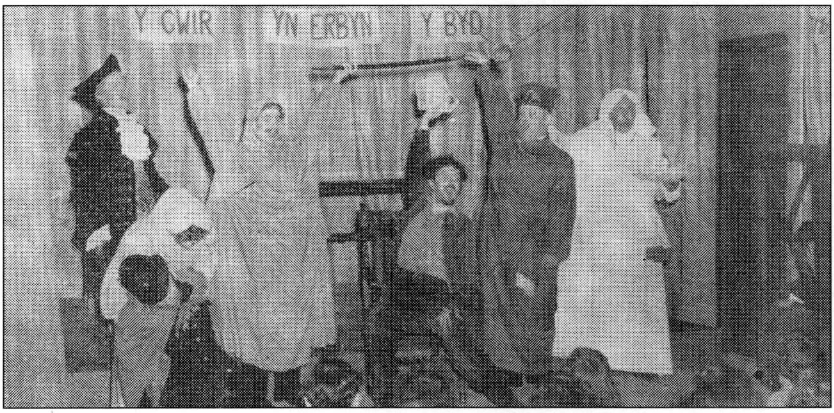

Eisteddfod Bodran, 1950

30 Awst, pwysleisia Dewi Llwyd Jones y modd yr oedd y ddrama'n adlewyrchu diddordebau ac yn dychanu delfrydau'r gynulleidfa:

> Neuadd fach Garthewin yn llawn chwerthin—athrawon Cymraeg ysgolion gramadeg yn chwerthin am ben yr Orgraff, aelodau o'r Orsedd yn chwerthin am ben defodau eisteddfodol, arweinwyr addysg yn chwerthin am ben Addysg, Cymry yn chwerthin am ben Cymry—pobl barchus, ddifrifol yn chwerthin am ben confensiwn—pawb ohonom yn chwerthin am ein pennau ein hunain—dyna a gafwyd gan berfformiad cyntaf 'Eisteddfod Bodran'.

Cafwyd digon o chwerthin, felly, ond ymddengys mai amharod iawn oedd cynulleidfa Garthewin i dderbyn gwahoddiad Saunders Lewis yn y rhaglen i ymuno yng ngweiddi a rhialtwch yr ail act. Gresyna Dewi Llwyd Jones na chafwyd y fath ymateb—ymateb sydd, wrth gwrs, yn angenrheidiol i sicrhau llwyddiant y ffars. Ond er gwaethaf swildod y gynulleidfa gyntaf honno, barn yr adolygydd oedd fod y perfformiad wedi llwyddo i ddod 'â theithi'r noson lawen i'r theatr Gymraeg, nid nosweithiau llawen swyddogol wythnos yr Eisteddfod Genedlaethol ond y llawenydd a ddaw o'r ymdeimlad ein bod yn cael hwyl ynghanol ein cymdeithas gynhenid'. Yn y rhaglen disgrifia Saunders Lewis ei hun y ddrama fel 'difyrrwch' lle y 'ceisir awgrymu peth o ysbryd Talhaiarn ac o ysbryd hen anterliwtiau Twm o'r Nant yn y rhannau lleiaf "moesol".'[4] Y mae yma, felly, gysylltiad cryf rhwng dramodydd, ei gwmni, ardal benodol, a thraddodiad llenyddol. Yng ngeiriau Dewi Llwyd Jones:

> Cysylltodd [Saunders Lewis] actorion a chynhyrchydd y cwmni â'u traddodiad eu hunain, a bu hynny'n foddion iddynt godi uwchlaw techneg ail-law y theatr Saesneg. Bu llawer o siarad gan lawer am y ddrama wir Gymraeg, siarad yn y cymylau gan amlaf, siarad pwyllgorau a chynadleddau, ond yng Ngŵyl Garthewin, trwy waith yr awdur a'r cwmni, gwelwyd nid yn unig fod hyn yn bosibl ond ei fod yn hanfodol. Gwelwyd na ellir datblygiad arall a fo'n wir genedlaethol.[5]

Yn nhyb John Gwilym Jones yn ei adolygiad yn *Y Cymro* ar 1 Medi, ymdebygai drama Saunders Lewis i un o gomedïau Aristophanes 'efo'i pharodïau, ei chabledd, ei choegni, ei chlymu llac, ei chadw reiat, ei haml anghyfrifoldeb, ei gwrthwynebiad i barchu na byd na betws'. Y mae'n werth nodi'r modd y canolbwyntia'r adolygydd ar finiogrwydd y dychan drwy gyfrwng trosiad estynedig:

> Dyma ni, Cymry a Chymru, ar fwrdd y meddyg, a hwnnw a'i gyllell yn ein cymdeithas, yn ein crefydd, yn ein ymhel masnachol â llenyddiaeth, yn ein radio, yn ein llys ustusiaid, yn ein popeth ond yn ein gwleidyddiaeth. Mae'r gwaed yn rhedeg, a ninnau gynulleidfa heb swabiau i'w sugno yn chwerthin yn hunan-fodlon tu ôl i'r mwgwd. Chwerthin yr ochr arall i'n ceg a ddylem ni.

Ar y cyfan, canmola John Gwilym Jones berfformiadau unigol yr actorion, ond, fel y gellir gweld, nid yw ychwaith heb ei feirniadaeth:

> . . . Edrychai Manawydan [Raymond Edwards] fel petai'n fab i rywun o'r Hen Destament ac Oes y Cerrig. Gyda'i ynganu diamwys cyfleodd ddifaterwch trahaus un yn byw ar ôl ei oes. Yr oedd ei ffordd feistrolgar o ddweud pethau cyrhaeddgar yn ddistaw yn grefft y dylai'r gweddill o'r cwmni fod wedi ei hefelychu. Y duedd oedd gorbwysleisio.
>
> Profodd Rhiannon [Nesta Harris] hithau mai diploma oedd ganddi ac nid gradd, ac fod nylons yn fwy yn ei byd na hosanau gwlân. Yr oedd cyd-chwarae'r ddau ar gychwyn yr act gyntaf yn bleser i glust a llygad. 'Roedd gan yr ysgolfeistr [Tecwyn Jones] ei olwg fursain wybodus, a chafodd yr offeiriad [Emrys Cleaver] hwyl anarferol yn llechu'n grach-ysgolheigaidd o dan do bach yr arddodiad â. Y grosar [Emlyn Jones] yntau'n chwyddedig bwysig, a Chigfa'n [Elen Lloyd Jones] gegog a hirben ac eiddigeddus o'i theulu bob yn ail.
>
> 'Roedd Heilyn ap Gwyn [Ifan Roberts] y tu hwnt o ddoniol yn ei foment fawr wrth y meic, a Phryderi [Tom Roberts] efo'i lygaid ofnus a'i geg dwp yn ddoniol drwy'r adeg. Dangosodd y Criwr [David Price

> Williams] ddiniweidrwydd hoffus ei gymeriad, ond buasai rhyw gudyn bach o locsyn wedi bod yn help inni goelio'i oed.
>
> Nid oedd y cyd-chwarae drwodd a thro gystal â'r rhannau unigol. Choelia i byth na chollwyd llawer o hwyl yr ail act am na roddwyd digon o le i'r odlau, na fu digon o grwpio ymwybodol, ac nad oedd rhialti'r canu i gyfeiliant y gloch yn rhywbeth yn codi'n naturiol o'r amgylchiadau o'i flaen.
>
> Ond â chofio fod chwarae cyflym fel hyn yn gofyn amgenach crefft o lawer na chwarae mewn drama ddwys, neu, i'w roi mewn geiriau eraill, fod yn haws i amaturiaid fod yn effeithiol mewn trasiedi na ffars, nid oes dim ond clod i bawb—i'r cynhyrchydd, am waith meddylgar, i'r actorion am eu mwynhau eu hunain gymaint ac i lunwyr y golygfeydd am len tlws yr act gyntaf.

Wrth gwrs, nid drama Saunders Lewis oedd unig gyflwyniad Chwaraewyr Garthewin yn ystod yr wythnos. Agorwyd yr Ŵyl gan eu cynhyrchiad o *Tŷ Dol* Ibsen, a cheir darlun gweddol gyflawn o'r perfformiad yn adolygiad Dewi Llwyd Jones yn *Y Faner* ar 30 Awst. Ar ddechrau'r adolygiad dywedir: 'Nid yw'r ddrama ymhlith goreuon dramâu Ibsen, ac y mae iddi sawr celfigyn amgueddfa am fod ei phwyslais hi ar hawl merched i fyw eu bywyd eu hunain mor amherthnasol erbyn heddiw.' Mae'n amlwg fod gan yr adolygydd hwn farn go bendant ynglŷn â'r modd y dylid llwyfannu drama Ibsen, ac o'r herwydd nis boddhawyd gan gynhyrchiad Morris Jones. Ond â natur gŵyl ddrama megis Gŵyl Garthewin y mae a wnelo ei bwynt pwysicaf a mwyaf diddorol:

> Mewn gŵyl ddrama o fath Garthewin nid oes rinwedd mewn ceisio codi pwyntiau bach technegol oddi ar y chwarae—gadawer y math hwnnw o feirniadaeth crebachlyd i'r wythnosau cystadlu. Nid lliwiau'r goleuadau, neu ddeunydd gwisgoedd, na hyd yn oed y symud a'r aros, sy'n bwysig mewn gŵyl fel un Garthewin, ond, yn hytrach, benderfynu a roddwyd dehongliad o'r ddrama, gan y cwmni, a oedd yn foddion i'r gynulleidfa weld nerth a gwendid y ddrama a ddewiswyd. Mewn gŵyl gystadlu y cwmni sy'n bwysig; mewn gŵyl ddrama y ddrama sy'n bwysig.

Dyma yn sicr farn Morris Jones, yntau. Iddo ef, yr oedd cystadlu yn fodd, nid i hyrwyddo ymwybyddiaeth o natur drama, ond yn hytrach i wneud elw ac i chwyddo hunanfodlonrwydd cwmni. Mewn cyfweliad radio yn y pumdegau beirniadodd yn hallt arfer rhai cwmnïau o lusgo'r un hen ddramâu cyfarwydd ar hyd a lled y wlad—arfer a oedd, yn ei farn ef, yn llesteirio datblygiad y ddrama yng Nghymru.[6] Y peth pwysig, meddai, oedd sbarduno awduron i ysgrifennu dramâu newydd ac i gyfieithu dramâu Ewropeaidd o safon. Nid yw'n syndod, felly, o ystyried daliadau Morris Jones a pholisi pwyllgor Theatr Garthewin, mai'r drydedd ddrama a

Nora, *Tŷ Dol*, 1950. Nora Jones wrth ddrws Theatr Garthewin

gyflwynwyd yn ystod Gŵyl 1950 oedd cyfieithiad o *L'Avare* Molière. Clodforwyd perfformiad Chwaryddion y Genhinen o'r *Cybydd* yn hael gan Kate Roberts mewn adolygiad byr yn *Y Faner* ar 30 Awst. Canmolodd yr actorion am eu bod 'yn berffaith gartrefol ar y llwyfan, eu holl symudiadau yn dangos ôl y ddisgyblaeth y mae'n rhaid ei chael i wneud i bethau edrych yn hawdd'.

Unig ddarlith Gymraeg yr Ŵyl oedd darlith Saunders Lewis ei hun. Ddiwedd 1949, yr oedd wedi gwrthod gwahoddiad Robert Wynne i draddodi dwy ddarlith yn yr Ŵyl gan fod colofn 'Cwrs y Byd' yn *Y Faner*, ynghyd â'r gwaith o ysgrifennu *Eisteddfod Bodran*, yn hawlio ei holl amser. Ond yn ystod Ionawr 1950 ceisiodd yr ysgwïer ddwyn perswâd arno unwaith eto, a chytunodd Saunders Lewis i gyfrannu un ddarlith ar Twm o'r Nant a'r anterliwt. Traddodwyd y ddarlith ar ddydd Gwener, 25 Awst, a chyflwynwyd Saunders Lewis gan Alun Llywelyn-Williams. Cyhoeddodd y darlithydd ar y dechrau y bwriadai bwyso'n drwm ar ysgrif G. G. Evans ar yr anterliwt yn *Llên Cymru*, II, ac nad dadansoddi'r anterliwt oedd ei fwriad, ond yn hytrach sôn amdani 'o safbwynt pobl yn mwynhau drama'.[7] Er iddo seilio'r ddarlith ar ymchwil G. G. Evans, gosododd ei stamp ei hun ar y deunydd. Er enghraifft, wrth geisio dangos fod stori'r cybydd yn un gwbl draddodiadol, defnyddiodd un o ddramâu'r Ŵyl i danlinellu'r pwynt. Dywedodd wrth y gynulleidfa yng Ngarthewin mai 'Cybydd Twm o'r Nant wedi ei ddatblygu ar sylfaen glasurol' oedd *L'Avare* Molière, a bod yr anterliwtiwr felly 'yn gynnyrch mudiad a oedd yn gysylltiedig â mudiad drama Ewrop'.[8] Bu ymateb brwdfrydig y gynulleidfa i'r ddadl hon yn sbardun i Saunders Lewis i fynd ati i lunio cyfres o ysgrifau ar yr anterliwt—ysgrifau a gyhoeddwyd yn *Y Faner* yn ystod Medi a Hydref 1950. Hon oedd darlith 'swyddogol' Saunders Lewis yn yr Ŵyl, ond mae'n ddiddorol nodi ei fod hefyd wedi traddodi darlith fer arall, a hynny wrth ddiolch i Robert Speaight am ei anerchiad ar 'Shakespeare and the Theatre' ar ddiwrnod cynta'r Ŵyl. Prif bwynt Robert Speaight oedd mai llwyfannau tebyg i rai Theatr y Globe yn Llundain yn Oes Elisabeth a Theatr Maddermarket yn Norwich yn yr ugeinfed ganrif oedd y rhai delfrydol ar gyfer dramâu Shakespeare, gan eu bod yn creu cysylltiad agos rhwng yr actorion a'u cynulleidfa. Ategwyd hyn gan Saunders Lewis, a beirniadodd yn hallt y cynyrchiadau cyfoes ar lwyfan y theatr yn Stratford-upon-Avon am eu bod yn ymdebygu i berfformiadau *ballet*, ac am na wyddai'r actorion sut i drosglwyddo barddoniaeth aruchel y dramâu. Camgymeriad, meddai ymhellach, fyddai mynd i weld drama yn Llundain gyda'r bwriad o atgynhyrchu'r dulliau cyfarwyddo a ddefnyddid yno ar lwyfannau Cymru.

Yr oedd cyfraniad Thomas Taig yn un a achosodd gryn ddadlau yn ystod yr Ŵyl. Yn ei anerchiad bachog ar rôl y celfyddydau yn y pumdegau haerodd, er mawr syndod i rai aelodau o'r gynulleidfa, fod y cyfnod yn un cwbl elyniaethus i'r artist. Beirniadodd yn llym yr Ysgolion Drama yn Lloegr yn ogystal â rhai actorion am iddynt orbwysleisio technegau actio a llwyfannu wrth gyflwyno drama. Yn ôl Dewi Llwyd Jones yn *Y Faner* ar 30 Awst:

> Y peth a'i harswydai ef oedd gweld techneg yn unig yn rheoli'r actorion a'r theatr. Gwelsai Gielgud yn nrama Fry 'The Lady's Not For Burning', a chredai bod y perfformiad yn llawer rhy ymenyddol. Daethpwyd â'r ddrama i lefel cyfundrefn a fformiwla, a chanlyniad anochel a pheryglus hynny oedd gwneud y gelfyddyd yn ddim byd ond crefft dynwared. Hynny oedd y perygl mawr heddiw, darostwng popeth i dechneg, a cheisio

darostwng pethau'r ysbryd a'r dychymyg i stad pethau materol. Ofnai bod yr un peth yn digwydd yn y byd amatur, ac ym myd sgrifennu drama. Pe deuai hynny yn beth cyffredinol byddai'n cynrychioli y cam terfynol ym mhuteindra'r celfyddydau.

Yn ei ail ddarlith, 'Elfennau Cenedlaethol a Chyd-genedlaethol mewn Drama', ei brif ddadl oedd na ellid trawsblannu celfyddyd yn effeithiol o'r naill wlad i'r llall nac o'r naill iaith i'r llall:

> Ni ellid deall na gwerthfawrogi creadigaeth gynhenid ond gan rai a etifeddodd neu a feddiannodd yr un traddodiad â'r creawdr. Rhoddodd enghreifftiau o'i adwaith ef ei hunan i ddawnsiau o'r India, o'r fersiwn Saesneg o Oklahoma, o ddulliau addysgu Ysgol yr Old Vic, i ddangos gwirionedd y gosodiad. Pa rinweddau bynnag a fyddai'n deillio o draddodiad arall, ail-law a fyddent, ac ni cheid datblygiad y ffordd honno. Credai'n gryf fod yn rhaid i bob cenedl ddarganfod ei ffordd ei hunan o ddatguddio'i hunan, ac mai trwy ddatblygu y ffyrdd hynny, a thrwy hynny yn unig, y gellid synio o gwbl am ddrama fel celfyddyd gydwladol.[9]

Yn dilyn sylwadau Thomas Taig, cafwyd trafodaeth fywiog ar ddilysrwydd cyfieithu dramâu Ewropeaidd i'r Gymraeg, gyda Saunders Lewis yn cymell Chwaraewyr Garthewin i astudio a pherfformio gweithiau dramodwyr gorau'r Cyfandir.

Yr oedd Thomas Taig, wrth gwrs, newydd ymddeol o'i swydd fel darlithydd yn Adran Saesneg Bryste, lle y bu'n gweithio'n ddyfal i sefydlu Adran Ddrama a Chadair Ddrama. Deiliad cyntaf y Gadair honno oedd Glynne Wickham, gŵr a fu ar ymweliad â Theatr Garthewin ddechrau 1947. Mae'r llythyr a anfonwyd gan y Tad Illtud Evans o Blackfriars, Rhydychen at ei ffrind, Robert Wynne yn Rhagfyr 1946 yn egluro sut y bu i Glynne Wickham, a oedd ar y pryd yn fyfyriwr hŷn yn y Coleg Newydd, Rhydychen ac yn llywydd OUDS (Cymdeithas Ddrama'r Brifysgol), ymweld â Garthewin:

> This year's president of O.U.D.S. (and I've got involved in advising them 'ecclesiastically' since they're doing Ibsen's *Pretenders*—full of monks and bishops and procession!) is very interested in Wales and Welsh drama movements. He is called Glynne Wickham and has Welsh connections—his family are somehow related to the Gladstones and Hawarden. I was telling him about your theatre and he was very interested, and as he will be in N. Wales early in Jan. I suppose you wouldn't mind if he came and had a look? Is a play being given there-abouts, by any chance—or has *A. and Amig* fallen through?[10]

Tra oedd Glynne Wickham yng Ngarthewin rhoddodd yr ysgwïer gopi o'i fersiwn o *Amlyn ac Amig* iddo yn y gobaith y byddai'r gŵr ifanc yn ei llwyfannu yn Rhydychen. Gofynnodd hefyd am sylwadau ar y deipysgrif. Ychydig ddyddiau wedi i Glynne Wickham ymadael â Garthewin derbyniodd Robert Wynne lythyr ganddo wedi ei eirio'n ofalus: 'Further reactions, it is too early to comment upon, as I have had no time . . . However I hope the time may come when I may be able to give you more active help in forwarding your project.'[11] Mae'n amlwg fod Glynne Wickham yn effro iawn i ddiffygion cyfieithiad yr ysgwïer, a'i fod yn amharod i lwyfannu'r ddrama yn Rhydychen. Ond nid safon y cyfieithiad oedd yr unig rwystr yn y cyswllt hwn. Wedi'r derbyniad a gafodd ei gynhyrchiad trychinebus o *The Pretenders* yn y Playhouse, Rhydychen, byddai wedi bod yn annoeth i Glynne Wickham fentro cyfarwyddo drama arall. Ffars lwyr oedd ei gynhyrchiad o ddrama Ibsen, gyda'r gynulleidfa yn chwerthin yn afreolus oherwydd diffygion actio Kenneth Tynan, John Hale ac Arthur Ashby.

Yn ystod Gŵyl 1950 profwyd ei bod yn bosibl denu pobl o bob cwr o Gymru i Theatr Garthewin. O ganlyniad, trefnwyd Ysgol Ddrama yno o 12 tan 17 Hydref dan nawdd Cyngor Gwasanaeth Cymdeithasol Cymru a Chyngor Celfyddyd Prydain Fawr. Haydn Davies ac Eric Capon oedd y darlithwyr, ac aelodau o Chwaraewyr Garthewin oedd yn cynnal y gweithdai. Denwyd athrawon a chynhyrchwyr o Aberdyfi, Bancffosfelen, Castellnewydd Emlyn, Cwm-twrch, Penrhyndeudraeth, Llanllyfni, Llanafan, y Gelli, Llanelli, Llanfihangel-y-Creuddyn, Pentraeth, Caergybi, Capel Bangor, Bae Colwyn a Chasnewydd. Rhoddwyd darlith gan Haydn Davies ar 'Specific Problems of Tackling a Welsh Play', a thraddodwyd dwy ddarlith gan Eric Capon, y naill ar 'The Approach to Production with Particular Reference to the First Reading of a Play', a'r llall ar 'Putting on a Play with Particular Reference to Lighting and Stage Management'. Yn ystod yr Ysgol Ddrama hon, cynigiwyd hefyd ddosbarthiadau ar goluro, trefnu llwyfan, goleuo, meim a dramâu cyfnod. Yn Saesneg y cynhaliwyd yr holl weithgareddau hyn.

Bu 1950, felly, yn flwyddyn lewyrchus a phrysur iawn yn hanes Theatr Garthewin. Ddiwedd y flwyddyn daeth Cymdeithas Ddrama Abergele i'r theatr i berfformio *Gadael Tir*, trosiad Janet Evans o ddrama gan Sutton Vane, a thua'r un adeg, er mawr lawenydd i'r cwmni, ysgrifennodd Saunders Lewis at Morris Jones i ddweud wrtho ei fod yn bwriadu dod i Theatr y Grand, Llandudno ar 23 Tachwedd i weld perfformiad Cwmni Garthewin o *Tŷ Dol*, gan iddo fwynhau'r cynhyrchiad yn ystod Gŵyl Garthewin. Yn *Y Faner* ar 20 Rhagfyr 1950 yn 'Dail Dyddiadur', sonia Saunders Lewis am y perfformiad:

Morris Jones a chriw o actorion yn cael egwyl am de ar fuarth Garthewin

> Tachwedd 23: digwydd imi fod yn Llandudno a chlywed fod Chwaraewyr Garthewin yn cyflwyno *Tŷ Dol* Ibsen yn y theatr yno. Euthum i'w gweld a'u gwrando. Gwelswn eu cyflwyniad o'r ddrama yn ffestifal Garthewin yn yr haf. Bernais fod y perfformiad yn Llandudno yn rhagori, yn aeddfetach a sicrach. . . Cafwyd perfformiad gwir ddeallus ac effeithiol. Profiad o ddifrifoldeb artistig a phob aelod o'r cwmni yn rhoi gorau ei gydweithrediad i greu undod argraff.

Wedi'r perfformiad yn Llandudno dywedodd wrth Robert Wynne ei fod wedi ei syfrdanu gan ddehongliad meistrolgar Nora Jones o ran Nora Helmer. Sicrhaodd llwyddiant perfformiadau Chwaraewyr Garthewin o *Tŷ Dol*, ynghyd â'r gweithgareddau ychwanegol yn y theatr yn ystod 1950, elw defnyddiol i'r pwyllgor. Am y tro cyntaf, felly, talwyd ffi gomisiwn i Saunders Lewis, a chytunwyd y dylid talu costau teithio'r actorion i'r ymarferion a'r perfformiadau. Bu llwyddiant yr Ŵyl yn fodd hefyd i gadarnhau hyder Saunders Lewis yn y cwmni, a chyn diwedd 1950 yr oedd wedi addo llunio drama arall i'w pherfformio yng Ngarthewin yn ystod gŵyl fechan a oedd i'w chynnal yno ym mis Hydref y flwyddyn ganlynol.

* * *

Yn ystod gwanwyn 1951 derbyniodd pwyllgor y theatr awgrym Myra Owen y dylid gohirio'r ŵyl fechan am flwyddyn, ac mai Gŵyl Garthewin 1952 fyddai'r achlysur addas ar gyfer drama newydd Saunders Lewis. Penderfynwyd manteisio ar yr ad-drefnu

Mrs Ifor Davies	Gwynfor Evans
D. Donnelly AS	Dr Tecwyn Evans
Peter Freeman AS	Edward Rees
David Llewellyn AS	George Thomas AS
Syr David Maxwell Fyfe AS	Peter Thorneycroft AS
Dennis Griffiths	Norman Tucker
J. R. Jones	Mr a Mrs C. R. Tucker
Leslie Paine	Syr J. L. C. Cecil-Williams
Goronwy O. Roberts AS	

Ddechrau Mai, felly, cyhoeddwyd rhaglen a gynhwysai'r eitemau canlynol:

Nos Lun, 2 Mehefin	7.00	*L'Impromptu de Versailles* Molière (cyfieithiad D. J. Thomas) *Tartwff* neu *Y Rhagrithiwr* Molière (cyfieithiad D. J. Thomas) Cwmni Abertawe (Cyfarwyddwr, D. J. Thomas)
Dydd Mawrth, 3 Mehefin	3.00	Darlith: 'Drama Fel Llenyddiaeth' Yr Athro Thomas Parry
	7.00	*Gan Bwyll* Saunders Lewis Chwaraewyr Garthewin (Cyfarwyddwr, Morris Jones)
Dydd Mercher, 4 Mehefin	3.00	Darlith: 'Y Dramaydd a'i Gwmni' Saunders Lewis
	7.00	Trafodaeth: 'Dyfodol y Ddrama yng Nghymru'. Cadeirydd, Syr Wynn Wheldon. Panel: T. I. Ellis, Raymond Edwards, J. Ifor Davies
Dydd Iau, 5 Mehefin	3.00	Lecture: 'Why Have a Producer?' John Moody
	7.00	*Camddeall* Camus (cyfieithiad J. Ifor Davies o *Le Malentendu*) (Cyfarwyddwyr, John Gwilym Jones ac Elwyn Thomas)
Dydd Gwener, 6 Mehefin	3.00	Lecture: 'Dramatic Criticisms' J. C. Trewin
	7.00	*Gan Bwyll* Saunders Lewis Chwaraewyr Garthewin (Cyfarwyddwr, Morris Jones)

Bythefnos cyn yr Ŵyl nid oedd y tocynnau'n gwerthu'n dda, yn enwedig y rhai ar gyfer y sesiynau darlithio. Y flwyddyn hon eto rhaid oedd gofyn am gymorth unigolion a grwpiau drama Sir Ddinbych i sicrhau cynulleidfa. Ond, yn anffodus, ni allai aelodau Aelwydydd yr Urdd nac athrawon ysgol fynychu'r gweithgareddau yng Ngarthewin gan fod yr Ŵyl yn gwrthdaro ag Eisteddfod yr Urdd ym Machynlleth. Siomedig iawn, felly, oedd y gefnogaeth a roddwyd i'r gwahanol sesiynau. Dau eithriad nodedig oedd y perfformiad cyntaf o *Gan Bwyll* a pherfformiad cwmni D. J. Thomas o *Tartwff*. Cyflwyniad y cwmni hwn o ddrama Molière oedd uchafbwynt yr Ŵyl, a chyfeiria adolygydd *Y Faner* yn rhifyn 11 Mehefin at broffesiynoldeb yr actio ac at sglein y cyfarwyddo. Yr oedd o'r farn fod y cyflwyniad 'cyn nesed i berffeithrwydd' ag y gellid disgwyl i berfformiad amatur fod. Ei unig gŵyn oedd fod yr actorion yn tueddu i siarad yn 'fursennaidd'. Llugoer oedd ymateb yr adolygwyr i gynhyrchiad John Gwilym Jones ac Elwyn Thomas o *Camddeall*, a beirniadwyd yn llym ddarlith fer yn esbonio symboliaeth y ddrama a draddodwyd gan y cyfieithydd, J. Ifor Davies, yn union cyn y perfformiad. Gwelir bod yr adolygwyr yn effro iawn i'r modd anffodus y dylanwadodd y cyflwyniad hwn ar ymateb y gynulleidfa i ddrama Camus, gan ei fod yn gamarweiniol ac yn peri dieithrwch. Ond nid cyflwyniad J. Ifor Davies oedd yr unig ddrwg yn y caws, yn ôl gohebydd *Y Faner*. Yr oedd y ddrama ei hun yn camarwain y gynulleidfa—a hynny'n foesol. Swyddogaeth—a dyletswydd—y cwmnïau drama Cymraeg, yn nhyb yr adolygydd hwn, oedd cefnogi dramodwyr Cymru ac amddiffyn y ffydd Gristionogol. Meddai:

> . . . melodrama anobaith a dylanwad ysgol 'existential' Ffrainc arni, yw 'Camddeall', a gellid dadlau mai anffyddol—o'r safbwynt Cristionogol—yw'r ddrama. A oes lle i'r math yma o ddramâu ar lwyfan Gŵyl Ddrama Genedlaethol Gymraeg?[28]

Y mae'r fath ymateb rhagfarnllyd a phlwyfol yn dwyn i gof adwaith rhai pobl, bedair blynedd ynghynt, i'r perfformiadau cyntaf o *Blodeuwedd*. Yn 1952 yr oedd Theatr Garthewin, unwaith yn rhagor, dan lach un o warcheidwaid moesol y genedl.

Methiant fu'r perfformiad o *Camddeall* yn yr Ŵyl, ac felly hefyd y cynhyrchiad o *Gan Bwyll*. Yr oedd y ffars wedi ei bwriadu ar gyfer cynulleidfa ddiwylliedig, ac y mae llawer o'r hiwmor, fel yr awgryma'r teitl, yn dibynnu ar glyfrwch geiriol a hefyd ar ffraethineb technegau'r gomedi moesau. O'r herwydd, nid yw'n ddrama hawdd ei hactio na'i chyfarwyddo. Yng Ngarthewin, dieithrio'r gynulleidfa a wnaeth y ffurfiau mydryddol, y geiriau

mwys a'r digrifwch ymwybodol-glyfar. Rhaid cydnabod, er hynny, ddygnwch ac ymroddiad yr actorion yn ystod y cyfnod ymarfer; tystia'r nodiadau cyfarwyddo ar deipysgrif Morris Jones o'r ddrama i fanyldeb a thrylwyredd ei baratoi.[29] Yr oedd wedi ceisio sicrhau actorion da ar gyfer y cynhyrchiad drwy apelio yn y wasg yn ystod 1951 am rai a chanddynt brofiad helaeth o actio mewn cynyrch-iadau o safon. Erbyn 1951 yr oedd gwir angen actorion newydd ar Gwmni Garthewin, gan fod llawer o'r aelodau gwreiddiol—yn eu plith Raymond Edwards, Edwin Williams, Tom Charles, Tom Roberts, Emrys Cleaver ac Ellen Wyn Jones—naill ai wedi ymadael â'r ardal neu yn rhy brysur i fynychu'r ymarferion. Wedi cryn ymdrech, llwyddodd Morris Jones i ddod o hyd i oddeutu naw o actorion, a *Gan Bwyll* oedd cynhyrchiad cyntaf y cwmni ar ei newydd wedd. Gobaith y cwmni yn ystod y cyfnod ymarfer oedd y byddai Saunders Lewis, yn ôl ei addewid, yn mynychu un o'r ymarferion, gan eu bod yn awyddus i gael cyngor ac arweiniad ganddo ynglŷn â'r ddrama. Yn anffodus, oherwydd pwysau gwaith a salwch ei ferch, Mair, ni lwyddodd i fynd i Fae Colwyn i weld yr ymarferion, ond ar 26 Mai, cyn y perfformiad cyntaf o *Gan Bwyll*, ysgrifennodd at Morris Jones i'w sicrhau ei fod yn llwyr ymddiried

Setiau *Gan Bwyll*

Llyfrgell Genedlaethol Cymru

Llyfrgell Genedlaethol Cymru

Set *Gan Bwyll*

ym mhrofiad a medr y cyfarwyddwr. Ychwanegodd un gair o gyngor:

> . . . gan fod y gomedi yn fer ac na chymer yn hir i'w chwarae, gadewch i'r personau lefaru heb frysio ymadrodd a chymerwch bob cyfle i wneud pictiwr o'r symudiadau—oblegid *dawns* o gomedi, mewn iaith ac mewn ystum, a fwriedais i.[30]

Pan fynychodd gohebydd y *Pioneer* yr ymarfer olaf yng Ngarthewin cafodd ei blesio'n fawr gan ddawn yr actorion. Yn anffodus, ymddangosodd adolygiad tra chanmoliaethus—a oedd wedi ei seilio ar yr ymarfer olaf hwnnw—ddeuddydd wedi'r perfformiad trychinebus yn yr Ŵyl ar nos Fawrth, 3 Mehefin, ac felly halen ar y briw o safbwynt Morris Jones, yr actorion a Saunders Lewis oedd brawddeg olaf yr adolygydd:

> I could see that the play was going to be a great success and its aura of comedy fully exploited.[31]

Yn ôl adolygydd *Y Cymro*, derbyniad cymysglyd a gafodd *Gan Bwyll* gan y gynulleidfa ar achlysur y perfformiad cyntaf, ond nododd hefyd fod y cwmni wedi rhoi perfformiad mwy disgybledig ar nos Wener, 6 Mehefin.[32] Awgrymodd, yn ddigon teg, nad oedd Saunders Lewis wedi llwyr ddeall natur ei theatr wrth ysgrifennu'r ddrama, gan fod golygfeydd a phasiant *Gan Bwyll* yn mynnu llwyfan llawer mwy na'r un a geid yng Ngarthewin. Yr oedd yr adolygiad yn *Y Faner* ar 11 Mehefin ychydig yn fwy canmoliaethus. Ond nid oedd yr adolygydd hwn chwaith heb ei feirniadaeth; yn ei dyb ef, ar yr actio a'r cyfarwyddo yr oedd y bai. Rhydd gipolwg dadlennol inni o rai o'r anawsterau a wynebai Morris Jones:

> . . . dylai pob cynulliad o Gymry Cymraeg fwynhau 'Gan Bwyll' fel comedi—ar un amod, sef bod y chwaraewyr yn ddigon hyddysg a thafotrydd i gyflwyno'r gomedi fel y dehonglid hi gan yr awdur.
>
> Ofnaf na wnaed cyfiawnder â'r gomedi yng Ngarthewin nos Fawrth. Cafodd y cynhyrchydd (Mr Morris Jones) drafferth fawr i gael actorion a llwyfan, a buasai llawer cynhyrchydd wedi rhoi'r ffidl yn y to cyn mentro'r gomedi ar lwyfan. Bu'n rhaid iddo gasglu ei gwmni ynghyd o gylch bychan i arbed cost, ac y mae actorion amatur Cymraeg yn brin iawn mewn cylchoedd ehangach y dyddiau hyn. Ni chafodd Mr Morris Jones fawr o ddewis wrth bennu partiau, ac ni chafodd rywbeth pwysicach fyth, yn ôl a ddywedodd Mr Saunders Lewis ar ddiwedd y perfformiad, sef cyngor a chymorth yr awdur. Prin iawn hefyd oedd y cynhorthwy a gafwyd i drefnu'r llwyfan.
>
> Nid yw'r diffygion hyn yn deilwng o Ŵyl Ddrama Genedlaethol.
>
> Cyn dechrau beirniadu gwaith Cwmni Garthewin, dylid rhoi clod i'r

cynhyrchydd a'r chwaraewyr a'u cynorthwywyr ffyddlon am roi inni'r cyfle i adnabod doniau Mr Saunders Lewis. Cyflawnasant gryn orchest o gofio'r rhwystrau a fu ar eu ffordd.

Ar ôl cydnabod hyn oll, rhaid cydnabod diffygion eraill: Ni buwyd yn hapus iawn wrth ddewis y cymeriadau. Nid oedd y prif gymeriad, Rhiannon, yn debyg i'r darlun a oedd ym meddyliau pawb ohonom; yr oedd hi'n rhy fer, ni lefarai ac nid ystumiai'n aml fel arglwyddes Gymreig. Onid llawer nes i'r dychymyg o arglwyddes llys oedd y ferch a chwaraeai ran Brenda? Onid aplach actores hefyd?

Er cystal yr actor a gynrychiolai Bwyll, onid dewisach fuasai rhywun talach? Diau mai Pwyll oedd yr actor gorau ar y llwyfan, a llefarai'n loyw ac ystumio'n addas yn wastadol.

Dylid crybwyll arafwch y chwarae, yn enwedig yn ystod yr act gyntaf. Yn wir, ni fywiogodd y chwarae nes cychwyn yr ail act, a sicrwydd a dawn Hefeydd Hen a Brenda a gododd lefel y perfformio yn yr act hon.

Yr oedd ôl diffyg ymarfer yn rhy amlwg: hyn a eglurai'r symudiadau prennaidd a'r llefaru trwsgl. Collasom lawer o arabedd y gomedi oherwydd na leferid llinellau'n gain ac yn gywir. A phaham yr oedd cymaint o siarad minfain mewn acen Seisnig? Ai oherwydd fod yr actorion yn anghynefin â siarad Cymraeg bob dydd?

A chofio'r anfanteision, fe wnaed defnydd da o'r llwyfan cyfyng a'r celfi a oedd ar gael. Cafwyd golygfeydd lliwgar a chynnil, ac yr oedd y ddwy wledd yn syml a hardd a'r gwisgoedd yn waith rhywun medrus.

Gellid rhestru amryw fanion yn rhinweddau a cholliannau. Yr argraff a erys yw na chafodd 'Gan Bwyll' y cyflwyniad a haeddai, a da fyddai i drefnyddion Gŵyl Garthewin gynnal cwest ar y perfformiad hwn.

Wele'r actorion:

Teirnon, Bob Jones; Gwyn Go Hoyw, Iorwerth Carney; Pendaran Dyfed, Gwynedd Williams; Muriel, Bryan Dodd; Pwyll, Dei Jones; Rhiannon, Norah Jones; Hefeydd Hen, Tom Jones; Gwawl fab Clyd, Maxwell Roberts; Brenda, Eirwen Jones; gweinyddesau, Ceri Williams a Doris Hughes; milwyr a gweision, Maldwyn Thomas, Idris Price, Dei Jones, Geraint Thomas a Meurig Jones.

Arolygwyr y llwyfan, Frank Seal a Dic Jones; goleuadau, Elfed Thomas; gosodiadau, Nellie Wyn Jones a Morris Jones; gwisgoedd, Lalla Thomas; cynorthwywyr, Mair Owen a David Lloyd. Cynhyrchydd, Morris Jones.

Diddorol yw sylwi fod yr adolygydd yn llawdrwm iawn ar y penderfyniad i gastio Nora Jones fel Rhiannon. Fel y cofir, Saunders Lewis ei hun a ddewisodd Nora Jones i chwarae'r rhan hon—a hynny er gwaethaf gwrthwynebiad o du'r cyfarwyddwr. Gwelir bod yr awdur ei hun wedi annerch y gynulleidfa ar ddiwedd y ddrama, gan resynu nad oedd amser wedi caniatáu iddo gydweithio â Chwaraewyr Garthewin yn ystod y cyfnod ymarfer. Yn ôl Lalla Thomas, yr oedd Saunders Lewis yn ddig iawn pan gododd ar ei draed i annerch y gynulleidfa, a'r unig ganmoliaeth y medrodd ei rhoi i'r cynhyrchiad y noson honno oedd y frawddeg: 'Diolch am olygfeydd hardd a gwisgoedd lliwgar'.[33] Wrth baratoi'r gwisgoedd ar gyfer *Gan Bwyll*, ceisiodd Lalla Thomas ddilyn y cyngor a roddwyd iddi gan Saunders Lewis wedi un o berfformiadau *Blodeuwedd*, sef y dylid 'ceisio dod â lliw i lwyfannau Cymru'. Un o'r ychydig bethau a'i plesiodd oedd gwisg Gwyn Go Hoyw, cymeriad a chwaraeid gan Iorwerth Carney, actor â gwallt orengoch, trawiadol. Yr oedd Lalla Thomas wedi dewis ar ei gyfer siwt o wlanen fflamgoch, ac ym marn Saunders Lewis edrychai'n wirioneddol ogoneddus o dan y goleuadau trydan.

Geiriau proffwydol, felly, oedd eiddo'r awdur yn y llythyr hwnnw at Robert Wynne ddiwedd Medi 1951: 'Fe all y ddrama brofi'n fethiant'. Cofiwn hefyd iddo fynd rhagddo fel hyn: 'Byddai darlith wedyn yn benyd ofnadwy'. Ond tystia nifer a oedd yn bresennol yn narlith Saunders Lewis 'Y Dramaydd a'i Gwmni' yn lolfa Garthewin y prynhawn wedi'r perfformiad siomedig o *Gan Bwyll* ei fod yn llawn afiaith a hyder. Yr unig gofnod manwl o'r ddarlith yw'r adroddiad a geir yn *Y Faner*, 11 Mehefin 1952, lle y crynhoir y prif sylwadau ar y berthynas greadigol rhwng dramodydd, cyfarwyddwr a chwmni arbennig:

> Wrth annerch brynhawn dydd Mercher, dywedodd Mr Saunders Lewis ei fod am drafod crefft y dramaydd yn ymarferol. Dywedodd fod llawer o awduron drama yn agor rhaglen yr Eisteddfod Genedlaethol, yn gweled cynnig gwobr o £50, ac yn penderfynu ymgeisio. A i'w fyfyrgell, meddylia am destun ac am gymeriadau. Dechreua'r awdur ysgrifennu drama drwy ddyfeisio cwlwm, rhannu'r ddrama yn dair act, meddwl am gymeriadau, y rheiny yn tyfu yn y meddwl, a rhoi sgwrs ar bapur. Tyf y ddrama, enfyn yntau hi i gystadleuaeth dan ffugenw. Gwyrth fydd os ceir drama dda fel yna. Nid yw'n amhosibl, ac y mae'n ffaith fod ambell ddrama dda wedi ei hysgrifennu fel yna. Ond nid dyna'r ffordd i ysgrifennu drama; mae'n waith digalon y ffordd yna. Nid yw cystadleuaeth ddrama yn gwbl ddiwerth, ond ychydig o ddramawyr sy'n grefftwyr sydd wedi ysgrifennu fel yna.
>
> Sut y ceir symbyliad i sgrifennu drama? Sut y rhwystrir crefftwr rhag gwastraffu ei ddawn? Nid oes dim yn fwy anhapus, ebr y siaradwr, na bod cwmnïau bychain mewn ardaloedd gwledig yn gorfod actio cyfieithiadau o ddramâu wedi eu bwriadu ar gyfer Llundain neu Baris. Mae theatr yn Llundain yn hollol wahanol i Theatr Garthewin neu neuadd bentref Tregaron, a pheth dieithr yw cyflwyno yn y lleoedd hyn ddramâu a wnaeth enw iddynt eu hunain mewn dinasoedd diwydiannol. Mae'r gwahaniaeth cefndir mor fawr, fel os llwydda'r ddrama yn y wlad, profa nad oes gan y wlad ddim ei hunan. Os cyfieithir dramâu tramor i'r Gymraeg, dylid dewis dramâu yn perthyn i gyfnodau pan oedd Llundain a Pharis yn drefydd gwledig a bychain. Tref felly oedd Paris pan ysgrifennai Molière 'Tartwff'. Treuliasai Molière ei fywyd yn teithio pentrefi bychain yn y wlad. Daw Molière yn hawdd i'r Gymraeg. Dylai Shakespeare ddyfod i'r Gymraeg yr un fath. Ond mae cefndir cymdeithasol yr ugeinfed ganrif mor wahanol i'r hyn a geir yn y Gymru Gymraeg heddiw. Gellid cyfieithu rhai ohonynt ond nid y rhan fwyaf.

Dylai dramaydd Cymraeg ddechrau ar ei waith drwy fynd yn aelod o gwmni yn ei ardal, dylai ddyfod i weithio gyda'r cwmni, bod yn actor yn y cwmni a chymryd rhan yn ei holl waith.

Y peth cyntaf y dylid ei gymryd yn ganiataol ydyw fod gan y cwmni neuadd fechan o'r eiddo ei hun yn gartref, fel y dêl y dramaydd i adnabod y llwyfan a'r lle, ac fel y bo'r llwyfan a'r gynulleidfa yn ei feddwl. Ni ddylai drama i bobl yn eistedd ar gadeiriau caled fod yn hwy na dwy awr. Hawdd i gynulleidfaoedd Llundain ar gadeiriau plwsh allu dal drama o deirawr. Dylai dramaydd weld ac adnabod ei lwyfan, ei hyd a'i lled. Rhoes Mr Lewis ei brofiad ei hun yng Ngarthewin, lle mae llwyfan sy braidd yn gul, braidd yn ddofn, yn isel, yn agos at y gynulleidfa, felly yn gwneud barddoniaeth yn bosibl.

Gyda llwyfan fel yna mae'n bosibl rhoi'r pwyslais ar eiriau, gyda chynulleidfa wledig sydd wedi arfer gwrando ar farddoniaeth mewn eisteddfodau a chyfarfodydd cystadleuol. Ni all unrhyw ddramodydd yn Ewrop nac America gael cystal cynulleidfa â'r Cymry am ddeall barddoniaeth. Ni chafwyd hyn yn Lloegr er yr ail ganrif ar bymtheg, nac yn Ffrainc er y ddeunawfed ganrif. Soniwn ormod yng Nghymru am ein hanfanteision. Mae gennym ni yng Nghymru gystal manteision â'r Groegiaid. Rhydd fantais i'r dramaydd ysgrifennu barddoniaeth i gynulleidfa y mae barddoniaeth yn naturiol iddi.

Drwy'r dull hwn daw actorion i adnabod y dramaydd, ac yntau i'w hadnabod hwythau. Hen syniad rhamantaidd yw fod drama yn creu cymeriadau. Gwastraff ar amser yw creu cymeriadau. Rhoes Mr Lewis eto o'i brofiad yng Ngarthewin. Gwelodd Raymond Edwards yn actio Gwydion yn 'Blodeuwedd', a rhoes ran Manawydan iddo yn 'Eisteddfod Bodran'. Gall actor actio rhan sy'n debyg iddo ef ei hun, ond naturiol, yr un pryd, yw i actor ddyheu am fod yn groes i'r hyn ydyw, felly gall y dramaydd greu cymeriad sy'n groes i gymeriad yr actor, nid creu'r cymeriad yn ei feddwl. Arbeda hyn amser i'r dramaydd, a daw ysgrifennu drama yn grefft ymarferol iddo. Rhaid felly i awdur astudio ei gwmni.

Aeth y siaradwr ymlaen i sôn am angen lliw yn y neuaddau pentref. Mae'r Cymro yn dyheu am liw, gan i gyn lleied ohono fod yn ei fywyd. Mae hyn yn rhan o'r dyhead am farddoniaeth. Hefyd mae'n ddysg i'r llygad. Anghywir yw dweud nad oes harddwch celfyddyd yng Nghymru. Mae Cymru yn llawn o bensaernïaeth hardd. Dywedasai Aneirin ap Talfan fod dramawyr Ffrainc yn rhoi storïau o'r Oesoedd Canol ar gefndir cyfoes i wneud dramâu ohonynt. Ond nid oedd yn rhaid iddo ef (Mr Lewis) wneud hynny â 'Blodeuwedd', gan fod ganddynt un yng Ngarthewin, Mrs Thomas, a allai wneud gwisgoedd lliwgar yr Oesoedd Canol. Dyna paham y cymerodd ei ddramâu o'r Mabinogion, er mwyn cael lliw ar y llwyfan.

Dylai cwmni drama, meddai'r siaradwr, roi ei holl amser rhydd i'r gwaith, hyd yn oed mewn pentref gwledig. Y mae'n rhaid gweithio ac ymboeni, a derbyn disgyblaeth galed. Rhaid i actor ddysgu ufuddhau a chydweithio; rhaid i gwmni fod yn ffyddlon, ymlafurio ac ymboeni, a thrin y gwaith fel peth i'w fwynhau er ei fwyn ei hun. Yng Nghymru mae gormod o'r 'dilettante' o'n cwmpas. Dylai'r crefftwr fod yn ffyddlon hyd at farw, fel y bu Molière.

Cafwyd trafodaeth fuddiol ar y diwedd, a llywyddwyd y cyfarfod gan Mr D. J. Williams, Abergwaun.

Ymatebodd y gynulleidfa'n frwd a gwerthfawrogol i ddarlith Saunders Lewis, a'r noswaith honno fe'i gwahoddwyd i ymuno â J. Ifor Davies, T. I. Ellis a Raymond Edwards yn y drafodaeth ar 'Ddyfodol y Ddrama yng Nghymru'. Mae tri phrif bwynt ei gyfraniad i'r drafodaeth hon yn werth eu nodi. Gan adleisio sylw treiddgar T. S. Eliot, 'Sensibility alters from generation to generation in everybody, whether we will or no; but expression is only altered by a man of genius',[34] pwysleisiodd mai dim ond 'gŵr o athrylith' a allai sicrhau datblygiad a newid cwrs y ddrama Gymraeg. Haerodd hefyd mai camgymeriad mawr beirniaid ac adolygwyr yng Nghymru—gan gynnwys y tri a oedd ar y panel gydag ef—oedd trafod drama 'fel petaent yn trafod y Gwasanaeth Iechyd',[35] a'i hystyried fel meddyginiaeth ddiwylliannol. Hanfod drama iddo ef, meddai, oedd ei gallu i ddifyrru, ac aeth ymhellach drwy honni fod drama yn beth cwbl ddiwerth o'r safbwynt ysbrydol. Yn ogystal, rhoddodd Saunders Lewis gryn sylw i'r awgrym y dylid sefydlu Coleg Drama proffesiynol ar gyfer Cymry Cymraeg i hyfforddi actorion a chyfarwyddwyr o'r radd flaenaf. Mater politicaidd oedd hwn yn ei farn ef. Hyd nes y gellid cael hunanlywodraeth i Gymru, ofer oedd disgwyl y fath sefydliad. Gorffennodd Saunders Lewis â safbwynt nodweddiadol elitaidd: i ofal yr ychydig diwylliedig y dylid ymddiried y dasg o sicrhau datblygiad a ffyniant y ddrama yng Nghymru.

Yr oedd anerchiad John Moody o Gyngor Celfyddyd Prydain Fawr y prynhawn canlynol yn neges amserol i Saunders Lewis. Prif neges ei ddarlith 'Why have a Producer?' oedd yr angen am gysylltiad agos rhwng dramodydd a chyfarwyddwr—yn enwedig yn ystod y cyfnod ymarfer—fel y gallai'r dramodydd addasu a diwygio ei destun ar sail gweld y cyfarwyddwr a'r actorion wrth eu gwaith. Dyma'n union yr hyn a wnaeth Saunders Lewis gyda *Gan Bwyll*; tystia'r llu newidiadau a wnaeth i'r deipysgrif wreiddiol cyn i'r ddrama gael ei chyhoeddi yn Awst 1952 iddo elwa llawer ar weld y perfformiad yng Ngŵyl Garthewin. Ar ddiwrnod ola'r Ŵyl hon, mynychodd Saunders Lewis ddarlith J. C. Trewin, adolygydd drama'r *Observer*, ar y grefft o adolygu perfformiadau, ond nid yw'n syndod iddo ymadael â Garthewin cyn yr ail berfformiad o *Gan Bwyll* y noson honno.

O safbwynt lleisio barn a gwyntyllu syniadau bu'r Ŵyl yn llwyddiant digymysg, ond siom enbyd i bawb oedd y perfformiad trychinebus o *Gan Bwyll*, ac, o'r herwydd, cwmni digalon iawn oedd

Chwaraewyr Garthewin ar ddiwedd yr wythnos. Felly hefyd Saunders Lewis. Ond mae'n amlwg nad ystyriai'r ddrama'n fethiant llwyr, oherwydd fe'i gwelwn, ychydig dros fis yn ddiweddarach, mewn llythyr at Kate Roberts, yn ymfalchïo yn y ffaith ei fod o leiaf wedi arbrofi'n llwyddiannus o safbwynt arddull a deialog:

> A chan fy mod i'n sgrifennu, fydd o'n hunanol iawn os dywedaf fy mod i'n meddwl fod 'Gan Bwyll' ac ail act 'Eisteddfod Bodran' yn gam ymlaen tuag at lunio arddull fyw a modern i farddoniaeth, a bod mwy o arbrofi ynddynt nag mewn dim a sgrifennais erioed cynt,—er enghraifft, y proestau a'r mesurau, a'r telynegion dramatig yn 'Gan Bwyll', nad oes raid i'r gwrandawyr yn y theatr sylwi mai telynegion ydynt. At hynny, ateb i gam-ddeall y beirniaid ar ystyr *Blodeuwedd* yw rhan bwysig o 'Gan Bwyll'.[36]

Gan fod Chwaraewyr Garthewin wedi trefnu mynd â *Gan Bwyll* ar daith ddiwedd 1952, penderfynwyd cynnal ymarferion ychwanegol yn ystod misoedd yr hydref. Gwyddai Saunders Lewis mai hanfodol y tro hwn fyddai iddo fynychu'r ymarferion, ond y mae'n amlwg hefyd nad oedd yn edrych ymlaen at y profiad. Ymddengys mai'r rheswm am hyn oedd ei fod wedi ffraeo â Morris Jones yn dilyn y cynhyrchiad o *Gan Bwyll* yng Ngŵyl Garthewin. Mewn llythyr at Robert Wynne ar 20 Gorffennaf cyfaddefodd: 'I'm nervous now of working with Morris Jones'.[37] Methodd deithio i Garthewin yn ystod Medi a Hydref, gan fod Mair yn yr ysbyty yn disgwyl triniaeth lawfeddygol, ond, yn y cyfamser, gwyddom iddo anfon llythyr hirfaith at Morris Jones yn disgrifio'n union sut y dylid cyfarwyddo golygfeydd arbennig. Yn anffodus, nid yw'r llythyr hwn bellach ar glawr. Fodd bynnag, erbyn mis Tachwedd, yr oedd yr actorion yn pwyso arno i fynychu o leiaf un o'r ymarferion. Ni allai yntau wrthod. O'r diwedd, ar 1 Tachwedd, treuliodd y bore a'r prynhawn yn ymarfer gyda'r actorion, ond ei ddigalonni'n llwyr a wnaeth yr ymweliad. Yr oedd yn arbennig o anhapus ynglŷn â'r castio, fel yr eglurodd mewn llythyr at Morris Jones ar 25 Tachwedd: 'Mae arnaf ofn na wnewch chi ddim actor o *Wawl*, ac ar gyfer Raymond Edwards y bwriedais i Hefeydd Hen—mae eisiau ei egni a'i ddychymyg ef i'r rhan'.[38]

Er gwaethaf holl ymdrech y cwmni i wella'r cynhyrchiad, cynulleidfaoedd bychain iawn a ddaeth i'r perfformiadau yn Rhuthun ar 22 Tachwedd, yn Aberystwyth ar 14 Rhagfyr ac yn Nolgellau ar 24 Ionawr. Pymtheg yn unig a oedd yn y gynulleidfa yn Rhuthun. Ond mae'n amlwg fod cynyrchiadau'r daith yn well o lawer na'r rheini yng Ngarthewin yn ystod yr Ŵyl. Rhoddwyd cryn ganmoliaeth i'r cynhyrchiad yn Rhuthun, er enghraifft, gan Wilbert

Lloyd Roberts yn ei adolygiad ar y perfformiad yn y *Denbighshire Free Press*, 6 Rhagfyr. Meddai'n afieithus: 'Dyma agor gwely newydd i ffrydiau nwyfus comedi hwyliog, ac osgoi, am y tro, berygl merddwr . . . Dangoswyd yma fedrusrwydd mawr mewn cynhyrchu ac actio. Gwledd anarferol ymhob ystyr oedd y neithior'. Ar gais Robert Wynne, ceisiodd Ian Niall, un o golofnwyr y *Spectator*, hybu taith Chwaraewyr Garthewin drwy gyfrwng portread cryno o'r cwmni a'r theatr yn y papur ar 14 Tachwedd. Mynychodd un o'r sesiynau ymarfer yn y theatr ddechrau Tachwedd, a thystia iddo fwynhau pob munud o'r darn byr a welodd o *Slow and Sure*, fel y geilw ddrama Saunders Lewis. Cyfeiria at Chwaraewyr Garthewin fel 'rural players', ond sicrha ei ddarllenwyr nad oedd dim yn 'arty-crafty or folksy' ynglŷn ag awyrgylch y theatr!

Blwyddyn gymysglyd ar y cyfan, felly, fu 1952 i Morris Jones, Chwaraewyr Garthewin a Saunders Lewis. Clywir tinc o euogrwydd yn y llythyr a anfonodd y dramodydd at Robert Wynne ar ddiwrnod ola'r flwyddyn wrth iddo awgrymu mai'r ddrama ei hun, efallai, a oedd ar fai: 'Was *Gan Bwyll* a flop? Perhaps I've done a bad play.'[39] Er gwaetha'r ymateb canmoliaethus i rai o berfformiadau'r daith, diau mai rhyddhad mawr i'r cwmni oedd cael perfformio *Gan Bwyll* am y tro olaf ar 24 Ionawr 1953. I ddathlu'r achlysur, cyfansoddodd Tom Jones, un o'r actorion, ddwy gerdd ysgafn yn dwyn y teitl 'Post Mortem *Gan Bwyll*'.

I. Ar gychwyn ein agenda,
  Eurwen fach, Eurwen fach,
Rhown air neu ddau i Brenda,
  Eurwen fach.
Am ddysgu 'does dy ore,
Mae ar dy gof yn fore,
Ond O! beth yw ham Iore,
  Eurwen fach, Eurwen fach,
Ond O! beth yw ham Iore,
  Eurwen fach.

Fe ges di hwyl anfarwol,
  Maxwell bach, Maxwell bach,
Un peth sy'n darawiadol,
  Maxwell bach.
Cyn dechrau canu am rosod,
Cyn ffraeo ac ymosod,
Rhaid tynnu'r dannedd gosod,
  Maxwell bach, Maxwell bach,
Rhaid tynnu'r dannedd gosod,
  Maxwell bach.

'Does angen i ti boeni,
  Nora fach, Nora fach,
Na phruddo na dihoeni,
  Nora fach.
Cei faddau, ni ddywedwn,
Er iti un nos Sadwrn,
Ddweud 'Sorry, beg your pardwn',
  Nora fach, Nora fach,
Ddweud 'Sorry, beg your pardwn',
  Nora fach.

Mae'n dda dy fod yn gwella,
  Carney bach, Carney bach,
Ni ddaethost i Ddolgella',
  Carney bach.
Mae'n siŵr y daeth rhyw hwdw,
Fe'th yrrwyd bron yn gwcw,
Gan 'Y garreg bitw acw',
  Carney bach, Carney bach,
Gan 'Y garreg bitw acw',
  Carney bach.

O! hwyl dy weld yn dyfod,
  Dei Jones bach, Dei Jones bach,
Mewn ragiau i hel cardod,
  Dei Jones bach.
Tydi a'r brawd Pendaran,
Heb shafio—fel myharan,
Yn chwythu'r corn fel taran,
  Dei Jones bach, Dei Jones bach.
Yn chwythu'r corn fel taran,
  Dei Jones bach.

Un noson yng Ngarthewin,
  Bryan bach, Bryan bach,
Fe dynnwyd set yn rhewin,
  Bryan bach.
Wrth wpïo ar ôl Tieirnion,
Yn ceisio dal Rhiannon,
Fe giciaist set yn yfflon,
  Bryan bach, Bryan bach.
Fe giciaist set yn yfflon,
  Bryan bach.

Your troubles now are ended,
  Frank Seal bach, Frank Seal bach,
The Cast has homeward wended,
  Frank Seal bach.
There's no more need to hurry,

There's no more need to worry,
The set is on the lorry,
  Frank Seal bach, Frank Seal bach.
The set is on the lorry,
  Frank Seal bach.

Mae gan bob un ei feiau,
  Tom Jones bach, Tom Jones bach,
Ond gwylia di dy eiriau,
  Tom Jones bach.
Fe dd'wedwn mewn cromfachau,
Beth bynnag am dy achau,
'Does neb a yf o sachau,
  Tom Jones bach, Tom Jones bach,
'Does neb a yf o sachau,
  Tom Jones bach.

Mae gen ti gast go deidi,
  Morris bach, Morris bach,
Awn i ble bynnag 'rei di,
  Morris bach.
A theatr fach reit dandi,
A manager go handi,
A thi—EIN SIWGWR CANDI,
  Morris bach, Morris bach,
A thi—EIN SIWGWR CANDI,
  Morris bach.

II. Wedi teithio, wedi crwydro, hyfryd iawn yw cael sbri a lol,
Pawb yn ddiddan ym Mryn Stiward, teimlo'n braf wedi cael llond bol.
Hyfryd iawn, O la la, hyfryd iawn, O la la,
Hyfryd iawn yw dod adre'n ôl.

Diolch wir am y dillad lliwgar, i addurno'r ddrama hon,
Daeth canmoliaeth o bob ochr, o Fynwy bell ac i Fôn ymron.
Hyfryd iawn, O la la, hyfryd iawn, O la la,
Hyfryd iawn yw dod adre'n ôl.

Diolch wir i Jones y make-up—gŵr o fri a cholurwr hael,
Anodd lliwio rhai wynebau sydd â sylfaen wir mor wael.
Hyfryd iawn, O la la, hyfryd iawn, O la la,
Hyfryd iawn yw dod adre'n ôl.

Peidiwch dweud wrth y diaconiaid am ddau aelod oedd ar y bws
Neu fe gânt eu torri allan a chreu helynt mawr a ffws.
Hyfryd iawn, O la la, hyfryd iawn, O la la,
Hyfryd iawn yw dod adre'n ôl.[40]

* * *

Yn yr adroddiad blynyddol a gyhoeddodd Pwyllgor Cymreig Cyngor Celfyddyd Prydain Fawr ar ddydd Gŵyl Ddewi 1952, gwelir Myra Owen a David Peters yn olrhain twf Theatr Garthewin ac yn cloriannu ei llwyddiant.[41] Beth oedd y rhesymau am ffyniant y theatr fechan hon yn Nyffryn Elwy? Cryfder Garthewin, ym marn y ddau swyddog, oedd y cyfuniad prin o ddramodydd o safon a chwmni o actorion ymroddedig. Gallent hefyd fod wedi cyfeirio at hyfrydwch plasty Garthewin ei hun ynghyd â brwdfrydedd a boneddigeiddrwydd Robert Wynne. Ond y mae'n amlwg fod y cyfnod cynnar, euraid yn hanes y theatr yn graddol ddirwyn i ben. Wedi Gŵyl 1952 dechreuodd Saunders Lewis ei hun ymbellhau oddi wrth y cwmni a'i gyfarwyddwr, ac mewn llythyr at Robert Wynne ar 1 Chwefror 1953 awgrymodd y dylid gofyn i Thomas Taig rannu'r gwaith cyfarwyddo:

> He would put new life and, I think, new ideals into your group of actors; I have personally a great admiration for what I saw of his work in English at Swansea . . . You see—if you had him you could in two years have as good a company as there is in all Wales, because it is the producer who *makes* the company.[42]

Awgrym rhyfedd iawn, yn wir, gan y gwyddai Saunders Lewis fod Thomas Taig yn uniaith Saesneg ac mai dramâu Cymraeg yn unig a berfformid gan Chwaraewyr Garthewin. Ymddengys fod Saunders Lewis yn y cyfnod hwn yn ceisio torri ei gysylltiad â Chwaraewyr Garthewin; yr oedd bellach, wrth gwrs, yn ddarlithydd yng Nghaerdydd. Ni soniodd Robert Wynne am y syniad o wahodd Thomas Taig i gyfarwyddo wrth bwyllgor y theatr, gan y rhagwelai wrthwynebiad chwyrn o du'r aelodau. Buan iawn, felly, yr anghofiwyd am yr awgrym.

Sioc fawr i'r actorion ar ddiwedd y flwyddyn oedd penderfyniad Robert Wynne i drosglwyddo gweinyddiaeth y theatr i ofal Cyngor Gwlad Sir Ddinbych. Yr oedd yr ysgwïer yn y cyfnod hwn mewn trafferthion ariannol dybryd, a chostau cynnal a chadw'r theatr wedi mynd yn ormod iddo. Ar gais Robert Wynne, lluniodd Myra Owen ddogfen yn cefnogi'r bwriad i drosglwyddo'r awenau i'r Cyngor Gwlad. Argymhellai'r ddogfen y dylai rhai o aelodau pwyllgor Theatr Garthewin weithredu ar y pwyllgor a benodid gan y Cyngor i drefnu gweithgareddau'r theatr, a nodwyd yr angen i gyflwyno dramâu o safon, 'so that the name of Garthewin becomes synonymous with quality'.[43] Pan gyflwynwyd y ddogfen i bwyllgor y theatr ar 25 Tachwedd 1952 siomwyd yr aelodau gan yr awgrym canlynol:

> There is no particular reason why a Garthewin Company need exist—although providing such a Company is possible and can be a first-class one, such a Company would be complementary to the General Theatre Organization, and I think that the key to the situation in the future must be 'THE ORGANISATION' to manage the theatre.[44]

Siomwyd Robert Wynne, yntau, gan ei fod wedi erfyn cefnogaeth i gynlluniau'r Cyngor Gwlad er mwyn sicrhau dyfodol ei gwmni. O ganlyniad, diwygiwyd y ddogfen gan Robert Wynne, ac ychwanegodd yr argymhellion isod i leddfu tipyn ar ofidiau Chwaraewyr Garthewin:

> The Garthewin players should continue to function as before and should have the right to use the theatre for rehearsals and performances at all times, after consultation with the management.[45]

Ar 5 Rhagfyr 1952, mewn cyfarfod yng Ngarthewin, daeth yr ysgwïer a rhai o aelodau'r cwmni ynghyd i ymgorffori rhai ychwanegiadau pellach yn y ddogfen. Derbyniwyd hwy, ac awgrymwyd y dylid trosglwyddo'r awenau i Gyngor Gwlad Sir Ddinbych ar unwaith. Ond wedi'r holl ymgynghori, ni wireddwyd y cynllun, a pharhaodd aelodau'r pwyllgor i fod yn gyfrifol am y theatr am y tro. Er hynny, sbardunodd y trafodaethau hwy i edrych o'r newydd ar gyfansoddiad pwyllgor y theatr. Canlyniad hyn oedd sicrhau fod cynrychiolydd o Gyngor Gwlad Sir Ddinbych yn aelod parhaol o'r pwyllgor hwnnw. Breuddwyd arall Robert Wynne yn 1952 oedd sefydlu pwyllgor ychwanegol—Pwyllgor Cenedlaethol—ac arno rai o bobl amlwg a dylanwadol y genedl, er mwyn denu nawdd i Garthewin. Ysgrifennodd at Saunders Lewis yn gwyntyllu'r syniad, ond ymateb digon cwta a gafodd:

> I'm not very enthusiastic about your 'National Committee'. I don't think it would do anything except look as important as Miss Myra Owen. In art, all that counts is the art, and that in theatre work means a producer and a team (actors and craftsmen and a writer or two if possible).[46]

Wedi derbyn y fath ateb pigog nid yw'n syndod i Robert Wynne roi'r gorau i'w gynlluniau.

Pwyllgor bychan y theatr, felly, ac nid mawrion y genedl, a oedd yn gyfrifol yn 1953 am sicrhau nawdd Cyngor Celfyddyd Prydain Fawr ar gyfer y cynhyrchiad o *Nos Ystwyll*, cyfieithiad arobryn J. T. Jones o *Twelfth Night* yn Eisteddfod Genedlaethol Aberystwyth, 1952. Wrth baratoi'r cynhyrchiad a oedd i'w lwyfannu yng Ngarthewin ar 13 a 14 Tachwedd 1953 ceisiodd Morris Jones osgoi'r *ballet* bondigrybwyll hwnnw a lambastiwyd gan Saunders

Nos Ystwyll, 1953

J. T. Jones

Lewis yng Ngŵyl 1950 wrth drafod cynyrchiadau Stratford-on-Avon o ddramâu Shakespeare. Penderfynodd ganolbwyntio ar symudiadau naturiol a llefaru clir, gan gadw at symlder llwyfan gwreiddiol Shakespeare. Yn anffodus, er gwaetha'r holl waith ymchwil a'r ymarfer brwd, cynhyrchiad amatur iawn a gafwyd. Un o'r prif wendidau oedd y newid trwsgl o'r naill olygfa i'r llall. Tynnid llen denau ar draws y llwyfan rhwng pob un o'r golygfeydd byrion, a medrai'r gynulleidfa weld yn glir y trefnwyr llwyfan yn straffaglu gyda'r dodrefn a'r trydanwr yn addasu'r goleuadau. Awgryma Nesta Harris yn ei hadolygiad yn *Y Faner,* 25 Tachwedd, y dylid bod wedi hepgor y llen yn gyfan gwbl a gwneud gwell defnydd o'r cwpledi odledig Shakespeareaidd ar ddiwedd golygfeydd i baratoi'r gynulleidfa ar gyfer yr hyn a oedd yn dilyn. Beirniada ddull yr actorion o lefaru. Canolbwyntiwyd yn ormodol ar lefaru'n glir, ac o'r herwydd dinistriwyd yr elfen fydryddol. Manyla'r adolygydd hefyd ar rai o wendidau'r cyfarwyddo a'r perfformiadau unigol:

Anghytunaf yn llwyr â Viola yn eistedd yn ystod un o'r momentau mwyaf yn natblygiad y ddrama, sef araith y 'caban helyg', ac nid gweddus o gryn lawer oedd i Olivia gerdded y llwyfan yn ffroenuchel yn yr araith hon. Collodd y ddwy yn y fan hon gyfle gwych i ddangos eu didwylledd perffaith.

Ar y llaw arall, dichon y gellid dadlau fod Nesta Harris yn camddehongli'r ddrama wrth feirniadu'r modd y cyflwynwyd rhannau Orsino ac Olivia. Meddai: 'fe ddylai'r Dug ein swyno, ac y mae Olivia i fod yn annwyl'—prawf na ddylem lyncu pob un o'i sylwadau ar gynhyrchiad Chwaraewyr Garthewin yn ddihalen.

Yr oedd y perfformiadau o *Nos Ystwyll* yn y Rhyl, Hen Golwyn a Rhos yn gynnar yn 1954, ynghyd â'r perfformiad arbennig a gynhaliwyd ar 4 Awst yn Ysgol Ramadeg Maes y Dderwen adeg Eisteddfod Genedlaethol Ystradgynlais, yn rhai mwy disgybledig o lawer. Er nad oedd *Nos Ystwyll* yn un o berfformiadau mwyaf nodedig Chwaraewyr Garthewin, mae gan yr actorion atgofion melys am hwyl yr ymarferion, y gerddoriaeth hudolus a drefnwyd gan Bob Roberts, ysblander y gwisgoedd a logwyd gan Winifred Hoyle, Brighton—a dull unigryw Morris Jones o gyfeirio at Ddug Illyria fel 'Orinso' yn lle 'Orsino'. I ychwanegu at y pleser, trefnodd y cwmni ginio Shakespearaidd yng Ngwesty Bae Colwyn ar 5 Chwefror 1954. Ymhlith y danteithion y noson honno yr oedd 'cawl Illyria' a 'sundae Garthewin'. Ar odre'r fwydlen argraffwyd geiriau adnabyddus Syr Tobi yn y ddrama: 'Wyt ti'n meddwl, am dy fod yn fucheddol, na cheir na theisen na chwrw byth mwy?' ac o dan y pennawd 'Adlais o *Nos Ystwyll*' rhestrwyd dyfyniadau pwrpasol eraill:

Y Cinio: Moeswch ormodedd.

Garthewin: . . . rhyw daith tridiau sydd o'r llecyn hwn i'r fan
y'm ganed i.

N.J. [Nora Jones (Maria)] (ar ôl y perfformiad): Mae d'ysbryd,
gapten, yn rhyfeddol hawddgar.

T.J. [Tom Jones (Syr Tobi Belsh)] (ar ôl rehearsal): O ddifri'
calon Syr Tobi, rhaid i chwi ddod i mewn yn gynt yn y nos.

VIOLA [Eirian Evans]: A barnu oddi wrth gyfansoddiad rhagorol
dy goes, fe'i lluniwyd dan seren y ddawns.

N.J.: Na, tydw i ddim am aros eiliad yn hwy ar fy ngwir.

Ar ddiwedd y fwydlen,[47] ceir rhestr o'r mannau lle y bwriedid perfformio *Nos Ystwyll* yn ystod y misoedd canlynol—Harlech, Porthmadog, Caernarfon, Ystradgynlais—ynghyd â'r dyfyniad hwn o'r ddrama: 'Gyfaill annwyl, 'ddaw dim byd o'r peth.' Dewiswyd y dyfyniad hwn gan fod ansicrwydd ar y pryd ynglŷn â'r trefniadau yn y pedair tref. Gwireddwyd y darogan yn achos y tair tref gyntaf, ond, fel y nodwyd, llwyddodd y cwmni i berfformio *Nos Ystwyll* yn Ystradgynlais adeg yr Eisteddfod Genedlaethol.

* * *

Y mae'n bwysig nodi i Robert Wynne geisio trefnu gŵyl ddrama yng Ngarthewin yn ystod haf 1953, a gwneud Gŵyl Garthewin yn ddigwyddiad blynyddol. Methiant fu ei ymgais. Gwahoddwyd Hilton Edwards, Micheál MacLiammóir, Ivor Brown ac André Van Gyseghem i ddarlithio yn Saesneg, a gofynnwyd i Elwyn Thomas a T. H. Parry-Williams ddarlithio yn Gymraeg. Yn ogystal, gwahoddwyd Wilbert Lloyd Roberts i gyfarwyddo drama glasurol yn yr Ŵyl, ac i Kate Roberts gyflwyno un o anterliwtiau Twm o'r Nant. Gwrthododd pob un ohonynt y gwahoddiad a gawsant. Gobaith Morris Jones oedd cael cyfle i gyfarwyddo cyfieithiad o un o'i hoff ddramâu, sef *Family Portrait* gan Lenore Coffee a William J. Cowen. Ni feddyliodd am foment y byddai unrhyw wrthwynebiad gan yr ysgwïer i berfformio'r ddrama arbennig hon, gan fod y Forwyn Fair yn un o'r cymeriadau canolog. Ond gwrthod caniatáu hynny a wnaeth Robert Wynne. Yng nghofnodion pwyllgor y theatr, 5 Mawrth 1953, nodir ei fod o'r farn ei bod yn ddrama ddadleuol. Yn ôl Clarice Jones, gwraig Morris Jones, ni fedrai ddygymod â'r ffaith fod y ddrama'n darlunio Mair fel mam feidrol, gyffredin.

O ganlyniad i'r holl broblemau, penderfynwyd gohirio'r Ŵyl tan 1954. Yn ei lle, awgrymodd Morris Jones fod Chwaraewyr Garthewin yn perfformio *Nos Ystwyll* yn y theatr yn ystod Tachwedd ac yn mynd ar daith yn dilyn hynny. Ar yr un pryd, penderfynwyd rhoi caniatâd i Gwmni Pwyliaid Maelor berfformio *A Polish Village Wedding* yn y theatr ar 27 Mehefin 1953. Y noson honno cyflwynodd cwmni o actorion a dawnswyr o blith staff ysbyty'r Pwyliaid yn Llannerchbanna, nid nepell o Wrecsam, raglen amrywiol yn darlunio hen draddodiadau ac arferion gwlad Pwyl. Wedi'r perfformiad, daeth aelodau pwyllgor y theatr ynghyd i drafod dyfodol Gŵyl Garthewin. Penderfynwyd yn unfrydol gynnal Gŵyl yn ystod Awst 1954, ac addawodd Robert Wynne y byddai'n ysgrifennu at Saunders Lewis i ofyn am ddrama newydd ar gyfer y Chwaraewyr.

NODIADAU

[1] *Annwyl Kate, Annwyl Saunders*, 157.
[2] Ibid., 160.
[3] Maxwell Fraser, 'The Welsh Drama Festival', *The Lady*, 27 Gorffennaf 1950, 91.
[4] Casgliad Clarice Jones, Hen Golwyn.
[5] *Y Faner*, 30 Awst 1950, 8.
[6] Cyfweliad radio, 'Cylch y Ddrama'. Casgliad Wynne, Garthewin, Prifysgol Cymru, Bangor.
[7] *Y Faner*, 30 Awst 1950, 5.
[8] Ibid.
[9] Ibid.
[10] Casgliad Wynne, Garthewin, Prifysgol Cymru, Bangor.
[11] Ibid.
[12] Papurau Theatr Garthewin, LlGC, 24/10.
[13] Ibid.
[14] *Transactions of the Honourable Society of Cymmrodorion*, 1952, 13-14.
[15] Ibid., 14.
[16] Llythyr 101.
[17] *Annwyl Kate, Annwyl Saunders*, 166.
[18] Llythyr 102.
[19] Llythyr 103.
[20] Llythyr 106, LlGC, Ffolio III.
[21] Llythyr 103.
[22] Llythyr 110.
[23] Llythyr 111.
[24] Llythyr 113.
[25] Papurau Theatr Garthewin, LlGC, 15.
[26] Llythyr 110.
[27] Papurau Theatr Garthewin, LlGC, 15.
[28] *Y Faner*, 11 Mehefin 1952, 7.
[29] Papurau Theatr Garthewin, LlGC, 29.
[30] Llythyr 115.
[31] *The Pioneer*, 5 Mehefin 1952, 4.
[32] *Y Cymro*, 13 Mehefin 1952, 7.
[33] Sgwrs â Lalla Thomas, Hen Golwyn, Tachwedd 1994.
[34] John Hayward (ed.), *T.S. Eliot, Selected Prose* (Penguin, 1953) 164.
[35] *Y Faner*, 11 Mehefin 1952, 7.
[36] *Annwyl Kate, Annwyl Saunders*, 172-3.
[37] Llythyr 117.
[38] Llythyr 124.
[39] Llythyr 126.
[40] Casgliad Nora Jones, Bangor.
[41] Casgliad Wynne, Garthewin, Prifysgol Cymru, Bangor.
[42] Llythyr 128.
[43] Papurau Theatr Garthewin, LlGC, 33.
[44] Ibid.
[45] Ibid.
[46] Llythyr 128.
[47] Casgliad Nora Jones, Bangor.

V

Siwan 'ar gyfer llwyfan Garthewin'

> Un pwynt bychan—nid fel drama radio y meddyliais i gynta' am *Siwan* ond ar gyfer llwyfan Garthewin.[1]
>
> Saunders Lewis at Kate Roberts, 25 Awst 1954.

Yng Ngorffennaf 1953 sicrhaodd Saunders Lewis ysgwïer Garthewin y byddai'n ysgrifennu drama newydd i'w llwyfannu yn ei theatr yn ystod Gŵyl 1954. Ym mis Medi dywedodd wrth Kate Roberts ei fod 'ar ganol drama a addewais i'r BBC ar Siwan, gwraig Llywelyn Fawr',[2] ac ar ddechrau Rhagfyr rhoddodd ganiatâd i Robert Wynne hysbysu pwyllgor y theatr mai Chwaraewyr Garthewin a fyddai â'r hawl i gyflwyno *Siwan* ar lwyfan am y tro cyntaf wedi'r darllediad o'r ddrama gan y BBC ar Ddydd Gŵyl Ddewi 1954. Wrth drosglwyddo'r newydd da i bwyllgor y theatr ac i Morris Jones bu'n rhaid i'r ysgwïer ddweud wrthynt hefyd fod Saunders Lewis yn dymuno gweld John Gwilym Jones yn cyfarwyddo'r ddrama. Wedi iddo dderbyn y sgript gofynnodd John Gwilym Jones a gâi ofyn am help Elwyn Thomas i gydgyfarwyddo *Siwan*, ond darbwyllwyd ef gan y dramodydd nad oedd angen cymorth o unrhyw fath arno.

Ddechrau Mawrth 1954 bu'n rhaid i John Gwilym Jones ildio teipysgrif *Siwan* i Robert Wynne, a oedd yn awyddus i gyfieithu'r ddrama, ond, er mawr syndod i'r cyfarwyddwr, dychwelwyd y copi ymhen tridiau gan fod yr ysgwïer wedi penderfynu peidio â llunio fersiwn Saesneg o'r ddrama. Mae'n bur debyg fod y llythyr a anfonodd Saunders Lewis at Robert Wynne ar 5 Mawrth wedi llwyddo i'w berswadio i beidio â mynd ati i drosi *Siwan*:

> If you decide to try a translation, may I make one suggestion: not to use *thee* or *thou* at all. It is comic in English, but is normal in Welsh as in French. You see, all my effort is to make my verse as natural and talkable and contemporary as possible. It's a constant discipline, and even now I find lines that are, to my mind, hopelessly literary. I may revise them.[3]

Yn lle cyfieithu *Siwan*, felly, canolbwyntiodd yr ysgwïer ar y dasg o hwyluso trefniadau Gŵyl 1954. Ef a lwyddodd i ddwyn perswâd ar Hilton Edwards, cyfarwyddwr Theatr y Gate yn Nulyn, i ddarlithio yng Ngarthewin, ac ef hefyd a luniodd y cais llwyddiannus am nawdd Cyngor Celfyddyd Prydain Fawr. Awgrymodd y dylid cynnal Garddwest ar lawnt y plas yn ystod yr Ŵyl, yn y gobaith y byddai'r achlysur yn fodd i ddenu mwy o bobl i'r theatr. Fel y dengys y rhaglen ganlynol, yr oedd arlwy Gŵyl 1954 yn fwy Cymreig na'r hyn a gynigiwyd yn 1952:

Nos Lun, 23 Awst	7.00	*Siwan* Saunders Lewis Chwaraewyr Garthewin (Cyfarwyddwr, John Gwilym Jones)
Dydd Mawrth, 24 Awst	3.30	Lecture: 'The Embarrassment of Riches' Hilton Edwards
	7.00	Lecture: 'The Art That Took The Wrong Turning' and 'Harlequin and The Tower of Babel' Hilton Edwards
Dydd Mercher, 25 Awst		*Garddwest*
	3.30	Dawnsiau Gwerin, Parti Llansannan
	4.00	Te
	4.30	Miwsig gan gerddorfa
	5.00	Dawnsiau o'r unfed ganrif ar bymtheg gan ddisgyblion Vera Price, Wrecsam Minuet gan Menna a Gwyneth Wynne

Arddangosfa o lestri pridd Llangollen, llyfrau, cwiltiau Cymraeg a lluniau

	7.00	*Yr Argae* Gwilym R. Jones Chwaraewyr y Nant, Dinbych (Cyfarwyddwyr, Josephine Jones a Morris Jones)
Dydd Iau, 26 Awst	3.30	Darlith: 'O'r Llyfr i'r Llwyfan' Wilbert Lloyd Roberts
	7.00	Darlith: 'Llefaru Barddoniaeth' T. H. Parry-Williams
Dydd Gwener, 27 Awst	7.00	*Siwan* Saunders Lewis Chwaraewyr Garthewin (Cyfarwyddwr, John Gwilym Jones)

Ychydig cyn yr Ŵyl ysgrifennodd John Gwilym Jones a Robert Wynne at Saunders Lewis i'w wahodd i'r perfformiad agoriadol o *Siwan* ar 23 Awst. Pur amharod oedd y dramodydd i dderbyn y gwahoddiad gan ei fod, efallai oherwydd methiant *Gan Bwyll*, yn

Parti Llansannan yn dawnsio ar y teras yn ystod Gŵyl Garthewin 1954
Y Cymro

ofni y byddai'r cynhyrchiad o *Siwan* eto'n aflwyddiannus—a hynny er gwaetha'r ffaith fod John Gwilym Jones yn cyfarwyddo a'i fod wedi llwyddo i ddenu actorion fel Edwin Williams, Nesta Harris, Sheila Huw Jones a Dafydd Jones i chwarae rhannau Llywelyn Fawr, Siwan, Alis a Gwilym Brewys. Ar fore cynta'r Ŵyl derbyniodd Robert Wynne lythyr gan Saunders Lewis yn ei hysbysu na fedrai ddod i'r perfformiad agoriadol o *Siwan*:

> It was while I was taking Mair and her mother to Swansea that my gear-box broke and the two had to take their bags and proceed by bus. The garage cannot promise me the car before Tuesday or Wednesday. Will you tender my regrets and apologies to J. Gwilym Jones and the *Siwan* players?[4]

Yna ceir y sylw canlynol: 'I hope, by the way, that the Siwan players will pronounce it with an *S*, not *Sh* as Dafydd Gruffydd insisted on the radio.' Ychydig oriau cyn y perfformiad cyntaf trosglwyddodd Robert Wynne neges y dramodydd i John Gwilym Jones a fu'n ddigon doeth i beidio â sôn dim am y peth wrth yr actorion. Yn ôl tystiolaeth Edwin Williams a Dafydd Jones, *Sh*iwan oedd yr ynganiad a ddefnyddiwyd gan Chwaraewyr Garthewin yn ystod y cyfnod ymarfer a hefyd yn y perfformiadau. Gan fod ganddo farn bendant ynglŷn â sut i ynganu 'Siwan' mae'n syndod na chysylltodd Saunders Lewis â John Gwilym Jones o gwbl yn ystod y misoedd cyn yr Ŵyl.

Nid oedd angen i'r dramodydd ofidio ynghylch y derbyniad a gâi *Siwan* yng Ngarthewin. Bu'r cyfarwyddwr a'r actorion yn gweithio'n galed am gyfnod o chwe mis i berffeithio'r actio a'r grwpio, a sicrhaodd Peter Spencer ac Eifion Jones, mewn cydweithrediad â Morris Jones, fod y goleuo yn arbennig o drawiadol. Yr oedd gwir angen help Morris Jones ar y cyfarwyddwr yn y cyswllt hwn, gan nad oedd llawer o ddiddordeb gan John Gwilym Jones ym manylion technegol y cynhyrchiad. O ganlyniad i'r holl ymarfer a'r cydweithio cafwyd ymateb brwdfrydig i'r perfformiad gan y gynulleidfa yng Ngarthewin ar nos Lun, 23 Awst. Ar ddiwedd y perfformiad diolchodd Robert Wynne i'r cwmni o'r llwyfan am gynhyrchiad disgybledig, a chyflwynodd ymddiheuriadau'r dramodydd am ei absenoldeb. Yna ymunodd Nina Wynne ag ef ar lwyfan Garthewin i wahodd pawb i'r Arddwest ar lawnt y plas ar brynhawn Mercher, 25 Awst. Estynnodd wahoddiad iddynt hefyd i ymweld â phrif ystafelloedd a gerddi'r plas, gwahoddiad a oedd i'w dderbyn gan oddeutu tri chant o bobl.

Y bore ar ôl y perfformiad cyntaf hwnnw o *Siwan* anfonodd Nina a Robert Wynne deligram at Saunders Lewis:

> Siwan great success. Congratulations. Can you come Friday's performance or sooner?[5]

Cadarnhaodd adolygiad Kate Roberts ar y cynhyrchiad yn *Y Faner* ar ddydd Mercher, 25 Awst, neges yr ysgwïer a'i wraig, ac felly ar ddiwrnod ola'r Ŵyl aeth y dramodydd yn ei gar i Garthewin i weld yr ail berfformiad o *Siwan*. Ymddengys ei fod wedi mwynhau'r cynhyrchiad yn fawr oherwydd ychydig ddyddiau wedi'r Ŵyl dywedodd mewn llythyr at Robert Wynne: 'I am cheered also by the conviction that you've put the Garthewin theatre very firmly back on the Welsh map and the future of it looks more assured now than ever before.'[6]

Credai Kate Roberts hefyd fod yr Ŵyl yn llwyddiant—yn bennaf oherwydd y cynhyrchiad o *Siwan*, 'drama fythgofiadwy Saunders Lewis'.[7] Wrth adolygu'r perfformiad ar gyfer *Y Faner* honnodd mai drama a gyfansoddwyd ar gyfer y radio oedd *Siwan*, ac felly rhaid oedd cwestiynu ei haddasrwydd ar gyfer y llwyfan. Fel y gwelir yn y dyfyniad ar ddechrau'r bennod hon, cywirodd Saunders Lewis hi ar y mater, gan ei sicrhau mai ar gyfer llwyfan Garthewin y meddyliodd ef am y ddrama yn y lle cyntaf. Wrth adolygu *Siwan* mae'n amlwg fod Kate Roberts yn cofio'r gwrthwynebiad a fu i'r 'godinebu' yn *Blodeuwedd* a'i bod yn rhag-weld gwrthwynebiad hefyd i odineb Siwan ac i'w phenderfyniad ar ddiwedd y ddrama i dorri'r cwlwm rhyngddi a'i gŵr. Prysura Kate Roberts, felly, i sicrhau'r darllenydd fod Saunders Lewis yn gweld dynion nid 'fel peli a gymer ffawd i chwarae â hwy' ond fel 'rhan o greadigaeth a chynllun Duw, er iddynt fod yn bechaduriaid yn aml'. Pwysleisia hefyd nad yw penderfyniad Siwan ar y diwedd i beidio â maddau a chyfaddawdu yn anghristnogol. Yn wir, yn ei thyb hi, dyma'r unig ddiweddglo addas i'r ddrama gan mai 'gwneud y gorffennol yn gelwydd' fyddai cyfaddawdu. Mae'r ffaith fod Kate Roberts yn 1954 yn rhag-weld gwrthwynebiad i ddiweddglo *Siwan* yn dyst i'r ffaith fod rhai Cymry yn y pumdegau yn dal i fethu gwahaniaethu rhwng llwyfan a phulpud.

Yn ei hadolygiad, ceisia Kate Roberts ganolbwyntio sylw ei darllenwyr ar 'fawredd' y ddrama yn hytrach nag ar foesoldeb y cymeriadau. Wrth drafod yr actio a'r cynhyrchu caiff Chwaraewyr Garthewin glod arbennig ganddi. Yr oedd y cwmni a berfformiodd y ddrama, meddai, 'yn help inni weled ei mawredd'. Y mae ei sylwadau'n dra chanmoliaethus, er ei bod ar dro yn nodi rhai diffygion, fel y gwelir yn y dyfyniad a ganlyn:

> Nid da drama er ei chystal heb ei dehonglwyr, a rhaid dweud bod y dehongliad o 'Siwan' gan gynhyrchydd a chwmni yn wych. Ni alwai dim yn y cefndir na'r dillad ormod o sylw ato ei hun. Yr oedd popeth yn addas. Cryfder mawr yr actorion oedd fod pob gair yn glir, a'r mynegiant yn gywir. Ni sylwais ar yr un cambwyslais. Dyna anhepgor cyntaf actio, ac os bydd hwn yn eisiau, ni waeth pa mor wych fydd y symudiadau na mynegiant y corff. Digon posibl y buasai rhai yn anghydweld ar yr amseriad a phethau felly. Cafwyd tipyn o lediaith ar gychwyn y ddrama nas cadwyd ymlaen wedyn. Digon posibl nad oedd mynegiant Alys yn gweddu i'w thymer bob tro—ond pethau bychain oedd y rhai yna.
>
> Gan Siwan [Nesta Harris] yr oedd y gwaith trymaf ac anhawsaf, ac nid oes dim ond canmoliaeth i'w roi iddi. Y fath amrywiaeth profiadau a gafodd rhwng dechrau'r act gyntaf a diwedd yr act olaf, y fath newid mewn mynegiant a welsom. Ni ellir anghofio ei dirdyniadau (cynnil er hynny) yn yr ail act, ei newid sydyn i agwedd gweddi, ei mynegiant o orffwylledd breuddwydiol, a'r anhawsaf o'r cwbl, ei hactio yn yr act olaf, pan newidiodd i dymer chwareus un a brofodd eithaf poen, a heb fynd yn 'cynical'. Camp yn wir.
>
> Er mai Gwilym Brewys [Dafydd Jones] oedd achos yr holl ddrama, ganddo ef yr oedd y rhan leiaf yn weledig. Ond gwnaeth ei ran yn berffaith. Ei gyfoeth oedd ei wyneb llawen a'i Gymraeg goludog.
>
> Nid oedd rhan Alys [Sheila Huw Jones] mor anodd, edrych ar ddrama yr oedd hi, ac fel un o'r tu allan gallai fod yn ddideimlad ond ar y

munudau pan oedd hynny yn amhosibl, megis pan ddisgynnodd corff Gwilym Brewys i'r llawr. Yr oedd ei gwaith yn yr ail act yn gampus.

Yr oedd ymddangosiad Llywelyn Fawr [Edwin Williams] yn ei ffafr, ac fel actor profiadol disgwyliwn waith abl ganddo. Gwaith abl a gawsom yn hytrach na dim i'n cynhyrfu. Yr oedd tro ei lygad ac ongl ei geg fel y dywedai ambell beth neu fel yr edrychai ar Siwan yn rhagorol, ond ni chafodd yr effaith yr hoffem ei gael bob tro. Ni theimlem fod iddo ddigon o bersonoliaeth y cymeriad, a gallasai fynegi mwy o angerdd megis yn

'Fi yw'r tân sy'n dy grino a'th ladd di.'

Ond i beth y cwynwn ddim ar gynhyrchiad mor wych ac am y fath fwynhad!

Ni cheir yr un treiddgarwch yn adolygiad Roy Jones yn y *North Wales Weekly News* ar 2 Medi, ond nodir un pwynt digon diddorol ganddo. Dywed ei fod ef wedi ei wefreiddio wrth weld Robert Wynne, a oedd yn eistedd yn y sedd o'i flaen yn Theatr Garthewin, yn gwrando'n astud ar y cyfeiriadau yn y ddrama at un o'i gyndeidiau, sef Ednyfed Fychan, distain Llywelyn Fawr.

Yn ystod yr Ŵyl traddodwyd pob un o'r darlithiau yn *drawing-room* enfawr y Wynniaid, yn hytrach nag yn y theatr. Y ddarlith a gafodd y dylanwad mwyaf ar y Cymry Cymraeg oedd honno a draddodwyd gan Wilbert Lloyd Roberts, a oedd ar y pryd yn gynhyrchydd gyda'r BBC ym Mangor. Yn ei ddarlith 'O'r Llyfr i'r Llwyfan' cynigiodd nifer o sylwadau ynglŷn â sut y dylid mynd ati i hyrwyddo a datblygu'r theatr yng Nghymru. O edrych ar ei restr o argymhellion mae'n ddiddorol nodi, ddeugain mlynedd yn ddiwedd-arach, fod bron pob un ohonynt wedi eu mabwysiadu:

1. Sefydlu Cadair Ddrama yn y Brifysgol neu'r colegau hyfforddi athrawon.
2. Gwneud y ddrama yn bwnc ym Mhrifysgol Cymru.
3. Cael cwmnïau drama teithiol os na ellid cael cwmnïau sefydlog.
4. Sefydlu cylchgrawn theatr.
5. Sefydlu cyrsiau am fis neu ragor yn yr haf i actorion ifainc.
6. Cael theatr fach ym mhob sir yng Nghymru, a'r theatrau hynny'n cyfnewid cwmnïau.
7. Yn achlysurol cael cwmnïau i berfformio dramâu er mwyn gwneud elw ar gyfer prynu gwell offer, llyfrau a defnyddiau.
8. Sefydlu Bwrdd Drama Cymraeg i ddatblygu'r ddrama ar raddfa genedlaethol.[8]

Yn y drafodaeth a ddilynodd, cafwyd ymateb bywiog iawn i rai o syniadau Wilbert Lloyd Roberts, yn enwedig ei awgrym y dylid sefydlu Bwrdd Drama Cymraeg. Penderfynwyd yn unfrydol ofyn i bwyllgor Garthewin drefnu cyfarfod yn ystod Eisteddfod Genedlaethol Pwllheli, 1955, i drafod swyddogaeth a chyfansoddiad y Bwrdd arfaethedig ac i baratoi cais am nawdd gan Gyngor Celfyddyd

Prydain Fawr. Yn wir, o safbwynt cynnig syniadau ymarferol ar gyfer hyrwyddo'r theatr Gymraeg a datblygu ymwybyddiaeth o bwysigrwydd drama fel pwnc Prifysgol a chanddo ei hygrededd a'i statws ei hun, yr oedd darlith Wilbert Lloyd Roberts yn syfrdanol o arloesol yng Nghymru'r pumdegau. Er hynny, cwta iawn oedd adroddiad Kate Roberts ar y ddarlith hon yn *Y Faner*, 1 Medi, a hefyd ar ddarlith T. H. Parry-Williams 'Llefaru Barddoniaeth':

> Nid wyf yn sôn am y darlithoedd Cymraeg yn yr ŵyl gan na chododd unrhyw gwestiwn llosg megis cwestiwn yr iaith allan ohonynt, dim ond dweud imi gael gwybodaeth a mwynhad mawr ohonynt.

Mae'n hawdd credu iddi gael 'mwynhad mawr' wrth wrando ar ddarlith T. H. Parry-Williams. Dangosodd y darlithydd sut y gellid amrywio'r ffyrdd o ddarllen telyneg yn uchel, a sut y dylid cyfleu ar lwyfan farddoniaeth y ddrama fydryddol. O gofio dawn draddodi Parry-Williams mae'n sicr y byddai ei ddarlith ym mhlas y Wynniaid wedi bod yn gwbl theatrig ei naws, er mai'r soned a'r rhigwm, ac nid dramâu, oedd ei brif gyfryngau ef ei hun.

Darlithydd Saesneg yr Ŵyl oedd Hilton Edwards. Digon difflach oedd ei ddarlith gyntaf, 'The Embarrassment of Riches', lle y soniodd am dechnegau'r theatr, rôl y cyfarwyddwr a'r awdur, a natur a chonfensiynau'r theatr realistig. Ond yr oedd ei ail a'i drydedd ddarlith, 'The Art That Took the Wrong Turning' a 'Harlequin and The Tower of Babel', yn ddiddorol a dadleuol. Ynddynt trafododd Hilton Edwards y gwahaniaethau enfawr rhwng y sinema a'r theatr; cyfeiriodd at broblemau trosi ac addasu dramâu Ewropeaidd, a soniodd am natur y theatr mewn gwledydd bychain fel Cymru ac Iwerddon, gan gyfeirio at ei brofiad fel cyfarwyddwr yn Theatr y Gate. Ni welai ddyfodol sicr i'r theatr Wyddelig, ac er mawr syndod i'r gynulleidfa yng Ngarthewin honnodd na ddylid, ac na fedrid, sefydlu theatr broffesiynol ar gyfer pobl Wyddeleg neu Gymraeg eu hiaith. Honnodd ymhellach nad oedd unrhyw werth mewn cyflwyno drama yn unig er mwyn diogelu iaith leiafrifol. Gellir casglu o'i hadroddiad fod Kate Roberts yn anghytuno'n frwd â llawer o syniadau Hilton Edwards, yn enwedig ei ddadl arbennig dros gadw'r iaith Wyddeleg yn fyw:

> Wedi ei ddyfod at gwestiwn yr iaith y teimlwn i nad oedd Mr Edwards yn help inni. . . . Hyd y dëellais, yr oedd ef o blaid cadw'r Wyddeleg yn fyw, er mwyn iddi gynhyrchu maeth newydd, trwy ei hidiomau, i'r Saesneg a siaredir yn Iwerddon. Rhoes enghreifftiau o ddywediadau Gwyddeleg sydd wedi eu cyfieithu'n llythrennol i'r Saesneg ac a ddefnyddir pan fo Gwyddelod yn siarad Saesneg. Credaf na sylweddolai Mr Edwards ei fod yn ei wrthddweud ei hun yn y fan yna. Os dyna fydd unig werth yr

> Wyddeleg, buan iawn yr â'r idiomau Gwyddeleg eu hunain allan o fod, a dyna ddiwedd ar gynhyrchu gwaed newydd i Saesneg Iwerddon. Gwn y dealla pob Cymro iawn fi pan ddywedaf, Duw a'n gwaredo ni yng Nghymru os unig swydd y Gymraeg fydd cynhyrchu fitaminiau i'r Saesneg a siaredir yng Nghymru.[9]

Esgorodd y ddarlith ar drafodaeth danbaid ar bwysigrwydd ieithoedd lleiafrifol. Tanlinellwyd pwysigrwydd yr iaith Gymraeg a'r theatr Gymraeg gan Kate Roberts, Gwilym R. Jones ac Amy Parry-Williams. Dywedodd Gwilym R. Jones nad oedd yn honni fod ei ddrama ef, *Yr Argae*, a oedd i'w chyflwyno yng Ngarthewin y noson ganlynol, yn glasur, ond pwysleisiodd ei fod yn ymfalchïo yn y ffaith ei bod yn rhoi cyfle i gwmnïau berfformio gwaith newydd yn eu hiaith eu hunain, yn hytrach na gorfod troi at ddramâu Saesneg mewn cyfieithiadau Seisnig eu naws. Yn anffodus, cynhyrchiad trwsgwl o'r *Argae* a gyflwynwyd ar y nos Fercher gan Gwmni'r Nant, gyda Josephine Jones a Morris Jones yn cyfarwyddo. Er mawr siom i'r awdur ni fedrai'r actorion ifainc gyfleu patrymau'r farddoniaeth na dehongli'r cymeriadau, nac ychwaith symud yn naturiol ar lwyfan.

Heb amheuaeth, perfformiad Chwaraewyr Garthewin o ddrama Saunders Lewis oedd uchafbwynt Gŵyl 1954. Ar 22 Awst, ddiwrnod cyn yr Ŵyl, ysgrifennodd y dramodydd at Robert Wynne i ddymuno'n dda i'r achlysur:

> I do hope . . . that things go well enough to re-establish the Garthewin festival firmly.[10]

Wedi iddo weld *Siwan* a chlywed cymeradwyaeth y gynulleidfa ar noson ola'r Ŵyl argyhoeddwyd Saunders Lewis fod Garthewin, unwaith yn rhagor, yn un o gadarnleoedd y theatr Gymraeg.

* * *

Blwyddyn hesb o safbwynt perfformiadau oedd 1955 i Chwaraewyr Garthewin. Am gyfran helaeth o'r flwyddyn defnyddiwyd yr ysgubor fel ffald wyna ac ystordy gwellt, ac addaswyd yr ystafell wisgo yn ystordy ar gyfer gêr ceffylau Nina Wynne a'r merched. Ym mis Mai ceisiodd Robert Wynne berswadio Myra Owen unwaith yn rhagor i noddi gŵyl flynyddol yng Ngarthewin, ond ni chafodd y cynllun gefnogaeth Cyngor Celfyddyd Prydain Fawr na chefnogaeth aelodau prysur pwyllgor y theatr. Ond lleddfwyd ychydig ar siom Robert Wynne pan sicrhaodd Morris Jones ef y byddai'r cwmni'n llwyfannu dau gynhyrchiad yng Ngarthewin yn ystod misoedd y gaeaf. Gobaith Morris Jones oedd cyflwyno pantomeim Nadolig wedi ei sgriptio gan J. Glyn Davies, ond er mawr siom i'r ysgwïer a'r cyfarwyddwr rhaid oedd hepgor y cynllun pan fethodd yr awdur gyflwyno'r sgript mewn pryd. Ail gynllun Morris Jones oedd cyflwyno cynhyrchiad o *Adar Brithion*, cyfieithiad J. T. Jones a W. Rowlands o *Painted Sparrows* E. V. Hoile a Guy Paxton ddiwedd mis Tachwedd, ond bu'n rhaid gohirio'r cyflwyniad gan na roddodd Deane and Sons, cyhoeddwyr y ddrama wreiddiol, ganiatâd i'r cwmni lwyfannu'r trosiad tan ddechrau Ionawr 1956. Felly, yr unig dro y defnyddiwyd llwyfan Garthewin yn ystod 1955 oedd pan logwyd y theatr gan Ysgol Hafodunos ar gyfer eu cyngerdd blynyddol a'u cyflwyniadau o ddramâu byrion.

Nid oedd 1955 yn flwyddyn hapus i ysgwïer Garthewin yn bersonol ychwaith, gan ei fod wedi gorfod dechrau meddwl o ddifri am werthu plas y Wynniaid oherwydd costau cynnal a chadw. Gwyddai hefyd fod diddordeb Saunders Lewis—er gwaethaf ei frwdfrydedd yn dilyn llwyddiant *Siwan*—yn dechrau pylu a'i fod bellach o'r farn nad oedd ei ddramâu'n addas ar gyfer cwmnïau amatur. Yn ystod Mehefin a Gorffennaf bu'r dramodydd yn canolbwyntio ar ysgrifennu *'Gymerwch Chi Sigaret?*, a oedd i'w pherfformio yng Ngŵyl Ddrama Genedlaethol Llangefni ym mis Medi gan Chwaraewyr Pwyllgor Cymreig Cyngor Celfyddyd Prydain Fawr. Siân Phillips a fyddai'n chwarae rôl Iris, a Herbert Davies yn cyfarwyddo. Ar 12 Mehefin eglurodd Saunders Lewis wrth Robert Wynne paham yr aethai ati i lunio drama newydd:

> Actually I am depressed just now by the fact that Welsh creative writing seems to be dying out. We couldn't get *one* new play for the Arts Council to take to Llangefni and then on a tour—not *one* original play near to the standard required. That is why I offered to write one now. We have plenty of scholarship of an industrious sort, but it is creative work that keeps a language worth surviving. And the Welsh university is the very grave of creative work.[11]

Dri mis yn ddiweddarach, ar drothwy'r perfformiad cyntaf o *'Gymerwch Chi Sigaret?* yn Llangefni, cyffesodd Saunders Lewis wrth yr ysgwïer ei fod yn gresynu 'that the first night of this new play of mine is not at Garthewin. It breaks a series.'[12] Er hynny, bu'r cynhyrchiad yn Llangefni yn llwyddiant digamsyniol. Yn ôl adolygiad H. Pierce Jones yn *Y Cloriannydd* amlygwyd yn y cyflwyniad nodedig hwn 'yr undod drindodaidd, dramodydd, actor a chynhyrchydd'.[13] Yn sgil y fath lwyddiant mae'n siŵr y byddai Robert Wynne wedi bod yn anfodlon â phenderfyniad pwyllgor y theatr i wrthod yn unfrydol awgrym Nesta Howe, cynrychiolydd Myra Owen ar y pwyllgor, y dylid gwahodd *'Gymerwch Chi*

Sigaret? i Garthewin ar 28 Tachwedd. Yn ôl aelodau'r pwyllgor, byddai wedi bod yn gwbl amhosibl croesawu drama Saunders Lewis i Garthewin ddiwedd Tachwedd gan eu bod wedi clustnodi'r theatr ar gyfer y perfformiad o *Adar Brithion*. Ond fel y gwelwyd eisoes, ni pherfformiwyd y ddrama honno yng Ngarthewin tan y flwyddyn ganlynol.

Yr oedd *'Gymerwch Chi Sigaret?*, wrth gwrs, yn ddrama wrth fodd Robert Wynne, gan ei bod yn ei dyb ef yn bropaganda ardderchog o blaid y Ffydd Gatholig. Ddiwedd Medi ysgrifennodd at Saunders Lewis i'w longyfarch ar y ddrama ac i geisio ganddo gopi o'r deipysgrif fel y gallai ei chyfieithu i'r Saesneg. Ceisiodd hefyd berswadio'r dramodydd i ysgrifennu drama newydd neu gwblhau *Avignon* ar gyfer Gŵyl Garthewin 1956. Yn ei ateb, pur gyndyn oedd Saunders Lewis i addo unrhyw ddrama, ac awgrymodd y dylid cysylltu â John Gwilym Jones i weld a oedd ganddo ef ddrama newydd y medrid ei pherfformio yn yr Ŵyl. Fe'i gwelir yn yr un llythyr yn ceisio darbwyllo'r ysgwïer yn anuniongyrchol i beidio â chyfieithu'r ddrama drwy nodi fod Herbert Davies eisoes wedi gofyn am ganiatâd i'w throsi.[14] Ond yr oedd Robert Wynne yn benderfynol o gyfieithu *'Gymerwch Chi Sigaret?* Llwyddodd i gael gafael ar deipysgrif o'r ddrama yn rhywle—gwyddom nad Saunders Lewis a'i rhoddodd iddo—ac ar ddiwedd Hydref anfonodd gyfieithiad hynod o anystwyth at y dramodydd. Gwelir oddi wrth lythyrau Saunders Lewis at Robert Wynne yn ystod Tachwedd ei fod yn ceisio ffrwyno brwdfrydedd yr ysgwïer drwy danlinellu'r ffaith ei fod wedi addo'r hawliau cyfieithu i Herbert Davies ar yr amod fod trosiad y cyfarwyddwr yn dderbyniol. Eglura ymhellach ei fod yn bwriadu newid a diwygio'r drydedd act—ond nid cyn dechrau 1956. Mae'n gwbl amlwg nad oedd yn awyddus i gymeradwyo cyfieithiad ei ffrind i actorion a chyfarwyddwyr, a chwrteisi, yn hytrach nag edmygedd, a barodd iddo ddweud mewn llythyr a anfonodd i Garthewin ar 29 Tachwedd:

> Let me thank you for the compliment of this translation. It reads well, to my mind, and in fact makes me think kindly of the play.[15]

Ond nid oedd angen y fath ganmoliaeth ar Robert Wynne, a oedd yn gwbl argyhoeddedig o'r cychwyn cyntaf fod ei gyfieithiad yn werth ei gyhoeddi. Yn wir, heb ymgynghori o gwbl â Saunders Lewis, yr oedd wedi anfon y trosiad, drwy law y Tad Magee, cydnabod iddo, at Raymond Garlick, un o'i ffrindiau Catholig a golygydd *Dock Leaves*. Gwelir bod Raymond Garlick yn frwdfrydig iawn ynglŷn â'r cyfieithiad, er y dylid ychwanegu ei bod yn bur debyg mai cynnwys Catholig y ddrama, yn hytrach na graen y trosiad, a'i hudodd:

> It was good of you to allow me to read the play. Fr. Magee left it here today for me, and I have just read it straight through—being unable to put it down. It takes one's breath away. May I make what is probably a very wild suggestion? It is that your translation should form the next (i.e. Spring) number of *Dock Leaves*: I would willingly make the whole issue over to it. Having said this, I know that many other matters arise—you may intend publishing yourself; there is the question of Saunders's attitude; there are possible complications with the other translation. But if you think there is the slightest chance of our being able to publish it in this way, I should only be too happy to do so. I feel we must get as many people to read it as possible. May I thank you again for allowing me to see it? I could not possibly have mastered the original Welsh, and consequently have a great deal of gratitude to you.[16]

Rhaid oedd i Robert Wynne, wrth gwrs, gael caniatâd Saunders Lewis i gyhoeddi ei gyfieithiad yn *Dock Leaves*, ond nis cafodd. Yr oedd ymateb yr awdur i'r syniad o neilltuo rhifyn o *Dock Leaves* ar gyfer fersiwn Robert Wynne o'i ddrama yn ddiamwys: 'I think it would be a mistake at present to put it in *Dock Leaves*.'[17]

Ond er gwaethaf hyn oll, daliai Robert Wynne i chwilio am gyhoeddusrwydd i'w gyfieithiad. Cafodd gyfle ardderchog i ganu clodydd *Have a Cigarette?* pan ddaeth y cyfarwyddwr Geoffrey Foot ag Uned Ffilmiau Walt Disney i Garthewin ym mis Ebrill 1956 i ffilmio golygfeydd o *Blodeuwedd* yn y theatr ar gyfer y gyfres 'People and Places'. Cyfres oedd hon a ddarluniai arferion a bywydau pobl De America, Japan, yr Alban a Chymru. Bu Uned Walt Disney yn ymweld â Llechryd, Aber-cuch a Chenarth, lle y ffilmiwyd cyryglau ar afon Teifi a gwneuthurwyr clocsiau wrth eu gwaith. Yn Aberdâr ffilmiwyd defodau'r Coroni a'r Cadeirio yn ystod wythnos yr Eisteddfod Genedlaethol, ac aeth yr Uned i Ben-clawdd i ffilmio'r gwragedd yn casglu cocos ar y traeth. Ffilmiwyd hefyd ddawns y glocsen, parti canu gwerin a Chwaraewyr Garth-ewin. Plesiwyd Saunders Lewis yn fawr pan glywodd fod Ellen Wyn Jones wedi cytuno i ddychwelyd i Garthewin i actio rhan Blodeuwedd ar gyfer y ffilm, oherwydd yn ei farn ef: 'no one else has ever so much as approached her Blodeuwedd, and I can still vividly see her in the last act.'[18] Canodd ei chlodydd unwaith yn rhagor mewn llythyr at Robert Wynne ar 10 Ebrill 1956:

> It pleases me very much that the film people have worked hard on Nellie Jones. I've always thought her retirement from the Welsh amateur stage a big loss; there was a great deal of potentiality in her and she was lovely.[19]

Morris Jones yn cyfarwyddo *Blodeuwedd* ar gyfer ffilm Walt Disney, 1956
Llyfrgell Genedlaethol Cymru

Bu Robert Wynne, Morris Jones a'r actorion yn disgwyl yn eiddgar ac amyneddgar am newydd ynghylch dyddiad rhyddhau ffilm Walt Disney, ac o'r diwedd ysgrifennodd Geoffrey Foot at Robert Wynne ar 4 Rhagfyr 1957 i ddweud y byddai'r ffilm yn cael ei dangos mewn sinemâu yn gynnar yn 1958. Rhoddodd hefyd newydd da i'r ysgwïer ynglŷn â'i chynnwys:

> You will be pleased to know that the Garthewin scene has been retained in the picture—in fact it comes right at the beginning. You will like the film . . . although it is 'a Yank's eye view' . . . In any case, it is, if nothing else, an unusual view of Wales.[20]

Ar 23 Mawrth 1956, bythefnos cyn i uned Walt Disney ymweld â Garthewin, yr oedd Robert Wynne wedi anfon ei gyfieithiad o *Have a Cigarette?* i Lundain at Huw Griffith, ynghyd â llythyr yn gofyn am gymorth yr actor: 'I wonder if you could use your influence to get it on the stage?'[21] Dywedodd yn yr un llythyr y byddai Saunders Lewis wrth ei fodd pe medrid llwyfannu'r cyfieithiad yn Lloegr—datganiad go ryfedd gan na wyddai'r dramodydd ar y pryd fod Robert Wynne yn dal i gymell actorion a chyfarwyddwyr i dalu sylw i *Have a Cigarette?* Gwyddai Robert Wynne fod Saunders Lewis yn ystod Chwefror a Mawrth wedi addasu '*Gymerwch Chi Sigaret?* ar gyfer darllediad radio, ond gwyddai hefyd na fynnai'r awdur drosglwyddo'r fersiwn radio iddo. Yn ei lythyr at Huw Griffith, gwelir Robert Wynne, felly, yn gyfrwys iawn, yn darganfod ffordd arall o gael gafael ar y deipysgrif newydd:

> I wonder if by any chance you could loan or obtain for me the script of the broadcast version of *Gymerwch chi Sigaret*? I would then translate it for the BBC. I can't ask S.L. for his copy as he'll be working on it himself.[22]

Anghofiodd Huw Griffith—dros dro, beth bynnag—am gyfieithiad Robert Wynne, ond ymddengys iddo anfon y deipysgrif o fersiwn radio Saunders Lewis i Garthewin, oherwydd erbyn Gorffennaf yr oedd yr ysgwïer wedi anfon copi o'i gyfieithiad o'r fersiwn hwnnw at uned deledu'r BBC a hefyd wedi trosglwyddo copi i Meredith Edwards yn y gobaith y byddai ef yn medru trefnu i uned Granada ddarlledu'r ddrama. Gofynnodd hefyd i Meredith Edwards a fedrai ef ddod o hyd i gyfarwyddwr a fyddai'n barod i lwyfannu'r ddrama yn Llundain. Mae'n sicr fod Meredith Edwards a Huw Griffith yn ymwybodol iawn o ddiffygion Robert Wynne fel cyfieithydd a hefyd o'r ffaith fod Saunders Lewis yn amharod i gefnogi cynlluniau'r ysgwïer. Er hynny, sicrhawyd Robert Wynne gan Meredith Edwards yn ystod Mehefin ei fod wedi dangos y sgript i John Mills a'i fod yn bwriadu sôn am y ddrama wrth Emil Littler. Ond erbyn Medi gwyddai Meredith Edwards mai'r peth doethaf oedd dychwelyd y deipysgrif at Robert Wynne ac egluro wrtho na fedrai mwyach hyrwyddo'r cynllun i lwyfannu neu ddarlledu *Have a Cigarette?*:

> It seems to me that Saunders Lewis has some sort of idea of his own about his play, and although I would have done my humble best in finding a way of getting management to put on this wonderful play, I feel sure that probably Saunders has contacts much better than I could provide. One has to be careful about these things I'm sure.[23]

Tua'r un adeg derbyniodd yr ysgwïer ymateb anffafriol Huw Griffith i'w gyfieithiad ar gyfer y llwyfan. Wrth anfon y llythyr ymlaen at Saunders Lewis dywedodd Robert Wynne: 'It is not perfectly clear to me whether he condemns my translation as such, or certain alleged technical faults in the play or both!'[24] Cyfaddefodd hefyd wrth Saunders Lewis fod copi o'i gyfieithiad ar gyfer y radio yn nwylo'r BBC. Ar 28 Medi, gyda throad y post, anfonodd y dramodydd lythyr digon pigog at Robert Wynne:

> I'm rather disturbed by your letter, especially that you should have sent your translation of the Cigarette play to BBC Television. I haven't given

translation rights of the play to anyone at all, and I still do not know how you got hold of a copy of the typescript. Nor have I ever discussed a translation with Hugh Griffith. It is true that he suggested changes of construction during the Welsh broadcast, but I am quite sure I made no promise of a translation for him . . . I wouldn't for a moment accept Hugh Griffith's suggestions. Would you please leave things as they are now?[25]

Gellir dadlau, serch hynny, fod Saunders Lewis wedi camarwain yr ysgwïer i raddau, oherwydd mewn llythyr ato ar 10 Ebrill 1956 yr oedd wedi diolch i Robert Wynne am ei holl ymdrech 'for the English side of the play',[26] a mis cyn hynny dywedasai yn glir: 'It's good of you to try to push the play for filming and I'm certainly willing that you should use your version for that.'[27] Gwyddai'r dramodydd fod Robert Wynne wedi ceisio perswadio Geoffrey Foot yn ystod gwanwyn 1956 i gyfarwyddo fersiwn ffilm o *Have a Cigarette?*, er ei fod ef ei hun yn ansicr ynglŷn ag addasrwydd ei ddrama ar gyfer y sgrin:

Actually I myself don't think it's a suitable play for cinema, because the real crisis—in the final act—is built up by a long talk which may be theatre, but is not good cinema.[28]

Ategir hyn yn nadl Meredith Edwards pan geisiodd Robert Wynne ei berswadio i drefnu fersiwn teledu o'r ddrama:

I am reading 'Sigaret' again—and on first reading it seems that it would be difficult to make it into a film being as it is an 'argument' play.[29]

Ond nid oedd unrhyw amheuaeth gan Geoffrey Foot ynglŷn ag addasrwydd y cyfieithiad ar gyfer ffilm, oherwydd ym Mehefin 1956 yr oedd yn awyddus i brynu'r hawliau ffilmio am swm o £50. Gan nad oedd y cyfarwyddwr ar y pryd yn or-hoff o'r teitl *Have a Cigarette?* awgrymodd Robert Wynne deitl arall, sef *The Secret Agent*—teitl a ddisgrifiwyd gan yr ysgwïer fel 'both accurate and intriguing'![30] Ond ni chyflawnwyd cynlluniau Geoffrey Foot i greu fersiwn ffilm o'r ddrama, ac nid yw hynny'n syndod o gofio'r anghydfod rhwng Robert Wynne a Saunders Lewis ym mis Medi.

Y syndod yw fod yr ysgwïer hyd yn oed wedi'r anghydfod yn dal i geisio perswadio cwmnïau a chyfarwyddwyr i lwyfannu neu i lunio ffilm o'i gyfieithiad. Yn ei lythyr at Robert Wynne ar 28 Medi cyfeiria Saunders Lewis at y ffaith ei fod ef ei hun wedi addo cyfieithu '*Gymerwch Chi Sigaret?* ar gyfer y BBC, ond fod Emyr Humphreys o'r farn fod ei Saesneg yn rhy anystwyth a hen-ffasiwn.[31] Dyma, wrth gwrs, oedd prif wendid cyfieithiadau Robert Wynne hefyd, ond, yn amlwg, nid oedd yr ysgwïer yn ddigon craff i sylweddoli fod Saunders Lewis, wrth gyfeirio yn y llythyr hwn at ei Saesneg ef ei hun fel 'stiff and antiquated', hefyd yn ceisio tynnu sylw at yr un diffyg yn union yng ngwaith ysgwïer Garthewin. Heb betruso dim ynglŷn â safon ei gyfieithiad, anfonodd Robert Wynne gopi at Hilton Edwards yn Theatr y Gate yn Nulyn yn y gobaith y byddai ef yn ei gyfarwyddo—ond yn ofer. Yna, ym mis Tachwedd, soniodd un o'i ffrindiau Catholig am y ddrama wrth rai o aelodau Clwb Drama Gael-Linn yn Stryd Kildare, Dulyn—clwb a gyflwynai ddramâu yn yr Wyddeleg. Er mawr lawenydd i Robert Wynne, anfonodd Riobard Mac Gabhrain, rheolwr y clwb ato ar 11 Rhagfyr 1956 i ofyn am ei drosiad o *'Gymerwch Chi Sigaret?* gan ei fod yn bwriadu cyfieithu'r ddrama i'r Wyddeleg. Flwyddyn yn ddiweddarach, rhoddwyd darlleniad o'r ddrama yn Nulyn gan aelodau Clwb Gael-Linn, a sbardunodd hyn Robert Wynne i geisio darbwyllo Geoffrey Foot unwaith yn rhagor i ymgymryd â'r dasg o gyfarwyddo fersiwn ffilm o *Have a Cigarette?* Pur amheus, a dweud y lleiaf, oedd Geoffrey Foot ynglŷn â'r gobaith o berswadio Saunders Lewis i gytuno. Meddai wrth Robert Wynne mewn llythyr ar 4 Rhagfyr 1957:

> What a strange man Saunders Lewis must be, although I think one must have a great admiration for someone who sticks to his principles as he does. Principles can be fairly expensive at times![32]

Wedi iddo dderbyn y llythyr hwn anfonodd Robert Wynne at y Tad Diarmind O'Laoghaire, ffrind iddo yn Iwerddon, i ofyn iddo bwyso ar Saunders Lewis i roi sêl ei fendith ar fersiwn ffilm o'i gyfieithiad o *'Gymerwch Chi Sigaret?* Ar 18 Ionawr 1958 ysgrifennodd y Tad O'Laoghaire ateb pwyllog i gais ysgwïer Garthewin:

> I have been thinking and praying over it for quite a while and having done so, I am afraid I think it would be wiser for me not to make that suggestion to Saunders Lewis—Not that I do not believe that the film should be made, but I have an idea that Saunders Lewis would know that I knew of his decision in the matter and the confusion might well be worse confounded.[33]

Awgrymodd ymhellach y dylid efallai lunio ffilm Gymraeg o'r ddrama gydag isdeitlau Saesneg. Nid oedd y syniad hwn yn apelio rhyw lawer at Robert Wynne, a rhoddodd y gorau i'w ymgyrch i sicrhau fersiwn ffilm o'r ddrama. Ond nid ildiodd ar gwestiwn llwyfannu'r cyfieithiad, oherwydd fe'i gwelir yn ystod Hydref 1958 yn anfon *Have a Cigarette?* at gyfarwyddwr Theatr yr Abbey. Unwaith yn rhagor gwrthodwyd y sgript:

> This play is regarded here as having a good deal of interest although elements of the plot struck readers as hardly credible. I regret to say that it is generally felt that it could not be successful in our theatre.[34]

A dyna ddiwedd hefyd ar obeithion Robert Wynne i weld cynhyrchiad o'i gyfieithiad tan i Richard Rhys, symbylydd cwmni'r Merlin Theatre, ysgrifennu ato yn 1960 i ofyn am ganiatâd i lwyfannu *Have a Cigarette?* Ond, yn ddiarwybod i bawb ond Saunders Lewis, Thomas Taig, Richard Rhys ac Emyr Humphreys, nid cyfieithiad yr ysgwïer a berfformiwyd gan y cwmni, er mai ei enw ef a welwyd ar y posteri a'r rhaglen. Ond stori'r chwedegau yw hon, a dychwelir ati yn y man.

* * *

Yn ystod 1956, tra oedd Robert Wynne yn canolbwyntio ar ei gyfieithiadau o '*Gymerwch Chi Sigaret?* yr oedd pwyllgor Theatr Garthewin wrthi'n brysur yn ceisio codi arian ar gyfer costau cynnal a chadw'r ysgubor drwy apelio am danysgrifwyr newydd a thrwy gynnal nosweithiau llawen yn Hen Golwyn. Yr oedd yr Ymddiriedolaeth Genedlaethol wedi gwrthod cyfrannu at y costau atgyweirio, ac ni allai Robert Wynne gynnig unrhyw gymorth gan ei fod yntau mewn helbulon ariannol ar y pryd. Yn wir, mae'n rhaid fod pethau'n bur wael ar Robert Wynne yn y pumdegau, oherwydd ym mis Mawrth 1956 ysgrifennodd at Esgob Maenefa i'w hysbysu na fedrai mwyach fforddio talu £40 y flwyddyn am y tacsi wythnosol a ddeuai â'r Tad Mitchell i Garthewin i weinyddu yng nghapel y plas. Ond fe'i gwelwn ar yr un pryd yn sicrhau'r Esgob y byddai'n parhau i gyfrannu £80 y flwyddyn tuag at gyflog yr offeiriad.

Er mawr ryddhad i'r ysgwïer, talodd pwyllgor y theatr holl gostau atgyweirio'r ffenestri a rhan o do'r ysgubor. Yn ffodus, gwnaeth y cwmni elw anrhydeddus wrth fynd â chynhyrchiad Morris Jones o *Adar Brithion*, a berfformiwyd am y tro cyntaf yng Ngarthewin ar 29 Chwefror, ar daith i Ddinbych, Llansannan, Abergele, Hen Golwyn, Llandudno a Mochdre yn ystod gwanwyn a gaeaf 1956. Mae Eirian Evans, a chwaraeai ran Mrs Bryan Davies yn y ddrama, yn cofio'r perfformiad cyntaf yng Ngarthewin yn glir, gan ei bod yn ofnadwy o oer yn yr ysgubor y noson aeafol honno, a hithau'n gorfod ymddangos mewn blows denau a sgert haf drwy gydol y perfformiad. Pan ddaeth yr amser iddi aildrefnu'r blodau yn y llestr gwydr yn un o'r golygfeydd, methodd wneud hynny gan fod y dŵr wedi rhewi'n gorn!

Yn ystod gwanwyn 1956 dechreuodd y cwmni ymarfer drama

arall, sef *Corn Beca* Gwynne D. Evans, drama fuddugol Eisteddfod Genedlaethol Pwllheli, 1955. Y bwriad oedd ei pherfformio yn ystod Gŵyl Garthewin ym mis Gorffennaf. Ddiwedd 1955 gwahoddwyd y dramodydd Christopher Fry i draddodi prif ddarlith yr Ŵyl, ac wedi iddo ef wrthod ysgrifennwyd at T. S. Eliot, Martin Browne a P. H. Burton. Yn ôl y disgwyl, gwrthod a wnaeth y rhain hefyd. Yr unig un a gytunodd i draddodi darlith yn yr Ŵyl oedd Meredith Edwards, a chynigiodd y teitl 'Is Play Acting a Waste of Time?' Fel arfer, ni chafwyd anhawster i drefnu perfformiadau'r Ŵyl. Addawsai J. R. Evans a Huw Lloyd Edwards ddechrau 1956 y byddent yn ysgrifennu dramâu un-act yn arbennig ar ei chyfer. Ar argymhelliad Nesta Howe perswadiwyd John Gwilym Jones i ddod â'i gynhyrchiad o *Fel y Tybiwch, y Mae*, cyfieithiad T. Gwynfor Griffith a J. O. Davies o *Così è (se vi pare)* Luigi Pirandello, i Garthewin. Ddiwedd Ebrill yr oedd popeth wedi ei drefnu a'r rhaglen ganlynol yn barod i'w hanfon i'r wasg:

Nos Lun, *16 Gorffennaf*	7.00	*Corn Beca* Gwynne D. Evans Chwaraewyr Garthewin (Cyfarwyddwr, Morris Jones)
Nos Fawrth, *17 Gorffennaf*	7.00	Darlith: 'Is Play Acting a Waste of Time?' Meredith Edwards
Nos Fercher, *18 Gorffennaf*	7.00	*Y Crwydryn* J. R. Evans *Ar Ddu a Gwyn* Huw Lloyd Edwards Cwmni Drama Rhosllannerchrugog (Cyfarwyddwyr, W. J. Jenkins ac Olwen Mears)
Dydd Iau, *19 Gorffennaf*	2.30	Garddwest Dawnsio Gwerin gan Barti Dawnsio Caledfryn Meim dan ofal Mrs Graesser-Thomas Telyn a Chân gan y Parchedig a Mrs Môn Jones Te Gwahoddiad i bawb i ymweld â gerddi'r plas
	7.00	*Fel y Tybiwch, y Mae* Luigi Pirandello (cyfieithiad T. Gwynfor Griffith a J. O. Davies o *Così è (se vi pare)* (Cyfarwyddwr, John Gwilym Jones)
Nos Wener, *20 Gorffennaf*	7.00	*Corn Beca* Gwynne D. Evans (Chwaraewyr Garthewin, Cyfarwyddwr, Morris Jones)

Fel y gwelir, drama agoriadol yr Ŵyl oedd *Corn Beca*, yn cael ei chyflwyno gan Chwaraewyr Garthewin. Nid oedd y dewis yn un doeth gan fod yn y ddrama wendidau amlwg—y plot henffasiwn, er enghraifft, a'r ddeialog anystwyth. Pur ddilewyrch oedd cynhyrchiad Morris Jones yn ogystal, fel y nodwyd yn yr adolygiadau. Er i adolygydd *Y Faner* ar 1 Awst 1956 ganmol perfformiadau Eirian Evans (Emily Price) a Dafydd Jones (Owen Bifan), honnai fod tafodiaith ddeheuol y ddrama wedi peri cryn broblemau i'r actorion o Sir Ddinbych. Am y tro cyntaf, hefyd, beirniadwyd gwaith Lalla Thomas fel cynllunydd y gwisgoedd, a hynny am iddi fethu sicrhau fod y dillad yn gweddu i'r cymeriadau. Gwisgwyd y ffermwyr mewn cotiau a chrysau o ddeunydd da wedi eu haddurno'n gywrain â ffriliau, brodwaith a chadas crand. Yn wir, 'perfformiad gwastad' oedd y dyfarniad mwyaf canmoliaethus y medrai adolygydd *Y Faner* ei gynnig o gyflwyniad Chwaraewyr Garthewin yn yr Ŵyl.

Ni chafodd cynhyrchiad Cwmni Rhosllannerchrugog o'r *Crwydryn* J. R. Evans, gyda W. J. Jenkins yn cyfarwyddo, dderbyniad gwresog ychwaith. Camgymeriad oedd gwahodd cwmni o actorion ifainc, dibrofiad i berfformio'r ddrama atgof hon. Beirniadodd adolygydd *Y Faner* y ddrama ei hun, yn rhifyn 1 Awst, yn enwedig y rhan olaf, a oedd, yn ei dyb ef, 'yn debycach i ddiwedd stori fer nag i ddiwedd drama'. Olwen Mears a oedd yn cyfarwyddo perfformiad yr ail gwmni o Rosllannerchrugog o *Ar Ddu a Gwyn* Huw Lloyd Edwards, ond diflaswyd y gynulleidfa cyn dechrau'r perfformiad oherwydd yr amser hirfaith a gymerwyd i baratoi'r llwyfan wedi'r cyflwyniad o'r *Crwydryn*. Y peth arwyddocaol ynglŷn â drama Huw Lloyd Edwards oedd fod pwyllgor y theatr wedi llwyddo i ddenu awdur newydd i ysgrifennu'n arbennig ar gyfer Theatr Garthewin, ac yn y theatr hon yr oedd Huw Lloyd Edwards, yntau, i feithrin ei ddawn fel dramodydd. Wedi iddo orffen llunio *Ar Ddu a Gwyn* ar gais Morris Jones, anfonodd yr awdur y sgript i gystadleuaeth Drama Wreiddiol Un-Act Eisteddfod Genedlaethol Aberdâr, 1956, a thua thair wythnos wedi'r perfformiad cyntaf yng Ngarthewin dyfarnwyd yr ail wobr i'r ddrama yn yr Eisteddfod honno. Ond yng Ngarthewin gwelwyd bod iddi wendid sylfaenol, sef y duedd i bentyrru un digwyddiad ar ben y llall a chywasgu deunydd drama dair act i ddrama a gymerai namyn dri chwarter awr i'w pherfformio.

Llugoer, felly, oedd ymateb y gynulleidfa i berfformiadau Chwaraewyr Garthewin a chwmnïau Rhosllannerchrugog, ond achubwyd yr Ŵyl gan gynhyrchiad John Gwilym Jones o *Fel y Tybiwch, y Mae*. Nid oedd hwn yn gynhyrchiad newydd, wrth gwrs, gan i John Gwilym Jones gyfarwyddo'r ddrama yn Eisteddfod Genedlaethol Pwllheli yn 1955. Rhoddodd Gŵyl 1956 gyfle hefyd i'r cyfarwyddwr wyntyllu ei farn ynglŷn â sefyllfa'r ddrama Gymraeg, oherwydd yn y drafodaeth yn dilyn perfformiadau cwmnïau Rhosllannerchrugog tanlinellodd yr angen i annog dramodwyr Cymru i arbrofi â dulliau newydd a phynciau cyfoes. Ceisiodd John Gwilym Jones yn ogystal ddwyn perswâd ar y gynulleidfa a'r actorion i fynychu perfformiadau proffesiynol yn Birmingham, Stratford-upon-Avon, Bryste a Llundain. Gwnaeth Meredith Edwards yr un apêl yn ei ddarlith 'Is Play Acting a Waste of Time?', ac yn y drafodaeth yn dilyn yr anerchiad awgrymodd Morris Jones, a oedd yn cadeirio'r sesiwn yn absenoldeb Dennis Griffiths, Bwcle, mai un ffordd i'r actor amatur berffeithio ei grefft oedd drwy fynychu perfformiadau gan gwmnïau proffesiynol. Ond y ffordd orau, yn ei dyb ef, o wella safon yr actio oedd drwy gael theatr genedlaethol. Yn ystod y sesiwn drafodaeth hon cafwyd digon o ddadlau egnïol, gan fod tua deugain o ferched Ysgol Howells, Dinbych yno'n pentyrru cwestiynau ac yn gosod gerbron eu cynlluniau hwy ar gyfer dyfodol y theatr yng Nghymru!

Er hynny, nid safon actio a chyfarwyddo ond yn hytrach yr angen i ddenu awduron newydd i ysgrifennu ar gyfer y theatr Gymraeg oedd pwnc canolog Gŵyl 1956. Yn y sesiwn drafod wedi'r perfformiadau o'r *Crwydryn* ac *Ar Ddu a Gwyn* pwysleisiodd J. R. Evans a Huw Lloyd Edwards na fedrai dramodydd ffynnu heb gysylltiad â chwmni arbennig. O ganlyniad i'r drafodaeth hon penderfynodd pwyllgor y theatr yn unfrydol wahodd Huw Lloyd Edwards i ysgrifennu dramâu newydd ar gyfer Chwaraewyr Garthewin. Crynhowyd pwysigrwydd Gŵyl 1956 gan ohebydd *Y Faner* ar 25 Gorffennaf:

> Nodwyd fod wythnos ddrama Garthewin wedi mynd yn sefydliad cenedlaethol erbyn hyn, ac y mae dyn yn gweld ei gyfeillion yno'n union fel yn yr Eisteddfod Genedlaethol. Er na chafwyd drama gan Saunders Lewis eleni, cafwyd dramâu Cymraeg newydd gan awduron eraill.
>
> Mae'r dramâu yn theatr fach Garthewin yn rhoi syniad inni o'r hyn y gallai theatr genedlaethol fod. Mae'n dyfod â phobl o gyffelyb chwaeth ym myd y ddrama at ei gilydd, ac y mae'r bobl hynny yn ddigon bodlon cyfaddef eu bod yn cael dysg yn ogystal â diddanwch.

Ymddengys fod Gŵyl 1956 yn gyfeillgar iawn ei naws, gyda'r Arddwest ar y prynhawn Iau, er gwaetha'r glaw, yn denu llu o bobl leol i'r plas. Yno gwelsant Robert Wynne yn ymuno â Pharti Caledfryn ac yn dawnsio Croen y Ddafad Felen, Gŵyl Ifan ac Evans's Jig. Er hynny, yn 1956, collwyd yr arbenigrwydd hwnnw a roddid i Ŵyl Garthewin gan bresenoldeb Saunders Lewis, a chollwyd hefyd yr her o berfformio un o'i ddramâu. Yn ôl nifer o aelodau o bwyllgor y theatr, chwithig oedd cael eu hamddifadu o'r profiad cofiadwy o weld y dramodydd bychan yn cerdded yn hamddenol o'r plasty i'r theatr yng nghwmni ei noddwr tal, aristocrataidd.

Ar gyfer Gŵyl 1956 sicrhawyd unwaith eto nawdd Cyngor Celfyddyd Prydain Fawr, ac yn ogystal nawdd pellach i fynd â pherfformiad Chwaraewyr Garthewin o *Corn Beca* ar daith. Yn anffodus, gwrthodwyd y cynhyrchiad dro ar ôl tro gan neuaddau bychain y Gogledd. Un o'r rhesymau a roddwyd oedd y swm o £20 a godai Chwaraewyr Garthewin am berfformio. Nid oedd dim amdani felly ond llwyfannu cynhyrchiad cwbl wahanol yng Ngarthewin ar ddechrau 1957. Er mwyn denu mwy o bobl o Fae Colwyn a Llandudno penderfynodd y pwyllgor gynnal 'An English Evening at Garthewin', a chyfarwyddodd Tom Roberts gynhyrchiad o *Twentieth Century Lullaby* Cedric Mount. Drama arall y bu'r cwmni'n ei hymarfer yn ystod 1957, dan gyfarwyddyd Morris Jones, oedd *Rhwd yn y Rhedyn*, trosiad Emlyn Thomas o *Barbed Wire and Bracken* J. Mansell Thomas. Rhoddwyd y perfformiad cyntaf yng Ngarthewin, gerbron nifer o wahoddedigion, ar 21 Chwefror 1957. Cyflwynwyd hi hefyd ym Mochdre a Llangollen, ond y tro hwn gostyngwyd y ffi i £12, gan nad oedd costau adeiladu a chludo'r set gymharol ysgafn yn godro arian y cwmni'n ormodol. Cafodd y broblem o adeiladu setiau addas ei wyntyllu dro ar ôl tro ym mhwyllgor y theatr. Rhan o'r broblem, wrth gwrs, oedd na fedrai Robert Wynne gynnig adeilad addas gerllaw'r ysgubor i storio a pharatoi setiau, ac felly rhaid oedd benthyca adeilad yr Aelwyd ym Metws-yn-Rhos neu logi ystafelloedd yn Abergele neu Fae Colwyn. Nawr ac yn y man, pan fethid dod o hyd i adeilad neu ystafell addas, rhaid oedd comisiynu cwmni lleol i adeiladu'r setiau a'u cludo i bob canolfan, trefniant a oedd yn llyncu arian prin y cwmni. Am gyfnod yn y pumdegau cafwyd cydweithrediad parod gorsaf-feistr Bae Colwyn, a drefnodd fod ystafell yn cael ei neilltuo yn yr orsaf yno ar gyfer adeiladu setiau Chwaraewyr Garthewin.

Yn ystod cyfnod perfformio *Rhwd yn y Rhedyn* yr oedd aelodau pwyllgor y theatr yn brysur yn trefnu Gŵyl 1958. Yn rhyfedd iawn, awgrymwyd mai un ddarlith yn unig, a honno yn Saesneg, y dylid ei threfnu. Cynigiwyd enwau Emyr Humphreys, N. C. Hunter a John Osborne i'w thraddodi, ond ar gyngor Robert Wynne estynnwyd y gwahoddiad i Christopher Ede, a chafwyd ateb cadarnhaol ganddo ar unwaith. Wrth drefnu'r cynyrchiadau ceisiodd y pwyllgor ddwyn perswâd ar F. G. Fisher, Aeres Evans,

Gwynfor Griffith, Meurig Walters a Gwynne D. Evans i ysgrifennu dramâu newydd i'w perfformio yng Ngarthewin, ac er mawr foddhad i Morris Jones addawodd Aeres Evans a Meurig Walters anfon dramâu ato erbyn gwanwyn 1958. Derbyniodd Cwmni Capel Falmouth Road, Llundain y gwahoddiad i berfformio *Glo i'r Marwor* Gwynne D. Evans, a chytunodd Cyngor Celfyddyd Prydain Fawr i noddi'r rhaglen ganlynol:

Nos Lun, 9 Mehefin	7.00	*Cyfyng-gyngor* Huw Lloyd Edwards Chwaraewyr Garthewin (Cyfarwyddwr, Morris Jones)
Nos Fawrth, 10 Mehefin	7.00	Darlith: 'Purpose and Meaning of the Theatre' Christopher Ede
Nos Fercher, 11 Mehefin	7.00	*Glo i'r Marwor* Gwynne D. Evans Chwaraewyr Capel Falmouth Road, Llundain (Cyfarwyddwr, Reginald Evans)
Nos Iau, 12 Mehefin	7.00	*Y Cwymp* Meurig Walters Cwmni Caersalem Llanddulas (Cyfarwyddwr, H. H. Pritchard)
		Munudau Olaf Aeres Evans Cwmni Drama Rhosllannerchrugog (Cyfarwyddwr, Olwen Mears) Trafodaeth yn dilyn
Nos Wener, 13 Mehefin	7.00	*Cyfyng-gyngor* Huw Lloyd Edwards Chwaraewyr Garthewin (Cyfarwyddwr, Morris Jones)

Ni chafodd yr Ŵyl hon gystal cefnogaeth â'r gwyliau blaenorol, er i'r pwyllgor wneud ymdrech arbennig i hysbysebu'r gweithgareddau. Yr oedd y theatr yn hanner gwag ar gyfer y perfformiadau ar y nos Fercher a'r nos Iau. Yr oedd hyn yn drueni, gan fod cyflwyniad Cwmni Capel Falmouth Road o *Glo i'r Marwor*, dan gyfarwyddyd Reginald Evans, yn ddigon teilwng. Siomwyd Robert Wynne hefyd gan faint y gynulleidfa a ddaeth i wrando ar Christopher Ede yn traddodi yn y plas.

Prif ddrama'r Ŵyl, wrth gwrs, oedd *Cyfyng-gyngor*, a'r farn gyffredinol ymhlith y gynulleidfa oedd fod hon yn ddrama anodd iawn ei deall gan fod y symboliaeth ynddi mor ddyrys ac amlochrog. Ond yn y sesiwn drafod ar y nos Iau amddiffynnodd

Morris Jones ddrama Huw Lloyd Edwards, gan ddadlau ei bod yn arbrawf diddorol a oedd yn herio'r actorion a'r gynulleidfa. Yn ei adolygiad yn *Y Faner*, 26 Mehefin, canmolodd Mathonwy Hughes actio deheuig Seth (Dafydd Williams), Ann (Eirian Evans), Mabli (Betty Jones), yr Awdur (Tom Roberts), Sioned (Ceridwen Williams) ac Abram Morgan (Huw Madog Jones). Talodd deyrnged hefyd i benderfyniad Morris Jones i ymgymryd â'r gwaith o gyfarwyddo drama 'a ofynnai am gryn ddychymyg i'w chynhyrchu'n llwyddiannus'.

Wedi'r Ŵyl aeth y cwmni â'r ddrama ar daith i Fochdre, yr Wyddgrug, Bae Colwyn, Llanfairfechan, Harlech a Phen-y-groes. Trychineb oedd y perfformiad a roddwyd ym Mhen-y-groes ar 28 Tachwedd 1958 gan fod neuadd y pentref yn gwbl anaddas ar gyfer cynhyrchiad o'r fath. Y noson honno yr oedd David Peters o Gyngor Celfyddyd Prydain Fawr yn y neuadd yn gwylio Chwaraewyr Garthewin yn ceisio dygymod â'r llwyfan cyfyng, y diffyg golau a'r gynulleidfa anniddig. Wedi'r perfformiad cododd ar ei draed i ddatgan y dylid sicrhau gwell llwyfan ac adnoddau gwresogi a goleuo safonol cyn gwahodd cwmni o statws Chwaraewyr Garthewin i berfformio yn y neuadd. Dywedodd hefyd wrth Morris Jones a'r cwmni na ddylent dderbyn gwahoddiad i berfformio mewn unrhyw neuadd heb sicrhau ymlaen llaw fod yno lwyfan ac adnoddau addas.

Tybiai Robert Wynne mai un o'r prif resymau am ddiffyg cefnogaeth y cyhoedd yn ystod Gŵyl 1958 oedd y ffaith na chyflwynwyd drama gan Saunders Lewis ar lwyfan Garthewin. Yng Ngorffennaf 1958, felly, awgrymodd Robert Wynne i bwyllgor y theatr y dylid meddwl o ddifri am gynnal gŵyl arbennig yn 1959, un a fyddai'n canolbwyntio ar ddramâu Saunders Lewis, ac y dylid hefyd wahodd Cwmni Pwyllgor Cymreig Cyngor Celfyddyd Prydain Fawr i Garthewin i lwyfannu '*Gymerwch Chi Sigaret?* a *Brad*. Derbyniwyd yr awgrym yn eiddgar gan bwyllgor y theatr ac esgorodd hyn ar lu o syniadau da. Er enghraifft, awgrymwyd y dylid gofyn i gwmni o Lanystumdwy gyflwyno *Eisteddfod Bodran* a chael John Gwilym Jones i gyfarwyddo cynhyrchiad newydd o *Siwan*. Penderfynwyd mai cynhyrchiad o *Amlyn ac Amig* fyddai cyflwyniad Chwaraewyr Garthewin yn yr Ŵyl. Felly, yn y Babell Lên yn Eisteddfod Genedlaethol Glyn Ebwy, 1958, yn dilyn y drafodaeth ar y perfformiad cyntaf o *Brad* gan Gwmni Pwyllgor Cymreig Cyngor Celfyddyd Prydain Fawr, cyhoeddodd Robert Wynne y byddai Gŵyl Garthewin 1959 yn 'Ŵyl Saunders Lewis'. Wedi'r Eisteddfod ysgrifennodd yr ysgwïer at y dramodydd i'w wahodd i aros yn y plas dros gyfnod yr Ŵyl. Cafodd ateb nodweddiadol i'r gwahoddiad: 'I don't think I ought to attend such a festival! It would be rather like reading my own obituary notice.'[35] Yn yr un llythyr dengys Saunders Lewis ei fod yn ansicr ynglŷn ag addasrwydd dwy act gyntaf *Blodeuwedd* ar gyfer y llwyfan: 'Would the producer be willing to accept a revision of the first act, perhaps the first two acts, from me?' Ymddengys nad oedd Saunders Lewis yn or-hoff o'r syniad o Ŵyl a fyddai'n dwyn ei enw. Dywed mewn llythyr at Kate Roberts ar 22 Hydref 1958:

> Y mae pobl Theatr Garthewin yn arfaethu ffestifal o'm dramâu i ar gyfer y flwyddyn nesaf; nid oes gennyf ddigon o ddewrder i'w rhwystro nhw, ond dyna a ddymunwn.[36]

Ond nid oedd angen i Saunders Lewis boeni. Bu'n rhaid i Robert Wynne a'r pwyllgor anghofio am Ŵyl 1959 pan ddywedodd Myra Owen wrthynt na fyddai nawdd gan Gyngor Celfyddyd Prydain Fawr ar gael ar gyfer y flwyddyn honno. O'r cychwyn cyntaf yr oedd Myra Owen wedi llwyddo i ddarbwyllo Robert Wynne rhag gwneud yr Ŵyl yn un flynyddol, gan y gwyddai'n burion fod trefnu'r fath achlysur yn ormod o faich i gwmni amatur a phwyllgor bychan. Anghofiwyd, felly, am y tro, am 'Ŵyl Saunders Lewis'.

Erbyn ail hanner y pumdegau, wrth gwrs, cynhelid gŵyl ddrama flynyddol yng ngogledd Cymru, sef Gŵyl Ddrama Genedlaethol Llangefni. Yn wir, yn yr Ŵyl honno y llwyfannwyd am y tro cyntaf ddwy o ddramâu Saunders Lewis, sef *'Gymerwch Chi Sigaret?* (Medi 1955) ac *Esther* (Hydref 1959) Yr oedd gwyliau Llangefni'n rhai hynod o lwyddiannus, nid yn unig oherwydd safon yr actio, ond hefyd am eu bod yn esgor ar drafodaethau bywiog ac adeiladol. Nid oedd yn Llangefni ychwaith barchedig ofn tuag at waith Saunders Lewis. Mewn trafodaeth a gynhaliwyd wedi'r perfformiad o *Brad* yng Ngŵyl Llangefni 1958, beirniadodd Emrys Hughes y ddrama'n llym am nad oedd 'mawredd yn y cymeriadau na'u problem i'w gwneud yn drasiedi', a disgrifiodd y ddrama fel 'casgliad o ffeithiau'.[37] Yn ystod y drafodaeth llongyfarchwyd ef gan H. Pierce Jones am fod 'yn ddigon dewr i ymosod ar Saunders Lewis fel dramodydd'.[38] Byddai beirniadu Saunders Lewis yn y fath fodd wedi bod yn amhosibl yng Ngarthewin, ond yn Llangefni anogid y darlithwyr a'r gynulleidfa i leisio barn ddiflewyn-ar-dafod ar y perfformiadau ac ar sefyllfa'r ddrama Gymraeg yn gyffredinol. Er enghraifft, yng Ngŵyl Llangefni 1959, prif neges Aneirin Talfan Davies wrth annerch y gynulleidfa oedd fod y Cymry 'yn rhy ddiawledig o barchus fel cenedl i greu dim byd gwir', ac mai mewnblyg oedd ymhyfrydu cymaint 'yn ein celfyddyd amatur'.[39]

O'u cymharu â gweithgareddau Gŵyl Llangefni, felly, yr oedd sesiynau trafod a darlithoedd Gŵyl Garthewin—a'r darlithoedd Saesneg yn arbennig—yn ddof a 'pharchus'.

Ymddengys nad oedd pob un o aelodau pwyllgor Garthewin yn fodlon mai un ddarlith yn unig, a honno yn Saesneg, a drefnwyd ar gyfer Gwyliau 1956 a 1958, ac yr oedd cyfran helaeth o'r aelodau'n anfodlon iawn â pholisi'r pwyllgor o gadw eu cofnodion yn Saesneg. Ddiwedd 1959, yn un o gyfarfodydd y pwyllgor, holodd Dafydd Williams paham na chedwid y cofnodion yn Gymraeg. Y rheswm a roddwyd gan Haydn Davies, y Cadeirydd, oedd fod Nesta Howe o Gyngor Celfyddyd Prydain Fawr yn ddi-Gymraeg—rheswm digon rhyfedd gan i Nesta Howe ffarwelio â phwyllgor Garthewin ar ei hymddeoliad dros ddwy flynedd ynghynt. Yr oedd yn gwbl amlwg nad oedd dadl Haydn Davies yn dal dŵr, a phenderfynwyd cadw'r cofnodion yn Gymraeg o hynny allan.

* * *

Cynhyrchiad cyntaf Chwaraewyr Garthewin yn 1960 oedd cyflwyniad o *Ffrindiau a Pherthnasau*, cyfieithiad Trevor Williams o *Friends and Relations* St John Ervine. Rhoddodd y cwmni berfformiadau yng Ngarthewin, Llanfairfechan a Harlech yn ystod Chwefror a Mawrth, ond methiant fu'r ymdrech i ddenu gwahoddiadau i berfformio yn neuaddau bychain Sir Ddinbych gan fod costau'r cynhyrchiad yn dreth ar adnoddau prin y neuaddau hynny. Ym marn Tom Roberts, cyfarwyddwr *Ffrindiau a Pherthnasau*, yr oedd dwyster y ddrama yn rheswm ychwanegol dros y diffyg cefnogaeth ym mhentrefi Sir Ddinbych. Bu'r cynhyrchiad hwn yn fethiant yn ariannol i'r cwmni, ac o ganlyniad, bu'n rhaid iddynt ofyn am nawdd sylweddol gan Gyngor Celfyddyd Prydain Fawr ar gyfer Gŵyl 1960. Rhyddhad mawr i'r pwyllgor, felly, oedd derbyn £275 ar gyfer gweithgareddau'r haf. Y tro hwn, ni chafwyd trafferth i ddod o hyd i ddarlithydd, gan i Huw Wheldon dderbyn y gwahoddiad i ddarlithio ar y pwnc 'The World's a Stage' yn syth. Addawodd John Gwilym Jones, yntau, ddod â chwmni i'r Ŵyl i berfformio *Esther* Saunders Lewis, a dewisodd Morris Jones *Gofid Cudd*, cyfieithiad G. J. Evans o *Les Arboles Mueren de pie* Alejandro Casona ar gyfer Chwaraewyr Garthewin. Cytunodd Cwmni Treforys i roi perfformiad o *Gwreichion yn y Gwynt*, ond, er mawr siom i'r pwyllgor methodd y cwmni ddod i Garthewin gan i'r prif actor gael ei daro'n wael ychydig ddiwrnodau cyn yr Ŵyl. Felly, dwy ddrama ac un ddarlith a gafwyd yng Ngŵyl 1960, fel y gwelir isod:

Nos Fawrth, 28 Mehefin	7.00	*Gofid Cudd* Alejandro Casona (cyfieithiad G. J. Evans o *Les Arboles Mueren de pie)* Chwaraewyr Garthewin (Cyfarwyddwr, Morris Jones)
Nos Fercher, 29 Mehefin	7.00	Lecture: 'The World's a Stage' Huw Wheldon
Nos Iau, 30 Mehefin	7.00	*Gofid Cudd* Alejandro Casona (cyfieithiad G. J. Evans o *Les Arboles Mueren de pie*) Chwaraewyr Garthewin (Cyfarwyddwr, Morris Jones)
Nos Wener, 1 Gorffennaf	7.00	*Esther* Saunders Lewis Cwmni Drama Coleg y Gogledd (Cyfarwyddwr, John Gwilym Jones)

Disgrifir yn hwylus awyrgylch yr Ŵyl hon, ynghyd â'r ymateb i gynhyrchiad Chwaraewyr Garthewin o *Gofid Cudd*, yn adroddiad y cylchgrawn *Drama*:

> Ein gŵyl ddrama genedlaethol fwyaf cartrefol yw Gŵyl Garthewin . . . Addas iawn oedd gweld ystlum yn gwibio o dan y trawstiau ac uwchben y llwyfan yn ystod y perfformiad o'r trosiad o ddrama Ysbaeneg eleni, a phriodol iawn oedd gweld lliaws o'r un bobl ag a welwyd yn yr ŵyl rai troeon o'r blaen yn y theatr fach yn Llanfair Talhaearn eleni eto.
>
> Prin bod yr arlwy eleni wedi rhoddi boddhad llwyr i gynulliadau Garthewin. Nid oes modd i gyfieithiad o ddrama nad oes ynddi ddim byd arbennig fel stori na thema, na llwyfannu drama fel *Esther* (Saunders Lewis) gan gwmni o actorion ieuainc pur ddibrofiad, fod yn gwbl dderbyniol.
>
> Rhyw bôs lliwgar o act yw act gyntaf *Gofid Cudd*. Anodd gwneud rhych na phen ohoni ond fel ymgais wan i roi rheswm am ymddygiad tri o'i lliaws cymeriadau yn y ddwy act sy'n canlyn.
>
> Bu'n gyfrwng i ddangos rhai perfformwyr galluog inni. Ni welwyd erioed mo Eirian Evans (Abergele) yn chwarae â'r fath sicrwydd a medr ag y gwnaeth yn rhan Nain yn y ddrama hon. Dyma'r Dona Sbaenig oedrannus a bonedd yn ei pharabl a'i symudiadau i gyd, a dyma bluen hardd yn het Morris Jones, y cynhyrchydd.[40]

Cwyna adolygydd *Y Faner* hefyd am ddryswch act gyntaf y ddrama, ond yr oedd pawb a welodd y cynhyrchiad yn cytuno fod y golygfeydd Sbaenaidd yn drawiadol o liwgar a'r gwisgoedd a gynlluniwyd gan Doris Tasker Jones yn ysblennydd. Cytunai pawb hefyd mai Eirian Evans oedd seren y noson, ac fe'i disgrifir yn *Y*

Faner fel 'un o oreuon llwyfan ein drama'.[41] Clodforwyd yn ogystal berfformiadau Ida Taylor, Judith Jones a Trefor Selway. Er gwaethaf dryswch y ddrama ei hun yr oedd Myra Owen yn dotio ar y cynhyrchiad, ac ymddengys mai hi a awgrymodd i bwyllgor Eisteddfod Genedlaethol Caerdydd, 1960, y dylid gwahodd Chwaraewyr Garthewin i berfformio *Gofid Cudd* yn Theatr Tywysog Cymru yn y ddinas ym mis Awst.

Ail gynhyrchiad Gŵyl Garthewin 1960 oedd perfformiad o *Esther* Saunders Lewis gan Gwmni Drama Coleg y Gogledd, gyda John Gwilym Jones yn cyfarwyddo. Yn 1959 yr oedd Saunders Lewis wedi dewis Cwmni Môn, dan ofal H. Pierce Jones, yn hytrach na Chwaraewyr Garthewin, i berfformio *Esther* am y tro cyntaf yng Ngŵyl Ddrama Genedlaethol Llangefni y flwyddyn honno. Ar 24 Gorffennaf 1959 cyfaddefodd mewn llythyr at Kate Roberts: 'Ac yn awr yr wyf yn fy melltithio fy hun am imi'n feddal roi drama ("Esther") i gwmni Sir Fôn i'w rhoi ar lwyfan Llangefni. Mi wn o'r gorau mai gwneud cawl ohoni a wnân' nhw.'[42] Yn ôl yr adolygiad a ymddangosodd yn *Y Faner* ar 1 Hydref 1959, nid oedd y cynhyrchiad o *Esther* yn Llangefni yn nodedig. Ymddengys fod yr actorion yn nerfus iawn drwy gydol yr act gyntaf, a beirniedir Emyr Jones am gamddehongli cymeriad Haman. Ym marn adolygydd *Y Faner* camgymeriad oedd portreadu Haman 'fel dyn cyfrwys, dichellgar, ofnus, yn hytrach nag ymgorfforiaeth o'r drwg', gan fod y fath bortread yn 'tanseilio pwyslais y ddrama'. Ni chafwyd adolygiadau brwdfrydig o gynhyrchiad John Gwilym Jones o'r ddrama yng Ngŵyl Garthewin y flwyddyn ganlynol ychwaith. Wrth gyfarwyddo actorion Cwmni Drama Coleg y Gogledd yr oedd John Gwilym Jones wedi penderfynu arbrofi drwy gyflwyno'r ddrama mewn gwisg fodern. Barn adolygydd *Y Faner*, 14 Gorffennaf 1960, oedd fod 'yr arbrawf wedi peri siomiant i liaws o gefnogwyr y ddrama yng Ngarthewin', a honna nad 'llwyfan y theatr fach hon yw'r lle i gyflwyno "Esther" ac nid actorion ifainc iawn fel y rhain yw'r cwmni gorau i'r pwrpas ychwaith'. Beirniadodd hefyd act gyntaf *Esther* am fod ynddi 'bethau amherthnasol yn y ddeialog sy'n cyflwyno'r sefyllfa ddramatig'. Ond adolygiad D. Tecwyn Lloyd yn *Y Cymro,* 7 Gorffennaf, a rydd i ni'r dadansoddiad mwyaf craff o natur arbrawf John Gwilym Jones ac ansawdd ei gynhyrchiad. Y mae'n werth dyfynnu'n helaeth ohono:

> Menter ddiddorol ond un eithaf peryglus ydyw llwyfannu drama gyfnod mewn gwisg gyfoes. Nid gyda phob drama gyfnod y gellir gwneud hyn canys mewn nifer helaeth o ddramâu felly y mae'r cyfnod ei hun—ei wisgoedd a'i ymadroddion a'i gonfensiynau—yn rhan anhepgor o'r

chwarae. Byddai'n amhosibl chwarae Amlyn ac Amig, dyweder, mewn gwisg ac mewn set gyfoes heb newid llawer iawn ar y cynnwys. Hyd yn oed wedyn, ni cheid llwyddiant.

Ond gydag Esther (Saunders Lewis), ni ddylai'r syniad fod yn un gwrthun i neb. Cymeriad o'r Beibl ydyw hi; felly Haman a Mordecai a Brenin Persia. Am yn agos i ddwy ganrif buont yn destun trafodaeth mewn Ysgol Sul a phregeth a chymanfa ymhob cornel o Gymru, fel pob cymeriad arall yn yr Hen Destament a'r Newydd.

Yn y trafodaethau hynny, fel cymeriadau cyfoes y gwelid hwy bron yn ddieithriad gan wladwyr Cymru . . .

Na, nid anodd derbyn chwarae drama ar hanes o'r Beibl, mewn gwisg gyfoes. Canys o bob deunydd, dyma'r un y bu digon o frudio a meddwl a dychmygu yn ei gylch yng Nghymru i fedru didoli ei ystyr fewnol oddi wrth ei allanolion dwyreiniol a hynafol nes ei dderbyn a'i fwynhau heb deimlo eisiau'r allanolion hynny . . .

Ni chredaf, er hynny, fod Saunders Lewis wedi sgrifennu 'Esther' gyda'r bwriad o'i llwyfannu mewn gwisgoedd cyfoes. Iddo ef, y mae bod y digwyddiadau yn yr hanes mor bell yn ôl yn ffaith bwysig, cyn bwysiced a'u bod yn digwydd yr awron ac y gallant ddigwydd eto yfory.

Er enghraifft: nid newyddbeth yn perthyn i wlad arbennig yn ein canrif ni ydyw erlid yr Iddewon; nid Hitler na Napoleon na Wallenstein nac un teyrn milwrol yn hanes Ewrop yw'r rhai cyntaf i feddwl am hollallu. Mae'r wanc yn hen, a buaswn i'n meddwl y byddai gan Saunders Lewis eisiau gweld y perfformiad i gyd yn *dangos* ei bod yn hen.

Awgrym o hynny yw fod ambell ymadrodd yn y chwarae wedi ei godi yn uniongyrchol o'r Beibl, yn iaith y Beibl. Gan amlaf, mae'r sgwrs yn gyfoes a rhydd, ond yn y mannau argyfyngol, daw cymal neu frawddeg o Gymraeg William Morgan ac arddull ffurfiol y Beibl ei hun. Effaith hynny yw peri inni gofio fod yr holl ddrama yn ddeunydd hen ac mai yn y dwyrain pell-yn-ôl y bu.

I gynhyrchydd, mae manteision amlwg mewn defnyddio gwisg a chefndir heddiw. Mae'n osgoi'r panopli lliwgar o wisgoedd dwyreiniol y mae mor hawdd methu gyda hwy; yn osgoi'r salamau a'r confensiynau cymdeithasol; yr anawsterau dodrefnu; y coluro a'r barfau ffug, etc. Ond fe erys anawsterau a phyllau hawdd cwympo iddynt gyda'r dull a gymerwyd yng Ngarthewin hefyd. Canys o fod yn fodern, rhaid cofio bod felly ym mhopeth.

Egyr y chwarae gyda chyhoeddi proclamasiwn Haman yn erbyn yr Iddewon. Yng Ngarthewin, darllenwyd hwn o flaen y llenni oddi ar sgrol, yn union fel y byddis yn darllen cyhoeddi'r Brifwyl . . . Nid felly y cyhoeddai Goebbels a Hitler eu bwriadau hwy ond trwy feicroffon—neu heddiw, trwy'r teledydd (fel Eden yn nyddiau Suez).

Swyddog yn y Palas yw Harbona, cyhoeddwr y proclamasiwn: pennaeth gwarchodlu a'r byddinoedd ymerodrol. Gŵr tebyg i'r hyn oedd Himmler neu Keitel a'r hyn yw Malinovski a Norstad heddiw. Ond yng Ngarthewin, gŵr sifil mewn gwisg barlwr ydoedd ac o'r herwydd, ni chyfleai y 'fraich o gnawd', a gynhaliai'r ymherodr a Haman.

Ystafell yn y plas ymerodrol oedd yr olygfa ymhob un o'r tair act a melyn oedd y lliw llywodraethol ynddi. Yr oedd yn gwbl fodern: cadeiriau esmwyth ysgafn; lleithig o'r un set: bwrdd bychan i ddal y decanter a'r gwydrau diod a'r sigareti; moelni chwaethus gydag awgrym o fwythder 'lolfa' Ceridwen yn *Ffenestri Tua'r Gwyll.*

Eto, nid oedd yn ystafell ymerodrol. Fe ddigwydd fy mod wedi gweld un neu ddwy o ystafelloedd rhai o deyrnedd daear heddiw ac yr oedd y rheini ymhell o fod mor 'gyfoes' a chyffyrddus â hyn. Eu ffasiwn hwy, hyd y gwelais, ydyw ceisio bod yn ddiffasiwn gan gredu o hyd fod y fath bethau â dodrefn brenhinol yn yr un ffordd ag y credai Syr John Morris Jones ym modolaeth geiriau barddonol.

Fodd bynnag, ar ôl dweud hyn, prysuraf i ychwanegu fod y chwarae yn grymuso cymaint wrth fynd rhagddo fel nad oedd dyn yn sylwi ar y pethau a nodwyd erbyn yr act olaf. A hyn, mi dybiaf, sy'n gosod 'Esther' ymhlith y dramâu mawr, sef nad yw o bwys, mewn gwirionedd ym mha wisg nac ar ba gefndir y chwaraeir hi; y deunydd, yr arfaeth ddramatig a welir ynddi; dyna sy'n cyfri.

 D. Tecwyn Lloyd rhagddo i ganolbwyntio ar berfformiadau unigol, ac i gynnig sylwadau ar natur serch yn nramâu Saunders Lewis:

Gan nad yw 'Esther' wedi ei chyhoeddi, nid hawdd na theg fyddai ceisio beirniadu perfformiad Chwaraewyr Coleg y Gogledd. Haman (R. Alun Evans) sy'n aros yn fy nghof i heno wrth sgrifennu hyn. Fe lwyddodd Mr Evans i bortreadu'r megalomaniac ac fe gadwodd yn gyson at ei bortread i'r diwedd mewn ystum a llais.

Ac yna, Mordecai. Cymro oedd ef yn goslefu'n werinol, ond cystal fu hynny gan ei fod felly yn llwyddo i gyfleu unplygrwydd diweniaith y cymeriad. Mr Gwyn Morgan Lloyd oedd yn actio Mordecai.

Ni allaf benderfynu, heb ddarllen y ddrama yn ofalus neu ei gweld eto lawer gwaith, beth yn hollol ydyw cymeriad Harbona, y swyddog. Dadleua cyfaill y mae gennyf barch i'w farn a'i ddychymyg, mai Harbona ac nid Haman ydyw gwir ddiafol y chwarae; mae ef yn ddigon cyfrwys a bradwrus i gadw ei ben uwchlaw pob tywydd. Nid dyma'r portread a roes Gwyn Cadnant Griffith ohono inni.

Gŵr llawen, anghyfrifol, digon hoffus a welsom yng Ngarthewin; rhyw gyfuniad o Ronw Bebr (*Blodeuwedd*) ac Alis (*Siwan*). Nid oedd dim o Haman ynddo. Ac eto, efallai mai ysgafngalon digydwybod a hoffus, wedi'r cwbl, yw'r diafol gwaethaf i gyd. Nid oes gan Harbona deyrngarwch i neb, nac iddo'i hun.

Rhan y Brenin (Elwyn Jones) ac Esther (Wenna Thomas?) oedd cyfleu ymyrraeth ac ymateb serch a chariad i'r holl sefyllfa. Hyd y gwelais i, nid yw actio'r thema hon yn hawdd mewn dim un o ddramâu Saunders Lewis ac mi gredaf mai wrth drafod y thema hon y mae'r dramodydd yn llwyddo leiaf.

Serch dramatig, llwyfannol, sydd ganddo; nid serch. . . .

Mae'n beth digon od i'w feddwl, ond 'rwyf yn siŵr fod Saunders Lewis yn fwy cartrefol a hunanhyderus pan fo'n trafod serch fel colyn mewn comedi (fel yn *Eisteddfod Bodran*) neu mewn opera (fel yn *Serch yw'r Doctor*). Neu, ar y llaw arall, pan fo'n trafod cariad dwyfol a thosturi dwyfoldeb. Mae pregeth Garmon ac *Amlyn ac Amig* yn argyhoeddi trwy eu hangerdd.

Siomedig ar y cyfan oedd yr ymateb i Ŵyl 1960. Er enghraifft, ni roddwyd unrhyw sylw yn y wasg i ddarlith Saesneg Huw Wheldon, 'The World's a Stage', ar y nos Fercher. Yn wir, oni bai am bresenoldeb disgyblion o Ysgol Howells, Dinbych, Hafodunos, Penrhos, Clarendon a Choleg Lowther, ynghyd ag aelodau pwyllgor yr Ŵyl, byddai darlithfa'r plas wedi bod yn wag y noson honno. Pur ddigalon oedd y pwyllgor wedi'r Ŵyl, a phenderfynwyd yn ystod yr hydref fod y gwaith trefnu a hysbysebu diddiwedd a olygai'r Ŵyl yng Ngarthewin yn ormod iddynt. O ganlyniad, trosglwyddwyd y dasg o lunio rhaglen yr Ŵyl i Gymdeithas Ddrama Sir Ddinbych ar yr amod y cedwid y teitl 'Gwyl Ddrama Genedlaethol Garthewin', a bod dau aelod yn cynrychioli'r theatr ar bwyllgor newydd yr Ŵyl. Cymdeithas Ddrama Sir Ddinbych, felly, a drefnodd Ŵyl 1962, gan ddechrau cyfnod arall yn hanes Chwaraewyr Garthewin.

Nid dramâu gan Saunders Lewis oedd yr unig berfformiadau a roddwyd gan Chwaraewyr Garthewin yn ystod haf 1960. Yn fuan wedi'r Ŵyl, ar wahoddiad Rayant Pictures, perfformiodd y cwmni gyfres o olygfeydd yng ngerddi Bodnant ar gyfer ffilm arbennig, *Britain is a Garden*. Yr oedd y profiad yn werthfawr a phleserus, er i Morris Jones a chyfarwyddwr y ffilm anghytuno'n frwd ar adegau. Er enghraifft, ceryddwyd y cyfarwyddwr gan Morris Jones am ei grwpio diddychymyg a'i agwedd ffwrdd-â-hi tuag at Chwaraewyr Garthewin. A chafodd y truan gerydd ychwanegol pan wnaeth i Gwyneth, merch Robert Wynne, a oedd wedi ei gwisgo fel morwyn o oes Elisabeth, foesymgrymu i'r criw ffilm!

* * *

Yn gynnar yn 1960 ceisiodd ysgwïer Garthewin ddenu'r Merlin Theatre Company, sef cwmni Saesneg proffesiynol a sefydlwyd gan Richard Rhys, Parc Dinefwr, ger Llandeilo, i berfformio yng Ngarthewin, ond yn ofer. Ar 1 Mawrth, ar awgrym Saunders Lewis, ysgrifennodd Richard Rhys at Robert Wynne yn gofyn a gâi lwyfannu cyfieithiad yr ysgwïer o '*Gymerwch Chi Sigaret?*, gydag Anthony Hopkins yn chwarae rhan Marc a Thomas Taig yn cyfarwyddo. Eglurodd Richard Rhys mai'r bwriad oedd perfformio'r ddrama yn Theatr y Palace, Abertawe, yn y lle cyntaf, ac yna yn Llanelli, Castell-nedd, Porth-tywyn, Port Talbot a Chaerdydd. Cynigiodd draean o 10 y cant o'r enillion i Robert

Wynne. Yn yr un llythyr pwysleisiodd Richard Rhys fod Saunders Lewis ei hun yn awyddus i ddiwygio rhannau o gyfieithiad yr ysgwïer cyn i'r ddrama fynd ar daith. Wrth ateb y llythyr ar 5 Mawrth cyfeiria Robert Wynne yn ddigalon at drafferthion Theatr Garthewin:

> At the moment we are in the doldrums as so many of our best players have got posts. Our most promising actor and producer, for instance, is now in charge of the drama department at Cardiff Castle and well out of reach. Such is the lot of all amateur efforts![43]

Ac yna ychwanegodd: 'That is what makes a Welsh professional company exciting news!'

Yr oedd Saunders Lewis yn frwdfrydig ynglŷn â'r Merlin Theatre Company, oherwydd fe'i gwelai yn gyfle ardderchog i amlygu manteision cwmni proffesiynol. Ond ar yr un pryd nid oedd yn obeithiol iawn y câi weld cwmni Cymraeg proffesiynol yn cael ei sefydlu ar ddechrau'r chwedegau. Mewn llythyr at Robert Wynne ar 9 Mai 1960 dywedodd: 'I'm very much afraid that until we get a potty and eccentric Welsh-speaking millionaire interested in Welsh theatre we shall never have in Welsh anything as good as the Merlin Theatre Group in English.'[44] Yn y cyfamser, rhoddodd Saunders Lewis bob cefnogaeth i Richard Rhys a'i gynhyrchiad o *Have a Cigarette?* Yr oedd o fantais i Richard Rhys, wrth gwrs, ei fod wedi troi at Eglwys Rufain a'i fod yn fab-yng-nghyfraith i Syr John Rothenstein, cyfarwyddwr Galeri'r Tate. Mae'n anodd dirnad paham yr awgrymodd Saunders Lewis y dylai Richard Rhys ofyn am gyfieithiad Robert Wynne o'i ddrama, gan y gwyddai na fedrai ganiatáu i'r Merlin Theatre Company berfformio'r fersiwn hwnnw. Dichon fod yr anghydfod a fu rhyngddo ef a'r ysgwïer yn 1956 ynglŷn â'r cyfieithiad yng nghefn ei feddwl, a'i fod am osgoi siomi a digio Robert Wynne ymhellach. Bwriad Saunders Lewis pan roddodd ganiatâd i'r Merlin Theatre Company berfformio'r ddrama oedd mynd ati i'w chyfieithu ei hun, a dyna'n union a ddigwyddodd. Gofynnodd i Richard Rhys beidio â datgelu'r gyfrinach, ac, fel y crybwyllwyd eisoes, yr unig ddau berson arall a wyddai am fodolaeth y cyfieithiad newydd oedd Emyr Humphreys a Thomas Taig. Ond y mae bellach yn bosibl profi, gyda chymorth Richard Rhys, mai cyfieithiad Saunders Lewis a ddefnyddiwyd yn 1960. Ar 19 Mawrth 1960 anfonodd Saunders Lewis y llythyr canlynol at Richard Rhys:

158 Westbourne Rd
Penarth
Glamorgan

Dear Richard,

Here's my English version of the second act of *Have a Cigarette?* I have sent a copy also to Taig, but I can only type *two* copies, so I have none of my own. Will you, when you've had copies duplicated, let me have my original typescript of the two acts back?

I won't be able to translate the third act in time for your present rehearsing, but I'll do it for any possible future use—in case it might go to a theatre in England or Dublin. In the meantime I would beg you,—though it might appear quixotic—to let the original agreement of 1/3 to R. O. F. Wynne stand, and his name as translator on the programme, at least for your present South Wales tour.

I hope your plans go forward well.

Yours sincerely
Saunders*[45]

Mewn nodyn ar ddiwedd y llythyr rhoddodd Saunders Lewis fanylion ynglŷn â dyddiad a lleoliad digwyddiadau'r ddrama—manylion a oedd i'w cynnwys ar raglen cynhyrchiad y Merlin Theatre Company.

Time: 1950 (circa)
Place: Act I in a capital in South East Europe
Acts II and III in the American sector of Vienna

Yn y ddrama Gymraeg wreiddiol, a gyhoeddwyd gan Lyfrau'r Dryw, Llandybïe yn 1956, y dyddiad a nodwyd ar gyfer digwyddiadau'r ddrama oedd 1948, a gwelir bod y disgrifiad o'r lleoliad ychydig yn wahanol—gosodir yr act gyntaf mewn 'prif-ddinas yn Nwyrain Ewrob', a'r ail a'r drydedd mewn 'Fflat yn Vienna'. Lluniodd Saunders Lewis yn ogystal nodyn byr ar gyfer y rhaglen:

The play is based on fact. The first act is, by and large, true to history; the rest of the play not. Names and place are changed. Photographs of the cigarette case and details of the story were published at the time in English newspapers. The play in its original Welsh was first produced by Herbert Davies in 1955 with Miss Siân Phillips as Iris.

Llwyddodd y dramodydd i gwblhau ei gyfieithiad o'r drydedd act yn ystod y cyfnod ymarfer, a newidiodd ddechrau'r ail act drwy

* Yr wyf yn ddiolchgar i Richard Rhys am anfon ataf fersiwn yr ysgwïer o *Have a Cigarette?* a dwy act o gyfieithiad Saunders Lewis, ynghyd â'r llythyr uchod.

ychwanegu golygfa gwbl newydd. Egyr y darn newydd hwn gyda Chapten Christopher yn galw yn fflat Phugas i roi pwys o goffi Brasil yn anrheg i'w chwaer Calista:

ACT II

At rise of curtain CALISTA STANDS, dressed to go out, looking through the back window. There's a knock at the outer door. Without changing position Calista calls—

CALISTA: Come in!
(Enter CHRISTOPHER carrying a parcel)
Well! Captain Christopher!

CHRISTOPHER: Good morning, Calista.

CALISTA: You are too early. They haven't come yet.

CHRISTOPHER: (laughing) My dear lady, I haven't come here to look out of your window.

CALISTA: I wish you would. You don't believe me.

CHRISTOPHER: You are going out?

CALISTA: Marketing.

CHRISTOPHER: I've come from marketing.

CALISTA: So early? It's not nine yet.

CHRISTOPHER: I've got a parcel for you.

CALISTA: For me? But how nice!

CHRISTOPHER: You made me feel very guilty yesterday.

CALISTA: Guilty?

CHRISTOPHER: We've been drinking coffee at eleven o'clock downstairs every day for six months. You told me quite by chance yesterday that you hadn't tasted genuine coffee for eight years.

CALISTA: But, my dear Christopher, you're the American army. You don't buy your food in Vienna.

CHRISTOPHER: I felt awful! We've been too utterly careless about you. So I've brought you a pound of Brasil beans. You said you liked to roast them yourself, so I've brought them fresh, unroasted.
(He gives her the parcel.)

CALISTA: Captain Christopher, you are good and kind. It's a wonderful present.

CHRISTOPHER: I'm quite ashamed to hear you say so. You've got a mill?

CALISTA: Of course I've got a mill. This will be just nectar after years of ground acorn and chicory. Thank you very much. . . . I wish you'd arrest those two spies for me too.

CHRISTOPHER (amused): My dear Calista, I just can't do it.

CALISTA: Couldn't you roast them?

CHRISTOPHER: We got the Austrian police to check their papers. They're very correct. They come to the cafe every morning for a breakfast of beer and rolls, they play dominoes and read the papers.

CALISTA: Always at the same table, by the door, watching, making notes. One or other is here most of the day, unless my brother goes out.

CHRISTOPHER: I don't doubt it. I don't doubt that they're foreign police agents. So are ten per cent of all the cafe strollers of Vienna. We've got to live with it.

CALISTA: These two are not Austrians.

CHRISTOPHER: It's quite difficult to find Austrians in Vienna today.

CALISTA: These are my own countrymen. That's why I'm nervous for Phugas.

CHRISTOPHER: Phugas is well guarded. It's when he leaves Vienna that we're helpless. Try to persuade him not to, will you?

CALISTA: Most of my life, as long as I can remember, I've been telling him not to. He enjoys it.

(Enter PHUGAS)

PHUGAS: Good morning, Christopher. You're an early caller.

CHRISTOPHER (putting a hand on Phugas's arm): My business was with your sister. It's such a relief to deal with someone quite normal, you know . . .

(And as they both laugh, exit CHRISTOPHER. PHUGAS goes to the telephone and rings up. CALISTA goes again to the window holding her parcel.)

The rest follows as in the original script, with one or two small changes as Calista's question on page two, which now becomes:

CALISTA: . . . Do you know what I've just had from Captain Christopher

Dywedodd Saunders Lewis wrth Richard Rhys mai prif amcan yr olygfa newydd hon oedd cynyddu tensiwn y ddrama drwy gyfeirio sylw'r gynulleidfa at y bygythiad beunyddiol i fywyd Phugas. Eglurodd hefyd ei fod yn argyhoeddedig nad oedd y ddrama Gymraeg wreiddiol yn llwyddo i baratoi'r gynulleidfa yn ddigonol ar gyfer arwyddocâd y ddadl rhwng Calista a Phugas yn yr ail act ynglŷn â'r coffi, nac ychwaith ar gyfer bygythiad enbyd yr heddlu politicaidd.

Tybiai Robert Wynne mai ei gyfieithiad ef, wedi ei ddiwygio hwnt ac yma gan Saunders Lewis, a gyflwynwyd gan y Merlin Theatre Company yn 1960. Prawf o hyn yw ei fod wedi ysgrifennu at Richard Rhys yn ystod mis Awst, bedwar mis wedi'r perfformiad olaf o'r ddrama, i hawlio ei gyfran ef o'r enillion. Y mae'n amlwg o'r swm o £9.14.4. a anfonwyd at Robert Wynne na lwyddodd y cynhyrchiad i ddenu cynulleidfaoedd niferus yn ne Cymru, ac ategir hyn yn y llythyr a dderbyniodd yr ysgwïer oddi wrth Richard Rhys:

> The total takings amounted to £291.10.0. One third of 10 per cent = £9.14.4. I'm sorry it's not more. I had certainly hoped for the takings to be at least three times as much.[46]

Er mor bitw oedd y swm a gafodd, mae'n bosibl fod gweld y disgrifiad ohono ar raglen *Have a Cigarette?* fel cyfieithydd y ddrama wedi lleddfu ychydig ar ofidiau'r ysgwïer yn ystod 1960. Ofnai y flwyddyn honno y byddai'n rhaid iddo werthu cyfran helaeth o dir y Wynniaid—ac efallai'r plas ei hun—gan ei fod mewn dyled drom. Dair blynedd ynghynt, gyda'i sefyllfa ariannol yn mynd o ddrwg i waeth, yr oedd Robert Wynne wedi perswadio *Country Life* i lunio erthygl ar hanes y plas ac i gynnwys lluniau o brif ystafelloedd a thiroedd Garthewin yn y gobaith y gellid tynnu sylw prynwyr at ysblander y tŷ a phrydferthwch yr ardal. Wedi i'r erthygl ymddangos yn rhifyn Chwefror 1958 o *Country Life*, anfonodd Clough Williams-Ellis ei gopi ef o'r cylchgrawn at Robert Wynne gyda'r nodyn canlynol: 'I think C. L.—as usual—has done an excellent job—as indeed—did we!'[47]—cyfeiriad at yr ychwanegiadau i'r plas a gynlluniwyd gan Clough Williams-Ellis yn y tridegau. Yna, wedi iddo holi ynglŷn â hynt a helynt cyfres Walt Disney, 'People and Places', cyfeiria Williams-Ellis at y ffaith ei fod ef ar y pryd ar fin croesawu criw ffilm i Bortmeirion:

> I think 50 or 60 movie folk come to Portmeirion in June—including—is it Ingrid Bergman? & such (*I* don't know them but excitement is already mounting locally!)—to shoot some film (whose name I have also forgotten) in the mountains hereabouts.

Y ffilm y cyfeirir ati, wrth gwrs, yw *The Inn of Sixth Happiness*.

Er gwaethaf yr erthygl yn *Country Life* ac ymdrech nifer o ffrindiau fel Clough Williams-Ellis, ni ddaeth Robert Wynne o hyd i brynwr i Garthewin, ac yn 1960 ysgrifennodd yn ofidus at y Tad W. Malachy Lynch i ofyn a allai'r Carmeliaid brynu'r plas neu ei rentu fel coleg ar gyfer hyfforddi offeiriaid. Yn ôl y Tad Lynch, yr oedd hyn yn gwbl amhosibl. Ei ateb ef i broblem ariannol Robert Wynne oedd y dylai un o ferched Garthewin briodi dyn cyfoethog, 'preferably a writer, someone who needs seclusion. Then Nina and yourself could move out into a smaller place.'[48] Aros yng Ngarthewin a wnaeth Robert Wynne a'i wraig, er hynny, ond dechreuodd feddwl o ddifrif yn 1960 am adeiladu tŷ ar yr ystad ar ei gyfer ef a'r teulu.

Eto, nid ei sefyllfa ariannol oedd prif ofid Robert Wynne yn 1960, ond salwch meddwl ei ferch Gwyneth. Ddiwedd y pumdegau aeth ei rhieni â hi at seiciatryddion yn Stryd Harley, Llundain, ac fe'u cysurwyd am gyfnod gan ddyfarniad yr arbenigwyr yno mai nerfusrwydd oedd wrth wraidd y salwch. Ond erbyn 1960 gwyddai Robert Wynne fod y salwch yn un difrifol. O'r herwydd, dechreuodd yr ysgwïer ei hun glafychu, ac yn ystod 1961 dioddefodd gyfnodau hir o iselder ysbryd. Yn y cyfamser, dirywio a wnaeth cyflwr Gwyneth Wynne—cymaint felly nes y'i hanfonwyd at Dr D. Glyn Davies, Stryd Harley. Hysbysodd ef Robert Wynne fod ei ferch yn dioddef o *schizophrenia* ac y byddai'n rhaid iddi adael Garthewin a threulio cyfnod yn ysbyty Bowden House, lle y câi driniaeth a gofal. Bu salwch ei ferch yn ofid beunyddiol i Robert Wynne tan ei farwolaeth ar 5 Mawrth 1993. Ond er gwaethaf ei ofidiau ynglŷn ag iechyd ei ferch a'i iselder ysbryd ef ei hun, nid anghofiodd am anghenion ei theatr ac yn ystod 1961 bu wrthi'n ddyfal iawn yn ceisio perswadio Saunders Lewis i ysgrifennu drama newydd sbon ar gyfer Gŵyl Garthewin y flwyddyn ganlynol.

NODIADAU

[1] *Annwyl Kate, Annwyl Saunders*, 181.
[2] Ibid., 177.
[3] Llythyr 130.
[4] Llythyr 133.
[5] Teligram 134.
[6] Llythyr 135.
[7] Gweler adolygiad Kate Roberts yn *Y Faner*, 25 Awst 1954, 1 ac 8.
[8] *Y Faner*, 11 Medi 1954, 3.
[9] *Y Faner*, 1 Medi 1954, 4.
[10] Llythyr 133.
[11] Llythyr 137.
[12] Llythyr 138.
[13] *Y Cloriannydd*, 28 Medi 1955.
[14] Llythyr 139.
[15] Llythyr 142.
[16] Llythyr 22 Tachwedd, 1955, Casgliad Wynne, Garthewin, Prifysgol Cymru, Bangor.
[17] Llythyr 143.
[18] Ibid.
[19] Llythyr 146.
[20] Casgliad Wynne, Garthewin, Prifysgol Cymru, Bangor.
[21] Ibid.
[22] Ibid.
[23] Ibid.
[24] Llythyr 151.
[25] Llythyr 152.

[26] Llythyr 146.
[27] Llythyr 144.
[28] Ibid.
[29] Casgliad Wynne, Garthewin, Prifysgol Cymru, Bangor.
[30] Llythyr 9 Medi, 1956, Casgliad Wynne, Garthewin, Prifysgol Cymru, Bangor.
[31] Llythyr 152.
[32] Casgliad Wynne, Garthewin, Prifysgol Cymru, Bangor.
[33] Ibid.
[34] Llythyr 5 Tachwedd, 1958, Casgliad Wynne, Garthewin, Prifysgol Cymru, Bangor.
[35] Llythyr 156.
[36] *Annwyl Kate, Annwyl Saunders*, 188.
[37] *Y Cloriannydd*, 8 Hydref 1958, 5.
[38] Ibid.
[39] *Y Faner*, 15 Hydref 1959, 6.
[40] *Drama*, Haf 1960, 35.
[41] *Y Faner*, 7 Gorffennaf 1960, 3.
[42] *Annwyl Kate, Annwyl Saunders*, 189.
[43] Casgliad Richard Rhys, Dinefwr.
[44] Llythyr 159.
[45] Casgliad Richard Rhys, Dinefwr.
[46] Casgliad Wynne, Garthewin, Prifysgol Cymru, Bangor.
[47] Ibid.
[48] Ibid.

VI

'Torri Cysylltiad'

Er gwaethaf yr holl drafferthion a wynebai'r ysgwïer a phwyllgor y theatr ddechrau'r chwedegau, dal i arloesi a wnâi Morris Jones a Chwaraewyr Garthewin. Ymfalchïai Morris Jones yn y ffaith fod dau o'r aelodau, sef Dafydd Williams a Tom Roberts, bellach yn cynhyrchu dramâu gyda chwmnïau eraill, a bod nifer o actorion ifainc addawol yn awyddus i ymuno â'r Chwaraewyr. Yn y chwedegau, glynwyd wrth y polisi o feithrin dramodwyr newydd, o hyfforddi actorion ac o lwyfannu cyfieithiadau o safon. Daliwyd hefyd i ddefnyddio'r term 'cenedlaethol' wrth gyfeirio at Theatr Garthewin. Er enghraifft, yn *Y Cymro*, 11 Mai 1961, y pennawd i'r adolygiad o gynhyrchiad Chwaraewyr Garthewin o *Taid*, trosiad Dafydd Williams o *Minick* George S. Kaufman ac Edna Ferber, oedd 'Y Theatr Genedlaethol yn Ysgubor Garthewin'. Yn ddiweddarach yn y flwyddyn, wrth gynnig ei chasgliad helaeth o wisgoedd dwyreiniol i Chwaraewyr Garthewin, egyr Peggy Goodman o Gorwen ei llythyr at Robert Wynne fel hyn:

> I have just discovered tonight the whereabout of the Welsh National Theatre which I have been trying to trace for sometime now. Mr Raymond Wynne of Cynwyd, Corwen, tells me it is at Garthewin.[1]

Tystia nifer o'r actorion i'r ffaith fod bwrlwm a brwdfrydedd anghyffredin yng Ngarthewin yn y chwedegau. Yn y cyfnod hwn, gwelwyd newid yn natur y gynulleidfa wrth i fwy o bobl ifainc fynychu'r perfformiadau yno. Yn raddol, disodlwyd yr awyrgylch elitaidd gan frwdfrydedd ac asbri'r myfyrwyr a ddenid i Garthewin yn gymaint gan ymlyniadau politicaidd yr ysgwïer a chan y dramâu a welid ar lwyfan yr ysgubor. Wedi iddo glywed darlith radio enwog Saunders Lewis, 'Tynged yr Iaith', ar 13 Chwefror 1962, ac wedi i Gymdeithas yr Iaith gael ei sefydlu, canolbwyntiodd Robert Wynne ar ymgyrchu politicaidd. Yn dilyn helynt Tryweryn, gwahoddwyd ef ar 12 Mai 1963 i fod yn gadeirydd pwyllgor er sefydlu cronfa ar gyfer John Albert Jones ac Owain Williams, ac er gwaethaf ei drafferthion ariannol cyfrannodd swm o £500 er mwyn rhyddhau'r ddau ar fechnïaeth—swm a ddychwelwyd iddo gan Harri Pritchard Jones maes o law.

Wedi i'w ferched, Menna a Gwenllian, ymuno ym mrwydr Cymdeithas yr Iaith daeth Garthewin yn ganolfan ymgyrchu politicaidd cyffrous. Yn wir, yn ôl Mrs Clarice Jones, gweddw

Rhai o fechgyn Sir Ddinbych yn cyrraedd ar gyfer perfformiad yn Theatr Garthewin
Llyfrgell Genedlaethol Cymru

Golygfa o *Taid* ar lwyfan Garthewin, 1961
Llyfrgell Genedlaethol Cymru

Morris Jones (yn y canol) a dau o fynychwyr ffyddlon Theatr Garthewin
(Robert Roberts a Trefor Williams)

Llyfrgell Genedlaethol Cymru

Cwpaned o de yn ystod egwyl *Taid* i rai o aelodau pwyllgor Theatr Garthewin
(Mrs Mansell Mitchell, Mrs J. E. Jones, Tom Roberts a Lodwig Jones)

Llyfrgell Genedlaethol Cymru

Morris Jones, teimlai ei gŵr weithiau'n bur anghyfforddus wrth yrru ar hyd lôn goediog y plas, gan y gwyddai fod yr heddlu yn llechu yn y coed a'r llwyni. Gwyddys hefyd fod milwyr y 'Free Wales Army' yn ymarfer ar diroedd Garthewin ac yn derbyn hyfforddiant proffesiynol yno.

Tra oedd Robert Wynne yng nghanol ei drafferthion ariannol ac yn prysur ymgyrchu a phrotestio ym mrwydrau politicaidd y chwedegau, canolbwyntiodd Morris Jones a'r cwmni ar ddiogelu enw da Garthewin fel meithrinfa'r ddrama. Yn ogystal â *Taid* cyflwynwyd yn 1961 y ddrama un act *Gwirionedd*—yn Eglwys Llaneilian adeg y Sulgwyn ac yn Eglwys Hen Golwyn ar 18 Mai. Yn ystod gwanwyn 1961 sicrhaodd Robert Wynne Chwaraewyr Garthewin y byddai gan Saunders Lewis ddrama newydd ar eu cyfer erbyn Gŵyl 1962, ond gan nad oedd y dramodydd ei hun wedi cadarnhau hyn anogodd Morris Jones yr ysgwïer i ysgrifennu ato i holi ynghylch y mater. Ar 12 Tachwedd 1961 eglurodd Saunders Lewis wrth Robert Wynne na fedrai ymgymryd â'r gwaith:

> I think it unlikely that I can do anything for the Garthewin theatre for acting in June. I have just finished a play for BBC Television, an hour's television in Welsh and *not* at midnight, which I believe they propose for the new year. That would make a 3-act stage play, but I shan't have time to re-write it for June, because I've got to start work now on the annual radio lecture.[2]

Y ddrama y cyfeiriai ati oedd *Excelsior*, a'r 'annual lecture', wrth gwrs, oedd 'Tynged yr Iaith'.

Ddiwedd 1961 ysgrifennodd Morris Jones at Huw Lloyd Edwards i'w wahodd i ysgrifennu drama ar gyfer Gŵyl Garthewin 1962. Ar yr un pryd addawodd mai 'Gŵyl Huw Lloyd Edwards' fyddai hon. Cytunodd y dramodydd ar unwaith, a pherfformiwyd ei ddrama *Y Gŵr o Wlad Us* am y tro cyntaf ar 3 Gorffennaf 1962 yn yr Ŵyl. Dridiau yn ddiweddarach cyflwynwyd *Y Gŵr Drwg* gan Chwaraewyr Tawe, gyda Gwynfor Bowen yn cynhyrchu. Ychydig cyn yr Ŵyl gwahoddwyd Cwmni Drama Grove Park i gyflwyno *Teithiwr Heb Bac* ar y noson olaf gyda Gwen Williams yn cyfarwyddo. G. Trebor Hughes, Ysgrifennydd Cymdeithas Ddrama Sir Ddinbych ac Ysgrifennydd Cyngor Gwlad y Sir, a oedd yn gyfrifol am drefnu'r Ŵyl hon ac am hysbysebu'r rhaglen ganlynol:

Nos Fawrth, 3 Gorffennaf	7.30	*Y Gŵr o Wlad Us* Huw Lloyd Edwards Chwaraewyr Garthewin (Cyfarwyddwr, Morris Jones)

Nos Fercher, 4 Gorffennaf	7.30	Lecture: 'T.S. Eliot as a Dramatist' E. Martin Browne, gyda darlleniadau gan ei wraig Henzie Raeburn
Nos Iau, 5 Gorffennaf	7.30	*Y Gŵr o Wlad Us* Huw Lloyd Edwards Chwaraewyr Garthewin (Cyfarwyddwr, Morris Jones)
Nos Wener, 6 Gorffennaf	7.30	*Y Gŵr Drwg* Huw Lloyd Edwards Chwaraewyr Tawe (Cyfarwyddwr, Gwynfor Bowen)
Dydd Sadwrn, 7 Gorffennaf	3.30	*Teithiwr Heb Bac* Anouilh (cyfieithiad J. Ifor Davies o *Le Voyager Sans Bagage)* Cwmni Amatur Grove Park, Wrecsam (Cyfarwyddwr, Gwen Williams)

Er i J. Ellis Williams ganmol darlith Saesneg Martin Browne, a darlleniadau ei wraig, Henzie Raeburn, credai y byddai darlith Gymraeg gan Dewi Lloyd Jones neu John Gwilym Jones ar ddramâu Saunders Lewis wedi bod yn fwy addas i Ŵyl o ddramâu Cymraeg yn Nyffryn Clwyd. Robert Wynne, wrth gwrs, a awgrymodd Martin Browne fel darlithydd. Ar y pryd, yr oedd Martin Browne, cyfarwyddwr dramâu T. S. Eliot, newydd ddychwelyd o Efrog Newydd lle y bu am bedair blynedd yn Athro Athrofa Ddiwinyddol Union, gyda gofal am gwrs ar ddramâu crefyddol. O bwys i Robert Wynne hefyd oedd fod Martin Browne yn 1962 yn Llywydd Radius, Cymdeithas Ddrama Grefyddol Prydain Fawr. Tystia sawl un a oedd yn y gynulleidfa ar y nos Fercher fod y ddarlith Saesneg yn fywiog a threiddgar. Ond ddechrau'r chwedegau dechreuwyd galw o ddifrif am Ŵyl gwbl Gymraeg yng Ngarthewin. Er hynny, nid ildiodd Robert Wynne. Hyd yn oed yng nghanol berw ei ymgyrchu ar ran Cymdeithas yr Iaith, mynnai'r ysgwïer y dylid cyflwyno o leiaf un ddarlith Saesneg ym mhob gŵyl. Ymddengys fod Robert a Nina Wynne yn mwynhau ymweliadau'r darlithwyr Saesneg â Garthewin yn fawr, ac yn rhoi croeso pendefigaidd iddynt yn y plas. Wedi i Martin Browne ddychwelyd i'w gartref yn Llundain ysgrifennodd at Robert Wynne i ddiolch iddo am ei groeso a'i garedigrwydd. Y mae ateb Robert Wynne i'r llythyr yn brawf fod Gŵyl Garthewin yn cynnig llawer mwy nag adloniant a maeth diwylliannol iddo; yr oedd yn achlysur crefyddol:

> For me the Drama Festival here at Garthewin is a sacred event and carries the same 'medicinal' import as the ancient Greek festivals did at the famous theatre in Epidaurus.[3]

Diau fod Robert Wynne wrth ei fodd gyda drama newydd Huw Lloyd Edwards, drama sy'n ymgodymu ag ystyr ac arwyddocâd dioddefaint Job. Fe'i plesiwyd yn fawr hefyd gan gynhyrchiad Morris Jones, ac yn arbennig felly gan y goleuo trawiadol. Ond siomedig, yn ôl safonau Chwaraewyr Garthewin, oedd yr actio a'r llefaru. Barn adolygydd *Y Faner*, 12 Gorffennaf, oedd fod yr actorion, ac eithrio John Arfon Jones, a chwaraeai ran Hamor, yn glynu wrth ddulliau henffasiwn o actio. Yn ei drafodaeth ar waith Huw Lloyd Edwards ar ddiwrnod ola'r Ŵyl, tynnodd J. Ellis Williams a Gwilym R. Jones sylw at y gwahaniaethau dybryd a fodolai rhwng comedïau ysgafn Huw Lloyd Edwards a drama ddyrys ac amlochrog fel *Y Gŵr o Wlad Us*. Cymaint fu'r diddordeb yn y drafodaeth fel y penderfynwyd cael ail sesiwn i drafod dramâu Huw Lloyd Edwards, sesiwn a agorwyd gan y dramodydd ei hun.

Ar ddiwedd y perfformiad cyntaf o *Y Gŵr o Wlad Us* gan Chwaraewyr Garthewin, diolchodd y dramodydd i Morris Jones a'r cwmni am eu gwaith, ond, ar yr un pryd, dywedodd ei fod yn awyddus i weld cwmni proffesiynol yn llwyfannu'r ddrama. Y mae ei sylwadau mewn cyfweliad ag R. Gerallt Jones yn *Yr Arloeswr*, Haf 1959, yn dra pherthnasol yn y cyswllt hwn.[4] 'Gwan iawn', meddai, 'yw'r gobaith y cawn theatr broffesiynol yng Nghymru yn y byd sydd ohoni heddiw: rhaid edrych i gyfeiriad arall os ydym am ddiogelu dyfodol y ddrama Gymraeg a hyrwyddo ei ffyniant.' Noda yn y cyfweliad hwn mai ar gais pwyllgor 'Theatr Fach Garthewin' yr ysgrifennwyd *Ar Ddu a Gwyn* a *Cyfyng-gyngor*, a chan ddilyn Yeats dywed ei bod yn 'angenrheidiol lledaenu traddodiad a wna gelfyddyd y ddrama yn fynegiant cenedlaethol o fywyd. Yr unig ffordd i wneud hynny, yn fy nhyb i, yw hyrwyddo mudiad y theatr fach.' Er hyn, y mae'n amlwg hefyd ei fod yn ymwybodol o'r manteision a ddeuai yn sgil ysgrifennu ar gyfer cwmni proffesiynol:

> Hyd yma, ni chefais y profiad o sgrifennu ar gyfer cwmni proffesiynol (ar wahân i radio sain a theledu) ond gallaf gredu y byddai hynny o gryn fantais i unrhyw ddramodydd. Wedi'r cyfan, gorfu ar Shakespeare, er ei holl athrylith, ddysgu ei grefft, ac ar y llwyfan proffesiynol y gwnaeth hynny.
>
> Wrth sgrifennu i gwmni o'r fath byddai'n ofynnol i'r dramodydd hogi llawer mwy ar ei arfau er mwyn gloywi ei grefft. Ar yr un pryd, gallai fod yn fwy mentrus yn ei ddewisiad o thema a'i ddefnydd o'r llwyfan. Ni fynnwn ddilorni dim ar gwmnïau amatur, ond yn naturiol ddigon nid yn fynych iawn y gwelir hwy'n llwyfannu dramâu fel 'Siwan', 'Brad', 'Llywelyn Fawr' neu 'Y Gŵr Llonydd'.
>
> Dyna'r prif fanteision hyd y gwelaf i. Mewn gair, ni fyddai sgrifennu i gwmni proffesiynol yn ychwanegu yr un cufydd ar ei *faintioli* fel dramodydd, ond gallai fod yn foddion i'w wneud yn llawer gwell crefftwr.

O 1962 ymlaen, cynyddu a wnâi'r gobaith am gwmni proffesiynol yng Nghymru, ond camgymeriad fyddai tybio i ddramodwyr fel Huw Lloyd Edwards droi eu cefnau ar y cwmnïau amatur a'r theatrau bychain. Prawf o hynny yw sylwadau Huw Lloyd Edwards yn *Y Faner*, 7 Ebrill 1966, lle y cyfeiria at gyfraniad gwerthfawr Theatr y Gegin, Cricieth a Theatr Fach Eryri. Y mae ei sylwadau yr un mor berthnasol i Theatr Garthewin—y theatr a fu'n feithrinfa bwysig yn ystod y pumdegau:

> Mae i'r theatrau bach le hanfodol bwysig ym myd y ddrama Gymraeg. I'r ardaloedd gwledig, maent yn bwysicach ond odid na theatr genedlaethol anhygyrch yng Nghaerdydd. Maent yn fwy na theatrau'n unig,—maent yn weithdai i gynhyrchwyr, actorion a dramodwyr; maent yn ganolfannau

cymdeithasol; maent yn gaerau i'r iaith. Ond rhaid edrych arnynt, wrth gwrs, fel rhan o batrwm y Theatr Newydd yng Nghymru,—cyfuniad iach o'r amatur a'r proffesiynol—ac y mae dyfodol y theatr Gymraeg yn dibynnu ar y naill a'r llall.

* * *

O safbwynt brwdfrydedd Morris Jones a hyder y cwmni, yr oedd 1963 a 1964 yn flynyddoedd llewyrchus i Chwaraewyr Garthewin. Adlewyrchir hyn ym mhenderfyniad Morris Jones i lwyfannu *Hamlet* yn Gymraeg yng Ngŵyl Garthewin 1964. Yn Eisteddfod Genedlaethol Glynebwy, 1958, yr oedd trosiad 'Llwyn y Maen' (J. T. Jones, Porthmadog) o drasiedi Shakespeare wedi cael clod arbennig. Dymuniad Morris Jones oedd llwyfannu'r trosiad yng Ngŵyl Garthewin 1960, ond ni chafodd gefnogaeth y pwyllgor na'r cwmni y tro hwnnw. Gwyntyllodd y syniad unwaith yn rhagor yn 1963. Erbyn hynny yr oedd Morris Jones wedi dod o hyd i actor cymwys ar gyfer rhan Tywysog Denmarc, sef Trefor Selway. Wrth anfon copi o'i drosiad at Morris Jones ar 9 Mawrth 1959, dywedodd J. T. Jones:

> Bydd cyfle gwych i unrhyw Gwmni Drama Cymraeg uchelgeisiol ynglŷn â *Hamlet*. Dengys y trosiad, mi fentraf gredu, fod yr iaith Gymraeg mor atebol ag unrhyw iaith fodern arall i gyfleu athrylith dramatig Shakespeare yn effeithiol.[5]

Yn anffodus, cafodd Morris Jones gryn drafferth i berswadio Cymdeithas Ddrama Sir Ddinbych, a oedd bellach yn gyfrifol am drefnu ac ariannu'r Ŵyl, fod *Hamlet* yn ddrama addas ar gyfer Gŵyl 1964. Ym mhwyllgor Theatr Garthewin ym mis Ionawr, nodwyd bod 1964 yn flwyddyn dathlu pedwar canmlwyddiant geni Shakespeare, ac y byddai perfformio *Hamlet* yng Ngŵyl Garthewin, felly, yn arbennig o addas, nid yn unig i nodi a dathlu hynny ond hefyd i gydnabod dawn unigryw J. T. Jones fel cyfieithydd. Cynigiodd Robert Wynne y dylai Chwaraewyr Garthewin lwyfannu'r cyfieithiad o *Hamlet* er gwaethaf y nawdd annigonol gan bwyllgor Cymdeithas Ddrama Sir Ddinbych. Fel ernes o'i gefnogaeth, cyfrannodd Haydn Davies ugain punt tuag at y cynhyrchiad, a rhoddwyd pumpunt yr un gan Gwenda Paul a Mrs Trebor Hughes. Wedi i Chwaraewyr Garthewin awgrymu y gellid trefnu perfformiad ychwanegol—yn arbennig ar gyfer ysgolion y cylch—penderfynodd Cymdeithas Ddrama Sir Ddinbych ychwanegu'n sylweddol at y swm gwreiddiol o £120. Bellach yr oedd yn bosibl hysbysebu *Hamlet* fel prif gynhyrchiad Chwaraewyr Garthewin yng Ngŵyl 1964. Y cwmnïau eraill a wahoddwyd i berfformio y flwyddyn honno oedd Cwmni Drama Ceredigion, gydag Ithel Jones yn cyfarwyddo, a Chwmni Aelwyd Rhosllannerchrugog, gyda Meirion Powell ac Elwyn Evans yn cyfarwyddo. Fel y dengys y rhaglen, penderfynwyd cael un ddarlith Saesneg ac un Gymraeg:

Nos Lun, 29 Mehefin	7.30	*Hamlet* Shakespeare (cyfieithiad J. T. Jones) Chwaraewyr Garthewin (Cyfarwyddwr, Morris Jones)
Nos Fawrth, 30 Mehefin	7.30	*Hamlet* Shakespeare (cyfieithiad J. T. Jones) Chwaraewyr Garthewin (Cyfarwyddwr, Morris Jones)
Nos Fercher, 1 Gorffennaf	7.30	Lecture: 'Imaginative Theatre' James Roose-Evans
Nos Iau, 2 Gorffennaf	7.30	*Hamlet* Shakespeare (cyfieithiad J. T. Jones) Chwaraewyr Garthewin (Cyfarwyddwr, Morris Jones)
Nos Wener, 3 Gorffennaf	7.30	*Yfory—Rhy Hwyr* Meirion Powell Cwmni Aelwyd Rhosllannerchrugog (Cyfarwyddwyr, Meirion Powell ac Elwyn Evans)
Dydd Sadwrn, 4 Gorffennaf	3.30	Darlith: 'Ysgrifennu Drama' John Gwilym Jones
	7.30	*Tartwff* neu *Y Rhagrithiwr* Molière (cyfieithiad D. J. Thomas) Cwmni Drama Ceredigion (Cyfarwyddwr, Ithel Wyn Jones)

Yn ddi-os, uchafbwynt yr Ŵyl hon oedd cynhyrchiad Morris Jones o *Hamlet*. Yr oedd ganddo dîm o actorion dawnus a phrofiadol ar gyfer y cyflwyniad—yn eu plith Trefor Selway (Hamlet), Rhydderch Jones (Claudius), John Jones (Polonius), Owen Huw Roberts (Horatio), Albert Williams (Laertes), Dafydd Williams (Rosencrantz), John Arfon Jones (Guildenstern), Eirwen Jones (Gertrude), Marian Evans (Ophelia) a H. Madoc (Torrwr Beddau). Ond nid oedd pawb a oedd ynglŷn â'r ddrama yn Gymry

Cymraeg. Er enghraifft, yr oedd llawer iawn o'r actorion a chwaraeai rannau gweision a morynion y llys yn ddi-Gymraeg, a dwy Saesnes, Edith Stanley a Violet Roberts, a oedd yn gyfrifol am y gwisgoedd—ffaith y tynnodd gohebydd y *Western Mail* sylw ati yn ei adolygiad ar 30 Mehefin:

> Although the chatter behind the scenes last night was in Welsh, any of the players wanting a safety pin to secure their costumes had to ask for it in English.

Ond nid canolbwyntio ar yr elfen ddi-Gymraeg yng nghwmni Morris Jones a wnaeth y Tad Illtud Evans yn ei erthygl 'The Future of Welsh' a gyhoeddwyd yn *The Tablet* ar 11 Mehefin 1964. Gosododd ef y pwyslais ar gyfraniad pwysig Theatr Garthewin i ddyfodol yr iaith Gymraeg:

> . . . the drama movement in Wales has a special importance. It affects only a minority, but it is a minority that reveals some of the true dimensions of Welsh as a living language. It may seem a marginal thing to produce a play in Welsh, a small contribution to the reinvigoration of a language that needs much more than this to make good its claims to be the channel of a nation's culture. But there is much to learn from those who hear as well as from those who speak. And there were plenty of both at the recent National Festival of Welsh Drama at Garthewin.
>
> Garthewin itself, of course, is an impressive part of the Welsh evidence. This gleaming Georgian mansion, set on a hillside in the Vale of Elwy, which Gerard Manley Hopkins loved, brings together three strands that have so long been separated in Welsh life: a traditional house and family (the Wynnes), a love of the Welsh language and all it stands for, and the Catholic faith that has for centuries been so thoroughly cut off from both. Here in an eighteenth-century stone barn a small theatre has been devised, and a series of festivals has introduced many new plays, notably by Mr Saunders Lewis, to an audience that is for the most part drawn from the countryside around. This year the principal production was a Welsh translation of *Hamlet*, which, produced and acted as it was by amateurs, represented an astonishing achievement. To have brought together a company of thirty-five young people—mothers, electricians, office workers, farmers' sons—to perform the complex and demanding tragedy was itself remarkable enough. But what was impressive was the intelligence of the performance, the total enthusiasm that made a four hours' play into a deeply shared enjoyment. For many of the farmers and their wives even television had not provided them with advance knowledge of the plot. 'Is he going to kill him now?' asked a farmer's wife in a hoarse Welsh whisper as Hamlet thrust his sword through the arras at the hidden Polonius. A magnificently idiomatic translation conveyed the universal strength of Shakespeare, proof enough that Welsh can bear strains more demanding than those of the cottage comedies that for so long were the staple of its drama.

A drama festival in a quiet valley of Wales may seem but a small contribution to the work of re-establishing the language. This does little to turn back the flood that has already destroyed the coastal areas. And as for the industrial towns of the south, they must seem irretrievably lost. So much can be learned from a local achievement, for its success is not simply due to isolation from the mindless world of the juke-box and the pop singers' magazines. At Garthewin, some of the players had begun with little Welsh: the play was for them the means of learning the language afresh. And some of the stage hands knew no Welsh at all. But here was something that involved a lot of people; something to be done with love or it could never be done at all.

Perhaps that is really the answer to the larger question, the use of Welsh is not a matter of archaeology, a minority choice. It is a means—and a play is as good a way as any—of finding afresh the roots of a community's meaning.

And so it is that the future of Welsh is not going to be decided by academic degree nor by the recommendations of the Ministry of Education, however enlightened (as indeed they are). No one will bother with Welsh, or for that matter with anything at all, unless it is seen to be an enhancement of what it means to be human. And that is a process that involves—to return to the analogy that the Garthewin Festival provides—not only declaiming great poetry but serving the teas, mending the fuses, and saying hello to your friends.

Yn ogystal â dwyn ynghyd selogion y ddrama yng ngogledd Cymru, llwyddodd y cynhyrchiad o *Hamlet* i ddenu i Garthewin lu o bobl nad oeddynt yn arfer mynychu perfformiadau'r theatr. Wedi'r perfformiad cyntaf, cafwyd sesiwn trafod yn y theatr, gyda'r gynulleidfa yn holi'r actorion, y cyfarwyddwr a'r cyfieithydd. Y farn gyffredinol y noson honno oedd i'r cynhyrchiad fod yn llwyddiannus iawn. Canmolwyd yn arbennig berfformiad Trefor Selway, y gwisgoedd a'r effeithiau technegol. Rhai o'r effeithiau technegol mwyaf trawiadol oedd y cymylau duon bygythiol uwchben castell Elsinore yn yr olygfa gyntaf, a'r golau annaearol pan ymddangosodd yr ysbryd. Bu'n rhaid i'r trefnydd llwyfan, Robin Jones, adeiladu ceuddrws yn rhan flaen y llwyfan ar gyfer un o olygfeydd yr ysbryd. Pan ddychwelodd Robin Jones i Garthewin yn ddiweddar er mwyn paratoi'r cynllun o'r llwyfan a welir yn y gyfrol hon gwelodd, wedi iddo agor y ceuddrws, fod yr ysgol a ddefnyddiwyd gan yr ysbryd yn *Hamlet* yn dal yno, yn yr union fan y gadawyd hi wedi'r perfformiad olaf ar nos Iau, 2 Gorffennaf 1964. Mae'n syndod nad oedd Thomas Taig wedi cynllunio ceuddrws ar gyfer llwyfan Garthewin yn 1937, yn enwedig gan fod Robert Wynne, ym mlynyddoedd cynnar y theatr, yn awyddus i weld dramâu moes yr Oesoedd Canol yn cael eu llwyfannu—dramâu lle yr oedd lefel 'danddaearol' yn aml yn hanfodol i'r chwarae.

Ymarfer *Hamlet*, 1964. Morris Jones a Chwaraewyr Garthewin
Liverpool Daily Post

Ymarfer *Hamlet* ar fuarth Garthewin, 1964
Llyfrgell Genedlaethol Cymru

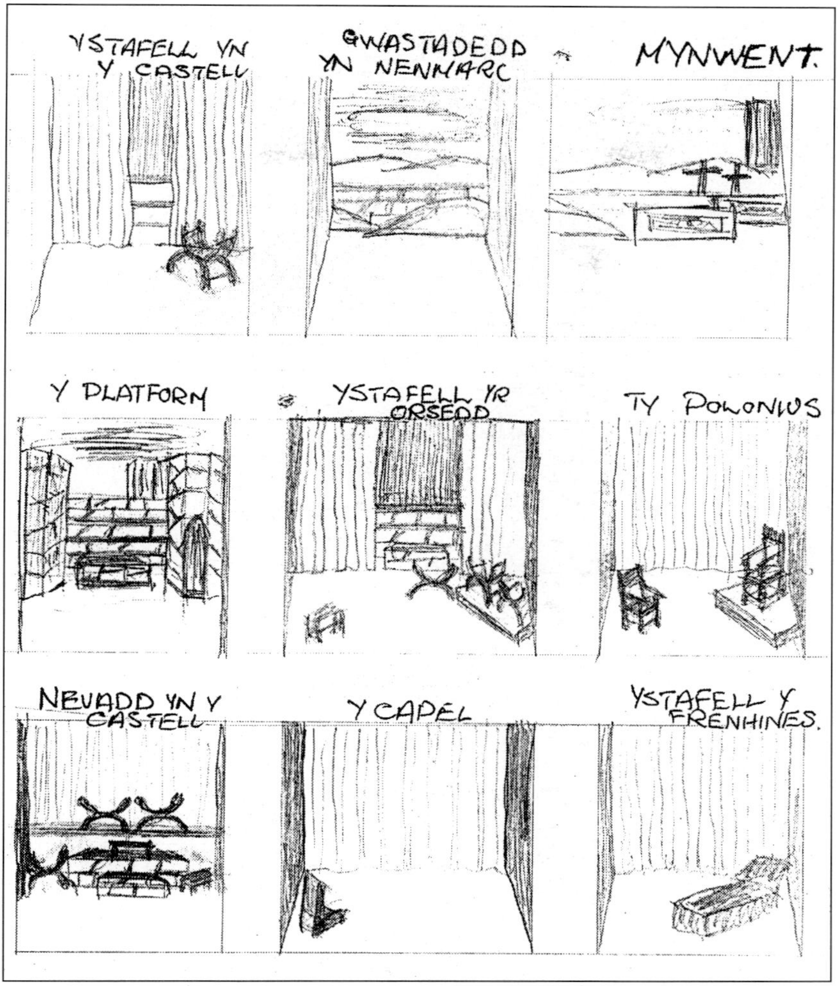

Cynlluniau Morris Jones ar gyfer golygfeydd *Hamlet,* 1964
Llyfrgell Genedlaethol Cymru

Yr oedd dawn grwpio Morris Jones yn amlwg yn ei gynhyrchiad o *Hamlet*, yn enwedig yn y golygfeydd llys ac yng ngolygfa ola'r ddrama. Treuliodd oriau bwygilydd yn cynllunio'r set a'r gwisgoedd ac yn arolygu'r goleuo. Gan fod y dull o newid golygfa a ddefnyddiwyd yn ei gynhyrchiad o *Nos Ystwyll* yn 1953 wedi amharu'n fawr ar rediad y ddrama, penderfynodd y tro hwn mai'r actorion eu hunain a fyddai'n gyfrifol am aildrefnu'r llwyfan rhwng y gwahanol olygfeydd—a hynny yng ngŵydd y gynulleidfa. Nodwyd yn yr adolygiadau fod sglein ar yr holl gynhyrchiad, a chlodforwyd y cwmni gan adolygydd *Y Faner,* 9 Mehefin 1964, am

'fod yr ynganu'n groywach nag y clywyd ef yng Ngarthewin ers blynyddoedd'.

Drannoeth y perfformiad olaf yng Ngarthewin, ysgrifennodd J. T. Jones at Morris Jones i ddiolch iddo am 'berfformiadau cofiadwy dros ben':

> Yn sicr ddigon, eich gwaith chwi a'r Cwmni yw'r deyrnged anrhydeddusaf a dalwyd yng Nghymru hyd yma i goffadwriaeth Shakespeare, ar achlysur ei bedwar canmlwyddiant,—teyrnged y buasai ef ei hun, bid sicr, yn ei gwerthfawrogi'n odiaeth. Yr oedd y perfformiad yn brydferth-gymesur ac yn gyson-effeithiol,—yn hynod o rydd oddi wrth anwastadrwydd o ran safon actio ac oddi wrth unrhyw ry nac eisiau mewn chwaeth artistig. Edmygwn hefyd y ffresni a'r newydd-deb a'r dychymyg a'i nodweddai drwodd a thro. Y mae pawb a fu'n siarad amdano â mi yn ei ystyried yn berfformiad cofiadwy dros ben,—a phawb yn gofidio na fyddai modd ei gyflwyno lawer gwaith eto ac mewn llawer lle.[6]

Canmolodd J. T. Jones hefyd y gerddoriaeth Elisabethaidd a chwaraewyd yn ystod y ddrama a'r egwyl gan Gerddorfa Ysgol Pendorlan, Bae Colwyn.

Ond er i'r cynhyrchiad gael derbyniad gwresog yng Ngarthewin, ychydig iawn o Gymry a aeth i Theatr Tywysog Cymru, Bae Colwyn ddiwedd Hydref i weld y ddau berfformiad ychwanegol o'r ddrama. Ymatebodd adolygydd drama'r *North Wales Weekly News* ar 5 Tachwedd yn chwyrn i'r diffyg cefnogaeth hwn:

> Wrth fwrw golwg dros y theatr, â chywilydd wyneb y sylwn nad oedd odid draean ohoni'n llawn. Paham? Clywsom mai felly yr ydoedd hefyd nos Wener. Ym mha le yr oedd Cymry'r cylch? Beth sydd wedi digwydd inni fel cenedl? Tybed a aethom fel Israel gynt—addoli duwiau cenhedloedd eraill? Bydd darfod amdanom os cefnwn ar ein hetifeddiaeth.

Diau mai camgymeriad oedd cynnig dau berfformiad pellach o'r ddrama ym Mae Colwyn, gan i nifer mawr o Gymry'r dref fynychu'r perfformiadau yng Ngarthewin yn ystod yr Ŵyl.

Yr oedd *drawing-room* y plas yn orlawn ar gyfer darlith John Gwilym Jones, 'Ysgrifennu Drama'. Wrth gyflwyno'r darlithydd, manteisiodd Kate Roberts ar y cyfle i danlinellu pwysigrwydd cynhyrchu llenyddiaeth yn Gymraeg ar gyfer plant a phobl ifainc Cymru. Heb y fath ddeunydd, meddai, gweithred ofer fyddai sefydlu ysgolion Cymraeg newydd. Gweithiau Shakespeare, Ibsen, Pirandello, Ionesco a Saunders Lewis oedd dan sylw yn narlith John Gwilym Jones, ond digon di-fflach y tro hwn oedd ei sylwadau ar ddramâu Saunders Lewis.

Yn 'Imaginative Theatre', darlith James Roose-Evans, cyfarwyddwr proffesiynol a sylfaenydd Clwb Theatr Hampstead, rhoddwyd sylw manwl i'r dechneg o lwyfannu dramâu ac i bwysigrwydd y bartneriaeth greadigol rhwng actor a chyfarwyddwr. Er mawr siom i Robert Wynne, ychydig iawn a fynychodd y ddarlith hon ar nos Fercher, 1 Gorffennaf. Ond ymddengys nad oedd y darlithydd ei hun yn siomedig o gwbl. Cafodd James Roose-Evans groeso twymgalon gan y Wynniaid a chan y Tad Illtud Evans, a oedd yn aros yn y plas ar y pryd, ac wedi iddo ddychwelyd i Hampstead anfonodd lythyr o ddiolch at yr ysgwïer:

> I much appreciate your accepting me as one of the family, and each moment from the walk behind the house with Illtud, to our drives around the countryside, and to Nina's excellent care, and to happy remembered moments.[7]

Ychwanegodd mai tra dymunol fyddai derbyn gwahoddiad i ŵyl arall yng Ngarthewin, 'to give a special recital, perhaps of such Welsh poets as R. S. Thomas, Edward Thomas, Dylan Thomas, Vaughan, Trehearne, Vernon Watkins, Alun Lewis etc.'

Ddiwedd 1964, felly, gallai Chwaraewyr Garthewin ymfalchïo yn llwyddiant Gŵyl 1964, ac yn enwedig yn eu perfformiadau disglair o *Hamlet*. Gallent hefyd ymfalchïo yng ngwaith y flwyddyn yn gyffredinol—eu cynhyrchiad o *Llythyrau Malais*, trosiad Jeremiah Jones o *Poison Pen* Richard Llewelyn yn ystod mis Mawrth, er enghraifft. Yn 1964 llwyddodd Chwaraewyr Garthewin o'r diwedd i ddod o hyd i fan cymwys ar gyfer adeiladu setiau, sef ym Minafon, Hen Golwyn. Yn wir, erbyn y cyfnod hwn, yr oedd Hen Golwyn, ynghyd â Bae Colwyn, yn graddol ddod yn brif ganolfannau ymarfer a pherfformio i'r cwmni. Yr oedd y cysylltiad â Robert Wynne a Garthewin bellach yn dechrau gwanhau. Ddiwedd 1964 dechreuodd Morris Jones feddwl o ddifrif am symud o Garthewin a dod o hyd i gartref newydd ar gyfer y cwmni. Dyma'r flwyddyn hefyd pan ddaeth cyfnod yn hanes y theatr i ben gydag ymddeoliad Mrs J. E. Jones, Llandudno, fel ysgrifenyddes. Rhoddodd hi wasanaeth clodwiw i'r theatr a'r cwmni am gyfnod o ddeng mlynedd, a thrist oedd gweld ei hysgrifen lân a'i Chymraeg graenus yn diflannu o'r llyfr cofnodion.

Un o sêr Chwaraewyr Garthewin yn y cyfnod hwn oedd Rhydderch Jones, a chwaraeodd ran Claudius yng nghynhyrchiad llwyddiannus Morris Jones o *Hamlet*. Darganfu Morris Jones fod ganddo ddramodydd addawol yn ogystal ag actor dawnus yn ei gwmni, ac yn 1965 rhoddwyd lle blaenllaw i'w ddrama, *Petalau yn y Gwynt*, yn rhaglen y Chwaraewyr. Hon a enillodd yr ail wobr yng nghystadleuaeth y ddrama yn Eisteddfod Genedlaethol Abertawe a'r Cylch yn 1964, ac fe'i perfformiwyd gan Chwaraewyr Garthewin yn ystod gwanwyn 1965 yn y Rhyl, Pwllheli a Bae Colwyn, gyda'r awdur yn cynorthwyo Robin Jones a John Owen i drefnu'r llwyfan.

Yr oedd *Petalau yn y Gwynt* wrth fodd Morris Jones. Dyma'r math o ddrama a fyddai, yn ei farn ef, yn sicrhau dyfodol ei gwmni ac yn hybu achos y theatr yng Nghymru. Gwelir ei sylwadau am y ddrama mewn erthygl gan Christopher C. Somerville yn y *Caernarvonshire Life* ym Mawrth 1965. Y mae'r sylwadau hyn yn adlewyrchu ceidwadaeth Morris Jones o ran ei ddewis o ddramâu ar gyfer Chwaraewyr Garthewin ac ar gyfer y cwmni arall y bu'n ei gyfarwyddo am saith mlynedd ar hugain, sef Cwmni Cymdeithas y Ddrama Gymraeg, Llandudno. Tra oedd John Gwilym Jones ac F. G. Fisher yn llwyfannu gweithiau arbrofol gan Brecht, Pinter a Miller ym Mangor a Llangefni, pur gonfensiynol, ar y cyfan, oedd y dramâu a gâi eu llwyfannu gan Morris Jones. Cyfaddefodd wrth Christopher C. Somerville ei fod yn amheus ynglŷn ag ymateb y gynulleidfa yng Ngarthewin i ddrama fel *The Caretaker* Pinter:

> Plays by Pinter, Wester and Beckett pose problems of communication. Often I cannot understand them. Often I feel that they are being deliberately obscure. Their vision is too personal, too introspective effectively to reach an audience. Certainly they present a challenge to a producer. I would like to produce *The Caretaker*, but would my audience understand it? Do I understand it?

Ac meddai ymhellach:

> I like happy plays. I like the work of J. B. Priestley and Galsworthy. Their work seems wholesome. I also have a particular affection for T. S. Eliot.

Erbyn canol y chwedegau yr oedd y fath sylwadau'n boenus o henffasiwn. Yn y cyfnod hwn, y ddrama naturiolaidd gonfensiynol oedd *forte* Morris Jones. Y mae rhai o sylwadau eraill Morris Jones yn y cyfweliad hwn yn brawf o'i benderfyniad diwyro i warchod hunaniaeth Chwaraewyr Garthewin, ac o'i amharodrwydd i gyfaddawdu. Meddai: 'It has been suggested that we join with the English-speaking societies in order to get local support for a theatre workshop. I don't like the idea.' Cyfeirir yn yr un erthygl at ddiffyg cefnogaeth y Cyngor lleol i ymgais Chwaraewyr Garthewin i ddod o hyd i ystafell ymarfer addas yn Hen Golwyn:

> The 'Garthewin Players' are a go-ahead company. They have exciting ideas. Together with their director they have made a very secure position for themselves in Welsh drama. It is unfortunate that the local council has not seen fit to give them greater support and aid to form a little theatre as more enlightened communities have done. Their struggle to find a centrally situated rehearsal room and theatre workshop continues in the face of an unsympathetic local authority. Nevertheless, in spite of difficulties they continue to thrive.

Arddangosfa Theatr Garthewin yn Eisteddfod Genedlaethol y Drenewydd, 1965

Ddechrau 1965 gwahoddwyd Chwaraewyr Garthewin gan bwyllgor Eisteddfod Genedlaethol y Drenewydd i baratoi arddangosfa o'u gwisgoedd a'u dodrefn llwyfan. Yr oedd hon yn arddangosfa hynod lwyddiannus, a daeth llu o bobl i'w gweld yn ystod yr wythnos. O ganlyniad i'r diddordeb yng ngweithgareddau'r cwmni, gwahoddwyd Chwaraewyr Garthewin i berfformio'r *Gwybed* Tom Parri Jones, drama arobryn Eisteddfod y Drenewydd, 1965, yn Eisteddfod Genedlaethol Aberafan a'r Cylch y flwyddyn ganlynol. Er mawr siom a syndod i'r cwmni, gwrthododd Morris Jones y cynnig. Ei ddewis ef ar gyfer rhaglen 1966 oedd *Teli'r Teulu*, cyfieithiad Lewis Williams o gomedi Elaine Morgan a Jean Scott Rogers. Perfformiwyd y ddrama hon yn Theatr Tywysog Cymru, Bae Colwyn ym mis Chwefror 1966.

* * *

Ar 2 Tachwedd 1965 hysbysodd Morris Jones bwyllgor Theatr Garthewin fod Cymdeithas Ddrama Sir Ddinbych wedi cymeradwyo'r syniad o gynnal 'Gŵyl Saunders Lewis' yng Ngarthewin yn 1966, a'i fod ef yn bwriadu cyfarwyddo *Amlyn ac Amig* ac un olygfa o *Gwaed yr Uchelwyr* yn yr Ŵyl honno. Yr oedd wedi bod yn dyheu am y cyfle i gyflwyno cynhyrchiad newydd Cymraeg o *Amlyn ac Amig* er 1952, pan gyflwynodd fersiwn Saesneg Robert Wynne, 'The Christmas Candle', ar lwyfan Garthewin. Ddechrau 1952 yr oedd Robert Wynne wedi gofyn i Morris Jones ddod o hyd i gwmni bychan o actorion a fedrai berfformio ei gyfieithiad i gynulleidfa o wahoddedigion. Dwy o ferched yr ysgwïer, Menna a Gwyneth, a oedd i chwarae rhannau'r plant. Wedi'r perfformiad yn Theatr Garthewin ddiwedd Mawrth, ysgrifennodd yr ysgwïer at Morris Jones i'w longyfarch:

> I do congratulate you very sincerely on the performance the other night and I do really hope that you will stage it again with the same group sometime. I thought the acting was very sincere and the production what we have learnt to expect from you—i.e. excellent.[8]

Wedi'r fath glod nid yw'n syndod fod Morris Jones yn awyddus i gyflwyno *Amlyn ac Amig* yng 'Ngŵyl Saunders Lewis', 1966. Nid oedd Robert Wynne yn y pwyllgor yng Ngarthewin ar 2 Tachwedd 1965 i glywed y newydd da mai 'Gŵyl Saunders Lewis' fyddai hon, gan ei fod yn ymweld â'i ffrind, Thomas Charles Edwards, yn Ysgol Gatholig Ampleforth, Swydd Efrog. Wedi'r pwyllgor, ysgrifennodd Morris Jones ato ynglŷn â'r Ŵyl arfaethedig, a heb oedi dim cysylltodd yr ysgwïer â Saunders Lewis i ofyn iddo ddarlithio yn yr Ŵyl, ac i'w hysbysu mai'r bwriad oedd perfformio tair o'i ddramâu. Egyr ateb Saunders Lewis â'r ebychiadau canlynol:

> Your letter from Ampleforth is rather overwhelming! Three of my plays in a row sounds like 'gormod o bwdin a dagiff gath' . . .[9]

Ond ymddengys o'r llythyr fod Saunders Lewis ar y cyfan yn ddigon brwdfrydig ynglŷn â'r syniad, ac awgryma mai comedi neu ffars fyddai'r syniad gorau ar gyfer yr ail ddrama o'r tair: 'Would they look at my *Problemau Prifysgol*? . . . The BBC turned it down because they thought it would lead to a second libel action! I am quite positive it is harmless and amiably lunatic.'

Gwrthod y cynnig i ddarlithio a wnaeth Saunders Lewis, ond addawodd y byddai'n gwneud ei orau glas i ddod i'r Ŵyl. Nid oedd y syniad o gyfarwyddo *Problemau Prifysgol* yn apelio at Morris Jones o gwbl, ac awgrymodd y dylid gwahodd cwmni arall i berfformio'r ddrama. Gan mai methiant fu pob ymgais i ddod o hyd i gwmni o'r fath, cytunwyd i wahodd Cwmni Ceredigion i berfformio *Esther* a Chwmni Theatr Fach Llangefni i lwyfannu *Siwan*. Derbyniodd y ddau gwmni ar unwaith. Ond cymhlethwyd y cynlluniau ymhellach pan fu'n rhaid i Gwmni Ceredigion dynnu'n ôl. Yn eu hanobaith, trodd y trefnyddion at John Gwilym Jones, a chytunodd i ddod â chwmni o fyfyrwyr i'r Ŵyl i berfformio *Pwy Sy'n Iawn?*, cyfieithiad o *The Collection* Pinter, a'r *Tenant Newydd*, cyfieithiad o *Le Nouveau Locataire* Ionesco.

Am y tro cyntaf yn hanes yr Ŵyl, nid ymddangosodd y gair 'cenedlaethol' ar y rhaglen. Barn aelodau pwyllgor Cymdeithas Drama Sir Ddinbych oedd fod y term bellach yn gamarweiniol fel disgrifiad o'r achlysur. Ym mis Mehefin, hysbysebwyd y rhaglen ganlynol:

Nos Fawrth, *12 Gorffennaf*	7.30	*Amlyn ac Amig* ac un act o *Gwaed yr Uchelwyr* Saunders Lewis Chwaraewyr Garthewin (Cyfarwyddwr, Morris Jones)
Nos Fercher, *13 Gorffennaf*	7.30	*Amlyn ac Amig* ac un act o *Gwaed yr Uchelwyr* Saunders Lewis Chwaraewyr Garthewin (Cyfarwyddwr, Morris Jones)
Nos Iau, *14 Gorffennaf*	7.30	Lecture: 'Does Wales Get the Theatre it Deserves?' Warren Jenkins

Nos Wener, 15 Gorffennaf	7.30	*Siwan* Saunders Lewis Cwmni Cymdeithas Ddrama Theatr Fach Llangefni (Cyfarwyddwr, F. G. Fisher)
Dydd Sadwrn, 16 Gorffennaf	3.30	Darlith: 'Dramâu Saunders Lewis' Dafydd Glyn Jones
	7.30	*Pwy Sy'n Iawn?* Pinter (Cyfieithiad John Gwilym Jones o *The Collection*) *Y Tenant Newydd* Ionesco (Cyfieithiad K. Lloyd-Jones o *Le Nouveau Locataire*) Cwmni Coleg y Brifysgol, Bangor (Cyfarwyddwr, John Gwilym Jones)

Cafodd y syniad o ŵyl a oedd yn dathlu dramâu Saunders Lewis groeso brwd gan y cyhoedd. Dywed adolygydd *Y Cymro* ar 14 Gorffennaf:

> Heb un amheuaeth, Saunders Lewis yw'r unig ddramodydd sy'n ysgrifennu'n Gymraeg heddiw a ddaeth i enwogrwydd hefyd ar y cyfandir. Priodol, felly, yw'r ffaith fod Cymdeithas Ddrama Sir Ddinbych yr wythnos hon, ar ran y genedl, yn talu teyrnged iddo, drwy gyflwyno'i ddramâu ar ffurf gŵyl. Mwy priodol fyth yw'r ffaith mai yn Chwaraedy Garthewin, Llanfair Talhaiarn, y cynhelir yr ŵyl, oherwydd yno, pan nad oedd yn hollol ffasiynol ei arddull, y gwelwyd ei ddramâu gyntaf. Mae clod nid bychan yn ddyledus hefyd i berchennog Garthewin Mr R. O. F. Wynne, oherwydd bu yntau'n nerth ac yn gefnogydd tra ymarferol i'r dramaydd.

Yn anffodus, methodd Saunders Lewis fod yn bresennol yn yr Ŵyl. Yn ei lythyr at Robert Wynne ar 26 Mehefin dywed ei fod wedi bod yn ddifrifol wael: 'I was rushed to hospital at some five minutes' notice a month ago to get me into oxygen, or to get oxygen into me. It was asthma and nearly finished me, a 48 hour paroxysm. It had been coming on for the last two years, but I'd not before been more than inconvenienced. This time it was acute and all but the end.'[10] A daw'r llythyr i ben fel hyn: 'I hope . . . that the farm flourishes and the Army also.' Yr 'Army', wrth gwrs, oedd y 'Free Wales Army'. Yn y cyfnod hwn yr oedd ymgyrchu politicaidd y Wynniaid ar ei anterth, gyda Gwenllian Wynne, yn arbennig, yn fawr ei sêl dros frwydr yr iaith. Yn 1965, pan oedd Gwenllian yn bedair ar ddeg, rhoddodd ei thad bedydd, Thomas Charles Edwards, air o gyngor i Nina Wynne: 'If my god daughter is still chomping on the bit, you can tell her to ensure a regular order on the part of her father for BARN, Far better than dynamite!'[11] Ac meddai ei fab, T. M. Charles-Edwards, mewn llythyr at Robert Wynne ar 1 Hydref 1966: 'My best wishes to Gwenllian and her red paint. I hope it goes well, backed up by a few Catalanian war cries.'[12]

Gresyn i Saunders Lewis golli perfformiadau Chwaraewyr Garthewin yng Ngŵyl 1966. Un o uchafbwyntiau'r cynhyrchiad oedd yr olygfa lle y gwelir Amig yn ymateb i neges yr Archangel Raffael ar ddechrau'r ail ran. Dewisodd Morris Jones gyfleu ymateb Amig drwy ganolbwyntio golau llachar ar ei ddwylo ymbilgar:

> Gofyn i'm hunig gyfaill
> Ladd ei ddau blentyn â'i law
> Er mwyn difa cur i mi?[13]

Yn ôl aelodau'r gynulleidfa, yr oedd hon yn olygfa ddirdynnol, ac yn un o'r golygfeydd mwyaf llwyddiannus a welwyd erioed yn y theatr. Yn ôl ei harfer wrth adolygu dramâu, ar y llefaru y canolbwyntiodd Kate Roberts yn ei hadolygiad o'r perfformiad yn *Y Faner* ar 21 Gorffennaf:

> Teimlais nad oedd y llefaru yn ddigon da gan y cwmni yma ychwaith, ac eithrio gan ychydig. Ni wn beth sy'n bod ar lawer o actorion Cymru heddiw, yn ganol oed ac ifanc; cyn gynted ag y dechreuant siarad iaith lenyddol neu hanner llenyddol, maent yn datblygu rhyw lediaith. Mae arnaf ofn mai dylanwad y BBC ydyw. Yn *Amlyn ac Amig* y ffurf lenyddol a geir drwyddi, ac iawn yw hyn gan mai drama fydryddol ydyw a gyhoeddwyd yn 1940. Yn ei ddramâu diweddaraf, hyd yn oed yn *Siwan,* ceir ffurfiau fel, 'Dywed be sy wedi digwydd', 'welais i rioed mo hynny,' 'Wn i ddim.' Ni cheir mo'r rhai hyn yn *Amlyn ac Amig*. Digon posibl mai am ei bod yn ddrama grefyddol yr ysgrifennodd yr awdur hi mor llenyddol. Pa un bynnag am hynny, yr oedd yr actorion yn iawn wrth roi iddi urddas llenyddol.
>
> Ond er hynny, teimlo yr oeddwn i, nad oedd y farddoniaeth yn cael chwarae teg oherwydd y mursendod a geid yma a thraw yn yr ymadroddi. Yr oedd y llafariaid yn gaeedig yn lle bod yma lond ceg o Gymraeg, a chollwyd grym y farddoniaeth oblegid hynny, ac eithrio gan y bardd ei hun. Yr oedd ef a'r ffŵl yn berffaith rydd oddi wrth unrhyw fursendod.

Rhydd Kate Roberts yn yr adolygiad hwn ddisgrifiadau diddorol a lliwgar o berfformiadau Dilys Williams (Belisent), Trefor Selway (Amlyn) ac Owen Huw Roberts (Amig)—disgrifiadau sy'n llwyddo i ail-greu naws y cynhyrchiad yng Ngarthewin—ond y peth pwysicaf yn yr adolygiad yw'r cwestiynu ar addasrwydd

Amlyn ac Amig, 1966

perfformio *Amlyn ac Amig* ac un act o *Gwaed yr Uchelwyr* ar yr un noson:

> I ddramâu Saunders Lewis y rhoddwyd rhan helaeth o Ŵyl Garthewin eleni. Yr oedd yn bryd gwneud hyn; ond peth anffortunus oedd cysylltu'r Saunders Lewis diweddar a'r Saunders Lewis cynnar, fel y gwnaed nos Fawrth a nos Fercher, trwy gael un act o *Gwaed yr Uchelwyr* gydag *Amlyn ac Amig*. Nid syniadau'r dramodydd sydd wedi newid eithr ei ddull o'i fynegi ei hun. Yng *Ngwaed yr Uchelwyr* nid oedd eto wedi addasu ei iaith i ofynion llwyfan, a chawn ynddi ddulliau llenyddol fel 'Nid oedd' yn lle ''doedd' a 'nid oeddynt hwy' yn lle ''doeddyn' nhw ddim', a hynny mewn dialog lle mae ffermwyr, uniaith Gymraeg mae'n debyg, yn siarad gyda'i gilydd. Ond fe ddylsai rhywun yn y cwmni neu'r cynhyrchydd fod wedi gweld hyn drostynt eu hunain, ac wedi addasu'r ddialog at eu gwasanaeth. Yr oedd y sgwrsio yn y dafarn oblegid hyn yn anystwyth ac annaturiol. Gall y cynhyrchydd droi atom a dweud, 'Ie, ni wyddoch chi beth yw ein anawsterau ni mewn ardal sydd wedi ymseisnigo, i gael pobl i gymryd rhan mewn drama o gwbl.' Yr wyf yn deall yr anawsterau i'r dim, ond gŵyl ddrama oedd hi, a rhaid oedd i'r gynulleidfa farnu fel y gwelent ac fel y clywent, heb fod yn ymwybodol o gwbl o ddim a oedd tu cefn i'r perfformiad. Credaf hefyd, os oedd yn amhosibl cael dim o waith Saunders Lewis i ymestyn y noson, y buasai'n well cael drama un act o waith rhywun arall.

Y perfformiad o *Siwan* ar 15 Gorffennaf gan Gwmni Theatr Fach Llangefni oedd y cyflwyniad olaf o ddrama gan Saunders Lewis ar lwyfan Garthewin. Yn ôl adolygydd *Y Faner,* 28 Gorffennaf: 'Dim ond actorion proffesiynol a ddylai actio "Siwan"', ond yr oedd o'r farn hefyd fod y cwmni, dan gyfarwyddyd George Fisher, wedi gwneud 'cais teg' i'w llwyfannu yng Ngarthewin. Canmolir actio J. O. Roberts (Llywelyn) ynghyd â dychymyg y cyfarwyddwr, ond ym marn yr adolygydd perfformiad siomedig oedd hwn at ei gilydd. Cafwyd sylwadau pur wahanol yn *Y Cymro* ar 21 Gorffennaf. Yno disgrifir y perfformiad o *Siwan* fel 'pegwn disgleiriaf yr Ŵyl'. Y noson honno, yn ôl yr adolygydd, 'yr oedd y neuadd fach dan ei sang ar noson ddychrynllyd o wlyb, ond anghofiwyd y stormydd yn haul y llwyfan'. Ond go brin y medrai'r actorion anghofio'r tywydd garw y noson honno, oherwydd drwy gydol y perfformiad disgynnai diferion o law ar y llwyfan ac arnynt hwythau. Cofia Hazel James, a oedd yn actio'r brif ran, sut y gorfu iddi gynnal gwefr a thensiwn y ddeialog tra oedd y plant ysgol yn rhesi blaen y theatr yn chwerthin yn afreolus bob tro y disgynnai'r diferion ar yr actorion anffodus.

Cwmni Coleg y Brifysgol, Bangor a gafodd y fraint o gloi Gŵyl 1966. Cafodd y cynhyrchiad o *Pwy Sy'n Iawn?* dderbyniad da yng Ngarthewin, eithr ymateb digon llugoer a gafodd *Y Tenant Newydd.* Yn wir, yn ôl sawl un a oedd yn bresennol y noson honno, cwrteisi yn unig a'u rhwystrodd rhag cychwyn am adref wedi'r munudau cyntaf o'r ddrama. Prawf yw hyn mai cynulleidfa dra cheidwadol a geid yng Ngarthewin.

Gan mai bwriad Gŵyl 1966 oedd dathlu crefft Saunders Lewis fel dramodydd, gwahoddwyd Dafydd Glyn Jones, a oedd ar y pryd newydd ei benodi ar staff Adran y Gymraeg ym Mangor, i ddarlithio ar 'Ddramâu Saunders Lewis'. Crynhoir sylwedd ei draethiad yn *Y Faner*, 11 Awst 1966:

> Ystyriai'r darlithydd fod yr arbraw o gynnal wythnos ddramâu Mr Saunders Lewis yng Ngarthewin, fel y gwnaed, yn foddion i olrhain y peth newid a datblygiad a fu yn hanes yr awdur fel dramawr, a hefyd i ddangos fel y mae rhai pethau sylfaenol wedi aros a chael eu cadw'n gyson drwy'r dramâu hyn i gyd.
>
> O du'r iaith y buasai'r newid mwyaf. Amcan Mr Saunders Lewis ar y cychwyn oedd dyfod o hyd i iaith lenyddol safonol wedi ei seilio ar egwyddorion traddodiadol, a sicrhau iaith niwtral a fuasai'n ddealladwy i Gymru i gyd. Ei anhawster pennaf oedd ei gefndir a'i ddiffyg profiad o'r iaith lafar ar ei gorau ac yn ei hidiomau priod. Canfu fod iaith pobl cefn gwlad yn fynych yn sobr o drwsgl, ac aeth ati i geisio gloywi a dyrchafu tipyn arni. Y canlyniad fu fod Cymraeg llwyfan 'Gwaed yr Uchelwyr' (1921) yn fwy anystwyth nag iaith dramâu W. J. Gruffydd neu J. O. Francis, er enghraifft. Llefarai'r cymeriadau mewn dull llenyddol yn

hytrach na llafar, a'r rheiny'n gymeriadau cefn gwlad o bosibl, yn nramâu cynnar Mr Saunders Lewis.

Er na roes Mr Lewis erioed heibio'r nod o geisio sicrhau rhyw fath o iaith niwtral a fyddai'n ddealladwy i'r mwyafrif o bobl, bu peth newid ac ystwytho ar iaith ei ddramâu ac ar ddull yr awdur o'i fynegi ei hun, meddai'r darlithydd.

O'r ochr arall, ychydig iawn o newid a fu yn sylwedd ei ddramâu ac ar eu hadeiladwaith a'u ffurf. Dangosai 'Gwaed yr Uchelwyr' feistrolaeth yr awdur ar ei dechneg sylfaenol, a cheir yr un feistrolaeth ar dechneg yn ei holl ddramâu. Nid oedd cymaint â hynny o wahaniaeth rhwng 'Gwaed yr Uchelwyr' a 'Siwan' o ran cynllun ac adeiladwaith, meddai Mr Jones.

Ymdrinir â sefyllfaoedd o wrthdaro a thyndra bron yn yr un modd bob amser, ac fe ddefnyddir rhyddiaith a mydr yn y dull mwyaf gorchestol i greu momentwm syfrdanol yn y dramâu.

Gellir dweud, a siarad yn gyffredinol, mai dramâwr clasurol yw Mr Saunders Lewis, sydd yn nhraddodiad trasediwyr mawr Groeg. Cyfaddefodd ei hun mewn ysgrif yn *Y Faner* tua 1950, ddylanwad Sophocles, arno, a hefyd y dramawyr Racine a Claudel ac yn arbennig Racine. Trwy gydol ei yrfa y mae Mr Lewis, meddai'r darlithydd, wedi dal i ymdrin â'r un problemau. Dichon fod y dylanwadau a nodwyd i'w gweld yn ymwybyddiaeth Mr Lewis o realiti pechod, ei ddull o drafod serch, ac yn y llymdra a geir, er enghraifft, yn 'Amlyn ac Amig'.

Ceir anhrugarogrwydd moesol yn gwasgu ar y cymeriadau. Gorfodir cymeriad i wneuthur y dewis mewn argyfwng.

Ceir hefyd ryw fath o hunan-barch herfeiddiol, ar raddfa gosmig, yn nramâu S.L. Wedi i'r cymeriad wneuthur y dewis yna fe'i gorfodir i'w ddilyn i'r pen eithaf.

Ystyr achub enaid bob tro yw ei ddeffro i'w gyfrifoldeb moesol. Mae rhagfarnau S.L. er dyddiau 'Gwaed yr Uchelwyr' wedi parhau'n gyson yr un fath. Y rhai difoeseg yw'r rhai drwg yn ei olwg, meddai'r darlithydd. Yn y cymeriad Iris ceir enghraifft o uniaethu ymennydd a gras, adlais arall o'r traddodiad clasurol o ddyddiau Socrates.

Pwysleisir drachefn a thrachefn y pwysigrwydd o wynebu enbydrwydd ac nid ei osgoi, neu ei daflu ar ysgwyddau rhyw awdurdod arall neu rywrai eraill. Daw Albrecht a Hofacker, er enghraifft, o'r praw yn well na Kluge yn y ddrama 'Brad'.

Tuedda S.L. i ffafrio'r eithriadol bob amser. Enghraifft o hynny yw Siwan ac Alis (fel ei gilydd) yn edrych mewn dirmyg ar y dyrfa a ddaethai ynghyd i wylio dienyddio Gwilym Brewys yn y ddrama 'Siwan'. Safiad unig yw safiad pendefig bob tro ganddo. Ychydig sydd wedi eu galw i fod yn saint. Hynny yw, ar ysgwyddau'r ychydig y disgyn y rheidrwydd a'r cyfrifoldeb yma i fod yn ddewr ac i wneuthur y dewis tyngedfennol yn y dramâu hyn, a'i ddilyn i'r pen.

Wedi gwneuthur ohonynt y dewis, yna rhaid iddynt dderbyn yr her o dorri drwy'r argyfwng, ac yn y torri drwodd hwn y mae cymeriad yn ei greu ei hun o'r newydd.

Prin, meddai Mr Jones, fod y syniad clasurol hwn o anrhydedd ac urddas yn ddealladwy i ni bellach. Felly, ni ellir disgwyl i ddramâu Mr Saunders Lewis fod yn boblogaidd i oes gysgodol fel ein hoes ni.

NB

Gelwir ar ddyn i wneud y dewis terfynol hwn, a chymryd llam yn y tywyllwch ar bwys ei ffydd. Cam gorffwyll yw'r cam ar lawer ystyr, ac yn y cam hwn, y mae'r arwr yn berffaith rydd am unwaith oddi wrth gyfyngdra rheswm a theimlad. Nid oes ond gwyrth a all ei achub rhag y canlyniadau. Ac y mae'n rhaid derbyn y syniad o wyrth yn nramâu S.L. yn ei ystyr draddodiadol bob amser. Yng nghyflawniad y weithred y daw dyn i ddeall ac i sylweddoli ystyr y cwbwl i gyd. Nid yw dyn yn bod ar wahân i'w weithredoedd, ac y mae personoliaeth yn rhywbeth y mae'n rhaid iddo barhau i'w chreu o'r newydd, yn ôl Mr Lewis. Ac yn yr ystyr yma, y mae ef yn ddyfnach dirfodwr na'r ysgol o ddirfodwyr sydd mor boblogaidd heddiw.

Traddodwyd darlith Saesneg yr Ŵyl gan Warren Jenkins, a oedd ar y pryd yn gyfarwyddwr Theatr Belgrade, Coventry. Yr oedd newydd ymddeol o'i swydd fel cyfarwyddwr y Welsh Theatre Company wedi'r ffrwgwd yn sgil yr ymgyrch i adeiladu cartref ar gyfer Theatr Genedlaethol yng Nghaerdydd. Yn y *Western Mail* ar 22 Ebrill 1962 cyhoeddodd:

> I have warned the city time and time again that there is no point in building a national theatre if the expertise and know-how have not had a chance to develop before the bricks and mortar are there.

Yn ei ddarlith yng Ngŵyl Garthewin, 'Does Wales Get the Theatre it Deserves?', beirniadodd yn llym y cynllun i adeiladu theatr yng Nghaerdydd. Collfarnodd hefyd y cynllun i godi theatr ym Mangor gyda chymorth Cronfa Cartrefi'r Celfyddydau, gan ddadlau mai perthyn i grŵp bach elitaidd o bobl y Brifysgol yn unig y byddai theatr o'r fath. Wedi'r ddarlith hon cafwyd trafodaeth ynglŷn â'r ymgyrch i sefydlu Theatr Genedlaethol yng Nghaerdydd. Prin fod angen dweud nad oedd llawer o groeso i'r syniad yn Theatr Garthewin. Er hynny, mae'n bwysig nodi i Robert Wynne atgoffa'r gynulleidfa ar ddiwedd y drafodaeth mai fel theatr dros-dro y gwelsai ef Garthewin o'r cychwyn cyntaf, ac iddo ddatgan ei fod yn gefnogol iawn i'r ymgais i sefydlu Theatr Genedlaethol yn y brifddinas.

* * *

Wedi Gŵyl 1966 collodd Robert Wynne ddiddordeb yn Theatr Garthewin. Yr oedd ei iechyd yn dirywio a'i ofid ynglŷn ag iechyd meddwl ei ferch, Gwyneth, a oedd bellach wedi newid ei henw i Lowri, yn cynyddu. Yn ystod hydref 1966 bu raid i bwyllgor y theatr ei atgoffa nad oedd wedi talu ei gyfran o'r gost o oleuo a gwresogi'r theatr. Flwyddyn yn ddiweddarach, yr oedd y ddyled yn

Y Cwch Heb Bysgotwr, 1967

dal heb ei thalu. Yn ystod ail hanner y chwedegau ymddengys ei fod yn graddol drosglwyddo'r cyfrifoldeb am adeiladau'r theatr i'w ferch, Menna. Yn sicr, ati hi yr anfonwyd y swm o £11.1.0 gan Gymdeithas Ddrama Sir Ddinbych ar gyfer y gost o gyflogi gweithiwr i dacluso'r buarth ar gyfer Gŵyl 1968. Ond er i ddiddordeb yr ysgwïer yng ngweithgareddau'r theatr bylu, parhau i weithio'n ddiflino a wnâi Morris Jones a Chwaraewyr Garthewin. Er enghraifft, perfformiwyd *Amlyn ac Amig* ddiwedd 1966, *Y Cwch Heb Bysgotwr*, cyfieithiad G. J. Evans o *La Barcada sin Pescador* Alejandro Casona yn 1967, a ffars boblogaidd R. Gwynedd Jones, *Yr Offeryn*, yn 1968.

Yn fuan wedi'r cynhyrchiad o'r *Offeryn* dechreuodd Chwaraewyr Garthewin ymarfer *Marsiandwr Fenis*, cyfieithiad J. T. Jones o ddrama Shakespeare, i'w pherfformio yng Ngŵyl 1968. Ar gyfer yr Ŵyl hon derbyniodd Cymdeithas Ddrama Sir Ddinbych nawdd gan gorff a oedd newydd ei sefydlu, sef Cymdeithas Gelfyddydau Gogledd Cymru. Dyma'r Ŵyl olaf i'w chynnal yng Ngarthewin, a gwelir oddi wrth y rhaglen ganlynol mai perfformiad cwmni Morris Jones o *Marsiandwr Fenis* oedd y prif atyniad:

Nos Fawrth, *2 Gorffennaf*	7.30	*Marsiandwr Fenis* Shakespeare (Cyfieithiad J. T. Jones o *The Merchant of Venice*) Chwaraewyr Garthewin (Cyfarwyddwr, Morris Jones)

Nos Fercher, 3 Gorffennaf	7.30	*Marsiandwr Fenis* Shakespeare (Cyfieithiad J. T. Jones o *The Merchant of Venice*) Chwaraewyr Garthewin (Cyfarwyddwr, Morris Jones)
Nos Iau, 4 Gorffennaf	7.30	*Marsiandwr Fenis* Shakespeare (Cyfieithiad J. T. Jones o *The Merchant of Venice*) Chwaraewyr Garthewin (Cyfarwyddwr, Morris Jones)
Nos Wener, 5 Gorffennaf	7.30	*Poetry and Jazz* presented by Betty Mulcahy with the Michael Garrick Trio
Nos Sadwrn, 6 Gorffennaf	7.30	*Bore Fory Ddaw* Brian Friel (Cyfieithiad W. S. Jones o *Philadelphia Here I Come*) Cwmni'r Gegin Cricieth (Cyfarwyddwr, Elis Gwyn Jones)

Ddiwedd 1967, wedi i J. T. Jones gael cadarnhad gan Morris Jones mai *Marsiandwr Fenis* oedd dewis Chwaraewyr Garthewin ar gyfer Gŵyl 1968, aeth ati i ddiwygio ei gyfieithiad. Yn wir, parhaodd y diwygio drwy gydol y cyfnod ymarfer. Hon oedd y ddrama gyntaf o waith Shakespeare i J. T. Jones ei chyfieithu. Dechreuodd ar y dasg yn 1936, pan baratôdd fersiwn o'r bedwaredd act ('Treial yr Iddew') ar gyfer ei ddosbarthiadau Cymraeg yn Ysgol Ganolog Bangor. Yn 1938 derbyniodd wahoddiad gan y BBC i gyfieithu'r ddrama ar ei hyd, ac fe'i darlledwyd yn 1939 ac yn 1950. Cwmni Aelwyd y Rhos oedd y cyntaf i lwyfannu'r cyfieithiad, a hynny dan gyfarwyddyd Olwen Mears, ac fe'i perfformiwyd wedi hynny gan Gwmni Coleg y Gogledd gyda John Gwilym Jones yn cyfarwyddo. Ond teimlai J. T. Jones fod angen gwella'r cyfieithiad ar gyfer y perfformiad yng Ngarthewin. Yn y llythyrau a anfonodd at Morris Jones ddechrau 1968, ceir cyfeiriadau cyson at 'gywiriadau' a 'gwelliannau'. Er enghraifft, wrth anfon yr ail act at Morris Jones ar 10 Ionawr 1968, cyffesodd: 'Trwsiais a thrwsiais gryn dipyn arni, draw ac yma. Mae lle i berffeithio bob amser.'[14] Esgorodd y perfformiad yng Ngarthewin ar fersiwn mwy hyblyg a chaboledig o *Marsiandwr Fenis*. Flwyddyn wedi'r Ŵyl cyhoeddwyd y cyfieithiad newydd gan Wasg Tŷ ar y Graig.

Wrth drosglwyddo'r deipysgrif wreiddiol o *Marsiandwr Fenis* i Morris Jones ym mis Tachwedd 1967, sicrhaodd J. T. Jones y cyfarwyddwr fod y ddrama 'yn rhoi cyfle gwych i'ch doniau "cynhyrchiol" bywiog *chwi*'.[15] Awgrymodd y gellid hepgor rhannau o'r ddrama gan fod ynddynt 'ddarnau sydd—nid yn gymaint yn "anweddus" (ys dywedir) ond yn ddiflas o bob safbwynt arall hefyd. Nid oes werth dramatig o gwbl ynddynt.' Yn yr un llythyr, pwysleisia J. T. Jones fod cael actorion profiadol ar gyfer rhannau Portia a Sieiloc yn gwbl hanfodol. Helena Jones oedd dewis Morris Jones ar gyfer rhan Portia—dewis a achosodd rai problemau annisgwyl! Cyfeirir yn nrama Shakespeare at wallt euraid godidog Portia, ond gwallt tywyll iawn a oedd gan Helen Jones. Yr oedd hyn yn faen tramgwydd difrifol i Morris Jones. Yn wir, fe'i gwelir yn ysgrifennu at y cyfieithydd i ofyn a fyddai modd iddo ddiwygio'r testun rywfaint er mwyn dileu'r broblem! Y mae'n boenus o amlwg nad oedd Morris Jones wedi deall arwyddocâd y cyfeiriad at aur yn nisgrifiad cofiadwy Bassanio o wallt Portia. Nid yw'n syndod fod J. T. Jones yn amharod i newid y testun. Yn ei lythyr at Morris Jones ar 11 Mawrth 1968 awgrymodd ateb mwy ymarferol o lawer:

> Beth am rinsio'i gwallt yn euraid? Byddai'n hawdd golchi'r lliw ymaith wedi'r perfformio [meddir i mi].[16]

Dridiau'n ddiweddarach, anfonodd lythyr arall at Morris Jones, a dywed: 'byddai'n wych o beth pe gallech trefnu [*sic*] i Portia *gadw ei blondydd euraid traddodiadol*. Collir *llawer* heb hynny.'[17] Y mae'r llun o'r perfformiad o *Marsiandwr Fenis* a geir yn y gyfrol hon yn brawf i'r broblem gael ei datrys yn foddhaol drwy archebu wig hir euraid ar gyfer Helena Jones.

Y mae'n werth oedi am ennyd gyda'r adolygiad ar y perfformiad agoriadol o *Marsiandwr Fenis* a ymddangosodd yn *Y Faner* ar 18 Gorffennaf 1968. Defnyddia'r adolygydd y ffugenw 'GWAL-STRAWD' [*sic*]. 'Rhagorfraint', meddai, 'oedd cael gweld cyflwyniad mor llathraidd, mor iraidd, ac mor gryf o un o ddramâu mwyaf poblogaidd Shakespeare wedi ei throsi i'r Gymraeg.' Yn yr adolygiad clodforir yn arbennig yr olygfa 'Mewn Llys Barn', yn ogystal ag actio Helena Jones (Portia), John Jones (Sieiloc) a Trefor Selway (Gratiano). Diddorol yw nodi y caiff cyfraniad Morris Jones ganmoliaeth anarferol o hael:

> Dyma gynhyrchydd gwir brofiadol a chanddo'r cyneddfau artistig angenrheidiol i ymdeimlo'n deg â chyfrinachau dyfnaf cyfansoddiad dramatig, y ddawn brin i synhwyro arfaeth y dramodydd, a'r medr i

Dwy olygfa o *Marsiandwr Fenis*, 1968
Llyfrgell Genedlaethol Cymru

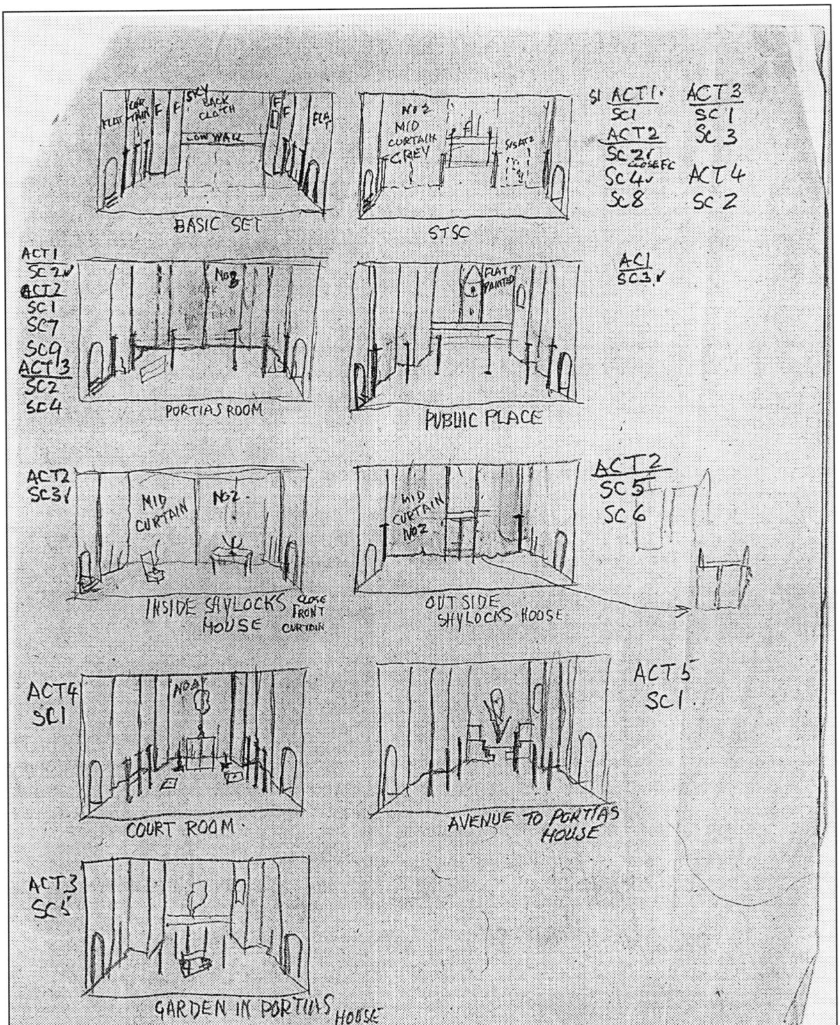

Cynlluniau Morris Jones ar gyfer golygfeydd *Marsiandwr Fenis*

fynegi'r pethau hyn—'heb goll, yn ddidwn hollol'—dan amodau arbennig y llwyfan. Ac y mae gorchest o'r fath, wrth reswm, yn rhagdybio nid yn unig feistrolaeth ar agweddau technegol y grefft o lwyfannu, ond hefyd y gallu i ddethol actorion, ennill eu hymddiriedaeth a meithrin ynddynt frwdfrydedd o'r iawn ryw. Llwyddodd Mr. Jones i greu'r cyd-ddeall a'r cyd-weithredu sydd mor anhepgor i sicrhau cydbwysedd ac unoliaeth yn y cyflwyniad. Yn wir, fe gyflawnodd wyrth.

Y diwrnod wedi i'r adolygiad ymddangos derbyniodd Morris Jones y llythyr canlynol gan J. T. Jones:

Llwydiarth, Porthmadog

19.7.68

Annwyl Gyfaill,

Sut hwyl sydd arnoch chwi a Mrs Jones erbyn hyn?

Diolch am eich llythyr caredig. Parthed yr awgrym fod un o'r Clwb yn anfon adroddiad i'r Faner neu'r Cymro,—nid oeddwn yn hoffi'r syniad o ofyn i rywun *arall* wneud hynny,—ac felly, anfonais bwt ar fy liwt fy hunan i'r Faner; a chwarae teg i'r Golygydd, fe'i rhoes i mewn yn y rhifyn nesaf un (sef yr wythnos hon). 'Gwalstawd' [Hen air Cymraeg am 'cyfieithydd'] a roddais yn ffug-enw; ond ysywaeth bu'n rhaid iddynt gael ei gamargraffu'n 'Gwalstrawd'!! (Mae dau neu dri o wallau argraffu stiwpid eraill hefyd.)

Ynglŷn â throsi 'Midsummer Night's Dream',—fe gyfieithwyd hwnnw, 'Breuddwyd Hafnos', ryw 20 mlynedd yn ôl, gan yr Athro Stephen J. Williams, Abertawe; ond nis gwelais erioed. Go brin ei fod yn drosiad mydryddol.

Mi garwn yn fawr wneuthur ymgais i drosi'r ddrama hon (yn fydryddol), pe cawn nerth ac amser; ond dan yr amgylchiadau presennol ni fedraf ymgymryd â'r gorchwyl yn bendant a therfynol.

Dylasai'r *Cwmni* (a chwithau fel cynhyrchydd) fod wedi cael llawer *mwy* o gyhoeddusrwydd yn y Wasg ac ar y Radio etc., nag a gawsoch. Yn wir, yn y dyddiau chwithig hyn,—mae'n rhaid 'wanglo' cryn dipyn i gael sylw o gwbl i waith diwylliannol da.

Cofion cywiraf—
J.T.J.[18]

Y mae'n amlwg, felly, i 'Gwalstawd' wneud tipyn o 'wanglo' ei hun er mwyn hybu perfformiad Chwaraewyr Garthewin o'i gyfieithiad!

Ond teg yw nodi na ddewisodd J. T. Jones dynnu sylw at y ffaith fod y theatr yn hanner gwag ar noson agoriadol yr Ŵyl. Dewisodd hefyd beidio â chyfeirio'n fanwl at y trafferthion a gafwyd gyda'r perfformiad y noson honno. 'Disastrous' oedd disgrifiad Trebor Hughes, Ysgrifennydd Cymdeithas Ddrama Sir Ddinbych, o'r noson agoriadol hon. Cyfeirio a wna Trebor Hughes at y problemau a achoswyd gan y set gymhleth a'r goleuo diffygiol. Rhaid oedd cael egwyl faith o dros hanner awr er mwyn addasu'r set a thrwsio'r goleuadau. Ond cafwyd gwell hwyl ar bethau ar y nos Fercher a'r nos Iau, ac erbyn i Chwaraewyr Garthewin berfformio *Marsiandwr Fenis* ym Mae Colwyn, Lerpwl, y Rhyl a'r Wyddgrug yn ystod Hydref a Thachwedd 1968 yr oedd cryn sglein ar y cynhyrchiad.

Er gwaethaf trafferthion noson agoriadol Gŵyl 1968, ynghyd â'r diffyg cefnogaeth i'r cyflwyniad 'Poetry and Jazz' ar y nos Wener, bu'r Ŵyl yn bleserus a chymharol lwyddiannus o ran y cynyrchiadau. Y noson fwyaf llwyddiannus o safbwynt maint y gynulleidfa oedd y nos Sadwrn pan berfformiodd Cwmni'r Gegin, Cricieth *Bore Fory Ddaw*. Ond, yn ariannol, bu Gŵyl 1968 yn fethiant. Gwnaed colled sylweddol o £340, ac ar 19 Gorffennaf anfonodd Trebor Hughes lythyr ar ran Cymdeithas Ddrama Sir Ddinbych at Robert Wynne i fynegi gofid y Gymdeithas ynglŷn â'r golled ac i awgrymu'r pwyntiau canlynol:

(a) That it is not economical to stage Drama Festivals at Garthewin in view of the limited seating capacity; and not fair to ask the Arts Association to finance a project which has no hopes of being a financial success. If there was a full house every night, the total takings would only amount to £225.

(b) that the Association should consider using Garthewin theatre for Residential Week-end Schools—these Drama Schools could be open to North Wales if necessary.

(c) that it is unwise to stage an English programme in the middle of a Welsh Drama Festival.[19]

Trosglwyddodd Robert Wynne lythyr Trebor Hughes i bwyllgor Theatr Garthewin, a gyfarfu am y tro cyntaf wedi'r Ŵyl ar 2 Hydref. Yng nghofnodion y cyfarfod hwnnw ceir y nodyn hwn:

> Dechreuwyd trafodaeth ar dorri cysylltiad â Garthewin, ond gohiriwyd y mater.[20]

Erbyn gwanwyn 1969 yr oedd y Chwaraewyr wedi penderfynu mai'r unig ateb i'w problemau ariannol oedd ffarwelio â Garthewin. Yn y llyfr cofnodion, nodir diwedd cysylltiad y cwmni â theatr Robert Wynne gan y frawddeg ganlynol: 'Pasiwyd fod yr ysgrifennydd i ofyn i MANWEB dorri'r trydan i ffwrdd yng Ngarthewin.' Yr oedd yn ddiwedd cyfnod. Penderfynwyd yn unfrydol gadw'r enw 'Chwaraewyr Garthewin', ond wrth drafod y posibilrwydd o gynnal gŵyl ym Mae Colwyn yn 1971, awgrymwyd y dylid cael gwared ar yr enw 'Gŵyl Garthewin' ac ailfedyddio'r achlysur yn 'Ŵyl Gogledd Cymru'. Eithr nid hawdd oedd torri cysylltiad fel hyn, a phenderfynodd aelodau'r pwyllgor lynu wrth yr enw 'Gŵyl Garthewin', er nad oedd i theatr y plas bellach unrhyw le yng ngweithgareddau'r cwmni.

Yr oedd y cyfnod o 1970 hyd nes y bu farw Morris Jones ar 6 Mawrth 1986 yn gyfnod prysur a chynhyrchiol iawn yn hanes Chwaraewyr Garthewin, gyda'r Ŵyl flynyddol, a oedd bellach

Robert Wynne wrth ddrws Theatr Garthewin

Yr Academi Gymreig

wedi ymgartrefu yn Theatr Tywysog Cymru, Bae Colwyn, yn parhau tan 1974. Wrth adolygu'r perfformiad o *Dedwydd Briodas*, cyfieithiad Mary Lewis o gomedi J. B. Priestley, *When We Are Married*, yng Ngŵyl Garthewin 1974, mae D.W. yn y *North Wales Weekly News* yn cymharu'r achlysur â Gwyliau'r gorffennol yng Ngarthewin:

> Prin fod cychwyn mwy hwyliog a mwy boddhaol erioed wedi bod i Ŵyl Ddrama Garthewin na'r perfformiad a gafwyd o 'Dedwydd Briodas' yn Theatr Tywysog Cymru, Bae Colwyn, nos Iau. Dichon fod dramâu mwy

> clasurol eu hagwedd, mwy uchelgeisiol, neu ddramâu a'u hapêl yn fwy at 'grachach' y byd drama Cymreig (pwy bynnag ydyw [*sic*] hwy) wedi cael eu dewis ar achlysur gwyliau'r gorffennol, ond ni chredaf fod unrhyw oedfa o wyliau'r gorffennol wedi mynd adref yn fwy bodlon na chynulleidfa nos Iau.[21]

Ni ellir amau nad oedd elfen elitaidd gref yn perthyn i weithgaredd Theatr Garthewin. Bonheddwr i'r carn oedd Robert Wynne, ac yr oedd cysylltiad y theatr â'r plas yn peri fod iddi naws aristocrataidd ddigamsyniol. Nid yw'n syn fod Saunders Lewis wedi bod mor gartrefol yno am gynifer o flynyddoedd. Yn sicr ddigon, yr oedd yr arlwy a'r gynulleidfa yng Ngarthewin yn gwbl wahanol i'r hyn a geid yn Theatr Tywysog Cymru, Bae Colwyn. Go brin y gellid cymhwyso disgrifiad Katherine Petre, cyfaill Robert Wynne, o Garthewin—'the Glyndebourne of Wales'—at gartref newydd yr Ŵyl.

Yn 1970 penderfynodd Robert a Nina Wynne symud i 'Plas Wyn', sef y tŷ newydd a godwyd ar eu cyfer ar dir Garthewin. Rhaid bellach oedd gwerthu hen gartref y Wynniaid. 'What a grief it gave me over here to see the advertisement of your Garthewin',[22] meddai Katherine Petre mewn llythyr trist ato o Sussex. Ond y mae'n bwysig nodi nad oedd y theatr ar werth. Y rheswm am hynny oedd fod yr ysgubor, yn gyfreithiol, yn rhan o fferm y plas, a oedd erbyn hyn yn eiddo i Menna MacBain. Nid oedd hi am werthu'r ysgubor, gan fod yr adeilad yn dra defnyddiol fel ystordy ar gyfer storio gwellt a harnais ceffylau. Cyffesodd Robert Wynne wrth Bedwyr Lewis Jones ei fod yn hynod falch nad oedd yr ysgubor i'w gwerthu, gan ei fod yn ei chysylltu ag un o gyfnodau mwyaf cyffrous ei fywyd.[23] Yn yr ysgubor hon, yn ôl yr ysgwïer, y storiwyd y petrol ar gyfer llosgi ysgol fomio Penyberth. Ategir hyn ym mhortread Ivor Wyn Jones o'r ysgwïer yn y gyfres 'Head of the Family' yn y *Liverpool Daily Post* ar 20 Hydref 1977: 'The petrol for that little episode was stored here at Garthewin, recalled Mr Wynne with a chuckle.'

Pan oedd Robert Wynne wrthi yn 1969 yn paratoi ar gyfer gwerthu'r plas, daeth uned ffilm o'r Eidal i Garthewin i ffilmio nofel John Wynn Harvey, *Within and Without*, gyda Stefania Sandrelli a Robin Phillips yn chwarae'r ddwy brif ran. Lleolir rhai o brif olygfeydd y nofel mewn plas hardd yng ngogledd Cymru:

> It was the largest house in these parts, with a lodge and drive gates. The drive, which looked as if it had just been remetalled, wound through parkland full of fat-looking cattle and sheep. In the middle, hidden amongst trees of cedar and fir and oak and rhododendron, stood the house

. . . It had belonged to some family that had died out because of death duties, and as soon as Cynthia had inherited her fortunes Puggy had left the army, and bought it. He had no connection with Wales whatever, of course.[24]

Yr oedd Garthewin, felly, yn fan delfrydol ar gyfer y ffilmio. Gobaith Robert Wynne oedd y byddai'r ffilm yn fodd i hysbysebu'r plas a dod o hyd i brynwr, ond, unwaith eto, ni fentrodd neb brynu Garthewin. Am gyfnod yn y saithdegau rhentwyd y plas gan ddyn busnes o Fanceinion i'w ddefnyddio fel gwesty.

*   *   *

Rhaid nodi nad oedd y theatr erbyn y chwedegau yn gartref delfrydol i Chwaraewyr Garthewin. Nid oedd yno ystafell ymarfer nac ychwaith ystordai ar gyfer cadw'r holl wisgoedd a'r dodrefn llwyfan, ac ar noson oer a glawog, fel y gwelwyd, gallai'r theatr fod yn lle digon gwlyb ac anghysurus. Yr oedd Garthewin yn y cyswllt hwn yn wahanol iawn i rai o theatrau bychain eraill y gogledd. Dyna Theatr Fach Llangefni, er enghraifft—theatr fodern, foethus a deniadol, a hithau hefyd wedi ei haddasu o hen ysgubor. Ceir disgrifiad ohoni gan Bedwyr Lewis Jones yn *Yr Arloeswr*, Rhifyn 2, Calan 1958:

Yr oedd teimlo awyrgylch y theatr ynddo'i hun yn brofiad cynhyrfus. Cerdded i mewn i'r cyntedd gyda'i ddarluniadau o berfformiadau a fu, cael rhaglen ddeniadol gwerth talu amdani, ac yna symud ymlaen i'r auditorium gyda'i seddau cyfforddus llonydd a'i llenni porffor yn gorchuddio'r llwyfan. Ac wedyn yn yr egwyl rhoi tro allan i fwynhau sgwrs a phaned o de. Allanolion y mae'n wir, ond rhyngddynt fe greuent yn y Theatr Fach yr awyrgylch anghyffredin hwnnw a berthyn yn arbennig i'r theatr. A'r hyn a barai gyffro yn Llangefni oedd fod yr awyrgylch yno yn drwyadl Gymreig. Yr oedd dyn yn syth yn y cywair iawn i fwynhau drama, cywair amhosibl ei gael mewn neuadd dref neu festri capel. Yn ei allanolion yr oedd y Theatr Fach yn rhoi i'r ddrama y parch a haedda.

Y mae'n amlwg fod oes aur Theatr Garthewin wedi hen ddiflannu erbyn diwedd y chwedegau. Yr oedd Saunders Lewis wedi colli diddordeb ynddi, ac fe'i gwelwn o ddechrau'r chwedegau ymlaen yn cefnogi'n frwd ymgyrch Clifford Evans ac Elidir Davies i sefydlu Theatr Genedlaethol yng Nghaerdydd. Yn ei gyflwyniad i *Problemau Prifysgol* (1968) rhydd Saunders Lewis ei resymau dros gefnogi Theatr Genedlaethol:

Nid oes neb ohonom ni yng Nghymru erioed wedi gweld actio comedi hyd yn oed yn weddol dda. 'Does gennym ni na'r safonau na'r wybodaeth.

> Dyna'r pam nad yw beirniadaeth ar actio drama ddim hyd yn oed wedi cychwyn eto yn ein cylchgronau. Nid oes neb ohonom sy'n byw yng Nghymru neu a gafodd ei addysg yng Nghymru wedi gweld digon o actio a chynhyrchu o safon gydwladol i fedru meithrin barn. Llenyddiaeth yw drama inni neu bregeth.
>
> Dyna'r pam y rhoddais i gymaint o gefnogaeth ag a fedrwn o 1960 ymlaen i Mr Clifford Evans a Mr Elidir Davies, a gafodd, y ddau gyda'i gilydd, artist o actor ac artist o bensaer theatr, y syniad o godi a sefydlu theatr cenedlaethol Cymreig yng Nghaerdydd cystal â'r goreuon yn Llundain neu Baris neu Fosco.

Ac meddai yn y Rhagair i '*Gymerwch Chi Sigaret?* (1956): 'Nid wyf i'n meddwl fod fy nramâu yn briodol i'r cwmnïau Cymraeg cyffredin. Y mae'r cwmnïau hwythau o'r un farn.' Gwyddai Saunders Lewis o'r dechrau mai meithrinfa oedd Theatr Garthewin, ac mai'r nod yn y pen draw oedd sefydlu Theatr Genedlaethol a fyddai'n abl i gynnig cartref sefydlog a hyfforddiant proffesiynol i actorion, cynhyrchwyr a dramodwyr. Nid dibrisio Theatr Garthewin yr oedd Saunders Lewis wrth gydnabod hyn. Yr oedd yn dra ymwybodol o'i ddyled enfawr i'r theatr fechan hon: dyma'r theatr a fu'n ysbardun iddo i ymarfer ei grefft fel dramodydd, ac yma y cyflwynwyd pedair o'i ddramâu am y tro cyntaf ar lwyfan. Morris Jones a'r cwmni, wrth gwrs, a hyrwyddodd hyn oll. Er pan berfformiwyd *Amlyn ac Amig* yn 1947, tan yr Ŵyl olaf yn 1968, gwnaeth Chwaraewyr Garthewin ac yntau hen ysgubor y Wynniaid yn gartref sefydlog a digamsyniol i'r ddrama Gymraeg.

* * *

Y mae prif elfennau hanes Garthewin—y plasty, y noddwr a'r bardd-ddramodydd, y freuddwyd am sefydlu theatr genedlaethol, y cefndir crefyddol, diwylliannol a gwleidyddol—yn rhwym o ddwyn i gof hanes perthynas W. B. Yeats â phlasty Coole Park, cartref Lady Gregory, a fu'n noddwraig ac yn angor i Yeats o 1896 ymlaen. Nid oedd Lady Gregory ei hun, wrth gwrs, yn aelod o Eglwys Rufain, ond pwysig yw nodi fod y ffydd Gatholig yn elfen amlwg yng nghefndir perthynas Yeats a Lady Gregory—perthynas a wnaeth gymaint i gadw drama gynhenid yn ganolog i ddadeni llenyddol Iwerddon ar droad y ganrif. Cofiwn mai yng Nghastell Tulira, cartref mawreddog y dramodydd a'r noddwr Catholig Edward Martyn, y cyfarfu'r ddau am y tro cyntaf. Chwaraeodd Martyn, wrth gwrs, ran bwysig yn ymgyrch Yeats a Lady Gregory i sefydlu'r 'Irish Literary Theatre'. Ac ymhellach, arwyddocaol yw'r ffaith mai yn awyrgylch Catholig plasty Duras, Swydd Galway, cartref Ffrancwr o'r enw Florimond de Basterot, y datblygodd Yeats a Lady Gregory eu syniadau cyntaf ynghylch sefydlu theatr genedlaethol.[25]

Fel y gwelwyd, nid esgorodd y bartneriaeth greadigol rhwng Saunders Lewis a Garthewin ar theatr genedlaethol. Nid dyna oedd y bwriad; cartref dros-dro oedd Garthewin. Ffrwyth cysylltiad Yeats â Coole Park a Lady Gregory, wrth gwrs, oedd Theatr yr Abbey, ond y mae'n ddiddorol nodi i Yeats gael ei siomi'n fawr pan ddechreuodd y theatr honno ehangu cwmpas ei phoblogrwydd. Tra arwyddocaol yw ei sylw bryd hynny ei fod o'r farn y gellid lleoli theatr wir 'boblogaidd'—a hynny yn yr ystyr o theatr a lwyddai i ddramateiddio cymeriad, enaid a chydwybod cenedl gyfan—yr un mor effeithiol mewn tŷ preifat ag mewn adeilad cyhoeddus. Dymuniad Yeats oedd adennill cynulleidfa a fyddai fel 'cymdeithas gudd', yn caniatáu mynediad i eraill 'drwy ffafr'.[26]

Barn J. F. Taylor oedd y bu nawdd Lady Gregory yn Coole Park, ar un ystyr, yn niweidiol i Yeats, gan ei fod wedi troi'r llenor chwyldroadol yn was llys.[27] Y mae'r cyhuddiad hwn yn werth ei ystyried hefyd yn achos Saunders Lewis â Garthewin. Ond o graffu ar yrfa Saunders Lewis go brin fod y fath ystyriaeth yn berthnasol. Y mae'n gwbl amlwg hefyd nad yw'r feirniadaeth yn dal dŵr yng nghyswllt Yeats. Llwyddodd y ddau lenor i fanteisio'n greadigol ar baradocs y plastai—mannau llonydd, neilltuedig sydd ar yr un pryd yn ymgorffori cyffroadau a thensiynau hanes. O'r tawelwch croch hwn y tynnodd Saunders Lewis, fel Yeats o'i flaen, y rhythmau a'r mythau sy'n gwneud pobl gyfoes yn hen genedl. Fel y crybwyll-wyd eisoes, yr oedd Garthewin i Saunders Lewis yn fynegiant diriaethol grymus o'r syniad hwnnw o'r 'Tŷ' a bwysleisiodd mor huawdl yn ei erthygl enwog ar Ddafydd Nanmor yn 1925. Ac y mae ei eiriau yn yr erthygl honno yn arwyddocaol iawn yng ngoleuni ei gysylltiad diweddarach â Garthewin: 'i geidwaid tai y canai Dafydd Nanmor, ond yn enwedig i un tylwyth; canys ni ellir deall ystyr perchentyaeth heb ymroddi'n llwyr i un tŷ neilltuol ac ymglymu wrtho'.[28] Deallodd Dafydd Nanmor yn y bymthegfed ganrif, meddai Saunders Lewis, mai 'campwaith bywyd y ddynoliaeth' oedd 'sefydlu'r egwyddor fawr o geidwadaeth a bonedd, a chymundeb y cenedlaethau, a'r Tŷ yr arwydd urddasol o'r sagrafen ddi-dor'.[29] Cymwys iawn yn y cyswllt hwn yw nodi'r tebygrwydd rhwng 'ceidwadaeth a bonedd' Saunders Lewis a 'custom and ceremony' Yeats, a rhwng honiad grymus y Cymro—

> Canys ni ellir bod y pethau hyn ond lle y bo treftadaeth a thraddodiad a hen bendefigaeth[30]

—a llinellau'r Gwyddel:

How but in custom and in ceremony
Are innocence and beauty born?[31]

Ac onid yw pwyslais Saunders Lewis ar y weithred o 'ymroddi'n llwyr i un tŷ neilltuol ac ymglymu wrtho', ynghyd â'i sylwadau yn yr un erthygl ynglŷn ag arwyddocâd y ddelwedd o dwf y dderwen ym marddoniaeth Dafydd Nanmor, yn cyd-daro'n drawiadol â dymuniad Yeats ar gyfer ei ferch: 'May she live like some green laurel/Rooted in one dear perpetual place'?[32]

Rhaid cofio, wrth gwrs, fod i bob diwylliant ei ffyrdd unigryw o fynegi'r ymwybyddiaeth o hen draddodiad. Wrth anfon ei ddiolch at Robert Wynne yn y gerdd 'Garthewin', dangosodd Saunders Lewis hynny'n glir. Yn arwyddocaol, diolchodd am y traddodiad drwy gyfrwng un o hen ffurfiau'r traddodiad hwnnw—yr awdl foliant:

Aelwyd i'r genedl yw dy drigiannau,
Fel Sycharth Owain, Garthewin freiniau,
Cymar hynawsedd Cymru hen oesau,
Yn hygar, yn hael, yw'r gaer wen olau.

NODIADAU

[1] Llythyr 16 Tachwedd, 1961, Papurau Theatr Garthewin, LlGC, 15.
[2] Llythyr 160.
[3] Llythyr 24 Gorffennaf, 1962, Casgliad Wynne, Garthewin, Prifysgol Cymru, Bangor.
[4] 'Sgwrs rhwng R. Gerallt Jones a'r dramodydd Huw Lloyd Edwards', *Yr Arloeswr*, Haf 1959, 43-5.
[5] Papurau Theatr Garthewin, LlGC, 24/3.
[6] Ibid., 24/12.
[7] Casgliad Wynne, Garthewin, Prifysgol Cymru, Bangor.
[8] Llythyr 29 Mawrth, 1952, Casgliad Clarice Jones, Hen Golwyn.
[9] Llythyr 169.
[10] Llythyr 171.
[11] Llythyr 9 Ionawr, 1955, Casgliad Wynne, Garthewin, Prifysgol Cymru, Bangor.
[12] Casgliad Wynne, Garthewin, Prifysgol Cymru, Bangor.
[13] *Amlyn ac Amig*, 32.
[14] Papurau Theatr Garthewin, LlGC, 24/4.
[15] Papurau Theatr Garthewin, LlGC, 24/17.
[16] Ibid., 24/19.
[17] Ibid., 24/4.
[18] Ibid., 24/21.
[19] Papurau Theatr Garthewin, LlGC, 16.
[20] Papurau Theatr Garthewin, LlGC, 33.

[21] Papurau Theatr Garthewin, LlGC, 19.
[22] Llythyr 18 Awst, 1970, Casgliad Wynne, Garthewin, Prifysgol Cymru, Bangor.
[23] Sgwrs rhwng Bedwyr Lewis Jones a Robert Wynne yng Ngarthewin, Gwanwyn 1989 (Ffynhonnell: Bedwyr Lewis Jones, Mai 1990).
[24] John Wynn Harvey, *Within and Without* (London: Faber and Faber, 1960) 139.
[25] W.B. Yeats, 'Dramatis Personae', *Autobiographies* (London: Macmillan, 1955) 385-458.
[26] Gweler Denis Donoghue, *Yeats* (London: Fontana/Collins, 1971) 96-7.
[27] Joseph Hone, *W.B. Yeats* (London: Pelican Books) 167.
[28] Saunders Lewis, 'Dafydd Nanmor', *Y Llenor*, Cyfrol IV, Hydref 1925, 143.
[29] Ibid., 144.
[30] Ibid., 141.
[31] W.B. Yeats, 'A Prayer for my Daughter', *Collected Poems* (London: Macmillan, 1950) 214.
[32] Ibid., 213.

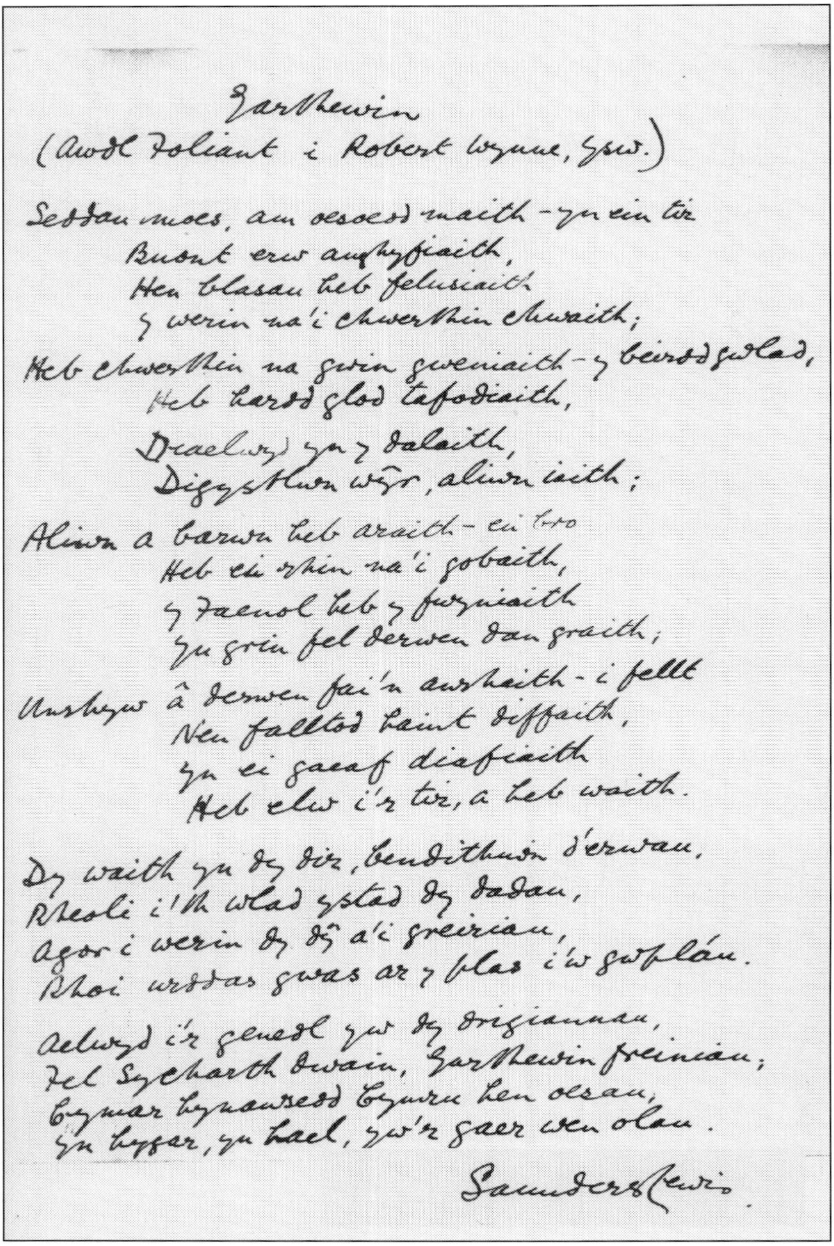

Garthewin
(Awdl Foliant i Robert Wynne, Ysw.)

Seddau moes, am oesoedd maith – yn ein tir
Buont erw anghyfiaith,
Hen blasau heb felusiaith
Y werin na'i chwerthin chwaith;

Heb chwerthin na gwin gweniaith – y beirdd gwlad,
Heb hardd glod tafodiaith,
Draelwyd yn y dalaith,
Digystlwn wŷr, aliwn iaith;

Aliwn a barwn heb araith – ei fro
Heb ei rhin na'i gobaith,
Y Faenol heb y fwyniaith
Yn grin fel derwen dan graith;

Unrhyw â derwen fai'n anrhaith – i fellt
Neu falltod haint diffaith,
Yn ei gaeaf diafiaith
Heb elw i'r tir, a heb waith.

Dy waith yn dy dir, bendithion d'erwau,
Rheoli i'th wlad ystad dy dadau,
Agor i werin dy dŷ a'i greiriau,
Rhoi urddas gwas ar y plas i'w gyplau.

Aelwyd i'r genedl yw dy drigiannau,
Fel Sycharth Owain, Garthewin freiniau;
Cymar lysnawsedd Cymru hen oesau,
Yn hygar, yn hael, yw'r gaer wen olau.

Saunders Lewis

Rhan o 'Garthewin (Awdl Foliant i Robert Wynne, Ysw.)'
gan Saunders Lewis

LLYTHYRAU
1938-1977

Y dramodydd a'r noddwr

Llythyrau*

(1)

Hen Dŷ Abermad, Llanfarian,
Aberystwyth, Wales

30.8.38

Dear Mrs O'Ferrall,

My wife and I thank you for inviting us to your daughter's wedding to our great friend, Robert Wynne. The distance makes it impossible for us to come, but we should like you to know that Miss O'Ferrall has already won our hearts and we shall give her a very warm welcome to Wales and shall think ourselves greatly enriched by her coming to our country. It will knit closer the bonds of affection between Ireland and Wales (or better, Eire and Cymru), and we already love her and shall treasure her.

Yours very sincerely,
Saunders Lewis

(2)

Hen Dŷ Abermad, Llanfarian, Aberystwyth

26.5.39

Dear Robert,

I'd be delighted to be able to say yes to your invitation to the arddwest. But at present I'm simply unable to know whether I'll be free or not. I've got double work on the Faner while the Editor is in hospital, and there's such a lot of sickness in my wife's family and my own—her mother is in most uncertain health—that it would be unsafe to commit myself. Will you then use my name, if it's any help, in announcements to draw people there, and then, if I find it impossible to come, I'll write a becoming apology. But if there's nothing prevenient I'll make a serious effort to be there, if only to express my great appreciation of your own kindness and Mrs Wynne's in lending your place and giving your time to the preparations.

Yours very sincerely,
Saunders Lewis

*Rhifau 72, 76, 79, 80, 82, 90, 103-5, 106, 115, 124: Papurau Theatr Garthewin, Llyfrgell Genedlaethol Cymru. Y gweddill: Casgliad Wynne, Garthewin, Prifysgol Cymru, Bangor.

(3)

Hen Dŷ Abermad, Llanfarian, Aberystwyth

Noswyl Ifan 39

Dear Robert,

With real regret I have to abandon hope of coming to the arddwest. Chiefly it is a clot of work that prevents me, the editor of *Y Faner* ill doubles my work there and examinations at St. Mary's College the same time, and an important meeting of the Welsh Language Petition at 2 P.M. tomorrow.

May I beg you to do one thing for me. By not coming I save ten bob in petrol and I'm being so bold as to ask will you transfer it for me to the treasurer of the organising Committee as a token of my interest in the success of the Fête. I hope the weather is good and that there'll be a very pleasant and useful day and a good crowd.

To you and Mrs Wynne and the organising committee I wish the most satisfying success. May it be an old style Gŵyl Ifan.

Cofion a diolch cynnes,
Saunders Lewis

(4)

Hen Dŷ Abermad, Llanfarian, Aberystwyth

18.9.39

Dear Robert,

I've just seen in the Western Mail the account of your fine at Abergele; it reads magnificently: 'Robert Oliver Francis Wynne, Landowner, of Garthewin Hall, Llanfair T.H., the Welsh Nationalist.' So I write to congratulate you, at the same time to express my sympathy and my amused contempt at the comic unintelligence of these ARP regulations and the people who enforce them, as though a blackout at Llanfair Talhaearn were imperative for the salvation of the British Empire, and a light at Garthewin would infallibly guide Hitler's own aeroplane to the very zenith of 10 Downing Street.

Please don't trouble to answer this. I bet you and Mrs Wynne are both busy and preoccupied. I wish you very well.

Yours ever,
Saunders Lewis

(5)

Hen Dŷ Abermad, Llanfarian, Aberystwyth

25.6.40

Dear Mrs Wynne,

I was at shearing all day yesterday and couldn't get time to write to thank you for your kind hospitality to me at Garthewin. I was delighted to be at the Garddwest. Yours is the only historic home in Wales I know of today where the simple people of Wales, speaking our own tongue, feel at home. And though the Welsh people may not be aware of the presence of the Sacrament at their fête, through the open door of the little church, yet it pleases me immensely to find that rare visitor at home also just where the people of Wales have a welcome.

It is good and kind of you,—at a cost of which we are many of us aware—to keep up this tradition at Garthewin. I'd like you to know that we appreciate the sacrifice it means both for you and for Robert.

Yours sincerely,
Saunders Lewis

(6)

Llygad-y-glyn, Llanfarian, Aberystwyth

17.1.41

Dear Robert,

I am publishing (shamelessly) in next week's *Faner* a poem, 'An ode of praise' literally, dedicated to you. So I'd better warn you of the worst before the shock. It's an 'awdl' in the 15th century metres and style, but with a contemporary intention, the kind the aristocratic poets used to write at Christmas or Easter or Whitsun to the 'uchelwyr'.

I know you read Welsh well enough; but as the *cynghanedd* may be difficult I have made a line for line translation so that you may be assured that there's no important libel in the stuff. Actually, the poem tries to express my conviction of the important work you and Mrs Wynne are doing for the nation and the value of your contribution to the national life.

As to form: the first four verses are *englynion* with one rhyme and with 'cymeriad geiriol' (repetition of an important word) linking englyn to englyn.

Then come five verses of 'awdl' in 'gorchau degsill' (10 syllabled lines) with a single rhyme. The beginning of the awdl has cymeriad to link it to the end of the englynion and the final word of the poem is the same as the first word. It is the 15th century pattern. As far as I know it hasn't been tried since the late 18th century.

The themes are the usual 15th century convention of praise-poetry, hospitality, beer, wine, etc., but that's all. The thought is independent and the development. I find it very right to revive the form for a Welsh Catholic manor house. A 15th century poet would have dwelt on your personal valour and the beauty of your lady. As I have hopes of coming again to Garthewin I refrained,—malgré moi.

Blwyddyn newydd dda i chwi,
Saunders Lewis

Do you mind sending the translation on to your mother when you've digested it? I promised to let her see it.

Garthewin
(Awdl Foliant i Robert Wynne, Ysw.)

Seddau moes, am oesoedd maith—yn ein tir
Buont erw anghyfiaith,
Hen blasau heb felusiaith
Y werin na'i chwerthin chwaith;

Heb chwerthin na gwin gweniaith—y beirdd gwlad,
Heb hardd glod tafodiaith,
Diaelwyd yn y dalaith,
Digystlwn wŷr, aliwn iaith;

Aliwn a barwn heb araith—eu bro
Heb ei rhin na'i gobaith,
Y Faenol heb y fwyniaith
Yn grin fel derwen dan graith;

Unrhyw â derwen fai'n anrhaith—i fellt
Neu falltod haint diffaith,
Yn ei gaeaf diafiaith
Heb elw i'r tir, a heb waith.

Dy waith yn dy dir, bendithiwn d'erwau,
Rheoli i'th wlad ystad dy dadau,
Agor i werin dy dŷ a'i greiriau,
Rhoi urddas gwas ar y plas i'w gwpláu.

Aelwyd i'r genedl yw dy drigiannau,
Fel Sycharth Owain, Garthewin freiniau;
Cymar hynawsedd Cymru hen oesau,
Yn hygar, yn hael, yw'r gaer wen olau.

Yno mae beirdd fel cynt am y byrddau,
Ni bu Garthewin heb gwrw i'w theiau;
Ei gwin a yfais o gynhaeafau
Oporto, Bordeaux, pert ebyr Deau.

Yn llys y werin pêr yw'r llaswyrau
I Fair, Gwenfrewi, i Ddewi'r gweddïau;
Cannaid olyniaeth y cenedlaethau
Anweledig gôr hen wlad y cwyrau,

A gâr y fan y mae'r sagrafennau
Yn anadlu fry dros ein cenedl frau;
A gwarach bonedd Cymru'n eu beddau
Ddychwel i'r swydd uchelwr o'u seddau.

Saunders Lewis

Garthewin
(Line for line translation).

The seats of courtesy, for long ages in our land
They have been a foreign acre;
Old manor-houses without the sweet language
Of the common folk and without their laughter;

Without the laughter or the wine of flattery of the country poets,
Without the lovely praise of dialect,
Hearthless in the province,
Men who don't belong, and an alien speech.

Alien and barren without the talk of their countryside,
Bereft of its secret and its hope,
The manor without the gentle tongue,
Withered as an oaktree under a wound;

Like an oaktree that would be the victim of lightning
Or the blight of some searing disease,
In its mirthless winter
Profitless to the land, and without function.

Thy function in thy land, we bless thy acres,
Is to rule thy fathers' estate for the sake of thy country.
To open to the folk thy house and its relics,
To set the dignity of a servant on the manor for its fulfilling.

Thy habitations are the nation's hearth,
Like the Sycharth of Owain Glyn Dŵr are the privileges of
Garthewin;
The peer of the grace of the Wales of past ages
Is the White, shining mansion, loveable, generous.

There the poets, as of yore, are around the tables,
Garthewin is not known to be without its beer;
I have drunk its wine from the harvests
Of Oporto, Bordeaux, the fair estuaries of the South.

In the court of the folk, sweet are the litanies
To Mary, Winifred, to David of the prayers;
The White procession of the generations,
The invisible choir of the land of the candles,

Loves the spot where the sacraments
Breathe upward for the sake of our frail nation;
And the nobility of Wales lie quieter in their graves
Because a freeman from among their seats has returned to his
function.

'*Garthewin*, the seat of *Robert Wynne*, Esq., commanding a most lovely view of a fertile little valley, bounded by hills, covered with hanging woods.'

Thomas Pennant, *A Tour of Wales*

Llyfrgell Luniau Country Life

(7)

Confidential

Llygad-y-glyn, Llanfarian, Aberystwyth

Monday, 3.2.41

My Dear Robert,

I have your letter since Friday and have been pondering things. If it comes to it that a new company will be necessary to carry on 'Gwasg Gee', including the Faner, I'll come to see you. In the meantime I'd better try to tell you the present position.

The Faner was bought by Gee & Son some three years ago on insufficient capital. For the last two years the company has had an unfavourable balance-sheet. The independent auditors say this is due to lack of capital chiefly and to the effect of the war on printing and publishing generally. The directors are Morris Williams (managing director), his wife and Prosser Rhys,—the editor of the Faner. Now besides the loan advanced by the bank to purchase the business, a loan covered by debentures on the business, there is also an overdraft of £380 on current account and about £1000 owing to business creditors. The bank is now demanding urgently the reduction of this overdraft to £100; and that, on current profits, cannot be done without ceasing payments to creditor firms supplying printing materials etc., which would mean inability to carry on.

The auditors suggest to the company that it must (1) get more capital invested, without prospect of *immediate* return, or (2) get outside securities to the bank for the overdraft, from £500 to a thousand £.

Because of the policy of the Faner in its politics and towards the war, the possibility of such aids is limited. But in the next fortnight Morris Williams must find that financial aid or that backing to carry on.

Now I don't want the present company to crash and then step in to buy the business. It doesn't seem decent, especially as the livelihood of several families is concerned. So I am very tempted to ask you to come to the rescue with one or two others. But I'm carefully refraining from telling even Prosser Rhys (who has my entire confidence) of your letter, for this reason: Morris Williams is the managing director and holds the majority of shares in the present company. I cannot believe that the bank would be so urgent about so comparatively small an overdraft as £380 if the bank had entire confidence in the management of the business. Therefore I feel that I have no right to ask anyone to come in with new capital or to become security for the business for six months or a year without making this point absolutely plain. I have no grounds nor any information to justify my doubt of Morris Williams' competence, but it's the bank's attitude that disturbs me. Morris Williams is likely to approach you. Therefore I think it my duty to tell you this. If Prosser Rhys were managing director at Denbigh then I myself would not hesitate to place the deeds of my house as security. As it is, I won't. I have £200 in the company. I've written at length and very plainly, but I hope not uncharitably. My personal position at present is that I get a weekly salary for Cwrs y Byd and am consulted unofficially by Prosser Rhys on everything, policy and finance, and I'm anxious to save the company for Rhys' sake and all the rest of us. But I have that doubt about the cause of the bank's attitude which compels me to tell you as much as I've done.

Anyone asked to come in to help should demand first to see the balance-sheets for the last two years, any detailed review there may be by auditors of the position of the company, and should then state his terms for entering or for becoming security, and those terms might fairly perhaps demand a reconstruction of the directorate and control, and a new 'articles of agreement' if he wanted to join the board.

So much for business. We went en famille yesterday to Llanbedr for mass and compline and had a magnificent day. Your Mother was hostess to about 40 from Aberystwyth and around, the candles were grand in the church, and Compline and Welsh hymns and the Prayer for Wales in Welsh all thoroughly good. Things are marching on. I'd greatly like to hear your tune for the carol 'Ar fore dydd Nadolig', and what you say of 'Llantrisant' is new to me. Tom, you know, has a son. I heard last week. There's no other news here, but the severe weather has returned with a North East wind and frost.

I hope you are both very well. Please give my warm greetings to Mrs Wynne.

Yours sincerely,
Saunders

(8)

Llygad-y-glyn, Llanfarian, Aberystwyth

10.2.41

My Dear Robert,

Just one more note. You'll have heard that your Mother has had evacuees planted on her. Two come to us here tomorrow. The immigration into this county is at fever height. So it'll be impossible for my wife and myself to come to Garthewin in March.

I am not giving M. Williams any hint to approach you. He may do it off his own bat, but just at present I feel that he must be left the immediate responsibility of finding backers or additional capital, and if I intruded with a suggestion he might doubt that I had already approached you. But I am of course very thoroughly concerned,—and 'interested' in the financial sense—in the continuance of the Faner, that is of Gee & Son.

Yours sincerely,—in haste—
Saunders

Did you notice that my innocent awdl had drawn down some 'democratic' thunder?

(9)

Llygad-y-glyn, Llanfarian, Aberystwyth

1.5.41

Dear Robert,

I delayed writing in hope of hearing first from Morris Williams. I've not had a letter yet. He spoke over the phone to Prosser Rhys and asked P.R. to tell me of your offer. I told P.R. that I felt unwilling to accept unless two conditions were accepted. One, that Prosser Rhys should go to Denbigh as co-managing director with M.W.; second, that the directors should meet monthly at Denbigh to supervise the conduct of business and to watch the financial position. M.W. told Prosser Rhys over the phone that this implied lack of confidence in him, and he was unwilling to accept it. But I have no direct letter from him yet.

Unless these conditions are accepted I don't feel ready to undertake the position; for merely to add my name to the list of directors who in effect do nothing but leave the business to M.W. is to give you no security at all.

However, I'll wait till I hear from him direct.

It may be that you will feel that there's no need for the changes I suggest and that you are ready to stand security with merely the right to nominate one member of the directorate. In that case I want to ask you to agree with M.W. on another name rather than mine. But I'll write again as soon as I've heard definitely from M.W. That cannot be long, for the bank, (P.R. tells me) is very urgent in its demands.

The best thing of all would be that you should yourself offer to take shares in the company and join the directorate. I should like that better than anything. Will you consider it if M.W. refuses my conditions?

Yours very sincerely,
Saunders

(10)

Llygad-y-glyn, Llanfarian, Aberystwyth

25.5.41

Dear Robert,

I had a cordial meeting with Morris Williams yesterday at Dolgelley. He welcomed the changes I suggested as conditions for your guarantee for Gee & Son, and I agreed to become a director accordingly.

There is only one point or two I'd like to put to you before you sign the guarantee. Either I suggest that you get your solicitor to draw up with the bank the deed, or you should insist that the bank includes in the deed a proviso that you can give two months notice to terminate the guarantee. I think this very necessary, otherwise I cannot be sure of being able effectively to protect your interest in the company or protect the company itself. Alternatively you can sign the guarantee as long as your nominee remains a member of the directorate. But I think the first the safest proviso.

The balance-sheet for the year now ended is greatly better than the previous year, and the heavy loss practically disappears. If Prosser Rhys goes to Denbigh to share the supervision with M.W. I have much confidence that all will be well.

We saw your Mother this week. She looked well and had much news of Lampeter. Some of the parishioners there seem very afraid of the Welsh Catholics, but probably their opposition will blow over.

Moses Gruffydd called here last night. He hopes to see you again soon. I've taken my Welsh mountain pony to cross with his Arab stallion. The Nationalist cause is steadily going forward these weeks, I feel. Officials fear us as though we were really influential, which is not a bad sign. If Churchill introduces conscription in Ulster, don't you think it's a case of quem Deus vult perdere?

Yours very sincerely,
Saunders Lewis

(11)

Llygad-y-glyn, Llanfarian, Aberystwyth

27.7.41

Dear Mrs Wynne,

This is a belated note of thanks to you for your hospitality and kindness to Mos Griffith and myself over the garddwest week-end. Ever since, I've had a lot of work and rush, but today I'm writing letters. The garddwest seems to have impressed every one and I've had many comments on it. We owe a great deal to you and Robert, for its success is one of the few important pieces of propaganda for the Blaid these days. Apart from that, the warmth of your welcome to us all makes it the pleasantest of personal experiences for us all. May I write again later to tell you when I'll be coming for the Eisteddfod[?]. And for now please accept my warmest thanks.

Yours sincerely,
Saunders Lewis

(12)

Vista, Porth-y-Felin, Holyhead
Monday [? 7.41]

Dear Robert,

Morris Williams tells me he is planting me on you for the Eisteddfod. May I come for Thursday night? I'll be in the Eisteddfod most of Thursday, and have to be there Friday.

Sincerely yours,
Saunders Lewis

(13)

Llygad-y-glyn, Llanfarian, Aberystwyth

10.8.41

Dear Mrs Wynne,

My note is to say a very sincere thank you for your hospitality over the Eisteddfod and your extraordinary kindness. The parcel of fruit and butter was as much a surprise to me as to Margaret and I brought it in perfect condition. We reached Aberystwyth by five o'clock amid drenching rain yesterday, but Mr Evans got a bus to Borth very promptly.

You'll remember the bargain about 'occasional butter', won't you? It is just whenever you have a little surplus. Again, please accept my thanks.

Yours very sincerely,
Saunders Lewis

(14)

[ODDI WRTH D. J. WILLIAMS, ABERGWAUN]

Y Bristol Trader, Abergwaun, Sir Benfro (Pembs)

13.8.41

Annwyl Mr a Mrs Wynne,

Petawn i'n fardd fel Saunders Lewis fe fuaswn wedi anfon Cywydd Moliant atoch ers tro i ddiolch am y croeso mawr a chynnes a roesoch i mi a'm cyfaill, Mr J. J. Evans, dros wythnos yr Eisteddfod Genedlaethol ym Mae Colwyn; oherwydd mewn cân yn unig y dylid mynegi y teimladau sydd yn fy nghalon o'm dyled i chi.

But as I am no poet I must content myself by expressing my gratitude in plain prose, and that, I'm much afraid, in very bad English.

However, I shall never forget your kindness and the gracious way in which you showed your hospitality; nor shall I forget another thing,—the beauty, the simplicity, and the spiritual devotion of the life which you lead among your own people at Garthewin. It is all so reminiscent of the time, long, long ago now, when the Welsh aristocracy were in reality, leaders of the national life. It was that aspect of your service which your devoted lives render to the restoration of pride and decency in Wales that inspired Saunders to write his very beautiful Cywydd Moliant.

My wife whom I met safely, last Saturday, waiting for me at Llanwrtyd on a packed platform, to be picked up by an over-packed train, wishes to thank you, Mrs Wynne, most sincerely for the bread recipe. Tea-time today, we had the result, and it was delicious. The only thing lacking, as I told her, was the turkey's egg.

Gyda chofion cynnes iawn atoch eich dau, a diolch cywir unwaith eto. Pan ddowch i Sir Benfro nesaf bydd i chi groeso mawr i alw yn ein tŷ ni yn Abergwaun.

Yn gywir iawn yr eiddoch,
D. J. Williams

(15)

Llygad-y-glyn, Llanfarian, Aberystwyth

23.10.41

Dear Mrs Wynne,

Margaret is submerged in baking and asks me to write for her before the post goes to announce to you the safe arrival of the previous parcel and the cheers it evoked here. She asks, if it's not imposing too much, can you let us have one pound per fortnight as long as you can manage.

We were delighted to hear of your visit to Ireland. Your going was no surprise but Robert's going seemed to us a genuine triumph of intrigue or statesmanship, deserving of the best attentions of Mr Herbert Morrison and Mr Peake and all the members of both Houses of Parliament. You must have had a very thrilling welcome.

Cathrin Daniel is staying at Lampeter and we hope to see here both herself and her hostess if possible. But petrol is scarce and even Lampeter can seem out of reach these days.

Our warmest thanks to you and very kind regards,

Yours very sincerely,
Saunders Lewis

(16)

Llygad-y-glyn, Llanfarian, Aberystwyth

26.11.41

Dear Nina,

It's very much a privilege so to address you—this is a note to say thank you for letting me come to you so without warning and for giving me so pleasant a welcome. I wish I could have stayed for the end at Colwyn Bay. Jack Daniel must have argued very skillfully [*sic*], but the newspaper report makes the end a thrilling affair. As it was it was dark from Machynlleth to Aberystwyth for my return journey, and that's quite enough of a journey under black-out conditions. Again, diolch yn fawr,

a chofion caredicaf,
Saunders

(17)

Llygad-y-glyn, Llanfarian, Aberystwyth

28.1.42

Dear Nina,

I've tried to see whether I could arrange to come to your Noson Lawen, but the odds are hopelessly against. I cannot muster the petrol, and in addition I can't arrange my work so as to be free. I can only beg you to excuse us; if it were at all possible I should make an effort to come. As it is I am being bullied to come to Colwyn Bay to a conference at the end of February, and I'm throwing on the Committee the onus of finding the petrol for that, otherwise I cannot get even to that.

We are having horrible east winds and north alternatively, but the days are lengthening—like Churchill's war.

We all send you our warmest greetings and hope for news of as good a Noson as ever.

Yours sincerely,
Saunders

(18)

Llygad-y-glyn, Llanfarian, Aberystwyth

5.2.42

My Dear Robert,

Thank you warmly for offering me hospitality if I have to come to Colwyn Bay for Feb. 21., and it looks as though I'll have to go there.

I'm very glad you are taking up Parry's case; I only know the barest outline of the story, so I hope you can get it in detail and get Sir Henry to raise a shindy,—if that's imaginable. But he'll probably do more good by asking a question in the house than can be done any other way. Do you remember Alun Pugh telling us how dithering the civil servants get as soon as a question pertaining to their work gets put down in the H. of C.?

We are having cold weather and threats, never maturing, of snow. Mrs Wynne, your mother, is coming to Aberystwyth tomorrow, so we'll see her. We'll all be wishing well to the Noson Lawen, and hope it has good weather and a happy crowd. Mos Griffith is in a nursing home at Hereford,—he seems quite happy there, and the mere rest will do him good.

Yours very sincerely,
Saunders

(19)

Llygad-y-glyn, Llanfarian, Aberystwyth

23.2.42

My Dear Nina,

I cannot tell you how warmly grateful I am for your extraordinary kindness to me and for your generous hospitality. You and Robert make me hopelessly and happily your debtor, and I don't feel that I deserve a tenth of your kindness. The only return I can do you is to pray for your happiness, temporal and other, and to wish you very, very well.

The journey back was quick and not too cold, and my presents, as Margaret will tell you, were acclaimed with wonder as well as pleasure.

The reports here of the Aberystwyth conference are all good and Swansea also had a crowded meeting, we hear.

Fy nghofion a diolch mawr iawn,

Saunders

I do hope the car is proved alright.

(20)

Llygad-y-glyn, Llanfarian, Aberystwyth

22.5.42

Dear Robert,

Thank you very much for inviting me to the Garddwest. I hope to come, but it will depend on Mos Griffith, for he alone has the petrol to travel now. If he can arrange it, then I hope to come with him if he can make a Friday to Sunday trip of it.

I'd like to hear a lot about your impressions of Ireland. It's terribly important that Eire should make a success of its economy, and this bank affair is disturbing. I'm delaying writing a Cwrs y Byd on it in order to finish O'Rahilly's book first.

Please thank Nina for the parcel—immensely welcome—I'll let you know as soon as Mos's arrangements are known here.

Yours ever,
Saunders

(21)

Llygad-y-glyn, Llanfarian, Aberystwyth

1.7.42

My Dear Nina,

Thank you ever so much for your lavish hospitality and kindness over the garddwest week-end. I enjoyed every hour of it and brought the two ladies and the box of eggs safely back to Aberystwyth—in time to get three hours of the shearing too. The whole thing was lovely and the garddwest an inspiration as well as a triumph. Margaret, particularly asks me to thank you for the eggs which looked beautiful and so large in a bowl.

The war news is getting daily excitinger. I had coffee in an Aberystwyth café today and it was comic to listen to a group of good burgesses and college dons wallowing in the doldrums. I'd heard the same group three weeks ago anticipating the death sentences they would pass on Hitler and Goering in a very few months. I prefer Philip sober to Philip drunk.

I suppose when we next meet we shall gravely bow and whisper Benedicite and pass on. But in the meantime,

diolch yn fawr iawn,
a chofion cynhesaf,
Saunders

(22)

Llygad-y-glyn, Llanfarian, Aberystwyth

13.9.42

Dear Nina,

Your parcel came on a most acceptable date and moment. Thanks very much.

I got with the same post, Old Colwyn postmark, a present of a Gregynog edition of the poems of Henry Vaughan, 'from a group of friends'. There's no means save suspicion of discovering who they are. Francis Roberts and D. R. Hughes are two very dear old friends from Old Colwyn, and Robert is near enough to be under a cloud of suspicion also. Anyhow it's a beautiful book and a very kind present, and it happens that I like Vaughan's verse very, very much and will be much attached to this volume.

I had a letter from Mrs Wynne telling us of her stay with you and at Llandudno and about masses on Sept. 8. Petrol limitations reduce us now to Sunday morning mass and nothing else per week. I hope your harvest will be saved and good. August was catastrophic here, but the last week has saved a good deal. Mos Griffith is about a lot but he's not well, and nobody seems to be able to diagnose his trouble. Mair went to my Aunt at Neath for a month and got chicken-pox. She is home again and she and Margaret join in greetings.

Yours sincerely,
Saunders

(23)

Llygad-y-glyn, Llanfarian, Aberystwyth

20.9.42

Dear Nina,

Just a note to say yes to your offer; we'll be very grateful to you if you'll do it fortnightly as long as it's not too heavy a burden.

Please congratulate Robert from me on his Welsh. I was in the office when his last answer to that dreary M.M. came, and I was surprised how good the Welsh was, and I know from teaching and from experience how difficult any language is to master so as to be able to hold controversy in it.

Yours sincerely,
Saunders

(24)

Llygad-y-glyn, Llanfarian, Aberystwyth

29.11.42

Dear Robert,

My thanks to you and Nina for your good wishes and your promise of prayers for the election. I too think it should be prayed about, but, just humanly calculating, success this time seems impossible. W. J. Gruffydd is coming out as an 'independent progressive', and I presume that he'll get the blessing of the official government organs, so I expect him to win, though we shall do our best to oust him and any others. But it is some consolation to see that the Nationalists are now really feared, and only by persuading a man like Gruffydd to treachery is it now thought sure to beat us. For my own part, if I should chance to win, I'd be horribly frightened and nervous of all that would be expected of me. I'll send you my electoral addresses when they're printed. I finished them last week, English & Welsh.

How did your harvest come off? We threshed at my farm last week, poor damp grain and very sorry. Please thank Nina for parcel no 12 very much indeed.

Yours very sincerely,
Saunders L

(25)

Llygad-y-glyn, Llanfarian, Aberystwyth

Dygwyl Ieuan 1942

Dear Robert and Nina,

The turkey arrived yesterday, St. Stephen's, in perfect condition. I could hardly believe it, feeling sure that it would be smelling badly after so long a delay on the railroad, and I told Margaret to fear the worst! But when she opened it the cabbage packing had kept the bird entirely fresh and beautiful, and we congratulate you as much as we thank you for it's a very considerable achievement. The bird is simply lovely, and do you know that it's an extraordinarily munificent present,—I don't believe there's another turkey in all Aberystwyth! We still have a few pre-war bottles in our bin, and we are going to have a bottle of Montrachet 1937 with it, the only white we have.

D'you know anything about 'dual system' Church schools, rates and non-provided schools, etc. etcetera? I didn't till this election came on, and took no interest wilfully. But my hat, I'm learning, and it's one of the issues of the election for a lot of earnest Nonconformist ministers who have votes and nightmares combined, dreams of a horrid Papist disguised as a kindly nationalist, waiting with handcuffs and chains all prepared to slip the entire Welsh nation into the Vatican Vaults where the barrels are all explosive.

And ain't Sir Artemus pretty? But enough of him.

I agree cordially with your proposals for the Cylch. Did you have midnight Mass? Ein diolch mawr a llwyr i chwi a dymuniadau gorau'r tymor, a bendith Duw a Mair ar eich blwyddyn newydd,

Saunders

(26)

Llygad-y-glyn, Llanfarian, Aberystwyth

5.3.43

My dear Nina,

A bare note. I saw Mrs Wynne today and heard the good news.

Frankly it's a thing I've prayed for, for the two of you. So I need waste no words to tell my joy in your joy. The saints keep you.

Don't bother to answer this. I am getting out of my 'every picture tells a story' condition, acute lumbago, cuss it.

Yours ever,
Saunders

(27)

Llygad-y-glyn, Llanfarian, Aberystwyth

12.7.43

Dear Robert,

Thanks for sending on the amusing postcard. It was intended for you! For the old fellow writes to rebuke me with much assiduity and knows my address well enough. He wrote previously to tell me to be worthier of my grandfather and great-grandfather; he must be of some age. So this time he meant the knock at papistry to hit you first!

There's no news here. Things are much better at Denbigh and relations are smooth. And this year is better for farming much than last year in this part. We had Dr Barrett Davies here last week and we opened a bottle of Montrachet, the last, to celebrate his visit. I've also had Father Maddocks from Machynlleth studying Welsh with me all this term at St. Mary's. He works hard at it and will, I think, be a useful priest in Wales. I hope you and Nina are very well.

Yours sincerely,
Saunders

(28)

Llygad-y-glyn, Llanfarian, Aberystwyth

7.11.43

Dear Robert and Nina,

I've just heard that you've returned from Ireland with the little lady safe, so this is only a note to welcome you both back and to welcome her to Wales and home.

We all join in wishing her every blessing.

Very sincerely,
Saunders

(29)

Llygad-y-glyn, Llanfarian, Aberystwyth

[?.11.43]

My dear Robert,

. . . and we are inquisitive about Menna Mair. When you come to photograph her, may we beg one picture? It must have been a thrill for both of you to bring her back to Garthewin and to take her into that little church with its lovely statue of Our Lady and her Babe.

Thank you also for the parcel now arrived. I must send you back a batch of boxes soon, as there seems no chance of bringing them back. I believe you may see Moses Griffith this week. He's the lucky man for being able to drive anywhere!

I don't know yet whether I'll be able to attend the Cylch meeting, but I hope to do so. It depends on when I can go to Neath to my Aunt there. I'd like Robert to praise the last number of the Cylch 'Cylchgrawn'; I think it is good and deserves proper printing in magazine form.

We all send thanks and greetings.

Yours sincerely,
Saunders

(30)

Llygad-y-glyn, Llanfarian, Aberystwyth

13.12.43

Dear Nina,

Thank you very warmly for your kind invitation, even though it isn't possible for us to come to you. Margaret has been home a fortnight now. Her mother has made a good recovery, though they'll have to be very careful of her from now on.

I spent a night at Lampeter last week and heard all the report there was about Menna Mair. By the way, I'm delighted that there's a Saint Menna; John Morris-Jones had castigated Ceiriog for inventing the name in Welsh, but the Saint more than vindicates Ceiriog. Mrs Wynne is delighted with her grand-daughter.

Father Maddocks (!!) is making great progress with his Welsh, and I'm very proud of him. He'll be a good Welsh preacher soon. Would you have believed it?

We all hope you are well.
[Saunders]

(31)

Llygad-y-glyn, Llanfarian, Aberystwyth

28.12.43

Dear Robert,

I've sent you a telegram lest this letter arrive after you've left for Wrexham. I am very sorry I cannot come to Wrexham, but between journalism and other duties I can't manage to get away. I hope the meeting proves effective. My own desire is that Father Davies should be prepared before 1945 to turn the typed cylchgrawn into a proper, purchaseable organ, quarterly or even annual to begin, but substantial and of high standard. I think it can be done now.

My main purpose is to thank you and Nina for the splendid turkey. Your generosity chases us here all the year round, and I can only respond with poor thanks. It was a grand bird and we all enjoyed our feasting. Thanks so much.

Will you tell Tom C. Edwards that I'm sorry to miss him again?

With our united thanks and best wishes for the new year,

Saunders

(32)

Llygad-y-glyn, Llanfarian, Aberystwyth

6.3.44

Dear Robert,

My thanks for your letter and for the happy account of Trefriw. There's no need to send back the Gwasanaeth y Fendith. I have still a hundred or so if you need any again. It is good to see them being used.

I have a short article in this number of the Efrydydd describing a Carmelite clothing at Dolgellau. I can send you a copy if you can't get it easily. It is, I suppose, the only description ever done in Welsh; that is its only interest.

Weather is better here, but we've only had two slight falls of snow which didn't stick. The first lambs are on the farm,—too early for us, the result of poacher rams. But it's good weather for ploughing. I hope that Menna Mair flourishes and that you are both well.

Yours sincerely,
Saunders

(33)

Llygad-y-glyn, Llanfarian, Aberystwyth

10.3.44

Dear Robert,

A letter from your Mother this morning asking that your copy to her of the answer to Hesgin be translated for the Faner. Unfortunately I had already despatched yesterday a translation of the original sent to Prosser Rhys. You can stop it if you wish by a phone call to Denbigh, and I can translate the other version then; but that will mean that it won't appear next Wednesday. A p.c., if you wish the 2nd version sent, please. Otherwise I'll take it the original stands.

I enclose the Efrydydd sketch.

Saunders

(34)

Llygad-y-glyn, Llanfarian, Aberystwyth

25.8.44

Dear Mrs Wynne,

May I say yes to Robert's invitation for the 7th September, but with the proviso that there be no guest of honour. I like being a guest! If I find that something prevents me, in the end, would that spoil the party? I only ask because I'm alone here at present and have no knowledge of my family's arrangements for return. But I expect to be free for the 7th. I may not get all the Retreat, for I've got animals here and my journalism to do. But I hope for the best.

My kindest regards to you all, including the young lady I ain't seen.

Saunders

(35)

Llygad-y-glyn, Llanfarian, Aberystwyth

10.10.44

Dear Nina,

With a good deal of nervousness I first of all enclose a cheque for £2.5.0. You told me that you'd allow me to meet some of the expense of the most blessed parcels you send, and this last is, if I count right, the 30th. I cannot tell you how appreciated they are, and it's your constancy in such kindness that I most vividly realise. I'm also returning a parcel of empties, which I am sure will get a ready welcome, for they're hard to come by.

Our Cymro has mange and very badly; he is going through a course of tar baths to try to eradicate the disease. It's horrible and infectious—rabid in Aberystwyth this year. And we are gathering in our apple harvest, the best and heaviest for four years.

Robert will have told you all about the Retreat, save his own part. He is the backbone of the Cylch and has got it firmly established. The Llanbedr three days were the best yet, or so I felt, we were both diligent and convivial, and there were new people there and good ones.

Isn't Menna Mair's *pen blwydd* about now? I wish her many, abundant happy returns and a peace time when she may include me among her visitors.

Ever yours,
Saunders

(36)

Llygad-y-glyn, Llanfarian, Aberystwyth

10.11.44

Dear Robert,

I'll say nothing yet about your translation. Since you've done me the honour of translating the whole play, I'll ask for a fortnight to go through it carefully and then I'll send you my comments. Obviously I'm delighted and very proud. And if you can get it done by Radio Athlone I'd be cock of the walk indeed, for it's never been performed. I'll need a fortnight to go through it with the original, for this month I've only a few evenings free. But I'd like to do it thoroughly.

Will you keep this offprint of the Loretto article [?]. It came before I'd a chance to go to the Library, and I have the journal in which it appeared.

Yours very sincerely—and with immense thanks—
Saunders

(37)

Llygad-y-glyn, Llanfarian, Aberystwyth

22.11.44

Dear Robert,

I finished reading the typescript last night. I made notes as I went along, but actually I may have missed points because the translation carried me away so that often I forgot about the original. And I left out the points you raised in your letters.

Any praise from me must seem self-praise too! But the translation is, to my mind, beautifully sensitive and supple. I have not compared it with Idris Bell, but your English version made me think the little play a good thing.

I wonder if an Irish publisher would consider it—you can easily come to terms with Gwasg Aberystwyth.

I've just got this issue of Wales and have read your two poems in it. I like them well, but the first more than the second, and very much. The third verse is in its catching of the quality of the night sensations altogether admirable. But may I suggest a criticism;—the 'mingled joy and sorrow' and 'to numb the aching nerve' in the following verse seem to me wrong now. They are too derivative, late English Romantic obtrusions of the sentient poet. Today, and well (as I think),—after Edward Thomas and perhaps Eliot,—the tendency is to be objective, to convey the quality of a natural scene *pure*, as your second and third verse do, without mixing subjective emotions. Forgive this impertinence! But craft emboldens me.

Cofion a diolch mawr iawn,
Saunders

The BBC might produce your English version for Xmas? They've no time for the Welsh.

(38)

Llygad-y-glyn, Llanfarian, Aberystwyth

[? 11.44]

Dear Robert,
I promised to send this typescript to you of Dr Idris Bell. I think it improves as it progresses and becomes less literal. Will you bring it to Lampeter for me to return it[?] Very cordial regards until the meeting,

Saunders

(39)

Llygad-y-glyn, Llanfarian, Aberystwyth

28.11.44

Dear Robert,
I'd better answer your questions at once.

1. No, I've no preference for BBC over Radio Eareann [*sic*]. Choose the likelier one in your judgement. In any case, the BBC would not be likely to take it.
2. Gwasg Aberystwyth have the translation rights and radio rights. It's a matter of form merely. I'll speak to Prosser Rhys (who is Gwasg A.) but a letter from you to him will get the official answer.
3. Any publisher at all you can persuade to consider it is good for me. But I doubt the English Catholic houses. I even think Faber & Faber less improbable.

4. If a publisher would take to your translation I think that a completely new introduction would be best. I'd be glad to collaborate in that; but part of it should be your own.
5. Publishing it for a *stage* play I'm not so sure about. It is short—for I wrote it at the BBC's request for a Xmas 50 minute radio play. The last act might need a lot of changing for the stage. Were there any proposal to stage it I'd gladly try to reshape it for that.
6. Music. There's none yet. The BBC Welsh musical director, Hughes, (who did Buchedd Garmon music) wanted to try his hand. The lyrics present little difficulty, I think, two of them are well-known carols. The musical producer ought to be able to tackle that matter entire.

If you want to stage it in your Barn Theatre post-war, in Welsh and English, we must re-write it and use your clock-tower for the church, and move the audience about to interlude music,—act 1 in barn, 2 also, the third between barn and clock!! perhaps compose a prologue for the vow scene at St. Germain and drop it out of act 1. Excuse this hasty note.

Saunders

(40)

Llygad-y-glyn, Llanfarian, Aberystwyth

2.12.44

Dear Robert,

I saw Prosser Rhys today and he tells me he has written to you and he's agreable [*sic*] to any radio or publishing arrangement you can achieve. Don't be disappointed if all fail! And don't bother to suspend agreements, if any is offered, till I have consented also; you can act with plenary powers!

When did Nina learn typewriting? Until you mentioned it I thought you had sent the MS to one of the advertised firms that do such things.

The weather's a brute here, but I suspect there are people in German towns who are thanking Heaven very much for it. The English Government has, I take it, sold Poland to USSR. It is the final infamy. The mess is getting ever deeper, and what 1945 will bring is unguessable, but I still don't think it will bring what Churchill and Co. expect.

Yours ever,
Saunders

(41)

Llygad-y-glyn, Llanfarian, Aberystwyth

18.12.44

Dear Robert,

I've booked the Commercial room of the Central Hotel, Aberystwyth for the meeting at 3 P.M. January 8 (the eighth) 1945 and it will be free till 5.30 P.M.

I've examined your first letter and it was 9th you had written, not 1st as I mis-read. I'm sorry about the date however, because it's most doubtful if I can get back for the meeting, and I'd like to be there. If I fail to get back I'll write a note on the proposed Efrydiau Catholig.

Nina's reason for moving the Cylch about has, I readily admit, a great deal of cogency; indeed, it can't be resisted when the circumstances make it practicable to travel,—provided only that a parish priest with Welsh parishioners *invites* the Cylch and is able to assure the cooperation of the parishioners. We owe no small gratitude to the Carmelites for the facilities we've enjoyed at Lampeter and to your Mother for providing a social centre that has also been an important element in building up our at first very frail organisation.

Yours ever,
Saunders

Aelodau o'r Cylch Catholig. Gwelir Frances (Nanette) Wynne yn y sedd ganol a Robert Wynne yn sefyll y tu cefn iddi. Saif Saunders Lewis ar y dde.
Prifysgol Cymru, Bangor

(42)

Llygad-y-glyn, Llanfarian, Aberystwyth

28.1.45

Dear Robert,

All the winter's woes have happened here—burst pipes, taps frozen, flooded bath-room, etc—hence the delay in answering.

I'm very willing to meet the Eire Radio producer's objections—the title can easily be changed. 'The Pope's Twins' might be too scandalous, but there can be no trouble if the Welsh original (Translated from etc.) be also announced and printed in the press notices at the time.

As for cutting out some of the Fool's lines, if when the time comes he'll indicate which, I'll help to link up the dialogue if necessary. But there's no objection to it as far as I'm concerned.

The financial terms are enough if you will agree too—for it's your version. You'll of course say no, so I propose we agree that profits go to the Caernarfon election expenses of Jack Daniel's campaign. We shall have to contribute in any case!

Excuse this wintry brevity.
Saunders

(43)

Llygad-y-glyn, Llanfarian, Aberystwyth

18.2.45

Dear Robert,

I'll write at once to Arwel Hughes.

Excuse this mere note today, but post goes out in ten minutes. Prosser Rhys's death has given me some extra work last week and I'm very behind with correspondence.

You'll hear from me as soon as I get his answer.

Yours ever,
Saunders

(44)

Llygad-y-glyn, Llanfarian, Aberystwyth

3.4.45

Dear Robert,

Just a note. I must thank you for the translation. It seems to me to catch the rhythm of the poem, the attempt I made at a sort of tortured rhythm, the most important element in the poem. May I suggest *filch* instead of snatch in the last verse? The idea was that the Blessed Thief *stole* Paradise at his last moment—that's why I feel I owe him a more special cult than other Saints.

I hope you are all well.
Saunders

(45)

Llygad-y-glyn, Llanfarian, Aberystwyth

Sul y Blodau 1945

Dear Robert,

I'm a bit ashamed to admit that at the moment I haven't got a copy of Byd a Betws to compare the original sonnet with your translation. So I can only give a vague approval, if that's the word, of the translation. It seems to me direct and terse, and if *Wales* will take it, well and good.

J. E. Jones told me you were translating my Baner articles. It's the only way I can help Jack Daniel and it is a great kindness and help on your part to set them into English, for the Caernarfon Boroughs are largely English, especially now. I do hope he does well; it really is important that he should; it can make a great deal of difference in Wales. So the translation of the articles are a great help, since we have no other means of getting our stuff across.

My best thanks therefore,
Saunders

I'm keeping the sonnet?

(46)

Llygad-y-glyn, Llanfarian, Aberystwyth

15.4.45

Dear Robert,

Arwel Hughes' music has arrived yesterday. I'll send it on to you tomorrow, having today no envelope to contain it. I enclose his letter. I can pass no judgment for I have no piano and none to play it, being alone at present. Will you write to him yourself about it when you've tried it out? I told him I'd leave the fee for you to discuss with Radio Eireann. £2 seems low, doesn't it?

I do hope the music is pleasing. Will you let me know after trying it out.

Hope you are all well, including especially Menna Mair.

Yours sincerely,
Saunders

(47)

Llygad-y-glyn, Llanfarian, Aberystwyth

6.5.45

Dear Robert,

I've written to the O.M.I. Provincial at Colwyn Bay, inviting him to Aberystwyth. It's hopeless for me to try to get up north. The only snag is that the V day, as they call it, may confound any travelling at a moment this week. I've no idea how I can be of any help to him.

Were you disappointed or pleased at Jack Daniel's vote? I thought it encourageing (no e, I've just learnt from the dictionary!) though one would like it so much higher.

I've read 'Save Wales by Political Action' and may I say how well the translation reads, so ever so better [*sic*] than the translation of *Wales after the War*. It is lively and easy. And will you please say thanks very much for me to Nina for the recent parcel?

I hope you are all very well. Are you going to Ireland to celebrate the stop to fighting? May it last.

Yours ever,
Saunders

(48)

Llygad-y-glyn, Llanfarian, Aberystwyth

9.8.45

Dear Robert and Nina,

I don't know if you have returned yet, but this is just a note to await your coming and to congratulate you very much, and to welcome Gwyneth Mair to Wales and wish her great joy in Garthewin as well as the joy she'll bring her parents.

Please don't trouble to answer this.

Yours ever,
Saunders

(49)

Llygad-y-glyn, Llanfarian, Aberystwyth

19.9.45

My Dear Robert,

I've just now received from Cambrian News Ltd. an offer to print *Efrydiau Catholig*

48 pages and cover		
500 copies	:	£43-15-0.
700 "	:	£49-15-0.
52 pages & cover		
500 copies	:	£46-15-0.
700 "	:	£53-7-0.

Will you as Chairman give me permission to contract for 700 copies on these terms? The two estimates are necessary because it isn't possible till printing to know whether 48 or 52 pages will be required. I propose, if 52 pages, to make the price 2/6; if 48 pages, 2/-.

The printers will help to distribute if they get addresses, and will charge postage for that, but no more.

When I get your consent I'll start printing. Then I'll also write to the Bishop to ask him:

1. To persuade CTS to publish and put their address on the cover & title-page and undertake distribution (except for above) from Cardiff, but to put

> 'Cyhoeddwyd dros y Cylch Catholig Cymreig gan CTS Charles St. Caerdydd).

2. To meet cost of publication for 3 years.

But we shall have to pay the printer's bill when presented and then ask CTS to reimburse our treasurer.

Note on some Catholic difficulties in Wales. (*Confidential*)

1. Perhaps the disadvantages that beset missionary work among the Welsh-speaking people of Wales can best be exemplified by a study of Gwenallt Jones' chapter of autobiography in *Credaf.* Gwenallt Jones is a major poet and a University Lecturer at Aberystwyth; born in the industrialised Swansea valley, which is still a Welsh-speaking and very lively district. Gwenallt tells the story of his Nonconformist upbringing, then his conversion to Marxian socialism, which inherited the zeal of Nonconformity for social justice. Then he describes his visit to the Irish-speaking peasant area of Ireland and his conversion thus to a Catholic Christianity and a sacramental religion. He became thus an eminent Catholic Welsh poet. *Yet*, on his return to Wales, it was to the (Anglican) 'Church in Wales' that Gwenallt went; *that* was the only Church that presented to him a Welsh Catholicism. The Catholic Church just has not enough contact with Welsh people of education and culture; its clergy cannot converse with them, do not know their literature or any history or background. The Catholic parish priest in any Welsh parish rarely knows anything that can enable him to contact or to instruct men such as Gwenallt. *That* is the problem for the Catholic who is concerned with the Welsh life of Wales. *Efrydiau Catholig* is an effort to reach university students and others of that class. But at present only laymen (Mr Victor Jones and Mrs Catherine Daniel) are missionaries to that class of Welsh people,—and they are the most important element in Welsh life today.

2. Catholic schools. It is the Catholic case that lessons in 'Religious instruction', insulated from all the rest of school life, are not an adequate Catholic education. The same is true of instruction in Welsh. A smattering of teaching of Welsh language and grammar is mere farce, and that is the practice in all the Catholic schools that I know of. The Catholic population of South Wales is of Irish origin, but has had no contact with Ireland for three or four or five generations; it has no

contact with English life and culture; it is insulated from the Welsh-speaking society of Wales. It has not English or Irish or Welsh culture. That is not the best nourishment for a supernatural life. Whist drives and 'draws' compete ill with the village Eisteddfod.

3. I have only one (practical) suggestion. If there were funds enough to establish an Institute of Welsh Studies under the supervision of the two Welsh Bishops, to do research, to publish works in Welsh, to provide courses for priests and teachers, to provide also apologetic courses (in Welsh) of public lectures, etc., situated in Aberystwyth or Bangor or near, some beginning would be made of contact with that portion of Welsh life to which I feel that I belong and of which only am I [*sic*] competent to speak. A priest such as Dr J. B. Davies—I know of no other secular—could undertake the work. Or what of a Welsh Faculty at Rome?

Cofion gorau,
Saunders

(50)

Llygad-y-glyn, Llanfarian, Aberystwyth

30.10.45

My dear Robert,

First, my warm thanks for Saint Catherine. It's no good remonstrating! For I'm specially glad to read it. Dr Barrett Davies spent two days with me here. We went thoroughly into the problem of publishing the *efrydiau* and concluded that I must set up as publisher in Aberystwyth,—there's no other possibility.

So I'm looking for a one-room office where I can put up a plate for 'Gwasg Sulien'. The Efrydiau are in press, but I've not yet had first proof. Advertisements will go out as soon as I've found an address to which booksellers' orders can come. I hope to get that this week. Then I'll get a list of Welsh booksellers and circularise them and invite private orders through the adverts at the same time. Cambrian News will not help save by redistributing to such addresses as orders will have come from Gwasg Sulien.

In any case, it would inevitably come to it that we should have some time to establish a Welsh publishing house—*Efrydiau* makes it necessary *now*. Once it is out, I may go on and publish other things if I can get paper and printers. As long as it just doesn't involve loss, I not merely don't mind, but I'm rather looking forward to the venture. But

I'll have to study and learn the business side of it all, what it involves legally etc. And sooner or later there must be a signed agreement with Cylch Catholig for Efrydiau.

Excuse all this business. The only news here is that Dr Davies is going as parish priest to Maesteg next Saturday, and the Carmelites have not yet got Falcondale nor are they very hopeful now. The Anglicans have been at the owner and he's turned rough. Mair is going to Cardiff to try her hand at student-nursing next week—not at all to our liking! I hope you and Nina and the girls are well.

Gollang's venture is proper, I think. Its immediate practical value is probably little, but it's decent and its influence should be good. Don't you expect ructions on the Continent before January? There'll be no surprise if there are three or four civil wars and several revolutions. I'd like to write Old Moore for 1946, and put the English revolution for 1948!

Cofion gorau,
Saunders

(51)

Llygad-y-glyn, Llanfarian, Aberystwyth

3.12.45

My Dear Robert,

Only a note just to let you know how plans are going. The delay in Efrydiau Catholig is entirely the printers'. They promised first proofs a month ago. They now *hope* to let me have them by Wednesday.

I've got an office for a publishing address and must now set about finding some use for it! I take it Efrydiau Catholig cannot now be out before January—the middle of the month.

Meanwhile *Ffydd a Ffyrdd* is out from Gee with Dr Davies' essay first in the book—that will do Efrydiau Catholig a lot of good.

Moses Griffith says he'll see you tomorrow.

I must get a wireless set for the 16th.

My kindest regards to Nina and the family.

Saunders

(52)

Llygad-y-glyn, Llanfarian, Aberystwyth

17.12.45

My Dear Robert,

I cannot do less than send you a note to congratulate you on the success of the translation. It seemed to me, as far as my judgement can be impartial, to be a powerful production in every way, and I also thought the music and the songs worthy of Arwel Hughes, that is, outstanding.

My wife and I had supper with your Mother and then heard it at the College.

Yours,
Saunders

(53)

Llygad-y-glyn, Llanfarian,
Aberystwyth, Ceredigion, Wales

17.12.45

Director, Radio Éireann,

Dear Sir,

Will you allow me through you to thank the producer and actors and choir and musicians for the rendering in English of my Welsh play, 'The Christmas Candle', last night? I listened with pleasure and I hope it gave pleasure in Eire, and may help the cultural contacts of Eire and Wales. I am grateful to you all.

Yours sincerely,
Saunders Lewis

(54)

Llygad-y-glyn, Llanfarian, Aberystwyth

Tuesday, 15.1.46

My Dear Robert,

My best thanks for the cheque. Arwel Hughes deserves his fee indeed, and I'm very interested to hear about Buchedd Garmon. It is, I imagine, more difficult to translate than the Christmas Candle.

Yes, I hope to be at Machynlleth. By that time I trust that Efrydiau Catholig will be on sale. The final proofs were returned today to the printers. Advertisements should be in next week's Welsh papers. I lost my Aberystwyth office—the Ministry of Agriculture commandeered it, so I'm publishing from this house.

I was near you last week, at Morris Williams' funeral. But I couldn't get time to come over, as I promised Kate Roberts to stay to discuss things with her and then had to hurry home. She proposes to carry on, herself, for the present. I doubt if it will be for long.

I'm glad you think so well of Rev. J. B. Davies in Ffydd a Ffyrdd. He is even better in his Efrydiau essay—it is the masterpiece of the first number; Valentine thinks we ought to have quite a good sale and that the time is just right. I've reviewed your Mother's book for the Faner—reluctantly; I feel that I ought not to, because personal friendship makes frank praise impossible. But its success is already established.

The weather is lovely—and I hate it, a real Sarn Fair fechan phrase. But frost paralyses me and I'm alone, fires and meals to do, Margaret being in Holyhead.

Warmest regards,
Saunders

(55)

Llygad-y-glyn, Llanfarian, Aberystwyth

29.1.46

My Dear Robert,

I return the typescript. I've made a few, very few, marginal suggestions. But it seems to me admirably translated. I don't know whether it will have the appeal for the Irish that the Xmas Candle had, for the matter is more Welsh. If they don't do it, perhaps the Welsh BBC might like to try it—they did the Welsh original twice in 1937.

Arwel Hughes probably has all the score of his music if the Irish agree to produce.

I am using my £10 fee from you for the Christmas Candle to establish and start Llyfrau Sulien. Orders are beginning now, but there's no rush! I expect the Efrydiau next week if the printers keep their time-table,—they've never done so yet.

Your Mother told me today that the wireless talk on her book last night was very nice. It's a Wynne literary season in Dublin!

Yours very gratefully,
Saunders

(56)

Llygad-y-glyn, Llanfarian, Aberystwyth

13.3.46

Dear Robert,

I've sent Father Mitchell his packet. Sale number is now 240, which I think very satisfactory. And the majority of course of purchasers are nonconformists of every denomination, but especially ministers.

I saw your election figures. They seem to me very encouraging. The odds, as you say, were heavily against you. Should you try again? I cannot answer the question *ar ei ben*. Is it an ordeal, or does the effort and the contacts give you pleasure and useful relations with people? If the second, then I'd say it was eminently worth doing. The trouble of course is that you never see the value of what you do, it is indirect and 'after many days'.

Yes, we'll say prayers for your Aunt, and while on that matter will you also do likewise for Cathrin Daniel who is poorly and now pretty low.

I do hope Menna Mair is recovered and you all well.

Saunders

(57)

Llygad-y-glyn, Llanfarian, Aberystwyth

Palm Sunday

My Dear Robert,

I'm here till Tuesday. I'll send the copies tomorrow, and the bookseller gets 25% discount but should pay postage.

Nearly 300 copies have gone through sale. But I'll gladly renew the advertisements.

But Mrs Daniel's got all mixed up and wrong about our printers. I don't expect any difficulty for next time. Excuse this note in haste. I'm desperately trying to save Aberystwyth Convent Secondary school from closing down. It was all settled almost when I heard, so I've contacted the Archbishop and the Mother Provincial and warned them that under the new Education Act it is very nearly a piece of diocesan murder! It's very bad that the bishop should be too ill to deal with it.

I hope you are all well now.

Yn gywir iawn,
Saunders

(58)

Llygad-y-glyn, Llanfarian, Aberystwyth

30.7.46

My Dear Robert,

After three days of occasional thinking I've concluded I'd better not promise to do a ½ hour play for a curtain-raiser,—because I much doubt if I could finish in time. I'll have to begin work soon on volume 2 of Efrydiau Catholig, and this time it includes much translating, and I have my pot-boiling for the Faner every week which is a horrible burden, and gives me a weekly headache! I don't know the 14th Century Nativity play MS you mention,—generally, these Welsh fragments are not actable today.

I'll try to send you soon a passage to fill in the gap in Act I of Amlyn ac Amig.

I don't think it's worth-while advertising E. Cath. again. We've sold nearly 400 and I'm told that it is far beyond expectations for such a publication—Efrydiau Athronyddol only publishes 300 copies. Volume 2 may help to sell Vol. 1 also, but next time I'll only print 500, not 750.

I do hope you and Nina get saved from the predicament you fear. Mair reports that the Archbishop returned from Spain with a broken wrist and looking very tired and older. She had no rumour to spread about the next Bishop of Menevia. The Carmelites here are all dispersed on holiday, but Father Geary is now Prior and Father Malachi's future is undecided! I wish you all better weather and a truce to worries.

Yours ever,
Saunders

(59)

Lynwood, Ena Avenue, Neath

16.8.46

Fy Annwyl Robert,

Dyma o'r diwedd y darn diwygiedig sy'n eisiau ar Amlyn ac Amig,—ar gyfer yr actio yng Ngarthewin.

Gelwais yn y Brodyr Gwynion yn Llanbedr ar fy ffordd yma; cefais Mrs Wynne yn iach a'r drydedd Urdd o Garmel yn ei nerth!

Maddeuwch air ar frys. Fe gymerodd y darn hwn drwy'r dydd ac y mae'r post ar fynd.

Saunders

Amlyn ac Amig
(Tudalen 20-21)

Amlyn: Taw, Ffŵl, ni wyddost ffoled dy odlau.
Nepell o Baris, gerllaw afon Sein,
Yn y meysydd meillion,
Mae eglwys a mynachlog Iermyn sant:
Yno un bore y safwn
'Nôl blwyddyn o chwilio ofer am Amig fy nghyfaill
Heb air am ei rawd.
Chwipyn daeth arnaf farchog i ymladd â mi;
Taer a di-brin fu'r taro
Trwy'r bore, trwy'r nawn,
Tolcio pres, bylchu bresplad,
Heb orfod o neb ar ei gilydd:
Credais mai Hector ydoedd neu ail Eneas
Oni hunodd haul tu ôl i'r fynachlog wen.
Yn chwîl dan ein chwys
Codasom ein helmau, ein dau, a sychu'r talcennau,
'Amlyn!' ebr ef, minnau, 'Amig!'
A chusanu a chwerthin ac wylo ar yn ail,
A mynd ynghyd at yr allor;
A'n dwylo ar y creiriau lle bu'r Aberth
Mi dystiais i, 'Fy nghyfaill,
Byth o'r awr hon, os yn y Purdan y'th ddaliaf,
Neu ba ddelw bynnag fo arnat, Amig fy nghâr,
Fe naid fy enaid i'th annerch
Ac ni byddi ddieithr mwy;
A rhoisom lw ar y creiriau cysegredig:
'Tyngaf i Dduw, fy nghyfaill, ac i tithau,
Na phallaf fyth o gariad na ffyddlondeb nac o gyngor

Na dim fo'n iawn i gyfaill dros ei gyfaill,
A rhyngof i a thi ni bydd anwiredd fyth.'
Byth nid anghofiaf fy llw.

etc.

(60)

Llygad-y-glyn, Llanfarian, Aberystwyth

6.10.46

Annwyl Robert,

I think I'll write in Welsh from next time!

I'm very interested in your drama requirements. The Faner tells a little about them too occasionally.

As for Llanthony and the Cylch,—I've written to Father Crowley. I don't think there is enough of us who'll be able to go. I'm fairly sure I'll not be free. September is my only normally free time, and it was only my Aunt's health that prevented me from Lampeter; the Council of Education could have been put by but it was an excuse for procuring petrol!

If the response is satisfactory, then of course all's well. Though I still do not think a Retreat is what we want, but ymarferion ysbrydol mewn awyrgylch Cymraeg.

But it may be very well to try the experiment, and indeed if I can possibly arrange to come I'll do so.

Efrydiau Catholig (next year a 2nd issue) will probably contain essays by Mrs Daniel, Geraint Bowen (bardd y gadair 1946), The archbishop, Father Crowley & myself. I hope to publish March-April, and go to press this November.

Dymuniadau gorau a chofion cynnes iawn atoch oll,

Saunders

(61)

Llygad-y-glyn, Llanfarian, Aberystwyth

4ydd Sul yn yr Adfent, 1946

Fy Annwyl Robert,

Cyrhaeddodd y twrci neithiwr yn daclus a diogel. Ni wn sut i fynegi ein diolch ni oll, Margaret a Mair (oh, yn arbennig) a ninnau am rodd mor anghyffredin ac mor brin eleni. Yr ydych chwi a Nina yn rhy dda o ddim rheswm o hyd.

Mi wnaf fy ngorau i ddyfod atoch fis Chwefror i weld Amlyn ac Amig,—dylwn fedru os daw Mos Gruffydd. Bydd yn rhyfedd gweld y plant nas gwelais o gwbl eto. Nadolig o'r llawenaf iddynt ill dwy.

Os daw'r Tad Illtud Evans atoch y Nadolig yma, y mae arnaf i lythyr iddo ef. Mae ef yn gwneud ei orau i mi gael siawns am gadair Celteg Rhydychen. Bwriadaf ymroddi yr wythnos hon i sgrifennu fy nghais am y Gadair,—ond y mae'n dasg ffiaidd! Y peth sy'n ddrwg yw fy mod, er fy ngwaethaf, yn mynd i obeithio a dymuno a dyheu, a hynny er gwybod nad yw fy ngobaith ond gwan. A wnewch chwi gadw'r peth yn weddol dawel, oblegid dylid cydnabod mai annhebyg ddigon y caf i'r gadair. Ond yr wyf yn dra diolchgar i Illtud Evans ac eraill sy'n ymdrechu drosof. Byddai'r siawns i ddychwelyd at waith llenyddol a chreadigol, yn lle newyddiaduraeth yn ollyngdod mawr i mi.

Digrif iawn eich hanes am y BBC. Un rheswm am eu hagwedd wrth gwrs yw fy mod i wedi ymosod gymaint arnynt y misoedd diwethaf yn y Faner.

Beth am eich nodiadau chwi ar Amlyn ac Amig? A gaf i eu gweld? Eich mam a ddywedodd wrthyf amdanynt.

Nadolig llawen a blwyddyn newydd dda i chwi oll,

Yn gu iawn,
Saunders

(62)

Llygad-y-glyn, Llanfarian, Aberystwyth

7.2.47

Fy Annwyl Robert,

Diolch yn gynnes am yr hanes tra diddorol am y ddrama a'r nosweithiau da yng Ngarthewin. Yr wyf yn gofidio'n fawr o golli'r perfformiad a cholli'r cyfle i ddyfod atoch. Ond nid oedd mo'r help! Ni chlywais y darlledu o Gaerdydd ychwaith, gan nad oes gennym set radio.

Yr wyf yn gobeithio y bydd ail *Efrydiau Catholig* allan cyn canol mis Mawrth. Y mae'r argraffwyr yn enbyd o araf. Cawsant y MSS er dechrau mis Tachwedd. Gwerthwyd tua 400 o'r gyfrol gyntaf ac y mae'n parhau i werthu ychydig o hyd. Aeth un copi allan heddiw. Y mae dros ddeg punt o elw yn y banc, ac ni chafwyd yr holl arian i mewn o'r llyfrwerthwyr eto. A welsoch chwi'r adolygiad yn y *Fflam*?

Na, ni fedraf sgrifennu drama fer erbyn mis Mawrth! Yr wyf fel malwen yn cyfansoddi, os na ddigwydd y gallaf roi fy holl amser i'r gwaith. Dyna paham yr wyf yn dymuno cael cadair Rhydychen, er mwyn rhoi fy holl amser i waith creadigol ac i'r gwaith o ddehongli hanes meddwl a llenyddiaeth yng Nghymru. Oblegid y mae fy amser yn prinhau ac yn tynnu i'r pen, ac y mae gennyf gymaint i'w wneud!

Cofion cuaf,
Saunders

(63)

Llygad-y-glyn, Llanfarian, Aberystwyth

Sul y Pasg 1947

Fy Annwyl Robert,

Ni fedraf ddweud yn bendant eto beth yw swm y gost neu'r golled ar gyfrol gyntaf Efrydiau Catholig, gan fod eto beth arian oddi wrth lyfrwerthwyr heb ddyfod i law. Ond talwyd pob dyled a chyda £40 y CTS y mae tua £12 i gredyd yr Efrydiau yn y banc. Argreffais ormod o'r gyfrol gyntaf, 750. Gwerthwyd a dosbarthwyd 400. Felly argreffais y tro hwn 400 o'r ail gyfrol, a bydd y gost yn llai.

Cyn mynd at Hughes a'i Fab ynglŷn â chyhoeddi eich cyfieithiadau o Amlyn & Amig a Buchedd Garmon, a wnewch chwi ofyn gyntaf i Wasg Aberystwyth? Oblegid y mae ganddynt hwy fel y cyhoeddwyr gwreiddiol hawl i ystyriaeth gyntaf. Os gwrthodant, gellwch fynd at eraill wedyn.

Ni ddywedaf ddim am gadair Rhydychen, ond bod yn ddrwg gennyf ei cholli. Gwelais hanes eich ymweliad â Llandrindod a Llandudno hefyd. Sut mae'r plant wedi dal y gaeaf garw[?]

Fy nghofion caredicaf at Nina a phawb,

Yn gu,
Saunders

Bydd Tom Charles Edwards yn Llanfarian am bythefnos ar ôl y Pasg yma.

(64)

Llygad-y-glyn, Llanfarian, Aberystwyth

23.4.47

Fy Annwyl Robert,

Ysywaeth, ni allaf gael amser i ysgrifennu ar y Sistersiaid yng Nghymru. Y mae gennyf lond llaw o waith y mis nesaf yma, gyda'r ysgol yn ail-gychwyn ddydd Llun a llawer o waith gyda'r Cyngor Addysg Cymreig, heblaw'r *Faner*. Ond anfonais eich llythyr at Cathrin.

Os gwrthyd Gwasg Aberystwyth gyhoeddi'r cyfieithiadau, anfonwch at Hughes, Wrexham. Ni all Llyfrau Sulien, oblegid nad oes gennyf amser i fod yn gyhoeddwr llyfrau iawn. Y mae Efrydiau Catholig yn gofyn llawer o amser i bacio ac anfon biliau allan a chadw cyfrifon—y mae'n waith sy'n cymryd rhan fawr o bob prynhawn. I gyhoeddi ychwaneg byddai raid imi gael offis a chlerc! Ac ni thalai!

Cofion cynnes,
Saunders

Y mae Tom yma bob nos yn darllen Epistolau Pawl a Hanes y Ffydd Charles Edwards gyda mi. Ond bydd yn ymadael ddydd Gwener.

(65)

Llygad-y-glyn, Llanfarian, Aberystwyth

6.5.47

Fy Annwyl Robert,

Yr oedd yn dda iawn gennyf gael cwmni Jane Sutherland i Gaerdydd. Cawsom amser reit ddiddan a byrhawyd y daith.

A diolch i chwithau am eich llythyr. Tybed a ellir dibynnu ar erthygl Keidrych Rhys? Byddai'n dda iawn gennyf i gael cadair athro neu ddarlithydd annibynnol mewn llenyddiaeth Gymraeg yn Nulyn. Yn wir, bydd yn rhaid i mi chwilio am ryw waith arall erbyn yr Hydref, canys nid wyf yn meddwl symud i Landeilo gyda'r Carmeliaid. Ac nid yw'n debyg y caf unrhyw swydd yng Nghymru!

Nid oes gennyf i un syniad sut i fynd ati i drafod sefydlu swydd brifysgol yn Nulyn. J. Lloyd Jones sydd yn athro Cymraeg yno ar hyn o bryd ac mae'n fawr ei barch yno ac yn ddisglair yn ei faes, sef ieitheg. Os dymunwch hynny, cyn i chwi fynd i Iwerddon, gallaf roi i chwi gopi o'r cais neu *application* a anfonais wrth geisio am gadair Rhydychen,—y mae gennyf nifer o gopïau ar ôl.

Cofion caredig at Nina a'r plant,

Yn gu iawn,
Saunders

(66)

Llygad-y-glyn, Llanfarian, Aberystwyth

13.5.47

Fy Annwyl Robert,

Amgaeaf y cais ffurfiol a anfonais i Rydychen. Nid oes ei angen arnaf eto,—y mae gennyf amryw gopïau. Ond peidiwch â mynd i boen fawr yn y mater hwn yn Nulyn na sbwylio'ch gwyliau yno, canys araf iawn yw ffyrdd academaidd.

Gwnaf, mi geisiaf orffen fy nrama erbyn diwedd Awst.

Gobeithio y cewch oll fel teulu amser dedwydd yn Iwerddon.

Yn bur iawn,
Saunders

(67)

Llygad-y-glyn, Llanfarian, Aberystwyth

19.5.47

Fy Annwyl Robert,

Gair i ddymuno siwrnai hapus i chwi oll tuag Iwerddon—ac yn ôl.

Am Wasg Gomer, y peth gorau fyddai cynnig iddynt hwy, y cyhoeddwyr, a'r awdur gwreiddiol (ego!) 8% ar ôl gwerthu'r 500 copi cyntaf gan y cyhoeddwr Saesneg, a 4½% i fynd i'r cyfieithydd ar ôl y 500 copi cyntaf. Byddai hynny'n deg i bawb. Heb hynny, ni chewch fyth gyhoeddwr,—ond fe allai dalu 12½% ar ôl gwerthu 500 i glirio'i gostau.

Os yfory y teithiwch ni bydd gennych amser i ddarllen llythyr maith! Felly terfynaf gyda phob dymuniad da a nawdd Cristoffr ar y teulu,

Yn gu,
Saunders

(68)

Llygad-y-glyn, Llanfarian, Aberystwyth

2.7.47

Fy Annwyl Robert,

Dyma gopi o'r cais am gadair Rhydychen.

Y mae fy nyddiau i'n bur 'hectic' yr wythnos hon, felly maddeuwch nodyn byr. Ond rhaid imi ddiolch o galon i chwi am eich ymdrechion yn Nulyn.

Good news from Tom Charles Edwards, that Dafydd can use hearing instruments to get normal education.—Mae'n bur debyg mai oblegid bod ei lythyr ef yn Saesneg y trois i'r Saesneg i ddweud hynny!

Cofion caredig iawn,
Saunders

(69)

Llygad-y-glyn, Llanfarian, Aberystwyth

Gŵyl Pedr a Phawl 1947

Fy Annwyl Robert,

Y mae Gwasg Aberystwyth yn fodlon i unrhyw drefniadau y gellwch eu gwneud i gael y ddwy ddrama wedi eu cyhoeddi os oes modd. Ond nid ydynt hwy yn barod i'w cyhoeddi. Dyna'r sefyllfa hyd y gallwn i ei deall pan elwais yn yr offis. Y gwaethaf yw bod gan gyhoeddwyr ragfarn yn erbyn cyhoeddi *radio plays* yn Saesneg, ond gan rai enwog fel MacNiece. Cefais y llythyr yma dro yn ôl a rhoddais eich cyfeiriad chwi i Dr Van Acker pwy bynnag yw.

Rhaid imi ddiolch yn gynnes iawn am eich gwaith ar fy rhan yn Nulyn. Buoch yn garedig a hael o'ch amser hefyd. Gwelais eich Mam wedi iddi ddychwelyd i Lanbedr a chawsom hanes Iwerddon a Llangollen ganddi. Cefais innau wahoddiad i roi papur yn y Gyngres Geltaidd yn Nulyn, Gorffennaf 25. Cytunais i wneud, ond yn awr y mae'n ansicr a fedrwn ni, Margaret a minnau, gael tocynnau ar y llong. Ond tybiais, wedi i chwi ymdrechu gymaint ar fy rhan yn Nulyn, y dylwn innau o leiaf geisio mynd yno i roi papur ar lenyddiaeth gyfoes Gymraeg.

Nid oes gennyf fawr o newydd arall. Ni allaf ddyfod i'r arddwest, oblegid y mae gwyliau Mair yn cychwyn ddydd Sadwrn ac addewais fynd â hi a'i mam i Stratford am wythnos, canys dyna'r unig wythnos a gaiff hi yn y flwyddyn.

Gwelais yr esgob; galwodd yma; ymddengys yn ddyn galluog a digon o fynd ynddo. Dywed yr Archesgob wrthyf ei fod wedi ei hoffi ar ôl cael deuddydd o'i gwmni yn Llangollen, a'i fod yn hapus iawn am y penodiad.

Gobeithio eich bod oll fel teulu yn well ar ôl eich seibiant yn Iwerddon.

Cofion cynnes iawn,
Saunders

(70)

Llygad-y-glyn, Llanfarian, Aberystwyth

14.7.47

Fy Annwyl Robert,

Diolch am eich llythyr. Dychwel'som yma nos Sadwrn o Stratford ar ôl wythnos bur fuddiol a diddorol. Y mae'r William & Mary yn westy rhagorol os byth y digwydd i chwi fynd y ffordd honno.

Yr ydym wedi cael tocynnau i fynd i Ddulyn drwy Gaergybi, Gorff. 25 ac i ddychwelyd Gorff. 29; felly bydd popeth yn iawn. Byddwn yn aros yn y Maris Private Hotel—byddwn yn rhydd felly i fynd o gwmpas fel y mynnwn.

Clywsom gan Mrs Wynne nos Sadwrn am lwyddiant yr arddwest a'r diwrnod dedwydd a gafwyd. Dywedodd hi wrthym hefyd fod Dr Barrett Davies yn yr ysbyty yn wael,—ni wyddai hi ba ysbyty, ond St. Winifred's yng Nghaerdydd, mae'n debyg. Rhaid ysgrifennu ato a gweddïo am ei adferiad; ni allwn fforddio'i golli, y dyn gorau sy gan yr Eglwys yng Nghymru.

Am gyfarfod y Cylch yn Llanhonddu, mi ddof yno os bydd modd yn y byd. Ond y mae popeth yn ansicr gennyf ar hyn o bryd, gan fod y Carmeliaid yn symud y Coleg o Aberystwyth, fel na allaf roi addewid bendant; ac at hynny y mae'r Cyngor Addysg yn bygwth bod yn brysur iawn fis Medi i orffen ei adroddiad, ac ysywaeth, y mae cryn ddarn o'r gwaith yn disgyn arnaf innau. Felly, ni allaf ar hyn o bryd addo dim yn bendant; ond gwnaf fy ngorau i ddyfod er bod y lle yn enbyd o anghyfleus. Buasai Llanbedr yn gan hwylusach!

Cofion gorau a diolch,
Saunders

(71)

Llygad-y-glyn, Llanfarian, Aberystwyth

6.8.47

Fy Annwyl Robert,

Doe nage, echdoe, y codais i gyntaf ar ôl dychwelyd o Iwerddon! Cefais bwl o *lumbago* drwy orwedd mewn pyjamas ar wely'r caban yn y llong, a'r ffenestr yn agored, yn mwynhau'r môr wrth ddychwelyd. Ond yr wyf wedi dyfod drosto'n awr,—mea culpa.

Gobeithiaf i chwi gael amser da yn llywyddu yn yr Eisteddfod. Cawsom ninnau amser hyfryd yn Nulyn am bedwar diwrnod, llawer o giniawa llon, llawer iawn o siarad, ysgwyd llaw mewn garddwest â De Valera, cinio mewn cwmni mawr gyda Frank Gallagher, hanner awr gydag Archesgob Caerdydd, a gwlychu dwsin o weithiau yng nglaw Dulyn. Ond dyddiau hapus iawn.

Maddeuwch imi na fedraf dderbyn y gwahoddiad i ddarlithio yn yr Ysgol Ddrama. Nid oes gennyf ddim i'w ddweud o gwbl ar y testun, ac ni allaf wybod a fyddaf yn rhydd mor bell ymlaen.

Ond yr wyf yn rhyw obeithio am fedru dyfod i Ymarferion Ysbrydol y Cylch; ond trueni bod y lle mor anghysbell ac anodd ei gyrraedd.

Galwodd Mrs Wynne yma echdoe ac yr oedd hi'n edrych yn dda.

Cofion caredicaf atoch oll,
Saunders

(72)

Lynwood, Ena Avenue, Neath

Sul [? 8.47]

Fy Annwyl Robert,

Y mae'n ddigon posibl na bydd fy nrama i Blodeuwedd yn gymwys i gwmni Morris Jones. Os oes ganddo lyfrgell gyfleus gall weld Act 1 a 2 yn y Llenor, 1923 a 1925, ond fy mod yn newid ychydig hefyd. Gobeithiaf orffen y cwbl erbyn Medi, os caf hamdden a llonydd. Ond gall Morris Jones farnu wrth y ddwy act gyntaf a fedr ei gwmni ef gymryd ati—cael merch i actio Blodeuwedd fydd y gamp. Anfonaf y MS atoch erbyn Medi. Ni allaf ei theipio gan fod fy mheiriant wedi torri.

Ni chlywais ddim yn Nulyn am yr Institute; ond yr wyf yn meddwl anfon cais am Darlithyddiaeth Lerpwl—rhag ofn! er nad da gennyf feddwl am fynd i Lerpwl.

Os bydd modd imi ddyfod i Lanhonddu, deuaf yn fy hen gar, felly nid rhaid i'r Tad Crowley alw amdanaf. Gwnaf fy ngorau os bydd modd, ond ni allaf addo—gormod o heyrn yn y tân!

Cofion cu iawn,
Saunders

(73)

Llygad-y-glyn, Llanfarian, Aberystwyth

21.8.47

Fy Annwyl Robert,

Mae'n siwr mai'r peth gorau yw imi anfon dwy act gyntaf Blodeuwedd atoch i chwi a Morris Jones ei hystyried. Y mae Act III wedi ei gorffen hefyd ond heb ei sgrifennu allan yn lân. Ond bydd y ddwy act gyntaf yn ddigon i chwi a M.J. farnu a fedrir ei hactio. Dywedwch wrtho am beidio ag ofni ei gwrthod, ond carwn gael y gwaith yn ôl yn weddol fuan os na ellir ei hactio, er mwyn i'r cyhoeddwr ei chael hi. Nid wyf wedi llwyr orffen y bedwaredd, olaf act.

Cofion cynnes iawn,
Saunders

(74)

Llygad-y-glyn, Llanfarian, Aberystwyth

14.9.47

Fy Annwyl Robert,

Yr oedd yn ofid imi na fedrwn ddyfod i Gapel-y-Ffin. Gobeithio i'r tridiau fod yn llwyddiant.

Clywais ddoe gan Edward Rees eu bod yn dechrau dysgu Blodeuwedd i'w hactio? Ai gwir hyn? A wnewch chwi eu sicrhau y byddaf i'n berffaith fodlon os anfonant y ddrama yn ôl ataf a dweud nad yw hi'n foddhaol. Ond dyma'r drydedd act yn awr. A gallaf anfon act IV, yr olaf, os dymunant fynd ymlaen, mewn ychydig ddyddiau.

Cofion cynnes iawn,
Saunders

(78)

Llygad-y-glyn, Llanfarian, Aberystwyth

9.1.48

My Dear Nina,

I'm sorry indeed not to be able to come. It seems I'm not to see Amlyn & Amig. My Aunt, my foster-mother, is poorly and Mair in Llanybyddair, so that I must go to see them and give up my hoped-for visit to you and the play.

The weather is appalling. I'm alone this week, Margaret has gone to her sister at Holyhead to put her house straight for her. So I got the sweep in to do all our chimneys this morning, and I'm now getting things straight to spend the evening doing my Baner article. I saw Robert's reply to that unlikeable Communist who is a neighbour to Moses Griffith.

I hope you are all well.

Yours sincerely,
Saunders

(79)

Llygad-y-glyn, Llanfarian, Aberystwyth

14.1.48

Annwyl Mr Jones,

Ie, pryd tywyll sy orau i Flodeuwedd. Y ffaith yw,—gwelais Sibyl Thorndyke [*sic*] (yn ifanc) yn actio Medea Euripides yn y Repertory yn Lerpwl yn 1921—a dyna a roes y syniad o Flodeuwedd imi gyntaf.

Y mae golygfa Act 3 yn seml iawn. Glan afon; yn y cefn canol,—coeden (neu beidio) a chafn fel cafn moch, rhyw 2 neu 3 troedfedd o uchter; hyd, tua 4 troedfedd (dibynna ar y llwyfan); digon o drwch ymyl i Llew sefyll yno, digon o le i Ronw guddio tu ôl i'r cafn neu'r goeden. Gellir cael *bath* cyffredin a'i liwio'n arw ac fe wna'r tro yn gampus, neu hen sistern neu rywbeth o'r fath i'r cafn.

Byddai'n dda gennyf gael y MS cyn gynted ag y gellwch oblegid byddai'n help, mi gredaf, gyda drama farddonol fod pobl yn darllen y ddrama cyn ei gweld ar lwyfan. Ond os cawsoch gwmni a Blodeuwedd go dda, mi ofalaf fod eu henwau oll a dyddiad y perfformiad cyntaf ar flaen y llyfr printiedig. Fe gymer dri mis neu'n agos i'w gyhoeddi.

Croeso i Kitchener Davies weld y ddrama, ond nid y copi gwreiddiol!

Rhown lawer am fedru rywfodd ddyfod i weld Amlyn ac Amig. Ond nis gallaf.

Cofion gorau,
Saunders Lewis

Cafn o bren, efallai, oedd y cerwyn geifr gwreiddiol, ceubal derwen,—bydd 2´ o uchter yn llawn digon.

(80)

Llygad-y-glyn, Llanfarian, Aberystwyth

2.2.48

Annwyl Mr Jones,

Gallwn eich cyfarfod yn Aberystwyth yn hwylus ond cael gwybod pa bryd y byddwch yn rhydd. Beth am ddyfod i de gyda mi yn y Queens Hotel brynhawn Sul, nesaf neu'r wedyn, tua 3 o'r gloch; gallwn drafod y ddrama am ddwy awr yn hwylus felly. Disgwyliaf air pan fyddwch yn medru anfon.

Yn gywir iawn,
Saunders Lewis

(81)

Llygad-y-glyn, Llanfarian, Aberystwyth

2.2.48

Fy Annwyl Robert,

Newidiais ychydig bach ar y ddau bennill cyntaf o'ch cyfieithiad. Cewch chwi farnu. Yn awr, os gellwch chi gael copi o'r alaw imi, mi roddaf yr alaw Almaenig a'r cyfieithiad Cymraeg hwn yn Efrydiau Catholig, er mwyn eu lledaenu, ond cael y copi'n ôl. Bydd Morris Jones yn dyfod i Aberystwyth yr wythnos nesaf i sgwrsio ynghylch Blodeuwedd. Brafo!

Y mae rhannu *royalties* yn deg rhwng cyhoeddwyr, cyfieithydd ac awdur yn bwnc o bwys. Awgrymaf i 8% i'r cyhoeddwr (pan gewch un) a 41%, sef hanner a hanner i'r ddau arall. Heb hynny ni cheir cyfieithwyr da, dim ond *hack*, ac y mae cyfieithu da yn anhraethol bwysig i bob awdur drama. Felly fel mater o egwyddor—nid yw'r proffid yn ddigon i ddadlau amdano—rhaid i chwi gytuno, er mwyn rhoi esiampl dda yng Nghymru.

Gobeithio eich bod oll yn iach wedi'r stormydd a'r glawogydd.

Yn gu iawn,
Saunders

(82)

Llygad-y-glyn, Llanfarian, Aberystwyth

23.2.48

Annwyl Mr Jones,

Dyma deipysgrif Blodeuwedd wedi ei gywiro.

Credaf y bydd y cywiriadau yn help i'r actorion siarad y fydryddiaeth yn naturiol. Yr wyf yn awyddus iawn iddynt gadw pob rhetoreg, pob blas adrodd eisteddfodol, yn gyfangwbl allan o'r datganu. *Tensity*, dwyster naturiol pobl yn *meddwl yn galed wrth siarad a'i gilydd*, dyna'r hyn sy'n iawn, onid e?

Yn garedig,
Saunders Lewis

(83)

Llygad-y-glyn, Llanfarian, Aberystwyth

26.7.48

F'Annwyl Robert,

Yr wyf yn gobeithio, ac yn bwriadu ar hyn o bryd, ddyfod i'r ymarferion ysbrydol yn Ninbych. Os collaf y cyfarfod byddaf yn dra siomedig. Felly gobeithiaf hefyd fedru dyfod atoch wedyn i weld rehersio Blodeuwedd,—a diolch yn fawr.

Maddeuwch air ar frys,
Saunders

(84)

Llygad-y-glyn, Llanfarian, Aberystwyth

31.7.48

My Dear Nina,

I'm writing on Mair's behalf—and with an ounce of trepidation, but I'm pretty confident you'll understand.

I have to be at Wrexham Monday evening, August 9, for a course I'm lecturing at. I get petrol for it, so I can bring Mair to Garthewin on the way.

Now the thing we wish you to agree to, and her mother endorses this, is that she should not come to you for any payment or salary at all. You are exceedingly kind to invite her. The change and hill air and your company will do her a world of good. In return she has the happiness to help you with the children while her help can be of use. But the pleasure and value of the visit would be rather spoilt by making it a salaried post for so brief a time. Now we well know that it's your conscientious desire not to accept help or service without paying for it that made you offer so generously, but you'll make it more pleasant and easier for Mair to come if you'll let her just come as your guest without payment of any sort and let her help with the children and share your care and enjoy their wardenship morning and afternoon as you suggest.

And please, will you give me tea on Monday? Even though I do miss Robert and Tom, but I can't come earlier.

Yours ever,
Saunders

(85)

Llygad-y-glyn, Llanfarian, Aberystwyth

23.9.48

Fy Annwyl Robert,

Dyma'r drwydded i *Flodeuwedd*. Yr wyf yn gobeithio—ac yn trefnu—dyfod i fyny atoch ddydd Gwener Hydref 8 ar gyfer y rihyrsal Hydref 9. Busnes yn awr—

I still very much wish—at the Arts Council's expense—to stand the company and some guests added a commemoration lunch or dinner. I reckon my expenses for coming up for the rehearsals at £10 per day and £5 for the rehearsal on the day of the play = £35. That ought to cover quite a pleasant meal, since you and Nina are providing the room. So could you make preliminary enquiries—(1) the best time,—lunch Saturday 16th?; (2) what other guests beside the company, yourselves and your house party? (3) whether Bollands would do it, and costs, and discuss the bill of fare and of drinks with them.

I dreamed last night that at the first night there was an audience of 16, the players all forgot their lines in Act I, so the curtain dropped abruptly, cigarettes were lit and all dispersed in gloom. Absit!

Saunders

(86)

Llygad-y-glyn, Llanfarian, Aberystwyth

Tuesday [12.10.48]

My Dear Nina,

A simple thank-you is all I have to offer for so much and so warm hospitality and for a car-full of good things to take home. And the loaf! It looked made for an agricultural show. And will you tell Robert that the wines are all properly cellared this morning—I've not been so opulent for years. I'll be writing to him again soon to demand payment of my very heavy expenses in coming to rehearsals and proposals for further expenses on the 15th.

But now, just-thank-you,

Saunders

(87)

Llygad-y-glyn, Llanfarian, Aberystwyth

13.10.48

Fy Annwyl Robert,

Hen dro! (= trueni neu biti) na fedr y cwmni giniawa ddydd Sadwrn. Wel, gobeithio y daw cyfle arall. Diolch calon i Nina am ei chynnig a'i pharodrwydd i wneud y cwbl.

Mi rown lawer am fedru gweld un rihersal arall, ond ni fedraf. Rhaid gobeithio'r gorau. Os gall Blodeuwedd, sef Miss Norah Jones, gadw angerdd rhai o'i hareithiau y Sadwrn diwethaf a pheidio â gwenu, fe all hi synnu pawb yn y diwedd.

Yr wyf i'n wir ddiolchgar i Nina am wahodd Margaret i ddyfod, ond y mae'n amhosibl, medd hi.

Tan nos Wener,

Saunders

(88)

Llygad-y-glyn, Llanfarian, Aberystwyth

18.10[?].48

My Dear Nina,

I got home safely before the heavy rain. Now I want just to thank you and Robert again for your extraordinary kindness to me and for a very memorable week-end. For me it was a week-end I shall often cherish the thought of, the first and second performance of Blodeuwedd—the first happily on my own birthday, the 15th,—and then your lavish hospitality and the wonderful luncheon on Saturday and the lovely second performance and the kindness of the players.

Diolch o galon,
Saunders

(89)

Llygad-y-glyn, Llanfarian, Aberystwyth

18.10.48

My dear Mrs Wynne,

Thank you very much for the hamper full of good things. It is very kind of you & I do appreciate them. We had celery & cheese last night & I cooked the rest today and it was lovely.

Saunders was back home before 3 o'clock. He is very happy about the first two productions, especially Saturday night. I am very glad they were so good. Mr Moses Griffith came on Saturday night to tell me about the play and to give me all the news of Garthewin. Don't you think that was kind? And after that long journey to come out here so that I would sleep content. He says that there is a bus load from Holyhead for next Saturday. That's most interesting. I wonder who they will be.

I hope it will be a great success. The owl call was a splendid addition at the end. Saunders has left the car in the garage today, to repair the spring. There was no further mishap on the way back.

It would be splendid if the play could be shown in the Little Theatre in Aberystwyth. It is quite a good hall & not too big. They could easily fill it.

I hope Mrs Wynne is quite well again. Give her my love when she is with you.

Yours sincerely,
Margaret Lewis

(90)

Llygad-y-glyn, Llanfarian, Aberystwyth

Dydd Iau 21.10.48

Annwyl Mr Morris Jones,

Cyn y chwarae nos yfory a wnewch chwi roi fy nymuniadau gorau i bawb o'r cwmni. Ni fedraf ddweud maint fy niolch i bob un ohonoch, i chwi am gynhyrchu, i'r actorion bob un, ac i'r rhai fu gyda Mrs Thomas yn gwneud y dillad. Yr oedd y perfformiad nos Sadwrn yn gampwaith o chwarae. Ni welais i erioed actio amateur gwell, a phob un yn cyfrannu a phawb yn dweud y llinellau fel y dymunwn i eu clywed. Yr wyf dan ddyled drom i gwmni o artistiaid yn eu crefft.

Cofion gorau,
Saunders Lewis

(91)

Llygad-y-glyn, Llanfarian, Aberystwyth

Monday [Rhagfyr 48]

My Dear Nina,

Just a note to say thank-you for everything, for the splendid dinner, the food and the setting and all the care of its organising, and the happiness so due to just that.

And will you thank on my behalf Miss O'Rahilly—I call her Ann to her face, but not otherwise—for so charmingly waiting for us with Mair, because I don't think I said a proper thank-you to her.

There's just one point for Robert. I opened two bottles of sherry and must pay for two. The fact of a little or a lot left in bottles is not to be calculated. All bottles uncorked are to be charged in full. That is important. If he does that then please not to worry about any detailed bill of costs,—we have agreed about the tips and payment to the staff, so the simplest thing is that Robert should fill in the enclosed cheque when he's got his accounts cleared. So I enclose it. And now thanks again, to you all,

Saunders

(92)

Llygad-y-glyn, Llanfarian, Aberystwyth

2.1.49

Dear Nina,

Your total bill is so much less than I anticipated, with wine and cigarettes and dining sixteen people, that I can only fervently hope that you are not seriously reducing your own costs?

Well, all I can do is say thank you very, very much for giving me and the company so splendid an evening.

Are you in better health? And Mrs Wynne also? Mair gives me a brilliant account of your Christmas and what you have done for her leaves me ever your very grateful debtor.

Will you tell Robert to read Cwrs y Byd in the Faner this last week just that he may know that you and he are not the first Mr and Mrs Wynne to foster dramatic work in Wales. Your 18th century predecessors took a theatre in Wrexham. Now you bring Wrexham to Garthewin!

Blwyddyn newydd dda i chwi oll,

Yn gu iawn,
Saunders

(93)

Llygad-y-glyn, Llanfarian, Aberystwyth

12.4.49

F'Annwyl Robert,

Gwelais yr adroddiad am eich etholiad ddydd Sadwrn, ond ni allwn ysgrifennu tan heddiw, am fod gennyf ddau Gwrs y Byd, cyn y Pasg ac wedi'r Pasg, i'w sgrifennu ar unwaith er mwyn rhoi gwyliau i'r printiwr. A doe deuthum i Gaerdydd i ddarlledu ac wedyn yma.

Fy marn i yw eich bod wedi ennill nifer anrhydeddus iawn o bleidleisiau, a bod cael rhagor na dau gant yn rhagorol yn yr amgylchiadau. Wrth gwrs, yr wyf yn siomedig nad etholwyd chwi ar y Cyngor lle y byddai eich safbwynt a'ch arweiniad yn dra gwerthfawr, yn enwedig y dyddiau hyn.

Y mae Mair wedi mynd i weld Mrs Daniel y prynhawn yma a minnau'n cymryd ei lle gyda'm modryb sy'n bur eiddil. Gobeithiaf eich bod chwi i gyd yn iach bellach a'r ffliw wedi mynd heibio i chwi oll.

Gellwch ddisgwyl Efrydiau Catholig ym mis Mai. Ni chefais erthyglau Dr Barrett Davies na Mrs Daniel eto, ond fe ddont yr wythnos hon. Af i adref yfory i orffen fy ysgrifau innau. Gwnaeth Chwaraewyr Garthewin argraff dda iawn yn Aberystwyth ac y mae siarad o hyd amdanynt.

Fy nghofion yn gu,
Saunders

(94)

Llygad-y-glyn, Llanfarian, Aberystwyth

6.6.49

Annwyl Mr Llywydd,

Bydd yn dda gennyf gael yr anrhydedd o fod yn un o is-lywyddion Gŵyl Ddrama Garthewin, a gobeithiaf fedru rhoi rhyw ychydig o help i'r ymgymeriad.

Fy nymuniadau gorau i'r Pwyllgor,

Yn gywir iawn,
Saunders Lewis

(95)

Llygad-y-glyn, Llanfarian, Aberystwyth

21.8.49

My Dear Robert,

I've been considering Huw Griffith's letter. You'll understand that I am in sympathy with his idea of diction. But the changes he proposes seem to me to make another play, not the one I've written, but a much more romantic one. I'm convinced that a Welsh audience will listen to a Racinian kind of tragedy, and that is what I attempted in Blodeuwedd.

On one point only have I sympathy with his ideas. Morris Jones made two separate acts of my Act I. I didn't like to intervene, for he was producer. But my own conception was that when Blodeuwedd asks Rhagnell for her arm to go to welcome Gronw the lights should go out, then in a ½ minute lights on again showing Gronw facing her and the audience, from the top step on the right, and, if possible, a spot light on him. That would at once allow the intensity of the meeting, and follow the Mabinogi story—a point of importance to the play in the Welsh original and to a Welsh audience. For an English audience I admit there is a case for bringing him straight to the scene and so rewriting the first dialogue between them, or changing it somewhat.

Yn gywir,
Saunders

(96)

Llygad-y-glyn, Llanfarian, Aberystwyth

1.10.49

Fy Annwyl Robert,

Yr oedd y llythyr yma oddi wrth Syr Idris Bell yn fy aros i pan ddychwelais o Ffrainc. Yr wyf yn meddwl mai teg yw ei ddangos i chwi. Fe welwch ei fod wedi anfon ei gyfieithiad i'r BBC cyn imi ei weld.

I feel annoyed about this, but I can't do anything about it. I wrote to thank him for the compliment of his translation, told him you had done it also and that I hoped your version would be produced in a stage performance, and gave my agreement to his broadcasting. I cavilled at some of his renderings and it may be that his second letter may interest you so I'll enclose it also. But I feel that after your work on the play it is annoying to have another competing version.

Return these letters any time you may be writing. They are only 'for your information', which seems the least I can do. Gobeithio eich bod oll yn iach.

Yn gywir,
Saunders

(97)

Llygad-y-glyn, Llanfarian, Aberystwyth

16.10.49

Fy Annwyl Robert,

Yes, I'm to inspect the grammar school Welsh at St. Asaph on the 24th. May I come to you on Sunday and stay the one night? I'll have to remain on the spot at St. Asaph the other two nights. I'll be coming—or starting at least—by car.

There's no chance of Avignon by March. I'll have to get some sort of Sabbatical year free from teaching would-be priests and from Cwrs y Byd ever to do it. But I could, I think, do a light farce or comedy by March, unless your festival is too high-brow for that. In verse 3 acts. 1st a village green. 2nd an Eisteddfod with a BBC microphone providing a commentary on awdl y gadair. 3rd the local police court. About 8-10 principal parts and all the super-parts possible. If I could come or reach Sunday we could discuss it. By the way, we are gathering our apples. How did your apples fare this year? Would a hamper be a nuisance or useful? Let me know, will you? We have an enormous crop.

Cofion a diolch,
Saunders

(98)

Llygad-y-glyn, Llanfarian, Aberystwyth

18.12.49

My Dear Robert and Nina,

Both your letters arrived together on Friday, so may I reply in one? First, thanks for the splendid promise of the turkey. It is most generous of you, and I can only tell you that it will be eaten and enjoyed with many thoughts of you and a glass raised to your healths. If you send it early this week, then to Aberystwyth, please. But if the second half of the week, will you direct it to:- Llanrhystud Road Station near Aberystwyth.

As for your festival, I'll engage to give *one* talk; I couldn't give two. I am now trying to write 3 Cwrs y Byd together in order to get down to the play I hope to be able to do for you. Alas, I spend my life pot-boiling.

I'm delighted you had such a good time at Birmingham. You seem to have carried your audience with you.

Excuse this scrap of paper and this haste.

Nadolig llawen i holl deulu Garthewin,

Saunders

(99)

Llygad-y-glyn, Llanfarian, Aberystwyth

30.4.50

Fy Annwyl Robert,

A wnewch chwi ddiolch i Nina drosof yn gynnes iawn am y ddwy rodd o'r ymenyn mwyaf hyfryd.

Yr wyf ar waith ar ran olaf ail act y ffars—y mae'r ail act ar fesur barddoniaeth—a gobeithiaf ei hanfon at Edwin Williams cyn y Sul nesaf.

Ar frys mawr,
Saunders

(100)

Llygad-y-glyn, Llanfarian, Aberystwyth

Dydd Mercher [9.8.50]

Fy Annwyl Robert,

Diolch yn gynnes am y gwahoddiad. I've heard from Edwin Williams. He says the rehearsal will be on Saturday afternoon, about 2.30—3 p.m. So, if I may, I'll arrive by then,—and if my car behaves.

I'm reluctant to inflict myself on you for the night; these days are difficult for Nina with her small staff; so if it's inconvenient, will you let me know?

As for the festival I'll indeed be delighted to stay and thank you warmly.

I do hope you are all well,

Cofion cynnes,
Saunders

(101)

Llygad-y-glyn, Llanfarian, Aberystwyth

28.2.51

Fy Annwyl Robert,

Yn gyntaf, gedwch imi ddweud mor falch gennyf y newydd da am Nina a Gwenllian. Dyna'r peth pwysicaf.

Yn ail, y ddrama newydd: Saith gŵr a dwy ferch; ac os bydd modd, tri neu bedwar o actorion mud i ymddangos yn yr act olaf gyda'r lleill. Teitl y ddrama: 'Gan Bwyll!,—Comedi mewn tair act'.

Yr wyf yn taer ymbil a gweddïo ar Miss Nora Jones i gymryd y brif ran imi, oblegid iddi hi yr ysgrifennaf y rhan, a Miss Ellen Jones yr ail ran.

'Wn i yn y byd a fydd hi'n ddigon da i'ch cwmni. A gaf i anfon yr act gyntaf atoch ar ôl ei gorffen,—i'r cwmni gael barnu? Gobeithiaf orffen yr act gyntaf mewn pythefnos. Os byddwch yn ei gweld yn ddigon da, af ymlaen ac fe gewch yr ail act ddiwedd Ebrill, a'r act olaf erbyn diwedd Mai. A wna hyn y tro? Busnes y Cylch—bydd Efrydiau Catholig newydd allan, mi obeithiaf, tua mis Mehefin—ni allaf ei wneud yn gynt. Gobeithiaf fod yma yn Llanfarian ddiwedd mis Mawrth, ond ni allaf fod yn sicr oblegid hawliau Mair a'm modryb yng Nghastell Nedd.

Eisteddfod Bodran—mi geisiaf edrych dros yr act olaf cyn hir.

Cofion cynnes iawn,
Saunders

(102)

Llygad-y-glyn, Llanfarian, Aberystwyth

21.5.51

Fy Annwyl Robert,

Drwg gennyf fod cyhyd cyn ateb eich llythyr—the fact is that I'm desperately trying to fulfil my promise to send you Act 2 by the beginning of June. I still hope to do it, but only just, and only if I can get time free this week to work hard on my last scene in the act, it's very difficult.

I've not written to Nellie Jones. I think Morris Jones had better see Act 2 and then pick his two women. Actually I had intended Nora for Rhiannon and Nellie for my Brenda. But he may know their capacities better. However, I'll be making great efforts to let you have Act 2 in ten days from now,—a fortnight at latest.

Gobeithiaf fod y babi a'i mam yn iach—a'r lleill, wrth gwrs.

Saunders

(103)

Llygad-y-glyn, Llanfarian, Aberystwyth

9.6.51

Annwyl Morris Jones,

Mawr ddiolch am eich llythyr. Bydd yn dda iawn gennyf ddyfod i fyny i gyfarfod â'r cwmni ar gychwyn y rihersio. Yn wir, byddai'n help i minnau gyda'r act olaf. Er enghraifft, pe gwyddwn y gellid cael cwmni bychan o blant neu o fechgyn a genethod mewn oed i ddawnsio dawns foris (Morris-dance) gyda thelyn, byddai'n ardderchog yn fy ngwledd briodas yn yr act olaf, ac fe sgrifennwn gân at hynny. Ond mae'n debyg gennyf fod hynny yn ormod i'w ofyn ac na ellid cael y dawnswyr? Rhyw bedwar neu chwech ar y mwyaf a weddai i lwyfan Garthewin. Os digwydd fod y peth yn bosibl a gaf i air reit fuan, amgaeaf amlen i'r pwrpas. Fe ddylai dramaydd fod yn byw gyda'r cwmni, byddai'n help mawr.

Cofion a diolch,
Saunders Lewis

Rhiannon: rhaid iddi fod yn ddel a glanbryd, ond rhaid iddi fod yn wir ddeallus a medru dangos hynny, 'does dim ods wedyn am ei maint.

(104)

Llygad-y-glyn, Llanfarian, Aberystwyth

12.7.51

Annwyl Morris Jones,

Dyma Act III, yr unig gopi ohoni. Felly wedi ei theipio, a gaf i'r cwbl yn ôl yn ddiogel?

Gwelwch ar dudalen 25 fy mod yn gadael i chwi roi dawns forris i mewn neu beidio fel y gwelwch yn dda. Gellir gwneud yn iawn hebddi.

Mi hoffwn yn fawr pe gellid cael Miss Nora Jones yn Rhiannon a Miss Ellen Jones yn Brenda. Lluniais y ddwy ferch ar eu cyfer. Ond 'does mo'r help.

Cofion
Saunders Lewis

(105)

Llygad-y-glyn, Llanfarian, Aberystwyth

[?.7.51]

Annwyl Mr Morris Jones,

Y peth gorau yw imi anfon y teipsgript gwreiddiol eto i chwi o Act II.

Nid oes angen ail-deipio. Gall *Hefeydd* a *Brenda* wneud copi o'r olygfa rhyngddynt sydd mewn inc yn fy llawysgrif. Gall y lleill gopïo'r dramâu byrion a chwaraewyd ar dudalennau 10 (yn fy llawysgrif i), sef *Gwawl* a *Phwyll* ac wedyn ar y terfyn, tudalen 23.

Ar ôl eu copïo a gaf i'r sgript yn ei ôl *yn ebrwydd*, gan mai dyma fy unig gopi, ac yna mi af ati i geisio cyhoeddi mewn pryd.

Gyda'm diolch,
Saunders Lewis

(106)

Llygad-y-glyn, Llanfarian, Aberystwyth

16.7.51

Fy Annwyl Nora,

Dyma air oddi wrth Morris Jones eich bod wedi bodloni i chwarae rhan Rhiannon yn fy nghomedi newydd i. Hwrê, hwrê, hwrê, oblegid chi oedd gen' i yn fy meddwl wrth lunio Rhiannon, ac yn arbennig ar ôl eich gweld yn rhan Nora yn *Tŷ'r Dol* yn Llandudno.

'Does gen' i ond gobeithio fy mod wedi sgrifennu comedi deilwng ohonoch chi. Ai ofer gofyn i Neli gymryd rhan Brenda? Neli *yw* Brenda; ar eich cyfer chwi eich dwy y lluniais i'r cymeriadau. Heblaw hynny, dywedwch wrth Neli mai fy Mrenda i yw'r llysfam neisiaf mewn llenyddiaeth.

Can diolch i chi,
Saunders Lewis

(107)

Llygad-y-glyn, Llanfarian, Aberystwyth

19.7.51

F'Annwyl Robert,

It will suit me very well to postpone my meeting with the players. For I have to go down to Neath today to help and relieve Mair and I'll probably be there till the Llanrwst Eisteddfod. It's not likely that I can be at Tre-gib.

I have taken a room at the Royal Oak at Betws-y-Coed for Tuesday night and Wednesday night of the Eisteddfod in order to be on the spot for the Medal.

[Saunders]

(108)

Llygad-y-glyn, Llanfarian, Aberystwyth

31.7.51

Fy Annwyl Robert,

I'm enclosing four tickets for the medal presentation and tea on Tuesday. Cecil-Williams has sent me a dozen for my friends, so I hope you and Nina can use them.

I accept with very great pleasure your invitation for Thursday and Friday nights. Excuse this brief note. My Aunt was buried at Liverpool yesterday.

Cofion gorau,
Saunders

(109)

Llygad-y-glyn, Llanfarian, Aberystwyth

Monday, 13.8.51

My Dear Nina,

Just a note to thank you for your hospitality and for the pleasant two days at Garthewin. I do hope that Gwyneth and her father have got over their colds. I heard much praise of the Garthewin players on Saturday night at Llanrwst from Mos who called yesterday. Margaret

(113)

Minffordd, Llangollen.

4.4.52

F'Annwyl Robert,

This is very urgent. I haven't got Morris Jones' address with me here, so I must ask you to be kind enough to phone him.

The Baner tells me today that *Gan Bwyll* is to be presented at the King's Hall in the Aberystwyth Eisteddfod. I have written now to the General Secretary that this is the first I've heard of it and that I cannot allow it. The King's Hall is preposterous for a play written very carefully for a small intimate theatre. The play would be ruined before starting. They have a little theatre at Aberystwyth. Only there can the little comedy have any chance of success. I think the Eisteddfod Committee might have consulted with me about this. Will you please let Morris Jones know?

Cofion a diolch,
Saunders

(114)

Bryn-y-môr, Lower Westbourne Road, Penarth, Glamorgan

26.5.52

My Dear Nina,

Thank you indeed for your kind invitation, and I do hope to be able to accept it and to come to you on Monday till Thursday or Friday. But please forgive me if I have suddenly to withdraw at the last minute; in that case I'll wire you or phone; if it happened it could of course be because of Mair. Her mother and I spend one half of each week trying to get some order here and the other half in Neath visiting Mair and arranging her laundry, victuals etc. We are trying to get her moved to this area. I haven't Taig's address and am too uncertain to be able to meet him.

Yours with all thanks,
Saunders

(115)

Bryn-y-môr, Lower Westbourne Road, Penarth, Morgannwg

[?.5.52]

Annwyl Morris Jones,

Mae'n ofid i mi na fedraf ddyfod i un rihyrsal o *Gan Bwyll*. Byddaf gyda chwi, mi obeithiaf, nos Lun yng Ngarthewin,—cyrraedd prynhawn Llun. Mae gen' i lwyr ymddiried yn eich medr a'ch profiad, a gadawaf y cwbl i chwi. Un gair yn unig—gan fod y gomedi yn fer ac na chymer yn hir i'w chwarae, gadewch i'r personau lefaru heb frysio ymadrodd a chymerwch bob cyfle i wneud pictiwr o'r symudiadau—oblegid *dawns* o gomedi, mewn iaith ac mewn ystum, a fwriedais i.

Bendith arnoch a phob lwc!
Saunders Lewis

(116)

Bryn-y-môr, Lower Westbourne Rd., Penarth, Glam.

[9.6.52]

My Dear Nina,

Please accept this note of thanks for your kindness and hospitality the festival week. I don't know how you managed it all. I got back Friday evening, invigilated an examination Saturday morning, went with Margaret to see Mair at her new place in Sully in the afternoon, and we are on the point of going there again now. The journey from Neath did her no harm, and she was quite cheerful. I gave her your messages and the children's, and she was very grateful to them for their prayers.

All thanks to you and to Robert for a most pleasant week,

Yours sincerely,
Saunders

(117)

Bryn-y-môr, Lower Westbourne Road, Penarth, Glam.

20.7.52

Fy Annwyl Robert,

Your memorandum puts me in a quandary: I don't find that I've anything to say solid enough for an Archbishop to peruse. I'm not competent to write on Catholic schools, for I've never been in an elementary Catholic school and I only know of private schools the Convents that Mair went to. I think the best thing I can do is to write a few notes and let you use them or not, just as you see fit. As for the Regulars in Wales, no Archbishop or Bishop can dictate on domestic affairs to the orders. One could only say—the less orders the better. Their superiors are always bound to regard Welsh interests as minimal,—de minimis! I regard y Cylch Catholig as a valuable *promise* for the future,—it shows that it is *possible* to be a Welsh Catholic, so I *hope* to attend the retreat in September! Perhaps I can join that to the 'Gan Bwyll' rehearsals,—go from one to the other. Thank you and Nina especially for offering to put up with me. I accept most gratefully, though I'm nervous now of working with Morris Jones.

I'll send you my notes and your article by a week today—will that do?

Cofion serchog iawn,
Saunders

PS.
Y mae *Gan Bwyll* ac *Eisteddfod Bodran* yn y wasg, Gwasg Gee. Anfonaf gopi i chwi pan ddaw allan.

(118)

158 Westbourne Rd., Penarth, Glamorgan

13.8.52

My Dear Robert,

I've spent ½ hour searching for a diary or calendar,—in vain. I believe the Cylch retreat begins September 1st. Is that correct? And I, perhaps wrongly, calculate that that is a Monday.

Now I hope very much to attend and shall do my best. But it all depends on Mair. She is *due* for surgical treatment, a serious lung operation possibly, in September. And it's myself, for some reason or other, whom she trusts to keep guard over her surgeon and modify his surgical appetite, and even perhaps prevent the whole thing. At any rate, when the critical time comes I've got to be on the spot to do the discussing. I tell you this only to show that nothing else, D.V., can prevent my coming to the Cylch. But therefore, if the rehearsals at Garthewin can be arranged the immediate week-end after the Retreat, my chance of being able to come to you will be better. And my best thanks to Nina, please, for offering so kindly to have me for the period of rehearsing. I wish I could write mor definitely and satisfactorily, but Margaret and I do little but go to and fro between here and Sully hospital; we only moved our furniture from Neath last Friday.

I am working at your essay, and you'll get it soon. Did you see a noteable [*sic*] article on Africa in the Tablet August 9. It ought to interest Archbishop Matthew, and if, instead of *African* it read *Welsh*, it would be a good statement of the case for Wales.

Please don't pass on at all what I've said here about Mair, if you or Nina happen to be writing to her sometime. She is in very good spirits, shows more courage than I should, and also looks well now, and her barely married husband is very attentive and kind.

Fy nghofion atoch yn gynnes,
Saunders

(119)

158 Westbourne Rd., Penarth, Glamorgan

18.8.52

F'Annwyl Robert,

O'r diwedd! I've been through it carefully from the beginning to the end of page 19. Now, are you willing to publish it in two parts, and let that be part I? As it is, it is too long for one number of the *Efrydiau*, for printing costs are so high now that we'll not be able next time to afford more than 40 pages at most, so I have to try to get a balanced number.

I've left *Y Tad* William Davies as it is, though the title is an anachronism, isn't it? I dislike its use today for secular clergy and would greatly prefer Mr or the old Welsh 'syr', but y Parchedig W.D. is at least as correct as *Y Tad* except for regulars. But that I leave for you to decide. If you agree to publish it in two parts, part I should be sent to me by end of October, and I'll revise the MS of part 2 in the same way afterwards.

Cofion a diolch,
Saunders

(120)

158 Westbourne Rd., Penarth, Glamorgan.

19.9.52

Fy Annwyl Robert,

Ill-luck seems to follow any effort to allow me to attend *Gan Bwyll* rehearsals, so I rather think I'd better give it up. October is practically impossible for me, since the college term starts then. The best thing I can do now is to write some notes giving my view of the mode the play ought to be presented and send them to Morris Jones—I think on the whole that he would prefer that I should not come up.

I hope you'll agree to this. It will, I'm sure, be the best thing to do.

Cofion cynnes,
Saunders

(121)

158 Westbourne Rd., Penarth, Glam.

30.9.52

Fy Annwyl Robert,

We have just been informed that Mair is having her operation tomorrow, Wednesday, morning. I am not cancelling my visit for the rehearsal on Friday, in the hope that all will go as well as can be expected with Mair. But it is, of course, possible that things may go wrong, in which case I'll send a wire to cancel,—on Thursday, or even tomorrow evening. It will, I fear, be an awkward inconvenience, but there's no help for it.

Thanks for the two MSS.

If I find I can come Friday, the train gets to Rhyl at a quarter past two. I'll let you know on Thursday.

Cofion a diolch,
Saunders

(122)

158 Westbourne Road, Penarth, Glam.

15.10.52

My Dear Robert,

I had a talk with the surgeon today and he wants to operate on Mair on Friday, so that makes it final that I cannot come up to meet the Archbishop. I am very sorry indeed not to be able to come.

In the picture of Wales that you'll be giving him, I'd very much like to include the importance of Dr J. Barrett Davies. When I've had requests for our annual *Efrydiau Catholig* past numbers, it is always Dr Davies' theological and devotional essays that are asked for. He is today a writer on theology and apologetics in Welsh who counts very much among Protestants, while his translations of the Prayer Books and Gospels, and his way of the Cross, have wonderfully enriched our Welsh Catholic life. I don't think this is at all appreciated outside our Welsh-speaking circles, but it is one of the features of the Welsh situation today: Dr Davies is in Protestant Wales today admitted by those competent to judge to be the most eminent theologian writing in Welsh. (And he himself just hasn't even a glimmer of an idea that it is so.)

I am keeping the end of the month for those continually retreating rehearsals!

Cofion gorau,
Saunders

(123)

158 Westbourne Rd., Penarth, Glam.

5.11.52

My Dear Nina,

Monday and Tuesday I am all day at college, so it's only today I can write to thank you for your warm hospitality and under difficulties I can appreciate. I do hope the children are now right again and that the torrential Pole is settling down in the kitchen. I got back very comfortably on Sunday and had an hour for a big meal at mid-day at the Crown at Shrewsbury—so what could be better? I only hope the actors will have found my visit of some help.

My renewed thanks to you and Robert,

Yn gu iawn,
Saunders

(124)

158 Westbourne Rd., Penarth, Glam.

25.11.52

Annwyl Mr Morris Jones,

Fy marn i yw bod drama Mr Bobi Jones yn gwbl amhosibl fel drama. Ni ellid fyth ei rhoi ar lwyfan ac ni cheid cynulleidfa i eistedd i wrando arni,—ddim am un act.

Rhaid i ddrama ei gwneud ei hun yn ddealladwy a diddorol o'r cychwyn.

Rhaid i'r iaith fod o leiaf yn weddol hawdd ei deall.

Rhaid iddi beidio â siocio pobl hyd at eu cythruddo.

Dyna bethau sy'n ddigon elfennol ac eglur. Ac y mae'r ddrama hon yn torri'r rheolau hyn oll.

Ond ychwanegaf *ddau* beth:

(1) Y mae amryw ddarnau o farddoniaeth wirioneddol a dwys ac ysblennydd yn y ddrama;

(2) Os bodlona'r awdur i astudio techneg theatr seml Gymraeg a'i gofynion, fe *allai* sgrifennu dramâu pwysig. Mae'r ddawn i'w gweld mewn tameidiau campus yn y ddrama hon.

Ac yn drydydd: bwrier allan y cableddau di-chwaeth ac ail-sgrifenner hon, ac fe ellid gwneud pryddest ddramatig i'r radio ohoni. Mae ganddi bethau cofiadwy a pharagraffau nerthol, ie ac ambell *olygfa* sy'n gyffrous dda!

Sut y mae rihyrsio *Gan Bwyll* yn mynd? Mae arnaf ofn na wnewch chi ddim actor o *Wawl*, ac ar gyfer Raymond Edwards y bwriedais i Hefeydd Hen—mae eisiau ei egni a'i ddychymyg ef i'r rhan. Gwaetha'r modd, ni chefais weld y derwydd.

Cofion,
Saunders Lewis

(125)

158 Westbourne Rd., Penarth, Glam.

28.11.52

Fy Annwyl Robert,

I enclose your MS. You'll see that I've done some pages, but I've no hope of being able to finish till the Christmas vacation—I'm at it till midnight daily with students' essays and lectures. So will you get it typed, and when the time comes I can do any changes advisable on the typed script.

So you've been ill too! I do hope things get right in the house for Nina soon. It's a burden when you can't get cheerful and adequate staff. We heard about Robin from Cathrin Daniel. It is hurting news—poor, poor Muriel, with all the anxieties and not to be able to do anything for him. And the pain is, I'm told, quite frantic.

I'll try to think about your theatre problem. Did you see Ian Nicoll's note about you in the *Spectator*? But how does he come to be in Colwyn Bay?

We have about 3 inches of snow here, have you? The children have their wish!

Cofion atoch oll,
Saunders

(126)

158 Westbourne Rd., Penarth, Glam.

31.12.52

Fy Annwyl Robert,

Will you return the enclosed letter within a day or two. But I thought you'd like to see it and that your memoranda to Archbishop Matthew might be just the thing for this Cardinal. At any rate the contact is worth making and Gwilym Jones has done a good job. If you'd like to let me forward your memoranda, all of 'em, please send them to me, and I'll let G.J. know it's a joint effort.

Blwyddyn newydd dda,
Saunders

Was *Gan Bwyll* a flop? Perhaps I've done a bad play.

Everybody here liked your *C. Candle* on the radio-set.

(127)

158 Westbourne Rd., Penarth

31.12.52

My Dear Nina,

Margaret asks me to join her own thanks with mine for the turkey, which, she insists, is the most delicate bird-flesh we have ever had of its kind. Her sister, who is with us, agrees, so we are all blessing you and your kindness, and so is Mair for all the scarce butter you have been sending her. It has been a hectic time for us, as, beside the holiday rush, we had to clear up and clear out of the house in Neath, but I finished that yesterday.

I hope you had a pleasant time and that you all will have a true blwyddyn newydd dda, and very many too.

Yours always,
Saunders

(128)

158 Westbourne Rd., Penarth, Glam

1.2.53

My Dear Robert,

I don't think that Miss Myra Owen will consult me,—she'll more likely send Peters to do so; but I see no reason why you need have Cynan imposed on you. But there's a meeting of the Arts Council at the end of this week and I'll hope to be there and to hear any report there may be.

Do you know Taig's address? If he is in Chester I think you could tackle him directly, ask him is his Welsh adequate to produce Welsh plays and players, and if he says yes, then get him in to share local work with Morris Jones. He would put new life and, I think, new ideals into your group of actors; I have personally a great admiration for what I saw of his work in English at Swansea. You'd have to find out whether he'd want a fee or merely his expenses. You see—if you had him you could in two years have as good a company as there is in all Wales, because it is the producer who *makes* the company. But I just don't know about his Welsh. I'm not very enthusiastic about your 'National Committee'. I don't think it would do anything except look as important as Miss Myra Owen. In art, all that counts is the art, and that in theatre work means a producer and a team (actors and craftsmen and a writer or two if possible).

Cofion gorau, ar frys,
Saunders

You could show Taig this letter if you like the idea, and give him my cordial greetings.

(129)

158 Westbourne Road, Penarth, Glam.

2.12.53

Fy Annwyl Robert,

I think I had better finish the play before writing to Gwilym Jones and so I suggest that you put it to your Committee that Garthewin shall have the play for the Festival and can count on it and that it will not be *staged*, (but it will be broadcast) before your Festival. It is *due* for broadcast St. David's day.

Now as to *Nos Ystwyll*. I have phoned Miss Myra Owen to ask her opinion. She thinks that if you take Nos Ystwyll to Ystradygynlais [*sic*] Eisteddfod, then it would be wise to prepare *another* play altogether for your Festival,—a play with a small cast—because the number of people who would have seen the Nos Ystwyll by then would be sufficient to affect the sale of tickets. She thinks the Eisteddfod collects its audience pretty well from all parts of Wales. I think this is good advice. The best way to keep a company on its toes is to have a lot of work on hand, not just to go on with one play for a long year or so, with sporadic performances. So I'd suggest that you accept the Ystradygynlais [*sic*] invitation *and* prepare another play for your festival. What say you?

Cofion cynnes,
Saunders

(130)

158 Westbourne Rd., Penarth, Glam.

5.3.54

Fy Annwyl Robert,

The only copy I now have of Siwan is the script I used in the rehearsing; it is much marked and blotched. I sent a copy to J. Gwilym Jones.

If you decide to try a translation, may I make one suggestion: not to use *thee* or *thou* at all. It is comic in English, but is normal in Welsh as in French. You see, all my effort is to make my verse as natural and talkable and contemporary as possible. It's a constant discipline, and even now I find lines that are, to my mind, hopelessly literary. I may revise them. I want poetry naked and yet unobserved! But I can't do it, literature keeps breaking in, curse the foul fiend.

Cofion cynnes atoch oll,
Saunders

(131)

158 Westbourne Rd., Penarth, Glamorgan

3.7.54

F'Annwyl Robert,

I hope you all had a pleasant return to Garthewin yesterday. Actually I also returned yesterday from three days in London. I went up to see David Jones the painter for whose coming exhibition in Wales I am writing a brief Welsh note. I had a long afternoon with him, I also did two theatres, two art shows and a morning in the National Gallery. I saw Dame Edith Evans and Hugh Griffith in Christopher Fry's play of the Hungarian nationalist rising,—a very fine thing and a lovely performance by Edith Evans.

Thank you warmly for inviting me to your drama festival and to stay with you. But at the moment I just don't know if I can get away. So I think you'd better count on my not being able to accept. This to my great regret—I think I've been at every festival you've had up to now.

I hear Archbishop Matthew is coming to you shortly. He had a busy and useful time here in Cardiff (while I was in London) and is talked of,—and was greeted by Cardiff himself,—as the successor to the great Michael here. I'm afraid most of the clergy wish that were soon.

I'm fond of MacGrath, but his clergy find him more and more impossible! He should have been left in Menevia,—he cannot come to terms with proletariat men.

Cofion atoch oll,
Saunders

(132)

158 Westbourne Rd., Penarth, Glam.

20.7.54

My Dear Nina,

Margaret and I came home yesterday from a week's motoring gently in England,—Malmesbury, Salisbury, Winchester, Savernake Forest, and a final week-end in Tintern in Wales. In spite of the weather we had a good time, it was chiefly abbeys and churches we went to see, but we had good meals also.

Came back last night to find your letter and renewed invitation for the festival awaiting me. Thank-you so much,—and, if all is well, I'll do my best to come and be delighted to come, but please don't rely on my being free this time.

Your girls must be growing big now,—even the baby, for it's long since I saw them. They must have enjoyed Ireland more than ever this time. I'll give your messages to Mair; she is in roystering spirits just now, and we are keeping our fingers crossed, as the saying goes.

Cofion cynnes iawn,
Saunders

(133)

158 Westbourne Rd., Penarth, Glamorgan

22.8.54

F'Annwyl Robert,

It was while I was taking Mair and her mother to Swansea that my gear-box broke and the two had to take their bags and proceed by bus. The garage cannot promise me the car before Tuesday or Wednesday. Will you tender my regrets and apologies to J. Gwilym Jones and the *Siwan* players?

I do hope you have good weather—it seems about due!—and that things go well enough to re-establish the Garthewin festival firmly.

(I hope, by the way, that the Siwan players will pronounce it with an *S*, not *Sh* as Dafydd Gruffydd insisted on the radio.)

Dymuniadau gorau i'r ŵyl,
Saunders

(134)

[24.8.54]

To Mr Saunders Lewis, 158 Westbourne Rd., Penarth, Glam.
From Robert and Nina Wynne, Garthewin, Llanfairtalhaearn, Abergele

Siwan great success. Congratulations. Can you come Friday's performance or sooner?

Robert & Nina

(135)

158 Westbourne Rd., Penarth, Glam.

29.8.54

My Dear Nina,

Forgive this ghastly notepaper! I came home last night to find I had none in the house.

I write to say a sincere thank-you for your hospitality and to tell you how much I enjoyed my visit. I thought the children charming and lovely—Mena has a grand handshake (has she two *n*'s in her name or one?).

I am cheered also by the conviction that you've put the Garthewin theatre very firmly back on the Welsh map and the future of it looks more assured now than ever before.

Diolch o galon,
Saunders

(136)

158 Westbourne Rd., Penarth, Glam.

29.12.54

F'Annwyl Robert a Nina,

Margaret asks me to write for the two of us to thank you for our very good and rich meaty turkey. We are still feasting on it, and cold with white wine it gives us lovely suppers, with Roquefort cheese and mince pies to follow! Diolch yn fawr.

And we do hope you and the children had a gay Christmas and a good midnight mass in the barn. Mair has just phoned now to tell us about her own Christmas at Swansea, the first for Marged Elen, who is, Mair says, in outrageously good appetite and health.

I am going to London from Wednesday next till Saturday, to meet Mos there, but also to see David Jones' show at the Tate, and, I hope, an exhibition of Kyffin Williams also. I have written the catalogue preface for the David Jones.

How is your mother, Robert? May I wish her and your selves and the children 'blwyddyn newydd dda'.

Oh, will you look around your writing room to see if you've got the 2nd part of your essay for *Efrydiau*? I have a feeling I sent it to you for revision.

Cofion,
Saunders

(137)

158 Westbourne Rd., Penarth, Glam.

12.6.55

Fy Annwyl Robert,

Diolch yn gynnes iawn am eich gwahoddiad—but, alas, I've no chance of getting away just now. I've promised the Arts Council to finish a play by the end of July—I started a mere three-weeks ago. So I'm chained for the next 6 weeks at least.

Please give Nina my sympathy. Actually I have Margaret in bed at the moment also,—with kidney trouble following flue and cold. It's been very treacherous weather, and doctors speak of a great deal of illness about. Nina will have a breath of native air in Dublin and I do hope that and the horses pull her right well.

I hope to get the next Efrydiau ready for the end of September. I can't manage it earlier.

I'm glad Theatr Garthewin is at least alive. But I fear the problem of Welsh professional acting company is insoluble till we get a government to endow it—or some miraculous crank of a millionaire. Actually I am depressed just now by the fact that Welsh creative writing seems to be dying out. We couldn't get *one* new play for the Arts Council to take to Llangefni and then on a tour—not *one* original play near to the standard required. That is why I offered to write one now. We have plenty of scholarship of an industrious sort, but it is creative work that keeps a language worth surviving. And the Welsh university is the very grave of creative work.

Cofion cynnes iawn,
Saunders

(138)

Vista, Porth-y-Felin Rd., Caergybi

21.9.55

Fy Annwyl Robert,

It's most kind of Nina and yourself to ask us to come to you. I'm only sorry that this time we just cannot fit it in. College starts next week, so we've just time to see the plays two nights and then get back.

I personally much regret that the first night of this new play of mine is not at Garthewin. It breaks a series.

Margaret joins me in thanks and greetings. We hope you are all well.

Yours ever,
Saunders

(139)

158 Westbourne Rd., Penarth

29.9.55

Fy Annwyl Robert,

Alas, the producer of my play, Herbert Davies, had already asked if he might translate it into English. I don't know if he has begun, but he's been working on it in rehearsal of course for six weeks or two months. I posted my only copy to Mrs Daniel just after the performance—she has engaged to write something on it for the Catholic Herald. I hope to have it back in a fortnight!

It is good news that Garthewin is to have a play festival again next year. I am afraid of promising you a play for it. Certainly the St. Catherine is impossible—if I ever do it I must have six months to a year merely to read her works. I suggest that you ask John Gwilym Jones whether he will have a play ready for its *première* at Garthewin. That would be a very big 'draw'. And if during the Christmas vacation I get a pause that will let me begin writing a play again, I'll let you know. But University term time gives no chance at all to write.

Gobeithiaf eich bod oll yn iach.

Cofion cu iawn,
Saunders

(140)

158 Westbourne Rd., Penarth, Glam.

3.11.55

Fy Annwyl Robert,

As it is the very middle of college term I am at the moment spending my evenings reading some thirty or so students' essays of varying degrees of entertainment. I shall hope to be able to read your translation of the play before long,—but term time is really difficult.

You'll remember that I told you I had given the rights of English translation for stage production to Herbert Davies who produced the play at Llangefni. I know that he is in touch with Emlyn Williams about it. But whether anything comes of it I simply have no idea as yet. So until I hear from him and see his version I cannot do anything about rights.

Actually I wrote the play in great haste to meet an emergency, and I am far from satisfied with the end of the third act. It needs revision and polishing, but I'll have no time before the New Year.

Margaret joins in greeting to you all. We hope you escape the 'flu' that's lurking about.

Cofion cu,
Saunders

(141)

Garthewin

[?.11.55]

Fy annwyl Saunders,

Many thanks for your letter. I trust you won't think I had any intention of poaching when I sent you my translation, as I had not realized that matters were so well in hand already, despite your previous letter. My only regret now is that the copy you have contains a few infelicities due to my usual haste (the phrasing of Mark's 2nd speech on page 53 for instance), so if you do read this play please make some allowances on that score!

I do hope the play in English has a very great and early success, and am surprised you should feel that any needs revision. I am sure that the tag some critics complained of in Act II must have been due to faulty acting, for the tension seems wonderfully maintained throughout.

With best greetings to you both from Nina and myself.

Ever yours,
Robert

(142)

158 Westbourne Rd., Penarth, Glam.

29.11.55

Fy Annwyl Robert,

I've read your translation but I've been without any copy of the original for the last fortnight, so that my pencil markings are from memory.

Let me thank you for the compliment of this translation. It reads well, to my mind, and in fact makes me think kindly of the play. Herbert Davies is on tour at present with the company, and I haven't seen anything of his translation yet. Will you keep this by you in case it may have a chance of being used? I am, as I told you, committed to giving him all translation rights at present, but it depends of course on a reasonably satisfactory version.

I hope you are all well. Are you having the daily sunshine we've had here most of November? It must be gorgeous weather for horse-riding.

Margaret joins her greetings to you all.

Cofion gorau,
Saunders

(143)

158 Westbourne Rd., Penarth, Glamorgan

13.12.55

Fy Annwyl Robert,

I have arranged with my old friends Harvey for a case to arrive at Garthewin, I hope in time for Christmas. I note what you say of a turkey! Margaret and I think this really too generous of you and for so many years now.

We're delighted to hear of your Walt Disney contact! I wonder just how much Blodeuwedd will be in the final film! Perhaps 1½ minutes! But it's good news and I do hope Nellie does it. I hold very dear the memory of her performance,—no one else has ever so much as approached her Blodeuwedd, and I can still vividly see her in the last act. As for royalties, well if they by fluke happen to be substantial, then let me have the professional usual amount, 10% (ten per cent) of the Garthewin Company's winnings. If they are merely a pound or two please let it go to the account of the Garthewin Theatre Company.

It may be that I'll be writing to you again about your English version of Gymerwch chi Sigaret, but I think it would be a mistake at present to put it in Dock Leaves. I've heard nothing from the editor.

We hope you all have an interesting and flu-less holiday time and a grand midnight mass.

Nadolig llawen,
Saunders

(144)

158 Westbourne Road, Penarth, Glam.

18.3.56

Fy Annwyl Robert,

It's good of you to try to push the play for filming and I'm certainly willing that you should use your version for that.

Actually I myself don't think it's a suitable play for cinema, because the real crisis—in the final act—is built up by a long talk which may be theatre, but is not good cinema.

I have had to make considerable changes in the Welsh original for radio and I may be incorporating them in any final revision I make of the stage play. We spent three days in London last week rehearsing, changeing [*sic*] and finally recording. It was very strenuous. For English third programme plays they normally have a full week's rehearsing, but the Welsh region hasn't the money and so have to squeeze a week's work into three days.

I hope you are all well. It's been a long winter and in these parts there's been a lot of illness.

Cofion cynnes iawn,
Saunders

(145)

Garthewin

9.4.56

Fy Annwyl Saunders,

The film unit is busy here now and I gather that Disney's people duly got in contact with you before commencing? They are taking an immense lot of trouble and seem to find Nellie very photogenic—at least they spent the whole of an afternoon doing 'close-ups' of her! This director, Gregory [Geoffrey] Foot, wants to make a film of *Have a Cigarette*? as soon as he is through with the documentaries he at present has on hand, so no doubt he will contact you in due course. He is a pleasant chap and seems very competent. The only film of his I've seen is Rob Roy which I thought very good. He has worked with Huw Griffith and no doubt you know something about him.

I sent my translation to Huw Griffith a while ago but have heard nothing so far. If you can spare me the copy I sent you I would send it to the BBC—that is, if you approve. I would explain that you have adapted the original for broadcasting and the changes could be incorporated afterwards in the translation if, as I expect, the BBC falls for it, if there is no objection in any one of these quarters to the play appearing in the other—I've no idea how matters stand in regard to trying all the different media at once—perhaps you can tell me? Foot asked me if you had any more plays with a contemporary theme—are you contemplating any such?

Cofion caredicaf,
Yn bur,
Robert

(146)

158, Westbourne Rd., Penarth, Glamorgan

10.4.56

Fy Annwyl Robert,

Thank you for your letter and for your efforts for the English side of the play. At present Emyr Humphreys of the BBC has the copy of your version that you sent me.

It pleases me very much that the film people have worked hard on Nellie Jones. I've always thought her retirement from the Welsh amateur stage a big loss; there was a great deal of potentiality in her and she was lovely. I've written to the Walt Disney Co[mpany] in London giving my consent to the use of the extracts from the play.

I am personally sorry that the Garthewin players were not invited to do *Siwan* at the Aberdâr national Eisteddfod this August. I wasn't consulted about it.

I'll be glad to hear from Gregory [Geoffrey] Foot any time, and not only about the Cigarette play.

You say nothing about your selves! I hope you are all well. We had Mair and her baby here all last week. They are in good health.

Cofion cynnes,
Saunders

(147)

158, Westbourne Rd., Penarth, Glam.

29.5.56, but now June 3rd

Fy Annwyl Robert,

Alas, there's no hope of my coming to your festival. I do hope it will be a really happy success and that it makes what I believe they call a resounding 'come-back'. I am in the middle of marking honours BA papers; it goes on to the end of this month. The date at the top of this letter (it is now Sunday) shows my good intention to answer you by return of post, but then I had to put it aside till today.

I read with interest the special Welsh number of the *Furrow* with your contribution.

Yesterday I was at a lunch given to Sir John and Lady Rothenstein of the Tate Art Gallery. They are both Catholic converts,—Eric Gill was godfather to them—and very friendly with David Jones.

This week's *Cymro* talks of your Welsh film (the Disney film) being nearly ready for showing. Is that so? It will be exciting.

My love to Nina. I'll come to see you if ever I have a chance, but I've no plan at all for the next three months except a certain amount of work. Your girls I imagine getting tall,—I hope they are very well.

Cofion cu iawn,
Saunders

(148)

Garthewin

26.6.56

Fy annwyl Saunders,

Gregory [Geoffrey] Foot (now of Eglwyswrw, Pembroke) has written to ask if he might buy an *option* on your play for the next twelve months. I have told him to get in touch with you about this so you should hear shortly. Moreover I gathered from him previously that he intends calling upon you within the next week or two. I shall be very interested in how things go. I know nothing about Foot beyond having met him here, but I must say Nina and I both liked him and his wife very much.

Yours,
Robert

P.S. By the way, I told Foot the play might be staged as well, and this does not worry him at all.

(149)

158 Westbourne Road, Penarth, Glam.

19.7.56

My Dear Robert,

Thank you for your letter. I was intending to write to you to wish your drama festival a good week. I very much hope it was a happy affair and well attended. I've heard nothing yet from Gregory

[Geoffrey] Foot but I'll be here for the next few weeks if he does turn up.

May you have better weather in Ireland. Margaret and I spent a week in Radnorshire just a week ago, staying three days in Llandrindod and four days at the New Inn at Newbridge on Wye and exploring the countryside, by foot and by car. There's a beautiful Catholic Church at Builth which gave us much joy. In fact Builth has much quality, but Llandrindod is ghostly sad and uninteresting and decayed and ugly,—though its air is as bracing and lifting as ever. We liked Radnorshire and we spent two mornings at the Abbey of Cwm Hir where Llywelyn lies.

I hope you all have a good time in Ireland, no rain, not too soft, and a great show.

Cofion cynnes atoch oll,
Saunders

(150)

158 Westbourne Road, Penarth, Glamorgan

4.9.56

Fy Annwyl Robert,

Yes, I had a letter from Mr Geoffrey Foot. He offered me £50 for a 12-month option on the cinema rights of the play. I've written to agree to that, but I've not heard since. It was only last week I wrote, so there's no haste.

I'm glad you enjoyed your stay in Ireland. We've been having dismal weather; it may be Summer 'll come along in September. No news either. Mair expects her baby towards the end of this month; so far she's performing as though she had three lungs. Moses Griffith's daughter, Meinir, got married a fortnight ago, but we couldn't arrange to go up. I am working—or wasting time—on a libretto for Arwel Hughes to do an opera, and am cursing myself for promising to do it. The thunder storms last week prevented me from going to the Cylch Catholig prayers at Brecon, and I was sorry to miss them entirely.

Your girls must be growing tall now. I hope they and Nina are well and strong.

Cofion cu iawn,
Saunders

(151)

Garthewin

27.9.56

Fy Annwyl Saunders,

Yn cyntaf oll, gad i mi ddweud mor llawen yr ydym ni o achos y newyddion da am Mair a'i eneth fach newydd. Gobeithio yn fawr bydd y ddwy ohonynt yn mynd ymlaen yn dda. Traddododd Moss y neges llawen i ni ddoe pan yr oedd o yn ymweld â ni yma.

I received a letter from Huw Griffith this morning which speaks for itself & which I enclose, and I would be really grateful if you would let me have your comments on it. It is not perfectly clear to me whether he condemns my translation as such, or certain alleged technical faults in the play or both! Please don't hesitate to give me your own opinion quite frankly, telling me what you wish, so that I may know what to do (or rather, what *not* to do!). I'd have hesitated to submit my translation anywhere at all but for your generous opinion of it, though I appreciate that it will need some altering if you think it really is necessary to meet any of Huw Griffith's objections. One other copy is now with the BBC Television service, but I'll certainly refrain from doing any more about it until hearing from you.

With very kind regards & will you please tell Mair how delighted we are to hear her news?

Cofion cynhesaf,
Robert

P.S. I should add that Meredydd Edwards asked for a copy of my translation quite on his own account when here for the Drama Festival & I explained to him then that I'd left matters to Huw Griffith.

(152)

158 Westbourne Road, Penarth, Glam.

28.9.56

Fy Annwyl Robert,

Diolch am eich llythyr a'ch neges i Mair.

I'm rather disturbed by your letter, especially that you should have sent your translation of the Cigarette play to BBC Television. I haven't given translation rights of the play to anyone at all, and I still do not know how you got hold of a copy of the typescript. Nor have I ever discussed a translation with Hugh Griffith. It is true that he suggested changes of construction during the Welsh broadcast, but I am quite sure I made no promise of a translation for him. I *did* promise to do my own translation for Emyr Humphreys of the BBC, but he finds my English too stiff and antiquated, and there the matter rests at the moment. I hazard a guess that it is he who discussed it with Hugh Griffith, but he is in Italy on holiday at the moment. I wouldn't for a moment accept Hugh Griffith's suggestions. Would you please leave things as they are now? I'm not going to do anything soon.

Cofion gorau,
Saunders

(153)

Garthewin

30.9.56

Fy Annwyl Saunders,

Thank you for your letter & I'm indeed sorry to have been too precipitate, though I must say I thought from the letter you wrote last April that you had given me permission to do what I could with the translation.

I'll of course do no more about it, and I hope you will pardon me for any worry I may have caused you.

In any case I see now that I could have made my translation more flexible, but feared being too free & easy with the meaning. Would you like me to have another shot? I'd write only one copy which no one would see but yourself and you could put it on the fire if you didn't like it.

Cofion caredicaf,
Yr eiddoch,
Robert

(154)

158 Westbourne Road, Penarth, Glamorgan

Sul Laetare 1957

Fy Annwyl Robert,

Maddeuwch lythyr teipiedig am unwaith, os gwelwch yn dda!

There's no difficulty at all about deleting the comma after *inni* in the Ave Verum. Indeed I only put it in in order to make the meaning plainer. On the other hand I cannot agree to lengthening the final couplet. You see the Welsh is a very close, exact translation and keeps the entire metre and rhyme scheme of the original. To change that final couplet is to ruin it, or so I think. I think it ought to be sung to the same tune or tunes as the original, and there are several for the Latin. Quite a decent one by Elgar too.

I find that English translations of Latin hymns take all the bowels out of them and change their metres often. How hopeless are all the versions in the English hymnals of the *Adoro te devote*. I've tried a dozen times to make a Welsh rendering that would transfer the wonder of that adoro te in an exact rhythmic double: 'Addolaf di o'm calon, Dduwdod sydd ynghudd', but I've got not much further. Some day perhaps!

The Spring leaps quickly up this way! Lady's smock and celandine and violet are abundantly in the grass and magnificent magnolia flaunts in gardens. On Friday I'm going to Downside Abbey for a sort of conference on the Arts with learned theologians to correct all the heresies we artists blab. A man whom Father Illtud calls a professional layman, one John M. Todd is responsible, and he proposes to publish our ravings. It goes on for a week, but I'm only there from Friday to Monday.

Fy nghofion atoch oll yn gynnes,
Saunders

(155)

158 Westbourne Rd., Penarth, Glam

5.7.57

Fy Annwyl Robert,

Mair and her two girls were here yesterday, so I've lost your letter! But I remember your question was, had I got the list of hymn-tunes from Dr Davies. No, he has everything; he sent me some hymns you proposed to him, *three* carols, one ascribed to Williams Pantycelyn (Hosanna or Haleliwia) but he's got all the dossier now. I don't think you need worry about their being lost.

I have just finished reading your off-print and greatly enjoyed it. Do you get many sight-seers on your show days?

We are expecting Mos Griffith here tonight on his way back from France. He tried to come from Paris to Cardiff by air but the plane was booked up and he comes by train via London. The temperature here is 76 in the shade this afternoon, so I don't envy him his train journey. We don't possess a 'frig', but this is the weather when it's the right thing to have. Butter has been oil for nearly a month and our vegetable garden is a cracked piece of cement that once was clay. I hope you are all in good health. No hope just now of coming to North Wales.

Cofion lawer,
Saunders

(156)

158 Westbourne Road, Penarth, Glam

17.8.58

Fy Annwyl Robert,

I had hoped to see you at Glyn Ebwy, but I couldn't stay till Friday. I had heard from David Peters (of the Arts Council) and from Father Illtud of your plans for next year's festival of my plays. I am very honoured and would wish to thank you and your Committee.

And thank you warmly for your invitation. But I don't think I ought to attend such a festival! It would be rather like reading my own obituary notice. Do they intend to do *Blodeuwedd*? Would the producer be willing to accept a revision of the first act, perhaps the first two acts, from me? But this is going into details too soon.

I made myself a little more unpopular than usual at the Eisteddfod, but I felt that I just had to say what I did.

I hope you are all well. But what a summer!

Cofion caredig,
Saunders

(157)

158 Westbourne Road, Penarth, Glamorgan

21.9.58

Fy Annwyl Robert,

We've just returned from wandering by car in East England, Market Harborough, Lincoln, Southwell, Kings Lynn, Cambridge, Aylesbury and the Whipsnade zoo. And tollerably [*sic*] good weather.

I went away without answering your letter about a possible play. I could not write a new play for your next year's festival, because I've promised a radio play for the BBC for dygwyl Dewi, and that will not be a stage play. As for the following year, well! I'm getting old and to promise anything two years ahead is now quite rash. It is also a difficulty that I have already been asked to do something for Cardiff. It might be possible, if I survive, to do a play for first performance at Garthewin and then at Cardiff. So will you tell your committee that, though I can't commit myself, I'd very much like to help a Garthewin theatre revival, and I'll do what I can if health permits and circumstance.

I hope you are all well. I won't ask about harvest! Not far from Aylesbury there's a village Prince's Risborough. It has a fairly new Catholic Church and we recognised it at once as a Rinvolucri church (if that is how he spells).

Cofion cu iawn,
Saunders

I followed your lead on the *Welsh Nation* and its advertisement and stopped the paper. I notice the advertisement has been dropped.

(158)

158 Westbourne Road, Penarth, Glam.

19.5.59

Fy Annwyl Robert,

I returned from London Saturday and your letter was here. Strangely enough it was on business about translation of plays that I'd gone to London. There's a new Hampstead Little Theatre, professional, that is opening in September with a translation of *Siwan*, and they hope it will go to the Arts Theatre after a week at Hampstead.

What they are very emphatic about is that television certainly and radio less certainly kill the chances of any play for London West End production. No one, for example, will touch *Treason*, even though it is the cause that they want to see some of my work. So we're starting with *Siwan*, and because of that, if you'd be so kind, I don't want the *Cigarette* play on television for the time being. Unfortunately a sound radio production of *Siwan* in English has already been agreed and I can't withdraw it. But this was accepted at Hampstead.

About Thomas Jones's 'Daeth Llywydd nef a llawr' I would endorse your claim for its inclusion and I'll tell Dr Barrett Davies so if he asks me. I have some memory that his trouble is that the Christmas hymns throw his collection out of balance, but I don't know. By the way I've heard, I hope it's true, that he has been made a Canon.

I envy you going to Stratford; I've not been there for years. Margaret and I are just recovering from a rather terrible month. We've had dry rot in the ground floor of the house, very far spread: we had the floors all up, all the plaster on the walls stripped; practically a rebuilding of the kitchen. It was not pleasant and it was expensive,—but it had to be done, every bit of wood destroyed and all rebuilt.

Mair keeps her health and her spirits, and her two little girls are talking a lot but I only understand a tithe; that doesn't seem to disturb them as long as their mother understands, and she does, I don't know how. I'd like to see Menna and Gwyneth and Gwenllian again, and thank you for your invitation very warmly, and please thank Nina also, but I'm afraid we'll not be able to come to North Wales this summer.

I saw Father Illtud Evans in London and I saw Hugh Griffith in Shelley's *Cenci*.

Cofion cu a'r dymuniadau gorau am lwyddiant yr arholiadau i Menna a Gwyneth.

Saunders

(159)

158, Westbourne Road, Penarth, Glamorgan

9.5.60

Fy Annwyl Robert,

Your letter came with the mid-day post today. Strangely enough Canon Davies rang me up late last night and asked me to meet him in Cardiff on Thursday about the hymn-book. So I promise you I'll back up your demand for an adequate Easter hymn and Llanfair.

As for the Merlin Theatre Group, I don't know what they propose to bring to Garthewin. It will of course be in English. The present run of Have a Cigarette finished on Saturday night at the Prince of Wales Theatre at Cardiff, and the company disperses. But Richard Rhys's Merlin Theatre has begun very well; it is strictly and only professional so you need have no fear about standards. He himself has had three years' experience in stage production at Dublin and is putting his money and all his time into establishing his Merlin Theatre Group in South Wales.

You will know about him personally. He also is a Catholic convert. He is married to the daughter of Sir John Rothenstein, the director of the Tate. I'm very much afraid that until we get a potty and eccentric Welsh-speaking millionaire interested in Welsh theatre we shall never have in Welsh anything as good as the Merlin Theatre Group in English.

Very glad to hear you are all well and the girls growing beyond my recollection of them. Margaret is fairly well and Mair and her two girls are full of energy.

Cofion caredig,
Saunders

(160)

158, Westbourne Road, Penarth, Glamorgan

12.11.61

Fy Annwyl Robert,

I think it unlikely that I can do anything for the Garthewin theatre for acting in June. I have just finished a play for BBC Television, an hour's television in Welsh and *not* at midnight, which I believe they propose for the new year. That would make a 3-act stage play, but I shan't have time to re-write it for June, because I've got to start work now on the annual radio lecture. If I'm alive in normal health I might tackle something for performance in 1963, if your festival also survives. Would that be any use for the Drama Association? Of course it's a long way off.

I heard from David Jones that he'd met you and Nina and he was very happy to do so. Mair's two little girls are in the Welsh school at Swansea and Mair herself has started (two years ago) making nylon toys and selling them to shops; she is very busy and gets more orders than she can cope with and the craftsmanship of it gives her much pleasure and satisfaction. Most of her orders are from London. Her mother worries that it may be overtaxing her health. Margaret herself is in fair health; we are both getting to an age when that's the best we can wish for, but my own health remains disgracefully good. We've got a new archbishop—no more Welsh nationalism thrusting into the English hierarchy; it's Cardinal Godwin's policy. But he may have forgotten Petit!

Cofion cynnes,
Saunders

(161)

[158 Westbourne Road, Penarth, Glamorgan]

Wednesday, 13.2.62

My Dear Nina,

Just a note before I go to this radio lecture. I've had a phone call to say that Jac Daniel is to be buried in Bangor on Thursday. So Margaret and I will go there direct. But thank you very warmly for asking us to come to you.

I enclose the lecture for Robert.
[Saunders]

Saunders Lewis wrth ei ddesg yn 158 Westbourne Road, Penarth yn 1962

Western Mail

(162)

158, Westbourne Road, Penarth, Glam.

6.11.62

Fy Annwyl Robert,

Cathrin Daniel wrote to tell us your Mother had died and there was a Mass for her at Abergele. We join our prayers to that, and send you a word of sympathy. She was a great part of the new beginnings of Welsh Catholicism, and will be so remembered by us all.

I promised your Garthewin players a play for next year. I presume they won't object if I let the BBC have it for one of their midnight television performances in Welsh first? Only so can I get some payment for the time spent on it. But after that your players—if they want it—may have the first refusal of it for stage performance.

Fy nghofion atoch i gyd fel teulu,

Yn gu,
Saunders

(163)

158, Westbourne Road, Penarth, Glamorgan

25.11.62

Fy Annwyl Robert,

I'm returning the play. I've made three efforts to read it, and I just cannot. It's not Welsh; it's a sort of pidgin Welsh, and could not possibly be spoken on any stage. It would have to be entirely rewritten.

I'm awfully sorry about this. Meredith Edwards is a very good fellow, quite a good profess. actor and splendidly keen. But he's never learnt to write Welsh. He just trusts his—I was going to say *ear*, but I doubt it. I cannot really discuss the merits of the play or its fitness for your Welsh theatre, because I cannot get beyond the continual effort to understand the sentences.

Dr Webster of the Arts Council has asked can an Arts Council company take my play on tour after its television performance (provided there's no libel in it) and, if you hold a Garthewin festival in 1963, begin the tour there. The intention is that the television players should also do the tour. This, I take it, would be a useful arrangement for your Committee also?

The libel action on my poor *Excelsior* is not settled and may be taken to court. But the BBC with their big insurance scheme have taken all the financial responsibility, so I have no worry. I'm only extremely annoyed that now I cannot publish the play or have it played again. And it had already been booked for an English television show, so I lose a lot!

Hope you are all well in spite of this bad weather.

Cofion gorau,
Saunders

(164)

158, Westbourne Road, Penarth

17.2.63

Fy Annwyl Robert,

Da iawn. Your book on Ewyas and Erging. It's a splendid conception. But I'm puzzled about the Gogynfardd you think I believe buried in Dore Abbey. You already know of course what J.E. Lloyd says of the very good bishop Cadwgan who ended his days there so gently and humbly. But I cannot remember now any association with one of the 13th or 12th century poets. However if I discover the reference before very long I'll write to let you know.

We are snowed up and a long brick wall between us and our neighbours has completely collapsed into *our* garden, fallen one way along its whole length,—about fifty yards of masonry. I feel very anxious about David Jones at Harrow with his measly little gas fire and his very poor health.

I'm glad you and yours are well.

Cofion,
Saunders

(165)

158, Westbourne Road, Penarth

24.4.63

Fy Annwyl Robert,

Just a note (and it needs no answer). I read in the *Baner* today that you as well as Mrs and H.T. Edwards offered to go surety to £500 for the two Tryweryn explosive accused. It gave me great pleasure to read it and I must send you a note of thanks and of warm congratulation.

I hope you are all well.
Saunders

(166)

158 Westbourne Rd., Penarth, Glam.

11.5.63

Fy Annwyl Robert,

I don't think you need wait for the annual Plaid cynhadledd. I suggest a letter, very short, to the *Faner* and the *Cymro* and *Y Ddraig Goch*:

> Yr ydym ni sydd a'n henwau isod yn gwahodd pawb a allo i gyfrannu at gronfa amddiffyn i'r ddau, [Mr Owain Williams] a [Mr J. Albert Jones] sydd i sefyll eu prawf yn y llys y deunawfed o fis Mehefin oblegid difrod yn ardal Tryweryn. Anfoner at . . .

Now, if you sign that letter and Moses Griffith and H. T. Edwards and you can add my name, then I suggest you send to Gwynfor Evans and ask will he also sign it. If he will not, then send the letter out without him. (It will be necessary to get the consent of the two accused.)

That will give a lead and will show where we stand in the matter. And if Gwynfor will sign, then the Blaid will be practically committed,—without any split. Then you have time to consider your next step.

If he doesn't sign, then wait to see the response to the letter,—but, of course, resolution for the cynhadledd have to be in the secretary's hands early, and it's my belief that a resolution can only be sent by a *branch* of the Party. A resolution sent in by individuals would not be in order.

But Mos is a member of the central committee. He can therefore immediately before the cynhadledd (1) propose an urgent resolution to the Pwyllgor Gwaith *for* the Cynhadledd, and (2) if that is rejected move the removal of the Standing orders in the cynhadledd in order to discuss the matter of those now in prison, and if successful he can then move your resolution.

At this moment the important things are to give the best possible legal advice and backing to the two men on bail, and then to try and get the Plaid Cymru leadership to associate itself with them.

After that—if that can be achieved—the political implication and the position of the party will be most tense and hopeful.

Margaret and I are going to Ireland next Monday (20 May) for three weeks. We are taking the car and hope to tour the West. We'll be back June 10th. If you send out a letter please put my name to it with H.T.E. and M.G. and your own and Gwynfor if possible.

Do you know J. C. Cowper Powys, the English novelist? He is over 90 and, I believe, lives in Blaenau Ffestiniog,—or near. If you could get him or Sir Compton Mackenzie to sign the letter also, it would be a happy thing. But it wouldn't be worth delaying for that.

Cofion,
Saunders

[Yn ei ateb i gais Robert Wynne i arwyddo'r hysbyseb dywedodd Gwynfor Evans ar 24 Mai 1963:

> The policy of Plaid Cymru must be made clear, and the Party must as a Party dissociate itself from the actions. By attending some of the courts I have laid myself and the Party open to the charge of being two-faced and of accepting responsibility for a Policy which we have rejected. If I signed an appeal there would be far more ground for such a charge.]

(167)

158, Westbourne Road, Penarth, Glamorgan

16.10.64

Dear Nina,

Margaret and I much appreciate the kindness of your invitation, thought it isn't possible for us to come to you. My sister-in-law is here with us and will be here until the eye-specialist judges the time right for an operation and that may be this year, next year, sometime, never. If it happens and successfully, then we'll have to take her back to Holyhead and find her a housekeeper before we can leave her there. So at present I can make no arrangements at all, for I can't leave Margaret alone to do the nursing and housekeeping here.

As for the nationalists, I am now (after the election results) quite hopeful. I think the idea that a nationalist movement can succeed by parliamentary elections has now been proved preposterous. So the younger element of Plaid Cymru may drop their socialistic trend and begin again to be nationalists. Their socialism cuts no ice and it is contrary to all our early principles. And it doesn't even win votes from Labour. So three cheers!

And our warm thanks and greetings,
Saunders

(168)

158, Westbourne Road, Penarth, Glam

22.1.65

Dear Gwenllian [Wynne],

I must try to answer your letter, but it isn't easy.

No, I don't think you ought to canvass for a new leader against Gwynfor Evans. I'll try to say why.

First, it isn't as though Plaid Cymru were an important parliamentary party and its leader a possible or probable Prime Minister. On the contrary, Alas! the leadership of P.C. is not a very important job, not important enough to spend a lot of energy trying to get a new broom. (I'll return to this in a while.)

Secondly, Gwynfor Evans is a good mouthpiece, is widely respected, has done good propaganda, especially on the Welsh railways. To throw him out would be very wasteful politics and do no good. Trefor Morgan is an invalid, seriously ill often, and could not address a Welsh audience. Owen Owen is in a salaried post and not one that would allow him to lead a nationalist movement. I think highly of Gwynfor Evans as a person of great integrity.

Thirdly, to fight about the leadership is to miss and lose the chance to lead. Any small county branch of the P.C. could lead and dictate policy to the whole of the Party and perhaps to Wales by concentrating on local government in its area and going from house to house collecting signatures to stake demands for Welsh in local affairs, for spending ratepayers' money in Wales, on cooperative Welsh local-government factories, and on first-rate Welsh qualifications for all local government and regional posts. A real tough fight *locally* for these things would very, very soon make them national issues, would arouse violent opposition from Welsh people, but would be real nationalist leadership. And get your local branches for the time being simply to ignore parliamentary elections.

A happy new year to you all at Garthewin,

Sincerely,
Saunders Lewis

(169)

158, Westbourne Road, Penarth, Morgannwg

7.11.65

Fy Annwyl Robert,

Your letter from Ampleforth is rather overwhelming! Three of my plays in a row sounds like 'gormod o bwdin a dagiff gath'—do you know that proverb?

I would suggest—if the Committee want to do 3 in a row,—that the middle one should be a comedy or farce. Would they look at my *Problemau Prifysgol*? Emyr Humphreys has the script at present; I haven't. The BBC turned it down because they thought it would lead to a second libel action! I am quite positive it is harmless and amiably lunatic. I wrote it so, three years ago, I think.

I have to refuse to lecture. I promise, if possible, to come to the festival, and Margaret joins in thanks to you both for your kind invitation. But we are much tied. Her sister is now—temporarily—in a nursing home in Menai Bridge. She is now blind and she isn't happy there. So we come and go periodically and are seeking a reliable house-keeper for her or a better nursing home. How things will be next Summer is beyond our guessing.

Saunders

(170)

158 Westbourne Rd., Penarth, Glam

[?.11.65]

Fy Annwyl Robert,

. . . Alas, I have no atom of influence with the bishops. I had rather a fierce quarrel with his Grace of Cardiff over the vernacular liturgy and we are barely on speaking terms. I urged him to join with Menevia and treat Wales as an unit for liturgical purposes with a Latin low mass in every parish where there were two low masses. Not he. *He* couldn't interfere in Menevia, and he was a dutiful and obedient son of the Church. I told him that that was the Nazi officials' excuse for Belsen. And so we finished. And now they've appointed another Englishman as auxiliary bishop of Menevia. It seems quite deliberate anti-Welsh.

Fy nghofion atoch i gyd.

Yn gu,
Saunders

(171)

158, Westbourne Road, Penarth, Morgannwg

26.6.66

My Dear Robert and Nina,

I see your Garthewin Festival announced in the *Cymro* and *Baner*, and so I think it right to tell you with regret that I won't be able to come to it or to enjoy your hospitality. The fact is I've just come out of hospital and am still under doctor's treatment. I was rushed to hospital at some five minutes' notice a month ago to get me into oxygen, or to get oxygen into me. It was asthma and nearly finished me, a 48 hour paroxysm. It had been coming on for the last two years, but I'd not before been more than inconvenienced. This time it was acute and all but the end. However the hospital was first-rate, so was my doctor, and I'm vastly improved already, though I'm told I won't get rid of it completely. Margaret has, between her sister and me, her hands full.

I hope you are all of you well, that the farm flourishes and the Army also. And may you have a very happy and successful festival.

Cofion cynnes,
Saunders

(172)

158, Westbourne Road, Penarth

8.7.67

Fy Annwyl Robert,

Your letter doesn't surprise me. You'll have seen that Lord Dynevor has turned Dynevor House into an arts centre. He hopes to make it pay for itself.

. . . I'd written so far when a man knocked at the window and asked where the front door was. Then he came in and announced himself as Mr Morrison, a lecturer in Dublin and a second cousin of yours. He gave us a very pleasing and happy account of Lowri. He left Dublin yesterday and is staying at Gloucester and came here for the afternoon. We liked him a lot though his ideas of front doors are unusual. I told him I was in the act of writing to you, but I didn't mention the theme.

I'd better think about this for a few days and write again. I don't think there's any chance of making Garthewin a Welsh theatre centre. You'll have seen that Bangor University College is to build a theatre there. But I'm wondering whether Lord Harlech's new television group will want something in North Wales? I can make enquiries.

Mr Morrison says you go to Ireland on the 14th. I'll write before that or after your return.

Our warm regards to you all,
Saunders

(173)

158, Westbourne Road, Penarth

19.7.67

Fy Annwyl Robert,

Margaret and I are at Bangor from Monday to Saturday next week. But we'll be back here, I hope, on the 29th. Could you and Nina come here for a cup of tea Sunday afternoon?

I am at Bangor to help in the rehearsals of my play for Bala eisteddfod. I'll phone you at the Angel on Sunday around one o'clock and will hope you'll be free to look us up.

Cofion,
Saunders

(174)

158, Westbourne Road, Penarth, Glam

18.9.68

Fy Annwyl Robert,

I have no television set but many people I've met have much praised your courageous speech on the Twenty-four Hours programme, and in view of the Plaid Cymru officials' attitude towards you, I think you ought to know this.

Plaid Cymru is all out for costless popularity; it is a grave deterioration.

Cofion gorau,
Saunders

This needs no answer.

(175)

158, Westbourne Road, Penarth, Morgannwg.

13.7.77

Dear Robert,

It was only now in *Christian Order* that I read of Tom Charles Edwards' death, and I at once remembered that he was your earliest and most faithful Welsh friend, and that his death will leave you very sore. So I send you this note of sympathy. I find it rather terrible to find almost all my friends gone, and myself more and more isolated.

I hope you are both in fairly good health and not too depressed by the pitiful condition of Church and state. This letter needs no answer, but I felt bound to write to you.

Cofion cynnes,
Saunders

MYNEGAI